徐州城市建设和管理的实践与探索——规划篇

主　编：王　昊

副主编：李靖华　陈　刚　周宣东

中国建筑工业出版社

图书在版编目（CIP）数据

徐州城市建设和管理的实践与探索——规划篇 / 王昊主编. —北京：中国建筑工业出版社，2017.5
ISBN 978-7-112-20666-7

Ⅰ.①徐… Ⅱ.①王… Ⅲ.①城市建设-研究-徐州 ②城市管理-研究-徐州 ③城市规划-研究-徐州 Ⅳ.①F299.275.33

中国版本图书馆CIP数据核字（2017）第080093号

本书内容共13章，包括徐州城市简介、区域规划研究、城市总体规划、历史文化名城保护规划、生态建设与生态修复规划、城市综合交通规划、市政基础设施规划、特色规划研究专题、公共服务设施规划、镇村规划、城市设计、控制性详细规划、规划案例。

本书适合于城市规划及相关岗位从业人员参考使用。

责任编辑：郦锁林　张　磊
责任校对：王宇枢　李美娜

徐州城市建设和管理的实践与探索——规划篇
主　编：王　昊
副主编：李靖华　陈　刚　周宣东

*

中国建筑工业出版社出版、发行（北京海淀三里河路9号）
各地新华书店、建筑书店经销
北京锋尚制版有限公司制版
北京顺诚彩色印刷有限公司印刷

*

开本：880×1230毫米　1/16　印张：25　字数：717千字
2017年7月第一版　2017年7月第一次印刷
定价：338.00元
ISBN 978-7-112-20666-7
（30308）

版权所有　翻印必究
如有印装质量问题，可寄本社退换
（邮政编码100037）

《徐州城市建设和管理的实践与探索》丛书

编 著 委 员 会

顾　问：周铁根　曹新平

主　编：王　昊

副主编：陈　辉　李靖华　陈　刚　张安永
　　　　张　军　李　勇　徐　建　周宣东

编　委（按姓氏笔画排列）：

邓德芳　厉金富　田　原　白潇潇　吕茂松　朱宏森　任明忠
刘晓春　孙　强　李光耀　李　伟　李　玲　杨兆峰　杨　波
杨学民　何树川　张元岭　张　宁　周生光　周　旭　姜露露
姚行平　秦　飞　徐　品　梁红超　韩　蓓　蔡　枫

序一

值淮海经济区中心城市建设深入推进之际,《徐州城市建设和管理的实践与探索》系列丛书出版发行了,这是我市城市建设管理工作成果的集中展现,反映了改革开放以来徐州人民意气风发、勠力同心建设美好家园的生动实践。

楚韵汉风古彭城,南秀北雄新徐州。徐州是一座拥有5000多年文明史和2600多年建城史的文化名城,五省通衢、兵家必争,戏马台、燕子楼、黄楼、放鹤亭等历史古迹见证了这座城市的厚重与荣耀。新中国成立后特别是改革开放以来,徐州建设发展日新月异,江苏老工业基地、华东煤炭能源基地、全国综合交通枢纽成为城市的鲜明时代印记。近年来,我市坚持以新发展理念引领城市发展,紧紧围绕建设淮海经济区中心城市目标,着力推进城市、产业、生态和社会转型,充分释放现代交通枢纽、富集科教资源、双向开放平台、良好生态环境、城市服务功能等比较优势,持续提升城市综合实力和集聚辐射能力,徐州在淮海经济区的领军地位和带动作用日益凸显,一座富有活力、美丽宜居、和谐文明的中心城市正崛起于淮海大地。

党的十八大以来,习近平总书记就做好城市工作作出一系列重要指示,深刻回答了"怎样认识城市"、"建设什么样的城市"、"怎样建设城市"三个重大问题,明确提出了"一尊重、五统筹"的城市工作基本思路,强调"城市是我国经济、政治、文化、社会等方面活动的中心","坚持以人民为中心的发展思想,坚持人民城市为人民",为我们加强城市建设和管理提供了根本遵循。学习贯彻总书记重要指示精神,就要牢牢抓住发展经济、改善民生、构建平台这个城市建设管理的最根本目的,更加注重促进产城融合、塑造特色风貌、提升环境质量、加强社会建设,努力走出一条具有徐州特点的城市发展路子。

文以载道,书以立言。《徐州城市建设和管理的实践与探索》系列丛书,从规划、建设、园林和城管四个板块,全面系统地总结了我市城市建设管理的创新探索、显著成效和宝贵经验,并在理论层面上进行了概括和阐述,是一部兼具研究性和实践性的著作。《徐州规划》将以人为本、尊重自然等理念有机融入,注重在规划中留住城市特有的地域环境、文化特色、建筑风格等"基因";《徐州建设》集中呈现了我市建设现代化、高品质城市的探索历程,在棚户区改造、大枢纽建设、多元化融资等难题上给出了"徐州版"回答;《徐州园林》提炼总结了我市生态园林城市建设经验,对展示绿色振兴成就、传播生态文明理念具有独特价值和意义;《徐州城管》立足打造"精致、细腻、整洁、有序"的宜居环境,记录了"大城管委"体制构建、"城管+公安"综合执法、数字化城市管理等创新举措,提供了破解现代城市管理难题的"徐州模式"。

建设淮海经济区中心城市,是带动徐州全局发展的战略举措和牵引抓手。顺应省委、省政府支持淮海经济区建设的难得机遇,我市积极推动淮海经济区中心城市建设纳入国家战略,坚持新型工业化、新型城镇化、信息化互动融合,打造淮海经济区经济、商贸物流、金融服务、科教文化"四个中心",建设极具实力、令人信服的中心城市,在淮海经济区崛起中更好发挥龙头作用。着力增强区域辐射带动力,加快建设区域性"一中心、一基地、一高地",积极拓展开放合作新空间,打造区域发展核心增长极;着力增强高端要素集聚力,完善区域创新体系,搭建一流载体平台,形成集聚高端资源要素的"强磁场";着力增强城市功能承载力,优化"2+6+15"中心城市空间布局,推进成片开发、混合开发、融合开发,强化重大基础设施互联互通,提升中心城市首位度;着力增强生态环境竞争力,积极参与江淮生态大走廊建设,加快创成国家生态市和联合国人居环境奖,持续打造"一城青山半城湖"的金名片;着力增强公共服务供给力,加快构建社会建设"十二大体系",提升基本公共服务标准化均等化水平,全力创成全国文明城市,打造社会建设"徐州样板"。

城市,让生活更美好。建设淮海经济区中心城市,必须始终践行以人民为中心的发展思想,"见物"更"见人",时刻关注市民生活、感知百姓冷暖、满足大众需求,把徐州建设得更加繁荣、更具品质、更有温度,让人民群众在城市生活得更方便、更舒心、更美好,使徐州成为区域首善之城,成为一座令人向往的城市。

是为序。

中共徐州市委书记

序二

城市是国家经济、政治、文化、社会的重要载体和活动中心，是国家现代化建设的重要引擎。城市承载了经济社会发展脉络和历史记忆，也展示着时代特征和发展前景。这套丛书，通过规划、建设、城管和园林四个篇章，对徐州城市发展实践进行梳理和凝练，着重反映徐州城市转型发展的历史过程和经验。作为曾经在徐州市政府和政府部门工作过的我们感到十分欣慰，对徐州市日新月异发展和城市面貌的深刻变化感到由衷地高兴。

城市发展的历史阶段有其特有的历史规律。徐州作为计划经济时期的资源型城市，曾面临煤炭资源枯竭带来的城市、经济和环境等诸多困难和问题。面对城市转型的需要，徐州市坚持以规划为引领，以提高城市宜居性为目标，努力统筹生产、生活、生态三大布局，经过多年来持之以恒的努力，下大力气进行系统科学规划和生态修复建设，使城市建设面貌和生态环境品质发生了显著变化，形成了具有历史文脉传承和地域风光特点的城市新貌，获得"国家生态园林城市"和"中国人居环境奖"佳誉，在资源型城市转型上进行了积极有益探索和实践。

党的十八大以来，习近平总书记系列重要讲话精神阐述了治国理政新理念新思想新战略。中央相继召开了新型城镇化工作会议和城市工作会议，2014年2月习近平总书记在北京市考察工作时强调，建设和管理好首都，是国家治理体系和治理能力现代化的重要内容。他指出，城市规划在城市发展中起着重要引领作用，考察一个城市首先看规划，规划科学是最大的效益，规划失误是最大的浪费，规划折腾是最大的忌讳。他强调，规划务必坚持以人为本，坚持可持续发展，坚持一切从实际出发，贯通历史现状未来，统筹人口资源环境，让历史文化与自然生态永续利用、与现代化建设交相辉映。习近平总书记明确指出我国面向两个一百年，城市发展要体现时代发展新形势和新要求。城市是一个有生命的有机体，要顺应发展需要不断地进行自我更新。坚持创新、协调、绿色、开放、共享的发展理念，坚持以人为本、科学发展、改革创新、依法治市，转变城市发展方式，完善城市治理体系，提高城市治理能力，着力解决城市病等突出问题，不断提升城市环境质量、人民生活质量、城市竞争力，建设和谐宜居、富有活力、具有特色的现代化城市是城市建设和管理者们努力的方向。

期盼徐州市委、市政府坚持"四个意识"，人民同心协力、苦干实干，统筹推进"五位一体"总体布局和协调推动"四个全面"战略布局，推动全面深化改革，各项工作取得新进展，徐州城市建设发展不断取得新成果！

汪光焘[*]

王静霞[**]

[*] 汪光焘：曾任徐州市人民政府副市长，建设部原部长，全国人大十一届人大常委、环资委主任委员。

[**] 王静霞：曾任徐州市规划局局长，中国城市规划设计研究院原院长、书记，国务院原参事，国务院参事室特约研究员。

目 录

1 徐州城市简介 ··· 001
   1.1 徐州历史沿革 ·· 001
   1.2 徐州山水格局 ·· 002
   1.3 楚韵汉风的文化特质 ·· 003

2 区域规划研究 ··· 006
   2.1 "一带一路"背景下徐州城市特质研究 ································· 006
   2.2 徐州都市圈规划 ··· 007

3 城市总体规划 ··· 018
   3.1 徐州市城市总体规划编制历程 ·· 018
   3.2 城市总体规划编制的时代导向 ·· 025

4 历史文化名城保护规划 ··· 029
   4.1 徐州市历史文化名城保护规划 ·· 029
   4.2 户部山、状元府历史文化街区保护规划 ······························· 040

5 生态建设与生态修复规划 ··· 050
   5.1 生态建设规划 ·· 050
   5.2 生态修复规划 ·· 076

6 城市综合交通规划 ··· 087
   6.1 基本情况 ·· 087
   6.2 总体要求 ·· 089
   6.3 城市对外交通规划 ·· 090
   6.4 城市交通系统规划 ·· 093

7 市政基础设施规划 ··· 130
   7.1 徐州市中心城区海绵城市专项规划 ······································ 130
   7.2 徐州市示范区海绵城市详细规划 ··· 135
   7.3 徐州市中心城区供水专项规划 ·· 140
   7.4 徐州市中心城区排水(雨水)防涝综合规划 ························· 144
   7.5 徐州市主城区污水处理规划 ··· 150

  7.6 徐州市主城区电力工程专项规划 153
  7.7 徐州市主城区燃气工程专项规划 155
  7.8 徐州市主城区市供热工程专项规划 158
  7.9 徐州市中心城区综合管线及管廊专项规划 161

8 徐州市特色规划研究专题 169
  8.1 徐州市城市清风廊道规划 169
  8.2 徐州市融入"江淮生态大走廊建设"规划研究 ... 175
  8.3 徐州市城市色彩规划 184
  8.4 徐州市主城区轨道交通站点周边地下空间综合利用规划 ... 209
  8.5 徐州市主城区山体周边建设控制研究 220

9 公共服务设施规划 227
  9.1 徐州市中心城区公共文化设施布局规划 227
  9.2 徐州市中心城区幼儿园布局专项规划 230
  9.3 徐州市中心城区小学布局专项规划 232
  9.4 徐州市中心城区中学布局专项规划 234
  9.5 徐州市公共体育设施布局专项规划 236
  9.6 徐州市主城区养老服务设施布局专项规划 241
  9.7 徐州市主城区派出所布局专项规划 249
  9.8 徐州市主城区农贸市场（街坊中心）布局专项规划 ... 251
  9.9 徐州市主城区社区综合服务中心布局专项规划 ... 254
  9.10 徐州市中心城区加油（气）站布局专项规划 ... 257
  9.11 徐州市中心城区新能源汽车充电设施布局专项规划 ... 259
  9.12 徐州市中心城区公共厕所布局专项规划 262

10 镇村规划 266
  10.1 新型城镇化和城乡发展一体化规划 266
  10.2 优秀案例 269

11 城市设计 282
  11.1 城市设计概念 282
  11.2 城市设计基本原则 283
  11.3 城市设计导向模式 283
  11.4 总体规划阶段城市设计 284
  11.5 控制性详细规划阶段的城市设计 292
  11.6 重要区域概念规划及城市设计 306

12 控制性详细规划 326
  12.1 徐州市控制性详细规划编制主要内容 326

12.2 规划案例——新城区控制性详细规划 ·········· 328

13 规划案例 ·········· 336

13.1 历史地段规划 ·········· 336

13.2 特色街区规划 ·········· 343

13.3 文旅设施规划 ·········· 360

13.4 轨道交通站点地下空间综合利用规划 ·········· 374

13.5 片区提升规划 ·········· 380

后记 ·········· 388

1 徐州城市简介

徐州，江苏省省辖市，地处江苏省西北部，华北平原东南部，长江三角洲北翼，东临黄海，西接中原，北连齐鲁，南屏江淮，京杭大运河从中穿过，陇海、京沪两大铁路干线在徐州交汇，素有"五省通衢"之称。徐州总面积11258km^2，其中市区面积3037km^2，现辖5区、3县、2市。徐州是华东重要门户城市，华东地区重要的科教、文化、金融、旅游、医疗、会展中心，也是江苏省重要的经济、商业和对外贸易中心。

徐州历史上为华夏九州之一，自古便是北国锁钥、南国门户、兵家必争之地。徐州有5000多年的文明史和2500多年的建城史，是著名的千年帝都，"九朝帝王徐州籍"。徐州是两汉文化的发源地，是"彭祖故国、刘邦故里、项羽故都"，拥有大量文化遗产、名胜古迹和深厚的历史底蕴。

1.1 徐州历史沿革

徐州，简称徐，古称"彭城"，原始社会末期，帝尧时彭祖建大彭氏国，徐州称彭城自始起，是江苏境内最早出现的城邑。之后，彭城和徐州的建制称谓多有更替。一易城址：初始元年，王莽在彭城设置和乐郡。二易城址：公元一百九十四年，徐州治所从郯迁到下邳。三易城址：建安三年，即公元两百年，迁徐州刺史部治所于彭城，彭城正式称之为徐州。

春秋战国时，彭城属宋，后归楚，秦统一后设彭城县。

楚汉时，西楚霸王建都彭城。西汉时属楚国，东汉属彭城国。

三国时，曹操迁徐州刺史部于彭城，彭城自始称徐州。

魏晋南北朝各代曾设彭城国或徐州，都城或治所多在彭城。

隋时设徐州，后改彭城增添郡，治彭城。

唐初，徐州与彭城郡名称多次互易，中后期为节度使驻地。

五代时各朝置有徐州，治彭城，领七县。

宋、元两朝都置徐州，属归德府。隶属和辖领变化较频。

明初徐州曾属凤阳府，直隶京师，后属南直隶。

图1-1 徐州历史沿革图

清初，徐州先后为江南省和江苏省所属直隶州，雍正十一年（公元1733年）升为徐州府，辖领1州7县。

民国初，徐州府废，府地附郭铜山县，后曾设徐海道，治所在铜山（徐州）。

民国时期，徐州为国家重点建设的八大城市之一。

抗日战争胜利后，国民政府仍置徐州市，属江苏省。著名的三大战役之一的淮海战役就是以徐州为中心展开的。

1949年因江苏省尚未完全解放，徐州市暂由山东省代管，后划回江苏省，并同时成立徐州专区。

1970年，徐州专区改称徐州地区。

1983年，江苏撤销地区专员公署，实行市管县的建制（如图1-1）。

1.2 徐州山水格局

徐州四周有海拔100~250m的山丘近80座相环绕，自然围合出城市空间，构成一个祥和安定且景色宜人的生活环境。徐州"群山环抱，一脉入城"，风光隽秀，蕴藏了大量的人文景观资源。苏轼在《放鹤亭记》就记"彭城之山，岗岭四合，隐然如大环"，这些描述都很贴切反映了当时徐州山、水与城的格局（如图1-2）。

图1-2 徐州历史山水格局图

徐州市的水体丰沛且有自身特质，古有汴、泗水交汇，后又为黄河故道与京杭运河穿流，古有诗曰"地势萦回环翠岭，关城峭拔枕黄流"（明·薛瑄《彭城怀古》），"青嶂四周迎面起，黄河千折挟城流"（清·邵大业《徐州》），"帘前秀结千峰色，槛底声喧万里流"（明·潘季驯《同江司徒小酌云龙山》）。而近半个世纪以来徐州云龙湖与整治后的黄河故道，更如明珠玉带，为古城增色。

山水环抱的徐州城市格局，正是中国古代人们追求城市与自然和谐的观念体现与实践结晶，同时暗含了极具特色的"风水"营建思想。

徐州城具有严整的山水格局：徐州古

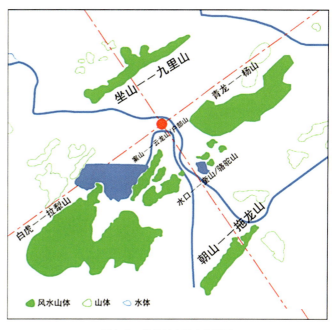

图1-3 徐州城市风水分析图

城为"穴"；九里山为"坐山"，龙脉因之入城；杨山与拉犁山等东西两路分别为"青龙"、"白虎"左右辅弼；城东南近倚云龙山以为"案山"，以奎山、骆驼山夹水口；远对拖龙山以为"朝山"（如图1-3）。这种"风水"的整体格局反映了中国历代城市选址与营建的经验积累，奇特而珍贵，具有重要的整体保护价值，并且其中许多科学的观念应该在今天的城市建设中继续弘扬。

1.3 楚韵汉风的文化特质

1.3.1 楚汉文化的形成

楚汉文化是徐州文化的核心。它是在原始的本土东夷文化基础上不断孕育新的文化因子，伴随着西汉王朝的建立，形成楚汉文化系统雏形，进而与多种地域文化交流、兼并、整合和共生，经过复杂的兼收并蓄的历史演变过程，最终形成成熟、定型的楚汉文化系统和徐州地区丰富的汉文化景观。秦统一中国后，"书同文、车同轨、度同制、行同伦、地同域"，统一的文化系统基本格局形成。徐州作为西楚之地的重心，受秦"轻文尚武"思想的影响，而更多的则是保留了楚文化的传统习俗。楚汉战争期间，项羽定都彭城，一定程度上强化了楚汉文化的精神内核。公元前202年，西汉王朝的建立则使统一的文化系统又向前发展了一步，形成了楚汉文化系统的雏形。徐州楚汉文化系统雏形与其他地域文化发生了全面的整合。包括与关中秦文化的整合，与齐鲁文化的整合，与北方燕赵文化的整合，以及与徐州本土文化的再整合。公元前140年，以汉武帝"独尊儒术"为标志，楚汉文化成熟定型。汉文化系统正是经过与诸地域文化复杂的整合过程才由雏形逐渐发展和完善的。西汉在政治上取代秦朝的同时，对于楚文化是吸收的，但对秦文化也并不是完全弃置，同样也是既有继承也有改造。楚国的东境到达徐泗邹鲁一线，这里的居民都开始自称为楚人，西汉就是在这样浓厚的楚文化氛围中建立的。汉初盛行的黄老学说、无为之道，便是楚文化中道家的学说，汉文化吸收了楚文化的"龙凤观念"和"无为而治"的思想,并把它演变成中华民族的精神支柱。汉武帝时,发生了从黄老学说到独尊儒术的转变,大儒董仲舒将儒家学说渗入道家思想而成新儒学。这时,楚汉文化基本成熟、定型,历经各代不衰,演化为凝聚中华民族文化精粹的大一统的大汉文化。可以说,徐州楚汉文化在汉王朝建立以后,从区域性的地域文化开始向统一性的国家文化转化,标志着徐州楚汉文化发展进入了一个新的阶段,并从汉武帝之后,成为大一统的大汉民族国家性的文化。其基本的标志包括:封建地方制度(封国制度、郡县制度)的完善、儒学独尊与学术思想的合流、儒家教育制度的实施、民族文化的认同、社会风俗的定型、多元一体文化格局的形成等。

楚汉文化以"龙凤"为符号的独特的民族标识,以儒、道思想为主要内容的文化典籍,由精湛的铸造、建筑、纺织、农耕等生产技术与工艺,异彩纷呈的文学科技作品和音乐绘画雕刻艺术,以"仁爱忠孝"、"三纲五常"为核心的道德伦理制度等组成,包括了楚汉物质文化、制度文化、行为文化和心态文化。楚汉物质文化从徐州龟山、北洞山、狮子山等汉墓出土的文物来看,楚汉器物文化主要是青铜器、玉器、陶器和漆器,其他物质文化则包括不同形制的汉墓、汉兵马俑、汉代服饰(金银缕玉衣)、装饰品及吉祥物、汉画像石和汉代典籍、著作等;符号文化主要体现在图形、色彩、纹饰、文字等方面;文化艺术主要是音乐、舞蹈、绘画、雕刻等。

1.3.2 楚汉文化的传承发展

徐州发现和发掘两汉文化古迹众多,其中以汉墓、汉兵马俑、汉画像石为"汉代三绝",最具代表性(如图1-4～图1-6)。徐州汉墓在"汉代三绝"中位列第一,研究徐州的陵墓对研究汉代的帝王陵寝制度有着极其重要的意义。徐州地区发现很多汉代崖洞墓,是当时楚王(彭城王)及其王后、大臣的墓葬。徐州地区的诸侯王陵规模宏大,俨然一座座地下宫殿,不仅在同时代的王陵中比较突出,而且也反映了地方王国强盛的实力和经济发达的程度。徐州汉兵马俑在继承了秦俑风格的基础上又加以发展,由写实变为写意,它不注重人物线条的比例是否准确,而侧重于人物的内心世界和精神风貌的刻画,体现了以拙朴而含蓄、更加耐人寻味的艺术手法。汉画像石是作为汉代墓葬(建筑)文化的一部分而产生的,通过它可以清楚地反映当时淮海大地上的古人们所具有的厚葬习俗和神仙信仰。

通过分析汉代墓室、汉画像石、汉代明器中的建筑形象,可以总结出汉代建筑的一些总体特征:汉代建筑的型制初步成熟,建筑组合丰富,既有高台建筑群,又有廊院、三合院、四合院,还有坞

图1-4 徐州龟山汉墓

图1-5 徐州汉兵马俑

图1-6 徐州汉画像石

壁式建筑群。屋顶的形式完备，有四阿、歇山、悬山、攒尖、平顶等，还有重檐、台阶式屋面。总体布局上讲究均衡和对比，具有明确中轴线的院落空间组合，多遵从前堂后寝的格局，重要建筑入口前大多设阙。

历史建筑的形式、符号都是当时技术、材料和社会生产力条件下的产物。只有在传统形式、符号与现代建筑技术有机结合的时候，才能感到它的存在是自然的，有生命力的。但并不是所有的建筑形式或符号都是这种发展前景，有的悄然退出历史舞台，有的幸存至今或成为文物，或继续为人们传承使用。对于地方建筑的传统文脉的传承，是现代建筑设计的一条有效途径，才能使幸存的传统民居得到根本的改善，使历史的文脉在现代建筑设计中得以持续发展。

这种环境背景对徐州的城市建设有着重要的影响，汉代建筑元素在徐州的诸多建筑中得到不同程度的运用，尤其是公共建筑。徐州市汉代建筑主要有两类，一类是仿古建筑，一类是现代建筑。前者主要是一些与汉墓、汉代遗址主题相关的仿古建筑和建筑群，如龟山汉墓等（如图1-6）。后者主要是一些标志性或汉文化相关的博览类建筑，主要有汉画像石馆（如图1-7）、徐州博物馆、水下兵马俑馆、汉画像石长廊、徐州名人馆、淮海战役烈士纪念馆等比较具有代表性的建筑。徐州博物馆（如图1-8），建筑设计从汉代文化出发，围绕这个主题从较高的层面着手，延续了历史文脉，创作出非常出色的地域性建筑。建筑主轴线上的三层中央大厅覆以青铜外饰的覆斗形屋顶，覆斗之下为筒瓦檐口，两者都是对汉代建筑和汉墓屋顶的高度抽象。位于主入口玻璃幕墙前方的门阙取材于出土的梯形梁刻石，形成视觉中心。主入口两侧的巨型阙式构图也是抽象于汉代双阙，并在上部刻以汉代典型的"十字穿环纹"。入口两侧大片实墙下部的带状装饰浮雕是从题材到雕刻手法也都借鉴徐州汉画像石，起到了良好的装饰效果。这些建筑形象与特色的形成，不是对历史遗存的粗浅复制，更不是对新潮风格追求的结果，而是延续了历史文脉和凝聚了地方特色的自觉产物。

图1-7 徐州汉画像石馆

图1-8 徐州博物馆

2 区域规划研究

在国家"一带一路"的战略格局下，丝绸之路经济带的沿线中心城市普遍定位为交通枢纽城市、文化交流中心、商贸物流中心等。对于徐州而言，这样的城市功能定位显然特色不足，不具备独特的地方特色及政策优势。从徐州城市的区域发展格局和城市发展条件入手，开展了"一带一路"背景下徐州城市特质研究。

2.1 "一带一路"背景下徐州城市特质研究

2.1.1 城市功能定位

城市功能定位既要与城市总体规划进行衔接，又要突出特色，具有一定的口号性质和辨识度。城市总体规划的定位重点为中心城区，主要突出交通枢纽、区域中心、历史文化和生态旅游等方向；都市圈规划则重点突出城市在都市圈的区域职能和发展特色，重点突出了"一带一路"双向开放合作、连片资源型城市转型和跨省协同发展创新方面的示范。本次定位研究立足徐州的自然生态和历史文化，践行国家一带一路和双创战略，空间跳出淮海经济区，积极对接京津冀和长三角经济区，变区域洼地为高地，与徐州市"一中心、一基地、一高地"产业发展定位衔接，以徐州市的国家战略地位、区域中心职能、城市资源特色、未来发展愿景为定位方向。

研究提出"五省通衢、淮海中心、带路节点"三大定位。三大定位着眼全局、内涵丰富、概括全面，立足于徐州战略区位优势，立足于徐州进入国家"一带一路"战略格局的宏观背景和交通条件，与先进制造业基地的发展目标相呼应，与徐州"现代服务业高地"建设和产业科技创新中心的定位相呼应，突出徐州在国家"一带一路"战略中的地位和愿景。

2.1.2 功能定位内涵

三大定位中，"五省通衢"是发挥新时期交通区位优势的发展策略。在清代，徐州称"五省通衢"，一种说法指直隶、山东、河南、江南、浙江五省，徐州有沟通连接这五个省的通衢道路或河流；另一种说法为徐州在历史上可以通过黄河与京杭运河的漕运到达苏、鲁、皖、豫、冀五省。两种说法均说明徐州在古代时期水路交通的重要性。目前，徐州是全国重要的综合性交通枢纽，京沪和陇海两大铁路干线、京沪高速铁路与规划建设的徐兰客运专线均在此交汇，高速、国道、省道纵横成网，未来还将新增一条徐州连通上海的高速铁路，交通优势日益凸显。徐州已从古代水路交通枢纽转变为现代化综合交通枢纽。未来在全国区域经济格局中，徐州处于东部沿海开放和中西部开发的连接带、长江三角洲与环渤海湾两大经济板块的结合部，应该凭借其东靠西移、南北对接、双向开放、梯度推进的独特战略区位优势，引领城市功能提升，推动传统产业转型、新型产业升级，提高城市的区域影响力和综合服务能力。

"淮海中心"指在区域之间，积极对接京津冀和长三角两大经济区，借助与区域核心城市北京、上海三小时交通交汇节点优势，积极做大淮海城市群，成为区域发展高地。在区域内部，加强淮海城市群间联系，未来构建区域性商贸物流、商务金融等现代服务中心，打破跨省的行政界线，建成跨省的现代服务业高地，实现基础设施、公共服务设施的一体化建设，推动公交、社保一卡通、户籍开放等政策的进一步落实。

"带路节点"是徐州作为新亚欧大陆桥经济走廊的重要节点城市借势"一带一路"战略发展的重要举措。重点加强先进制造业发展，推动资本的双向流通；加强物流枢纽功能建设，形成淮海区域性开放枢纽。在丝绸之路经济带沿陇海线区域，对比西安和郑州两大城市，徐州拥有的优势在于向东与沿海港口联系的交通较近，未来应该加强与连云港、日照、盐城等沿海港口的联系。

2.1.3 发展路径指引

研究提出了"依托京津沪、学习粤港深、服务黄淮海、路带勇争先"四条总体发展路径。

依托京津沪：主动抓住北京等城市职能疏解的机遇，积极争取区域性功能集聚；充分依托上海的制造业转移，截留相关产业入驻，提高产品附加值。

学习粤港深：活力学广东，学习其改革开放排头兵"放开搞活、与时俱进"的活力和开放精神；管理学香港，学习其品牌塑造意识和高效管理体制；创新学深圳，学习其"敢为人先、先试先行"的魄力和创新思维。

服务黄淮海：黄淮海地区作为长三角、京津冀、中原城市群之间的发展洼地，徐州作为淮海经济区中心城市带动区域振兴，应主动参与区域产业分工与协作，统筹跨区域职能布局与协调，提供特色优质服务。

路带勇争先：通过与陆桥中心城市综合竞争力评价，甄选出徐州在"丝绸之路经济带"的优势；通过与"海上丝绸之路"门户城市的互动联系，寻找市场差别化需求。

2.2 徐州都市圈规划

2.2.1 徐州都市圈规划（2002~2020）

1. 规划编制的目的

培育非行政经济圈，推动区域协调发展。培育徐州都市圈和徐连城镇发展轴，提升区域整体社会经济发展水平；协调区域内人口、经济、环境的关系，促进可持续发展；增强徐州都市圈和徐连城镇发展轴综合竞争力，加快苏北地区发展，进一步推动全省城市化进程，实现区域共同发展。

2. 构建"单核心放射状"城镇空间结构

（1）城镇空间结构：根据都市圈空间发展阶段、区域城镇现状集聚特征，结合城镇发展趋势，规划形成"单核心放射状"城镇空间结构。以一个核心城市、二条城镇发展轴、一条城镇联系通道为依托，优化徐州都市圈城镇空间结构，强化城镇和非农空间的集聚，满足农业现代化的空间需求。一个核心城市即徐州市；二条城镇发展轴即徐连（东陇海铁路沿线）城镇发展轴、枣徐宿（州）（京沪铁路沿线）城镇发展轴，一条城镇联系通道即宿（迁）徐丰沛城镇联系通道。空间发展思路为：大力培育核心城市，加强轴线集聚发展，引导通道点状布局，实现核心腹地互动（图2-1）。

（2）核心城市：淡化行政区划，培育核心城市，统一规划、合理拓展徐州城市发展空间，有序建设新城区和周边组团，提升都市圈核心城市功能，强化核心城市集聚和辐射的能力。着重提升徐州作为都市圈制造业中心、商务商贸中心、公共服务中心、物流中心和信息中心的功能。打造徐州都市圈核心城市，陇海兰新经济带东部和淮海经济区的中心城市，全国综合性交通主枢纽，区域商务商贸中心，以楚汉文化为主要特色的国家历史文化名城，全国性旅游城市。

（3）产业空间组织：根据构筑"单核心放射状"的都市圈空间结构要求，强化核心城市的制造业中心地位与综合服务功能，构筑徐连沿线地区工业走廊；建成以连云港、宿迁、新沂、淮北、宿州、枣庄六个重要城市为主的二、三产业集聚中心，形成宿（迁）徐丰沛沿线轻工业产业集群、枣徐宿（州）沿线重工业产业集群；整合优势资源，协调功能组团产业发展；以市场为导向，发挥比

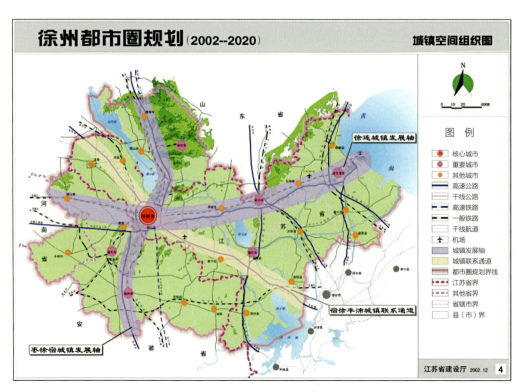

图2-1　徐州都市圈城镇空间组织图

较优势，发展县域经济；保护都市圈规划范围的农业和生态开敞空间。

3. 构建符合区域整体可持续发展要求的现代化基础设施网络

（1）运输通道和基础设施走廊：根据都市圈空间组织要求，提升东西向运输能力，完善南北向交通网络，利用国家级交通大动脉，配套完善相应设施，建成徐连线、枣徐宿线、京沪线和沿海线的"一横三纵"运输通道。重点加强徐连线运输通道建设，创造集聚条件，提高城市（功能组团）综合实力，推动徐连经济带和城镇发展轴的建设。加快徐州、宿迁—新沂功能组团、连云港等运输通道交汇处城市（功能组团）的交通体系改造和建设，合理衔接内外交通。结合防护林带规划建设，加强宿徐丰沛城镇之间联系通道的用地控制和管理，保证交通畅通、快速通过。根据节约用地、方便管理和加强不同设施之间协调的要求，近远期结合，沿主要交通干线和输水河道集中建设500kV高压线路、天然气干管等骨干工程，建成徐宿（迁）淮和沿海两条基础设施走廊。

（2）交通运输设施：1）公路方面：加大区域性干线公路网络密度，加强干线公路在建设时序、标准和位置上的协调。联手改造310国道、311国道、104国道、204国道、205国道、206国道、微山—沛县—单县公路，郑沛公路、徐丰公路、宿邳公路、宿（迁）至燕尾港公路，新建塔山至双沟公路、莒南至杨集公路（S242），提高路网的整体容量，提高行车安全性和舒适性。2）铁路：京沪高速铁路为客运专用线路。北延徐沛铁路，新建宿（州）淮铁路、日照至盐城铁路，建成临沂至新沂铁路，促进铁路网络化。适时进行徐州市、连云港市城市轨道交通规划建设。利用现有煤矿专用线用地通道，推进核心城市与周边组团之间轨道交通建设。3）水路：重点建设京杭运河，改善都市圈水运条件。整治京杭运河湖西航道（二级）、淮沭新河（六级），拓建连申线（通榆运河段三级航道，盐河段四级航道），建设京杭运河分流航道刘集船闸，结合南水北调工程整治徐洪河、房亭河（五级），新建新墟运河（五级），加强丰县—沛县功能组团、宿迁—新沂功能组团、铜山和睢宁地区、连云港和东海地区的片区航道网建设，建成布局科学、结构合理的航道网络，改善区域水运条件。4）海港：以连云港港为主体，以燕尾港和陈家港为辅助港，进一步完善港口体系。延伸和扩大港口经济腹地，促进徐州都市圈的对外开放。努力创造条件，建设连云港国际物流园区，将连云港港建成国家级主枢纽港之一。5）机场：完善徐州观音机场（4D级）、连云港白塔埠机场（4D级），建设徐州沛县通用机场。加强安徽宿州、淮北至徐州观音机场交通联系、山东日照至连云港白塔埠机场交通联系，提高都市圈规划范围干线机场的交通可达性（图2-2）。

（3）水利设施：改善区域水资源条件，增强城市（功能组团）和轴线地区供水能力，实施南水北调东线工程和湖库蓄扩容工程。1）近期实施沂沭河洪水扩大东调、微山湖洪水扩大南下工程与本省相关项目。2）配合国家实施南水北调东线工程，解决徐州、连云港、宿迁市域季节性缺水问题。3）合理征用各项水利工程的建设用地，满足洪泽湖、微山湖、骆马湖、石梁河水库、小塔山水库、安峰山水库蓄水位提高的要求。4）鼓励并积极有序推进区域供水工程。近期，供水范围在城市和周边地区，充分利用现有供水能力，以"两河三湖"为主要水源，新建、扩建部分水厂，完善城市供水管网设施；远期，利用"两河三湖"为主要水源，在丰县—沛县功能组团、宿迁—新沂功能组团、徐州铜山地区、连云港东海地区建设若干相对集中和规模化的区域中心水厂，形成规模效益，提高区域供水水质和覆盖率。

图2-2　徐州都市圈综合交通体系规划图

（4）天然气与电力设施：

天然气设施：

1）优化区域能源结构，推广利用天然气。近期逐步确立天然气利用的主导地位，远期建设徐州（铜山）、宿迁、连云港天然气一级门站。2）根据相关地区的天然气管网规划，分期建设滁州—扬州—淮安—宿迁（预留至徐州通道）天然气支干线、淮安—连云港天然气支干线、安徽利辛—宿州—淮北—徐州天然气支干线；建议徐州天然气支干线延伸至山东枣庄。推动丰县—沛县功能组团、宿迁—新沂功能组团天然气管网一体化建设。

电力设施：

1）电源建设。在协调好水和煤炭资源可持续利用的前提下，在徐州建成全省火电能源基地；连云港建成全省核电能源基地。2）电网建设。电网建设与电源建设同步协调发展。扩建徐州500kV任庄变和500kV三堡变的主变容量，提高升压送出能力；新建宿迁500kV双泗变和连云港500kV变电站；根据今后负荷增长和网架结构的需要预留2~3处500kV站址，并留出500kV线路建设通道。3）区域协调。加强与江苏南部电网的联系，形成江苏北电南送的3~4个500kV主通道。与山东进行协调，预留宿迁500kV双泗变-山东500kV沂蒙变的双回500kV输电通道，为华东、山东电网联网在空间上提供条件。丰县-沛县功能组团扩建大屯电厂，并预留南北向线路建设通道；宿迁-新沂功能组团内预留在宿迁新建火电厂站址，并在区域内预留南北向的500kV通道至山东（图2-3）。

4．建设与都市圈经济发展、人民生活水平提高相适应的生态系统

（1）徐连沿线地区：建设沿东陇海铁路、连霍高速公路两侧林带和城市外围及功能组团之间的

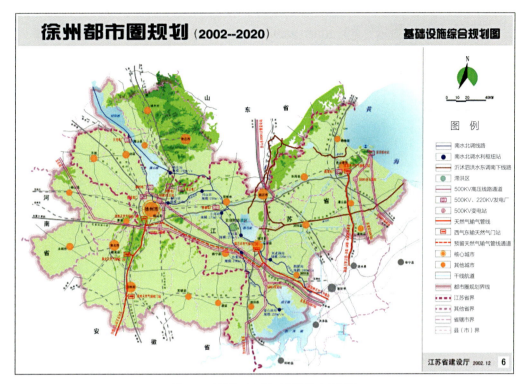

图2-3 徐州都市圈基础设施综合规划图

生态廊道;提高城市绿化覆盖率,改善城市环境;发展节水产业,节约用水,逐步实施分质供水、中水回用工程。加强自然保护区的建设与管理,建设自然保护区、森林公园、风景名胜区、海岸林带等保护网络,逐步形成生物多样性自然保护体系;保护与建设并重,破坏预防与治理修复相结合,旅游开发应注意生态环境保护。创建海洋自然保护区,保护海洋生态系统,促进海洋资源可持续利用。

(2)宿徐丰沛沿线地区:城镇间合理隔离,南水北调沿线城市加速污水处理设施建设。根据土壤、气候条件,结合增加农业效益,建立不同品种农作物的资源优势区;推广生态农业,生产绿色食品、制品;在发展意杨经济林的同时,避免品种单一而发生大面积病虫害,发展混交林、阔叶林。

(3)环湖地区(环洪泽湖、骆马湖地区):逐步建立湿地保护区,建设环湖生态农业示范区,全面推广生态农业;压缩围网养殖面积,进行养殖结构调整,采用生态养殖技术,减少水体污染;建设森林公园、环湖林带,保持水土;统一规划沿湖取水口、排水口,严格管理,统一分配;切实保护饮用水源。

功能组团宜共同建设生态廊道;共享水资源,共建取水口,划定水源保护区,形成合理的区域供水系统。宿迁—新沂功能组团应合理利用和保护骆马湖水资源,建设保护马陵山自然保护区、嶂山森林公园。丰县—沛县功能组团以京杭运河为水源,共同建设区域水厂和供水管网,控制地下水开采量(图2-4)。

5. 通过省内区域管治和省外区域协调,统筹徐州都市圈整体发展

以协调区域关系、解决区域性问题为基本出发点,统筹考虑徐州都市圈规划范围的整体发展。通过空间管治协调,加强空间活动利益主体的互补关系,充分发挥整体竞争优势,实现区域空间的

图2-4 徐州都市圈分区生态环境规划图

可持续发展。协调管理原则如下：涉及生态环境和人文环境，并有可能对相关地区产生重大影响的项目，应与该地区相互协商，取得一致意见；对生态环境和人文环境有重大影响的建设项目，应作出公正的影响评价。在行政协调的基础上，运用市场机制加强生态环境和基础设施的协调，推进共治共管、共建共享。

（1）省内区域管治协调

都市圈规划范围省内重点管治协调区域包括徐连沿线地区（省内部分）、宿徐丰沛沿线地区和环湖地区（省内部分）三大区域（图2-5）。

1）徐连沿线地区（省内部分）

范围：陇海铁路两侧5km所涉及的城市市（城）区、乡（镇）行政范围。一般原则：高度重视对生态环境的保护，跨界河流严格按照淮河流域污染防治条例治理。改善投资环境，整合现有基础设施资源，新建设施的位置、建设标准、时序上尽量一致，建成符合沿线城市整体发展要求的、高效运行的基础设施网络。加强旅游业整体发展，合理利用古文化、古遗址的历史文化内涵和山海风光等自然景观，保护与建设并重。

2）宿徐丰沛沿线地区

范围：徐州经丰沛地区至山东快速通道和徐宿淮盐高速公路两侧5km所涉及的城市市区、乡（镇）行政范围。一般原则：保护生态环境，重点保护水环境。发展生态农业和生态旅游业。提高对外联系的快速便捷度，新建设施在位置、建设标准、时序上尽量一致。协调建设国家南水北调工程、西气东输工程，共同控制北电南送线路通道，建成符合沿线城市整体发展要求的、高效运行的基础设施走廊。

图2-5 徐州都市圈省内区域管治协调图

3) 环湖地区（省内部分）

范围：环洪泽湖、骆马湖沿岸陆地5km范围。一般原则：统一实施国家南水北调工程，共同控制和治理水体污染。协调建设湿地自然保护区和环湖林地，保护集中饮用水源。旅游发展遵循"统筹规划，全面保护，重点整治，合理利用，适度开发，各具特色"的原则，与农业生产、生态保护相协调。结合区域交通体系建设，协调交通建设、旅游开发与环境保护之间的关系。

4) 与淮安地区协调

管治协调内容：同步推进徐宿淮盐高速公路建设，与宿迁统一标准衔接。预留宿（州）淮铁路对接位置。共同确保国家南水北调工程的顺利实施；协调建设淮安至宿迁、连云港的天然气干管；协调打通宿迁—南京500kV的输电通道，统一建设田湾核电站—500kV连云港变—500kV淮安变的北电南送通道，共同形成徐宿淮基础设施走廊通道。共同保护洪泽湖和京杭运河的水环境。共同利用洪泽湖和京杭运河的水资源，协同开发旅游资源，联合组织环湖、沿河旅游线。有效保护和增殖洪泽湖渔业资源，共同发展生态农业。

5) 与盐城地区协调

管治协调内容：协调建设沿海运输通道。协调连云港与陈家港、燕尾港的功能，完善连云港港口体系，谋求共同发展。协同开发两市分界的灌河，共同治理入海口拦门沙等问题，充分发挥其航运功能。同步建设日照至盐城铁路、沿海高速公路、连申航道等沿海交通走廊，改善苏东地区投资环境，促进沿海地区发展。预留沿海基础设施走廊通道，统一开发利用海洋资源。

（2）省外区域协调建议

都市圈规划范围内省外重点协调区域包括徐连沿线地区（安徽省萧县、砀山县）、枣徐宿沿线地

图2-6 徐州都市圈与省外区域协调图

区、环微山湖地区和山东省南部地区。1)徐连沿线地区(安徽省萧县、砀山县)协调原则:共同保护生态环境,跨界河流严格按照淮河流域污染防治条例治理。整合优势资源利用,加强区域产业协作。2)枣徐宿沿线地区协调原则:保护生态环境,加强跨界水体污染治理;沿线国家干线工程在位置、建设标准、时序上保持一致,按照有关要求建设;联合开发煤炭资源,实现技术互补;整合旅游资源,加强沿线旅游业区域协作。3)环微山湖地区协调原则:合理利用水资源,控制和治理水体污染,协调发展旅游业、农业。协调改善水陆交通条件。4)与山东南部地区协调原则:加强市场一体化建设,促进边界贸易。协调区域性基础设施的建设位置、标准与时序,实现共建共享。协调水资源利用,保护水环境。整合旅游资源,促进大旅游发展(图2-6)。

2.2.2 徐州都市圈规划(2016—2030)

根据省委省政府的战略部署,落实省政府工作报告中提出的"充分发挥徐州都市圈的辐射带动作用"、"支持徐州加快建设淮海经济区中心城市"、"徐州进一步加强与淮海经济区相关城市的联动"、"实现洼地崛起"等要求,经省政府同意,由江苏省住建厅会同徐州市人民政府于2015年11月开展徐州都市圈(2006—2030)修编工作。

1. 拓展研究范围,研究国家城市群战略上升路径

上版规划都市圈范围包括江苏省的徐州市、宿迁市及其所辖县(市),安徽省的宿州市、淮北市及其所辖县,山东省的枣庄市及其所辖县(市)、济宁市的微山县,以及河南省商丘市的永城市。此外连云港市也纳入研究范围。

本次规划修编在上版规划研究范围基础上,从国家战略、区域融合角度,将淮海城市群、东陇

海城镇轴作为研究范围。其中淮海城市群包括徐州、连云港、宿迁、枣庄、济宁、淮北、宿州、商丘等淮海经济区核心区8市，东陇海城镇轴包括沿线徐州、宿迁、连云港及所辖县市。分析国家城市群发展格局，以徐州都市圈为核心，研究淮海城市群上升为国家城市群的战略路径，提出建设国家创新示范区争取国家政策支持。落实省政府建设沿东陇海线经济带的战略部署，重点研究徐连一体化带动我省东陇海城镇轴发展的路径，在畅通国家陆桥通道、共建开放合作平台、培育沿线城镇等方面提出具体的规划措施。

2．由"培育"向"协同发展"转变，注重跨省协同

上版规划以培育徐州都市圈规划目标，更强调以核心城市和轴线地区发展带动都市圈的整体崛起。都市圈发展协调，关注跨区域基础设施建设和生态环境保护。本次规划修编面临着新的区域发展态势：都市圈各城市协同发展的诉求强烈，在产业合作、环境保护、交通对接等方面取得了较好的协作进展。在延续"培育都市圈"基础上，核心关注"协同发展"。研究跨界空间协调，促进设施共建共享共用；交通互联互通，共塑区域一体化交通；联防联控联治，共保区域生态环境；协同机制创新，促进省级协调联动。对保障区域协调落实的实施机制进行了深入探索，在产业合作方面重点研究跨界产业协作的模式创新，在生态环境共保方面重点关注生态补偿、联防联控机制，在医疗、教育等公共服务一体化方面重点研究医保互认、异地结算机制，研究都市圈协调主体和平台建设、投融资保障机制的完善。规划方法也有所创新，召开省级、市县级的协调会、讨论会，多轮沟通省级战略要求、地方发展诉求，建立了规划沟通协调机制。

3．契合国家战略，聚焦产业转型和双向开放

上版规划以提升区域整体社会经济发展水平为目标，关注产业结构升级，以市场需求、资源特色、传统优势、生态效益、高新技术为导向，强调新兴工业化地区快速增长，符合当时的发展背景和发展基础。

本次规划修编契合当前国家"一带一路"战略实施，紧密结合都市圈连片资源型城市转型发展要求，聚焦产业转型和双向开放发展。规划提出构建农业全产业链，加快煤基产业转型，壮大以工程机械为代表的优势制造业，培育战略性新兴产业，优化现代服务业结构的经济振兴路径；重点研究全面提高徐州都市圈开放型经济水平的规划措施，提出与"一带一路"沿线国家、城市合作，建设特殊政策区和申请制度创新试点的要求。

4．强化核心城市功能提升，深化市县发展指引

上版规划侧重都市圈省内城市职能引导，明确城市重点发展方向。本次规划修编深化都市圈核心城市、次级中心城市、县（市）、小城镇发展指引，从区域协同、城市协调角度，关注省外市县发展。针对核心城市徐州，提出创建国家交通枢纽、创新制造中心、商贸物流中心、公共服务中心、文化旅游中心"五大中心"思路，明确具体功能提升要求和重点载体空间打造。对宿迁、枣庄、淮北、宿州及都市圈所有县（市），从发展定位、产业转型、特色培育、城区空间优化、组群协调等方面明确发展引导要求。根据四省交界的区域特征，强化边界小城镇的发展引导。

5．强化区域生态资源管控，探索生态修复治理

上版规划区域管制，关注重点地区管制协调要求，包括徐连沿线地区、宿徐丰沛沿线地区、枣徐宿（州）沿线地区和环微山湖地区等。本次规划修编落实"多规合一"的理念，强化区域山、水、林、田等生态资源的保护与管控，以跨界地区的生态资源保护与利用、重大基础设施通道衔接的协调为重点，划定区域蓝线、绿线、黄线控制线体系，划定禁建区、限建区，落实空间管控要求。对采煤塌陷区、重要山体、河湖湿地等重点生态资源提出生态修复措施，合理引导生态资源开发利用。

6．统筹区域基础设施，关注都市圈一体化交通体系

上版规划重点关注基础设施供给，通过完善综合交通、重大基础设施规划，实现对都市圈空间发展目标的支撑。本次规划修编强化都市圈内跨省基础设施协调，梳理国家、省级、市县各层面设施建设战略布局和地方诉求，统筹重大区域基础设施通道布局。综合交通体系由"完善"向"枢纽强化、一体化"转变，重点研究铁路枢纽、航空枢纽提升，优化预控城际铁路线网，增强航空机场地位，突破航道瓶颈实现通江达海；强化核心城市与都市圈市县快速通道建设，探索研究都市圈市县通勤轨道交通，全面构建一体化的都市圈综合交通体系。

2.2.3 将淮海城市群纳入国家跨区域城市群规划试点的研究

1．淮海城市群的战略定位和发展目标

淮海城市群在我国区域经济发展蓝图上既跨沿海经济带，又属陇兰经济带，属于国家规划重点发展区域。此外，淮海城市群处于东部加速发展的龙头位置，是我国"两横三纵"城镇化战略格局的重要组成部分。未来将打造"跨区域协调发展先行区"、"以传统文化为引导的区域治理现代化示范区"、"促进东陇海地区经济崛起的新引擎"、"东中部'经济低谷'转型发展实验区"、"'一带一路'的重要枢纽"。

2．总体空间布局

结合目前淮海城市群的空间布局情况，未来可构建沿线、沿河、沿海、环湖等为主的"一核两轴三湖四区多组团"的网络型空间发展结构。"一核"即培育徐州市为淮海城市群发展核心；"两轴"即以陇海铁路沿线为横向发展轴，以京沪铁路沿线为纵向发展轴，两个发展轴在徐州交汇；"三湖"即微山湖生态发展带、骆马湖生态发展带、洪泽湖生态发展带。"四区"围绕沿线、沿海、沿河形成四个产业发展区，即东陇海发展区、京杭大运河发展区、沿海发展区、京沪线发展区。"多组团"即形成以徐州为核心，以三个主发展组团，多个次发展组团的网络型空间结构（图2-7）。

3．基础设施一体化建设

淮海城市群八市需统筹规划和建设基础设施，实施全方位建设战略，以高铁站、高速公路出入口、港口为主要节点和枢纽，全面推进铁路、公路、水运、航空、油电气管网、信息通道等基础设施建设，畅通内环通道，完善交通网络，强化枢纽功能，打造网络化、标准化、智能化的综合立体交通体系，近与长三角地区、京津冀地区和中原经济区相连，远与依托大陆桥的"丝绸之路经济带"和连接亚非欧的"21世纪海上丝绸之路"连接，使一体化的基础设施网络有效辐射和带动淮海城市群发展。

4．产业优化升级发展

以转变经济增长方式和推动产业结构优化升级为核心，发挥淮海城市群的区位优势，推进传统产业结构调整，加快发展现代服务业，大力发展战略新兴产业，努力构建"以现代服务业和高新技术产业为引擎，以高端制造业和商贸旅游、现代物流为支撑，以生态农业为重要补充"的与淮海城市群功能相适应的现代产业格局。依托淮海城市群沿线、沿河、沿海、环湖的"一核、两轴、三湖、多中心"的总体空间结构，优化产业布局。

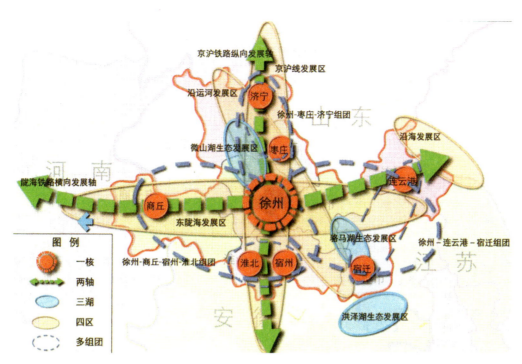

图2-7 淮海城市群空间结构规划图

5．强化徐州在淮海城市群中的地位和作用

强化徐州在淮海城市群中的优势地位与带动作用是促进淮海城市群发展的关键任务之一，应遵守的基本原则是"共赢是大局、徐州是核心、一体化是方向、跨区域协调是突破、国家发展战略需要是关键推动力"。积极争取以徐州为核心建立淮海城市群综合改革试验区，加大建设力度，打破徐州交通运输体系梗阻，强化徐州区域医疗中心地位与作用，推进淮海城市群医疗卫生服务一体化，强化徐州区域教育培训中心地位与作用，提高淮海城市群教育培训一体化水平，着力打造国际性汉文化研究中心、旅游中心和产业基地，形成徐州两汉文化独特品牌，将信用环境建设作为徐州发展的突出特色，构建支撑徐州长期发展的金融保障体系，加强徐州产业整合，集中力量发展优势产业，继续深化完善徐州口岸通关便利化。

3 城市总体规划

3.1 徐州市城市总体规划编制历程

1978年国务院召开了第三次全国城市工作会议，会议要求"全国各城市，包括新建城镇，都要根据国民经济发展计划和各地区具体条件，认真编制和修订城市总体规划、近期规划和详细规划。"同年8月，国家建设委员会在兰州召开城市规划工作座谈会，宣布全面恢复城市规划工作，要求立即开展编制城市总体规划的工作。徐州市于1980年编制完成改革开放后第一个城市总体规划，后由于经济和社会的不断发展，1995年、2007年、2015年又分别进行了三次修编，对指导徐州城市建设具有重大作用。

3.1.1 徐州市城市总体规划（1980～2000）

1977年8月，徐州市启动城市总体规划修编，并于1978年4月完成了初步工作。规划期限近期到1985年，远期到2000年。规划范围为市区184.46km²以内的区域。根据徐州的自然资源、地理位置、交通条件和区域范围内承担的主要作用，城市性质确定为以煤炭、电力为主的工业、交通枢纽和地区性商业中心城市。到1985年，城市规模达到84万人，其中建成区54万人；到2000年，城市规模100万人，其中建成区控制在65万人。城市总体布局形成"一城两镇多点"的格局，以市区为中心发展建设贾汪、郑集两个卫星城镇及若干个煤矿工人村。全市规划建设5个工业区，即孟家沟和万寨地区为化工区、八里屯地区为轻工业区、矿山路和铜山路为机械工业区、下淀地区为轻纺和仪表工业区，总面积为12.41km²。5个仓库区，即孟家沟、下淀、马场湖、九里山、高家营仓库区，面积3.44km²；7个生活区，万寨生活区，规模5.5万人、堤北生活区，规模3.5万人、下淀生活区，规模10万人、天桥东生活区，规模8万人、翟山生活区，规模4万人、老城区及湖滨生活区，规模32万人、九里山生活区，规模2万人，总面积24.21km²。2个文化教育区，即东店子文化教育区和翟山南文化教育区。1个风景区，即和平路以南、翟山以北、韩山以东、七里沟以西为风景区。

规划将市区周围的夹河、茅村、大庙、柳新、大泉、三堡、大黄山、拾屯、潘塘、汉王等10个乡作为规划区范围，体现了以城带乡、城乡统筹的发展思路。1984年江苏省人民政府批复了《徐州市城市总体规划（1980～2000）》（图3-1）。

3.1.2 徐州市城市总体规划（1995～2010）

20世纪90年代，徐州市委、市政府实施"两通先行"和"城乡共荣"的发展战略，加大了城市基础设施建设和城市的综合治理，现代化大城市的框架基本形成。为更好地贯彻省委、省政府关于加快徐连经济带开发建设的决策，发挥陇海—兰新经济带东部和淮海经济区中心城市的作用，适应现代化大城市建设的要求，1994年启动了《徐州市城市总体规划（1980～2000）》的修编工作，规划期限近期2000年，远期2010年，远景展望至21世纪中叶。1996年12月31日，江苏省人民政府批复了《徐州市城市总体规划（1995～2010）》（图3-2）。

规划重点内容：（1）首次划定城市规划区的范围。城市规划区范围为鼓楼、云龙、泉山、九里区，及其四周相连的铜山县所属的夹河、柳新、茅村、大黄山、大庙、潘塘、汉王、棠张、三堡等九个乡镇和睢宁县双沟镇、观音机场及其净空保护范围用地，机场路沿线、城市水源保护区，总面积约1150km²。城市主城区范围为东起房亭河，西至丁楼，南起前二堡南，北到杨屯站，总面积300km²。

（2）优化城市性质，首次提出建设区域中心城市的要求。1984年经省政府批复的城市性质，经过十年的发展实践，城市的功能和作用已发生了巨大的变化，为适应这一变化，规划对徐州城市性质优化为"徐州是国家历史文化名城，全国交通主枢纽，陇海——兰新经济带东部和淮海经济区的

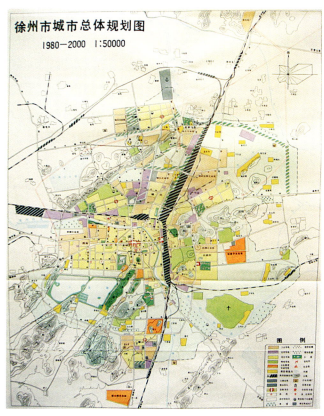

图3-1 徐州市城市总体规划图（1980～2000）

图3-2 徐州市城市总体规划图（1995～2010）

中心城市、商贸都会"。

（3）扩大城市规模。规划2000年城市规划区总人口175万人，2010年总人口215万人。2000年城市主城区人口规模为120万人，城市建设用地114km²，人均建设用地95m²；2010年人口规模为150万人，城市建设用地150km²，人均建设用地100m²。

（4）构建功能布局合理、层次结构齐全的市域城镇网络体系。2000年构成一个主中心（徐州市区），四个二级中心（新沂、邳州、沛城、贾汪），两个三级中心（丰县、睢宁县县城）和66个四级城镇点的城镇规模等级结构，形成以陇海线为主轴，徐丰（沛）线、徐淮（104）线为副轴，多点式的城镇空间结构，发展农副产品加工型、交通服务型、工矿型、中心综合型为重点的城镇职能结构。2010年形成以特大城市徐州为主中心，邳州、新沂、沛屯、贾汪、古丰、睢宁等6个县级市为二级中心和110个小城镇为三级中心的规模等级结构。

3.1.3 徐州市城市总体规划（2007～2020）

党的十六大提出了全面建设小康社会的奋斗目标，徐州作为江苏省三大都市圈之一和徐州都市圈的核心城市，同时，又是淮海经济区的中心城市和国家主要枢纽城市，承担着缩短苏南和苏北的差距、促进淮海经济区和陇海—兰新经济带繁荣稳定的历史使命，客观要求重新思考徐州的发展和规划建设问题。随着《徐州都市圈规划》的完成，2002年启动城市总体规划修编工作，规划期限到2020年，远景展望至2050年左右。重点解决三个方面的问题：（1）制定合理的社会经济发展战略，提升和巩固徐州区域中心城市的地位。（2）合理调整中心城市的城市性质和布局，加强以徐州主城区为核心的都市区规划，着重研究城市新中心区的规划布局和建设。（3）弘扬历史文化，改善城市居民的居住条件，提高社会公共服务设施和城市基础设施建设水平，重点解决城市水资源短缺的问题，构建城市交通与城市土地利用之间良好的协调关系。

规划重点内容：（1）调整城市规划区范围。划定城市规划区范围分三个层次，市域城镇体系规划范围为徐州市域行政管辖范围，含6个县（市），总面积11258km²；城市规划区（都市区）范围：市区行政管辖范围、铜山县行政管辖范围及睢宁县双沟镇、观音机场及其净空保护范围用地，总面积为3126km²；主城区城市用地控制范围为：市区和铜山县的柳新、刘集、茅村、大彭、汉王、三堡、棠张、张集、大庙、大黄山镇以及贾汪区的大吴镇，总面积约1336km²。

（2）优化城市性质，提升中心城市职能。确定城市性质为全国重要的综合性交通枢纽、区域中心城市、国家历史文化名城及生态旅游城市。规划认识到徐州作为淮海经济区和亚欧大陆桥东部重要的节点城市的区域地位，首次提出要建设区域中心城市的设想。

（3）确定合理的城市发展规模。至2010年，市域总人口940万人，城市化水平达到46%；2020年市域总人口1000万人，城市化水平达到58%。主城区城市人口2010年为156万，2020年为200万。主城区城市建设用地2010年为151.40km²，人均97.10m²；2020年为180km²，人均90m²。

（4）构建"K"字形区域城镇空间结构。以中心城市、重点中心镇为节点，快速交通体系为依托，市域城镇空间总体上形成："一个都市区、一条城镇发展轴和三条城镇联系通道的"K"字形区域城镇空间结构（图3-3）。构建以徐州都市区为核心，构成徐州都市区、邳州市区、新沂市区、丰县城区、沛县城区、睢宁县城区六个中心城市发展区，形成徐州都市区——五县（市）城区——重点中心镇———一般镇的四级城镇体系结构。"

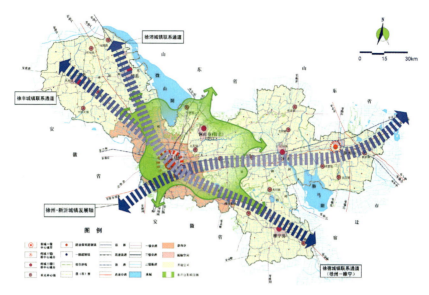

图3-3 "K"字形区域城镇空间结构图

图3-4 徐州市城市总体规划(2007~2020)主城区城市总体规划图

（5）将交通轴、"葡萄串"式的城镇走廊融入区域生态环境中。吴良镛在《徐州市城市发展概念规划研究》中指出，从总体上看，徐州未来的空间结构将以指状组团式结构（葡萄串结构）为主，组团之间以河流、山体等作为自然分割，建设大型生态绿地，促成社会发展、环境优良的可持续发展城市（图3-4、图3-5）。

2007年11月14日，国务院批复了《徐州市城市总体规划（2007—2020）》。

图3-5 徐州城市空间结构分析图

3.1.4 徐州市城市总体规划（2007—2020）（2017年修订）

《徐州市城市总体规划（2007—2020）》于2003年启动编制，2007年11月经国务院批复通过，自实施以来，对于徐州城市建设与发展的方方面面起到了很大的指导作用。随着城市发展建设的不断深入，出现了一些新情况、新问题，部分内容已经不能适应城市发展的需要，急需进行相应修改。行政区划进行了调整，铜山县撤县设区。大郭庄机场实施搬迁，京沪高铁、徐合高铁开通，徐宿淮盐城际、徐郑徐连客运专线开工建设，以及城市快速轨道交通启动建设，使徐州交通区位条件改善，对城市空间布局产生了一定影响。现行总规确定的城市规模与省域城镇体系规划中确定的城市发展规模有一定的差距，不足以支撑徐州区域中心城市的发展需求为此，徐州市于2012年启动了《徐州市城市总体规划（2007—2020）》的修改工作（图3-6、图3-7），规划已于2017年6月16日获国务院批复。

规划修改的重点内容如下：

（1）徐州市的城市性质之一确定为淮海经济区中心城市。徐州是国家历史文化名城，全国重要的综合型交通枢纽，淮海经济区中心城市。总规的实施要深入贯彻党的十八大和十八届三中、四中、五中、六中全会及中央城镇化工作会议、中央城市工作会议精神，认真落实创新、协调、绿色、开放、共享的发展理念，认识、尊重、顺应城市发展规律，坚持经济、社会、人口、环境和资源相协调的可持续发展战略，提高新型城镇化质量和水平，统筹做好徐州市城乡规划、建设和管理

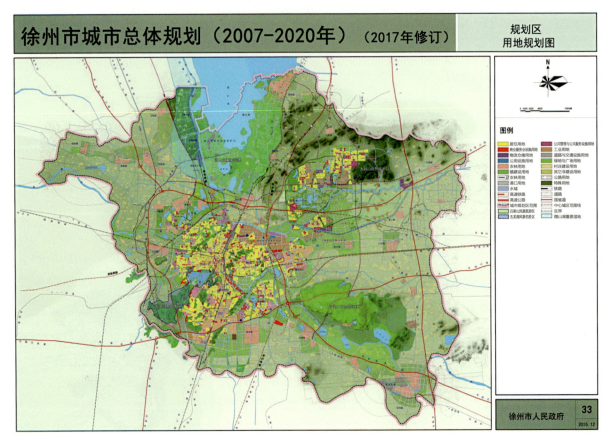

图3-6　徐州市城市总体规划（2007~2020）（2017年修订）规划区用地规划图

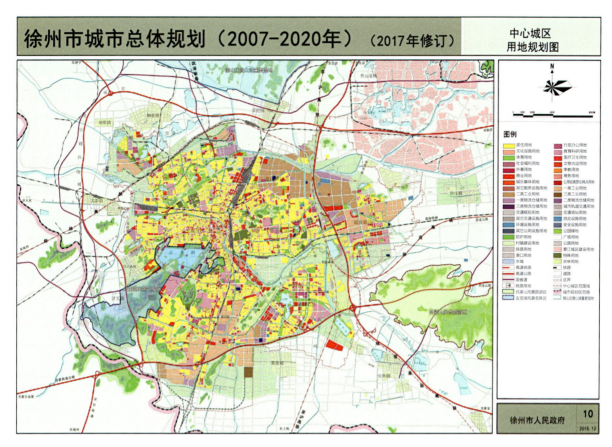

图3-7 徐州市城市总体规划（2007~2020）（2017年修订）中心城区用地规划图

的各项工作，逐步把徐州市建设成为经济繁荣、和谐宜居、生态良好、富有活力、特色鲜明的现代化城市。

（2）合理控制城市规模，划定城市开发边界。在将铜山区纳入中心城区统筹考虑的基础上，规划2020年中心城区人口为288万人，城市建设用地规模控制在316.19km²，人均建设用地控制在109.79m²以内。划定中心城区开发边界范围与中心城区规划范围相同，总面积约573.19km²。贯彻城乡规划法关于先规划后建设的原则，禁止在《总体规划》确定的建设用地范围之外设立各类开发区和新城新区。要落实好《总体规划》确定的城市开发边界，加强边界管控，促进城市紧凑布局。增强城市内部布局的合理性，提升城市的通透性和微循环能力。坚持节约和集约利用土地，严格控制新增建设用地，加大存量用地挖潜力度，合理开发利用城市地下空间资源，提高土地利用效率，切实保护好耕地特别是基本农田。

（3）重视城乡区域统筹发展，实现多规合一。在《总体规划》确定的3126km²城市规划区范围内，实行城乡统一规划管理。加强市区内空间管控，强化对所辖市、县和重点镇的规划引导，推进城乡一体化和基本公共服务均等化。进一步加强与淮海经济区相关城市的联动，服务江苏省域整体发展。根据国家新型城镇化要求，以国民经济和社会发展规划依据，完善空间开发管制及城乡统筹，以"多规合一"的目标修改城市总体规划，协调部门发展，加强城乡规划与土地利用总体规划的衔接，综合生态保护规划、综合交通规划以及各行业规划，统筹部署城乡空间资源，确保"多规"确定的保护性空间、开发边界、城市规模、城市功能、自然生态保护等重要空间参数一致，政策属性相互协调,提高政府效能。

（4）构建五级城镇等级结构。以中心城市、中心镇为节点,快速交通体系为依托,市域城镇空间总体上形成"一区、一轴、一带"（徐州中心城市规划区、东陇海城镇发展轴、大运河城乡统筹发展带）的城乡空间格局。以徐州中心城市为核心,以邳州、新沂、丰县、沛县、睢宁县城区及其周边小城镇共同形成县域中心城市,培育欢口、龙固、碾庄、草桥四个县域副中心城市,扶持大许、利国、双沟、郑集、柳新、铁富、宿羊山等26个中心镇的建设发展,形成"市域中心城市——县域中心城市——县域副中心城市——中心镇——一般镇"的五级城镇等级结构。

历次城市总体规划主要内容对比表　　　　　　　　　　表3-1

	徐州市城市总体规划 （1980~2000）	徐州市城市总体规划 （1995~2010）	徐州市城市总体规划 （2007~2020）	徐州市城市总体规划 （2007~2020）（2017修订）
城市 性质	以煤炭、电力工业为主的工业、交通枢纽和地区性商业中心城市	国家历史文化名城,全国交通主枢纽,陇海——兰新经济带东部和淮海经济区的中心城市、商贸都会	全国重要的综合性交通枢纽、区域中心城市、国家历史文化名城及生态旅游城市	国家历史文化名城,全国重要的综合性交通枢纽,淮海经济区中心城市
城市 规模	1985年人口84万人,其中建成区54万人;2000年,人口100万人,建成区控制在65万人	城市规划区:2000年人口175万人,2010年215万人。城市主城区近期（2000年）人口120万人,建设用地114km²;远期（2010年）人口150万人,建设用地150km²	市域总人口:2010年940万人;2020年1000万人。主城区人口:2010年为156万,建设用地151.40km²;2020年为200万,建设用地180km²	市域常住人口2020年达到1000万人。2020年中心城区人口为288万人,建设用地316.19km²
市域城镇 体系	"一城两镇多点"——以市区为中心发展建设贾汪、郑集两个卫星城镇及若干个煤矿工人村	一个主中心（徐州市区）,四个二级中心（新沂、邳州、沛城、贾汪）,两个三级中心（丰县、睢宁县城）和66个四级城镇点的城镇规模等级结构	徐州都市区—五县（市）城区—重点中心镇——般镇的四级城镇体系结构。"一个都市区、一条城镇发展轴和三条城镇联系通道"的"K"字形区域城镇空间结构	"区域中心城市—县域中心城市—县域副中心城市—中心镇——般镇"五级城镇等级结构
城市发展 方向	—	近期向东,远期向东及东南	以向东和东南方向发展为主,控制向西北发展,严格限制向西南发展	以向东和东南方向发展为主,控制向西北方向发展,严格限制向西南发展
空间 结构	将市区周围的夹河、茅村、大庙、柳新、大泉、三堡、大黄山、拾屯、潘塘、汉王等10个乡作为规划区范围。全市规划建设5个工业区、5个仓库区、7个生活区、2个文化教育区	主城区的用地布局采用组团式结构,形成以中心区为核心,以绿色空间相隔离,以快速交通相连接的组团式城市结构。即由一个中心区、一个风景区和九个组团式分区相组成城市的主体。首次提出城市规划区的概念和历史文化名城保护的内容	提出"双心五组团"的城市空间结构,以老城区中心和徐州新区中心为"双心",分别承担城市商业中心和城市行政、商务中心的职能;利用自然山体、河流、林地等绿色空间和铁路为自然边界,布局金山桥片区、坝山片区、翟山片区、九里山片区、城东新区等五个片区	建设"双心六片区"的组团式空间结构,铜山城区全面融入中心城区范围。以老城区中心和徐州新区中心为"双心",分别承担城市商业中心和城市行政、商务中心的职能;利用自然山体、河流、林地等绿色空间和铁路为自然边界,布局金山桥片区、坝山片区、铜山片区、翟山片区、九里山片区、城东新区等六个片区。新增城市开发边界的控制,划定城市"三区四线"

（5）重视历史文化和风貌特色保护。要统筹协调发展与保护的关系，按照整体保护的原则，切实保护好城市传统风貌和格局。要编制历史文化名城保护专项规划，落实历史文化遗产保护和紫线管理要求，重点保护好汉楚王墓群、淮海战役纪念建筑群等各级文物保护单位及其周围环境。加强绿化工作，划定城市绿地系统的绿线保护范围。要做好城市整体设计，加强城市景观视廊的控制和引导，严格控制景观风貌区周边的建筑高度，做好工业遗产保护和再利用，突出历史文化与现代文明交相辉映的城市特色风貌。

（6）划定城市"三区、四线"。规划中增加了"三区四线"控制体系，划定市域范围内一级管控区、二级管控区和特定功能综合管控区、划定城市规划区内的禁止建设区、限制建设区、适宜建设区，划定中心城区的蓝线、绿线、紫线、黄线的"四线"控制内容，实现城乡规划空间开发管制。

3.2 城市总体规划编制的时代导向

3.2.1 城市性质从省域中心城市向淮海经济区中心城市转变

《徐州市城市总体规划（1980~2000）》指出，徐州是江苏省西北部的重要中心城市。《徐州市城市总体规划（1995~2010）》中，首次提出城市规划区的概念，并要求按照"大城市、现代化、高标准、强辐射"的标准，增强城市中心服务功能，优化用地布局、调整产业结构、改善交通状况、加快基础设施建设，把徐州市建设成为全国重要的交通枢纽和淮海经济区的中心城市、商贸都会，首次提出了徐州建设区域性中心城市的要求。《徐州城市总体规划（2007—2020）》修编时，充分认识到徐州作为江苏省三大都市圈之一的徐州都市圈的核心城市，同时，又是淮海经济区的中心城市和国家主要枢纽城市，将继续承担着缩短苏南和苏北的差距、促进淮海经济区和陇海—兰新经济带繁荣稳定的历史使命，规划中重点研究了如何合理调整中心城市的城市性质和布局，提升和巩固徐州区域中心城市的地位。2012年启动修订《徐州市城市总体规划（2007—2020）》时，充分研究了《长三角区域规划》、《江苏省城镇体系规划》、《国家新型城镇化规划》等上位规划的发展思路和规划意图，考虑到徐州作为国家"一带一路"和沿海开发的十字交叉口的区位条件，响应国家推动城市群建设的号召，将2007版总体规划中"区域中心城市"的城市性质提升为"淮海经济区中心城市"，进一步推动淮海经济区的发展和徐州中心城市地位的提升。

3.2.2 空间结构从单中心结构向"双心五组团"转变

"双心"的城市空间格局是《徐州市城市总体规划（2007—2020）》首次提出的，也就是说，改变很多城市"摊煎饼"的扩张形式，采取跳出一大步、重新构建一个新城的方式，走跨越式的城市发展之路。主城区的"双心"形态为：旧城区——以淮海路和中山路地区为代表的城市旅游商业文化服务中心；新城区——市级功能转移的接纳地，城市的行政中心、商务中心。利用自然山体、河流、林地等绿色空间和铁路为自然边界，布局金山桥片区、坝山片区、翟山片区、九里山片区、城东新区等五个片区。

《徐州市城市总体规划（2007—2020）》（2017年修订）延续了"双心"的空间格局，优化为"双心六片区"的空间结构，在2007版五组团的基础上，新增了铜山片区。老城片区，是全市的商业、金融和旅游中心区。在确保绿色开敞空间的前提下，通过盘整闲置土地、调整建设标准、发展公共交通、增加公共绿地、更新改造老城区等措施，逐步降低人口密度和建筑密度，调整用地空间布局，结合淮海路西延的改造，形成以淮海路、彭城路步行街为轴和以彭城广场、人民广场和淮海广场三大商业圈为核心的市级商贸服务中心，完善城市功能。徐州新区，是徐州市的行政、商务中心区，是市级功能转移的接纳地，是城市新的经济增长的主要空间和新的城市中心。铜山片区，是徐州城市南部的综合性城市片区，主要以居住、工业、教育科研和商贸物流为主。片区北部功能布局和设施配套应与徐州老城片区、翟山片区以及徐州新区相协调，西部居住用地的开发应注重云龙湖风景名胜区地带的生态保护，南部及东南方向的工业用地应促进产业提升、自主创新，产业布局优化，成为区域领先的高新技术产业园区。

3.2.3 延续集中紧凑发展理念，防止城市规模盲目扩大

《徐州市城市总体规划（1980—2000）》充分贯彻当时提出的"控制大城市规模、合理发展中等城市、积极建设小城镇"的城市规划方针，严格控制市区发展规模。规划建成区控制在65万人，建设用地48km^2，人均74m^2。1995年修编时，当时人口规模发展超过了规划预期，规划修订了人口规模，规划2010年人口150万人，用地150km^2，人均100m^2。《徐州市城市总体规划（2007—2020）》与江苏省城镇体系规划和土地利用总体规划相衔接，通过城市空间布局积极引导人口的合理分布，防止人口规模盲目扩大，规定主城区城市人口控制在200万人以内，城市建设用地控制在180km^{2}内。2017年修订稿充分衔接新一轮省城镇体系规划和长三角区域规划等上位规划，细致考虑徐州建设区域中心城市的需求、徐州当前的经济发展水平及铜山区全面融入中心城区发展的客观情况，修改2020年中心城区人口规模为288万。用地规模方面充分协调了新纳入的铜山城区、新修编的土地利用总体规划和近年来徐州建设用地发展现状，调整2020年中心城区用地规模为316.19km^2，人均109.79m^2。新增了城市开发边界的内容，确定徐州中心城区开发边界范围与中心城区规划范围相同，总面积约573.19km^2。其他县（市、区）城区、中心城区规划范围外各乡镇的开发边界按照上位规划要求，在各自总体规划中划定。

3.2.4 规划先导解决市县同城的规划矛盾

《徐州市城市总体规划（2007—2020）》编制时，铜山城区与徐州主城区市县同城，在规划建设方面产生诸多矛盾，在徐州市总体规划修编和铜山城区总体规划编制时，要求充分对接、相互协调，在用地布局、路网衔接、基础设施布局等方面做到"无缝衔接"。2010年，铜山县完成"撤县设区"，正式融入徐州市区范围，扩展了徐州市的城市空间，解决了市县同城的矛盾。

《徐州市城市总体规划（2007—2020）》（2017年修订）针对区划调整后新的城市空间进行重组优化，规划将铜山城区融入徐州中心城区范围，通过建设用地规模和布局的修改调整充分协调徐州市和铜山区的城市发展空间，真正解决市县同城的发展困境。

3.2.5 突出城市历史文化和风貌特色保护内容，展现徐州城市特色

《徐州市城市总体规划（1995—2010）》中首次提出了历史文化名城保护规划的内容。规划根据规划区内文物古迹、文化遗存、风景名胜资源的分布情况，形成七个重点保护区和十一个重点保护

点。此后每版城市总体规划修编时，历史文化风貌特色保护的内容都作为强制性内容。《徐州市城市总体规划（2007—2020）》（2017年修订）明确了"国家历史文化名城"的城市性质，同时增加了中心城区城市格局风貌保护的内容，完善了历史城区、历史文化街区、历史地段、文物保护单位和历史建筑保护的内容。

3.2.6 强化城市自然资源生态环境的保护，规范城市"三区四线"规划管理

顺应国家"创新、协调、绿色、开放、共享"的五大发展理念，《徐州市城市总体规划（2007—2020）》（2017年修订）中在市域空间内增加生态环境保护和空间管制规划，并将徐州市域划分为一级管制区、二级管制区，特定功能综合管制区；在城市规划区内增加空间开发管制内容，划定禁建区、限建区、适建区和已建区，明确禁止和限制开发的区域范围；在中心城区增加城市"四线"（水体蓝线、绿化绿线、历史文化保护紫线、基础设施黄线）的控制内容等。

3.2.7 协调城乡一体化，统筹区域发展

基于"五大统筹"的发展理念，2017年修订的城市总体规划新增了区域协调发展战略，规划五级市域城镇体系，完善了城镇职能结构；根据国家新型城镇化发展的相关要求，增加城乡统筹发展策略指引，包括改善城乡接合部环境、加快发展小城市、分类建设小城镇、突出村庄特色促进乡村建设等；完善市域综合交通、重大基础设施规划，新增市域重要社会服务设施、城乡综合防灾减灾规划等内容。

3.2.8 协调"土地利用规划"和"城市总体规划"，实现"多规融合"

1．土地利用总体规划

土地利用总体规划是在一定区域内，根据国家社会经济可持续发展的要求和当地自然、经济、社会条件，对土地的开发、利用、治理、保护在空间上、时间上所作的总体安排和布局，是国家实行土地用途管制的基础。土地利用总体规划是指在各级行政区域内，根据土地资源特点和社会经济发展要求，对今后一段时期内（通常为15年）土地利用的总安排。

2．土地利用总体规划的主要内容

不同级别的土地利用总体规划在内容上有所区别，市以下规划的主要内容主要有三个方面：（1）明确土地利用的基本方针。国务院批准的现行土地利用总体规划的土地利用基本方针是：坚持在保护中开发、在开发中保护的方针，采取有力措施，严格限制农用地转为建设用地，控制建设用地总量，对耕地实行特殊保护，积极开展土地整理，加强生态环境建设，实现土地资源可持续利用。（2）调整土地利用结构和布局。通过充分协调和综合平衡，提出土地利用结构和布局调整方案，即确定规划目标年各类土地面积和布局。（3）制定实施规划的措施。根据法律法规，制定配套的、切实可行的政策及措施，保障规划的实施。通常的实施措施包括：制定年度计划、执行建设项目用地预审制度、严格农用地转用审查、严格城市、镇、村建设规划审查，指导农业结构调整。

3．城市总体规划与土地利用总体规划的关系

城市总体规划与土地利用规划应充分衔接。城市总体规划须建立耕地保护观念，珍惜和节约土

地；土地利用总体规划应重视城镇发展的用地需要，为城市总体规划的实施提供发展空间。

在具体规划编制中，城市规划侧重空间布局和控制建设活动，土地利用规划侧重于用地总量控制和基本农田保护，在城市规划的深化和土地使用计划的实施中，规划部门与土地管理部门应相互参与，加强协同。

4．徐州市城市总体规划与土地利用总体规划的衔接

《徐州市城市总体规划（2007～2020）（2017年修订）》中提出2020年中心城区城市建设用地规模为316.19km^2，人均建设用地为109.79m^2。总规修改中预测的中心城区规模达到了288万，超出了07版总规对2020年主城区人口规模200万人的预测，因此中心城区城市建设用地规模必然需要相应增加。《徐州市土地利用总体规划2006～2020》中确定的2020年中心城区（注：土地利用规划中的徐州市中心城区指西至卧牛山煤矿、东至京福高速公路、南至连霍高速公路、北抵茅夹铁路和大运河的地域）建设用地总规模控制在22564.0hm^2，人均建设用地控制115m^{2}左右；2020年铜山镇组团的建设用地总规模控制在3501.2hm^2（图3-8）。在土地利用规划划定的徐州市中心城区范围外，土地利用规划图上还有一定数量的建设用地。几部分相加，土地利用规划图上实测的建设用地达到将近330km^2。总规修改后的中心城区建设用地为316.19km^2，未突破土地利用规划图上330km^{2}的建设用地规模；总规修改后的中心城区人均建设用地指标为109.79m^2，也未突破土地利用规划中人均115m^{2}的建设用地控制指标。

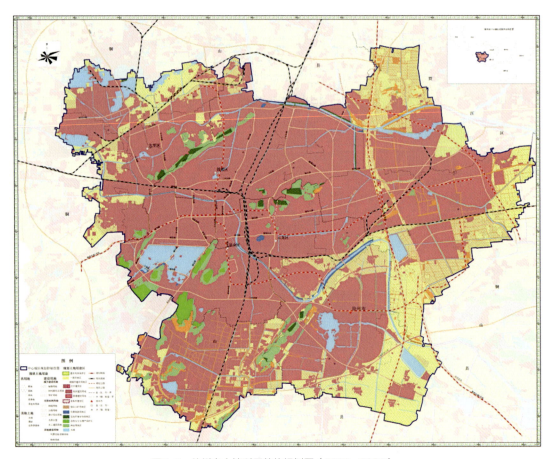

图3-8 徐州市土地利用总体规划图（2006—2020）

4 历史文化名城保护规划

美国社会学家、城市规划师刘易斯·芒福德（Lewis Mumford）说："城市是文化的容器。"城市记载着人类社会发展的历史，蕴涵着丰富的文化，它是不同地域和不同民族的历史与文化的载体。城市现代化离不开城市历史文化，城市历史文化是城市现代化的根基，是城市的气质。徐州是国家历史文化名城，是著名的帝王之乡，向来为兵家必争之战略要地。5000多年的文明史和2500多年建城史为徐州留下了大量文化遗产和名胜古迹。历史文化名城、历史文化街区、文物古迹作为文化和历史信息的载体，具有重要的文化内涵和时空意义。保护历史连续性、保留城市记忆，保护可贵的历史文化遗产是城市和现代文明发展的必然要求。

4.1 徐州市历史文化名城保护规划

4.1.1 基本情况

徐州市是1986年国务院公布的第二批国家级历史文化名城。徐州市人民政府于1995年编制了历史文化名城保护专项规划，并于2003年对此规划进行了修编，以上两轮规划对徐州古城风貌的保护起了积极的指导作用；近年来徐州城市结构、规模和形态都发生了较大变化，随着《徐州城市总体规划（2007—2020）》（2017修订）修编完成，历史文化名城保护规划也要做相应的完善；国家和江苏省近年来颁布的一系列新的历史文化名城保护的法规条文，进一步充实和完善徐州历史文化名城保护体系，作为徐州历史文化名城保护与管理的依据。《徐州市历史文化名城保护规划（2016—2020）》于2016年修编完成。

徐州的特色文化是"楚汉文化、战争文化、运河文化、工业文化和山水文化"。历史上楚王怀心、西楚霸王项羽曾先后定都彭城；徐州是汉刘邦故里，刘邦统一天下之后，在徐州设楚国，封其弟刘交为楚王，倏后延续封了十八代楚王或彭城王，至今留有两汉王陵等相关遗址，在全国文物宝库中占有重要地位。徐州自古为兵家必争之地，历朝历代，发生在徐州及其周边地区的较大战争有两百余起，为徐州留下了非常珍贵的战争文化遗产，如九里山古战场、戏马台等。清同治年间徐

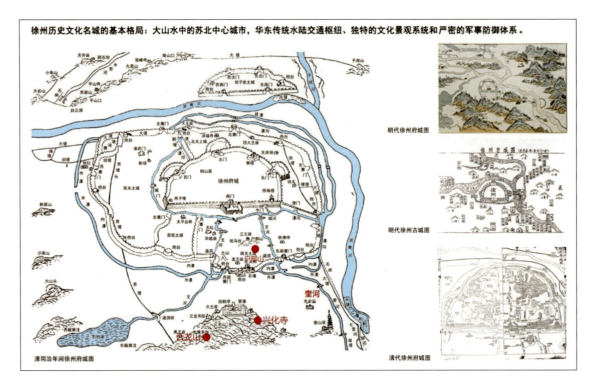

图4-1　清同治年间徐州府城图

州府城见图4-1。京杭大运河从开凿到现在已有2500多年的历史，是中国古代劳动人民创造的一项伟大工程，徐州是大运河关键节点，南北航运的重要枢纽，有许多因运河而诞生、兴盛的村庄、乡镇。徐州采矿历史悠久，在全国久享盛誉，新中国成立后徐州更是有几十座上百万吨的大型煤矿，目前随着产业的更替，徐州正积极探索矿区、塌陷地的整治、保护策略，将矿业遗产打造成徐州的特色名片，实现从"一城煤灰半城土"到"一城青山半城湖"的蝶变。徐州的山水格局和地理环境独具特色：整个城区整体呈现水体西北—东南方向，山体东北—西南方向的网状交织格局。

4.1.2　保护目标

（1）保护历史文化遗产，形成独具历史性、传承性、时代性的城市文化精神；

（2）建立多层级的物质文化遗产保护体系，建立严格的名城保护制度，落实名城保护的责任体系；

（3）促进历史文化资源在严格保护基础上的科学再利用，强化名城空间环境的历史感与文化性。

4.1.3　保护原则

1．重点保护

保护徐州特有的历史格局、历史风貌和文化景观，延续名城整体风貌及历史文化脉络。

2．分层保护

根据徐州历史文化资源分布的特点，建立覆盖市域、历史城区、历史文化街区和各类文物古迹的多层次保护框架和数据库。

3．积极保护

在城市社会经济发展"新常态"条件下，积极应对名城保护所面临的挑战，将文化遗产作为名城的基础性固有资产,结合空间品质提升和环境整治相关目标,建立具有徐州历史文化特色的文化空间网络,使名城保护在"存量规划"阶段中发挥重要和积极的作用。

4.1.4 保护内容

1. 总体保护框架

规划建立了市域、历史城区、历史文化街区和历史地段、文物保护单位和历史建筑四个层面的保护体系。构建了全面、多层次的保护内容框架,即市域整体格局和风貌的保护、历史村镇的保护、大运河徐州段的保护、地下文物埋藏区的保护、历史城区的保护、历史文化街区与历史地段的保护、文物保护单位、未定级不可移动文物和历史建筑的保护、工业遗产保护、非物质文化遗产的保护、历史文化遗产的展示与利用。

2. 保护内容

(1)市域山水环境与历史遗产的保护

1)市域整体山水格局的保护

徐州市域大的山水格局为"一脉入城、二河穿流、两湖映城、三山楔入、城镇聚集,地景开阔",整体山水呈现水体西北—东南方向,山体东北—西南方向的网状交织格局(图4-2)。

"两河"指的是京杭运河和故黄河。以此"两河"为脉络形成的自然山水格局构成徐州城市生成与发展的环境基质,在数千年的历史过程中,它们逐渐由纯自然资源变为自然–人文资源,哺育出发达的徐州地方文明。京杭运河因此应将作为"徐州文化的生长环境",发掘其历史文化价值,实施整体保护和系统保护,协调相关部门科学编制专项保护规划,不断加强全流域山水格局与文物古迹保护基础建设,协调文化生态旅游发展。故黄河应作为"徐州文化的发生地"发掘其历史文化价值,

图4-2 市域山水格局图

实施整体保护和系统保护。挖掘黄河文化要抓住重要历史节点和文化事件，注重徐州地方文明的流域性和系统性，丰富故黄河历史文化内涵。

"两湖"指的是骆马湖和微山湖。此"两湖"是"两河"水系在徐州地区形成的两大水网中心，为地方历史文化的发展奠定了优良的环境基础。骆马湖具有深厚的人文价值和广阔的旅游开发前景，应坚持整体性和全流域保护的原则，贯彻保护和开发并举的思想，深入挖掘地方人文景观，丰富骆马湖历史色彩。微山湖的大部分湖面坐落在山东省微山县内，只有微山湖东南角即铜山区柳泉镇和利国镇的沿岸湖面与湖中的套里岛、黄山岛、铜山岛、龟山岛和厉家岛隶属徐州，应重点在这一带进行山水旅游文化的开发建设，对水体进行清污治理，加强水体两岸的绿化和文化小品建设，与山东相关城市互动开展大微山湖区域历史文化旅游。

山体重点保护由西南方向楔入主城区的云龙山系，由东北方向楔入主城区的大洞山系以及由东南方向楔入主城区的吕梁山系三个主要山体群落。此外严格保护九里山、杨山、云龙山、泉山、狮子山、驮篮山，以及泉山与杨山之间的小山，包括无名山、鸡山、骆驼山等，禁止砍伐、开采和建设，实施生态环境修复。

为保护和彰显徐州"群山环抱、两河交汇"的山水环境，特划定历史文化内涵较为丰富的自然山水资源集中区，对市域山水环境进行保护。规划共划定10处集中区，即：云龙山–云龙湖风景名胜区、拖龙山–女娥山环境风貌保护区、凤凰山环境风貌保护区、杨山环境风貌保护区、九里山环境风貌保护区、大洞山自然保护区、艾山风景名胜区、马陵山风景名胜区、微山湖风景名胜区、骆马湖自然保护区（图4-3）。

对集中区的保护要求为：积极发掘环境风貌保护区的历史文化内涵；环境风貌保护区内的风景名胜区、国家森林公园、地质公园等应严格按照相应法规予以保护、控制和管理，严禁开山采

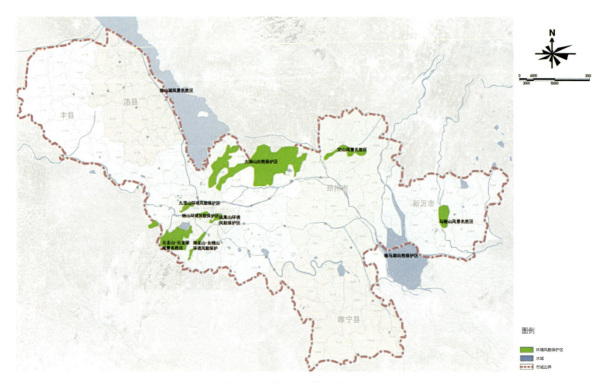

图4-3　市域环境风貌保护区规划图

石、填塞水域等破坏景观植被和地形地貌、污染环境的行为；自然山水保护范围主要用于建设绿地，确需新建公共服务设施的，其高度、体量、风格、色彩等应与自然、人文环境相协调，不符合保护规划的建（构）筑物和设施应当依法改造或者拆除；其周边的环境协调区内应保持高绿地率特征，增加绿色开敞空间；新建设项目的建筑高度、体量、风格、色彩等应与其所处的山水环境相协调。

2）汉楚王墓群的保护

汉楚王墓群的文物构成要素为楚王王陵、后陵等各类不可移动和可移动的历史遗存、历史环境等，主要包括楚王、后陵，汉代采石场，陪葬墓、坑，陵园地面建筑遗迹，出土文物，相关遗存，自然环境风水格局，尚未出土的汉楚王陵及相关物质遗存。

规划划定保护范围与建设控制地带，保护范围内严禁进行任何可能影响文物构成要素真实性、完整性和安全性的活动，严禁进行任何与文物保护管理工作无关的建设工程或者爆破、钻探、挖掘等作业；建设控制地带严格保护和保持原有的地质地貌特征与景观环境，建设工程坚持先考古勘探发掘、后进行建设的原则，不得对文物构成要素造成破坏与干扰。此外保护具有典型特征的地形地貌和自然景观，保持现有的山峦形态，建设工程不得对地形地貌造成破坏，做好生态环境保护工作。

（2）历史村镇的保护

保护已公布的各级历史文化名镇名村、中国传统村落，以及现状保存完好、价值突出的古镇、古村落。具体有1个省级历史文化名镇（新沂市窑湾镇）和14个古镇：龙固镇、沛城镇、碾庄镇、土山镇、睢城镇、汉王镇、利国镇、敬安镇、安国镇、赵庄镇、首羡镇、范楼镇、李集镇、古邳镇；4个古村：刘邦村、下邳村、灌婴村、周田村（图4-4）。

严格按照《江苏窑湾历史文化名镇保护规划（2010—2030）》等相关法律法规的要求，对窑湾镇进行保护和管理。传统村镇的保护：对具有特色的村镇入口、老街段落、重要传统民居等格局要

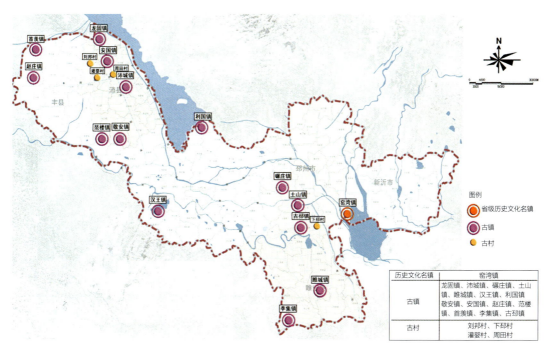

图4-4　市域名镇名村分布图

素在严格保护的基础上进行环境综合整治，挖掘利用其人文景观资源和非物质文化遗产，积极引导文化、旅游、商业等功能的适度植入，综合提升其社会、经济活力。

（3）大运河徐州段的保护

徐州市大运河遗产包括徐州境内与大运河相关的水工遗存、附属遗存、相关遗存以及历史文化街区等，分别由国家级、省级及市级遗产保护规划确定保护区划和保护管理措施（图4-5、图4-6）。

国家级大运河遗产5项，其中水工遗存3项：包括"中运河主线"徐州境内段、"废黄河徐州

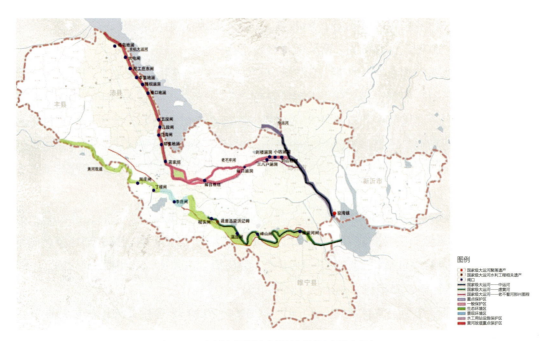

图4-5　市域大运河遗产保护规划图（国家级）

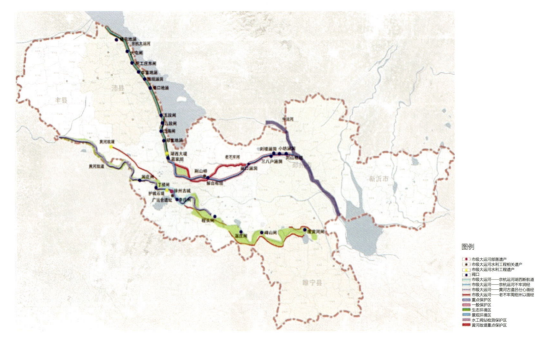

图4-6　市域大运河遗产保护规划图（市级）

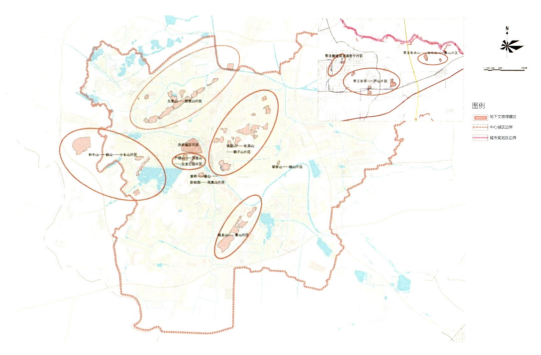

图4-7 地下文物埋藏区规划图

吕梁至淮安清口段"徐州境内段、老不牢河邳州段等3段河道遗存；相关遗存1项：疏凿吕梁洪记碑；相关历史文化街区1项：窑湾历史文化街区。省级大运河遗产与国家级一致。市级大运河遗产有43项（略）。

严格按照《大运河遗产保护与管理总体规划（2012—2030）》等相关法律法规的要求，对国家级大运河遗产、水质及周边环境景观风貌进行分类保护和管理。

（4）地下文物埋藏区

地下文物埋藏有11处，即：历史城区片区、户部山——云龙山——云龙公园片区、袁桥——奎山——彭祖园——凤凰山片区、九里山——琵琶山片区、驮篮山——东洞山——狮子山片区、翠屏山——晓山片区、卧牛山——韩山——小长山片区、拖龙山——曹山片区、贾汪御龙湾至庙台子片区、贾汪泉河——芦山片区、贾汪朱古山——马头山——影山片区（图4-7）。

重视并加强考古勘探与发掘，依法推进地下文物埋藏区的划定和公布，继续推进地下文物埋藏区地下文物的普查，建立地下遗存保护机制。

在地下埋藏区内的所有建设活动，坚持先考古勘探发掘、后进行建设的原则，必须在进行考古发掘和征得文物部门同意后，才能进行建设活动；地下开展的大型工程设施建设项目要事先进行文物影响评估；施工过程中发现文物，应采取措施保护好现场，并及时告知建设单位和文物行政主管部门，由文物部门会同建设单位商定保护措施。

（5）历史城区的保护

历史城区的保护范围包括北部以古城墙为界限（北至夹河街，西至西安南路，东至民主北路，南至建国西路—建国东路）；南部包括户部山、状元府历史文化街区及兴化寺及周边地区（西至中山南路，东至解放路，西南至苏堤路，东南至泰山路）。用地面积3.01km^2（图4-8）。

保护古城中轴线彭城路，北起黄河南岸牌楼—市机关北院—彭城路宽段—彭城路步行街—和平路交叉口，全长2.5km。保护好中轴线两侧现存的古迹：黄楼、牌楼、鼓楼、吴亚鲁革命活动旧址、护城河、崔焘故居、念佛堂、土山汉墓等。彭城路两侧建筑应与所在地区的历史风貌相协调，严格控制建筑高度，增加绿带，强化轴线效果。

保护古城四周城墙遗址，南城墙为奎河北岸一段，东城墙为开明街至后井涯，西城墙从二院至燕子楼小学，北城墙为牌楼市场一段。保护护城河及护城石堤，其范围在城墙遗址两侧不少于20m宽。在各城门遗址树立标志物。结合城市拆迁建设，沿古城城墙建设一条宽度30m的绿带，结合城墙遗址的保护与城门的修复，强化古城城址轮廓。

保护地下城遗址，保护范围以彭城广场为中心，东至解放路，南到建国路，西到西安路，北到黄河路。可选择一至三处文化层堆积丰富又具备保护条件的地下城遗址，建立地下城遗址博物馆，突出先秦两汉城址、唐宋城址、明清城址三个历史时期，充分展

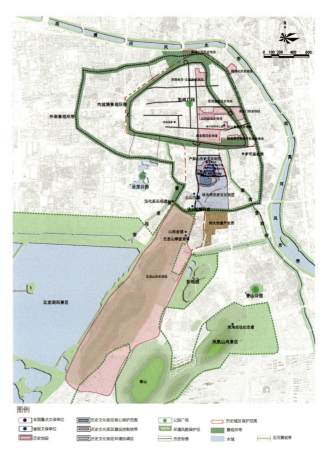

图4-8 历史城区保护区划总图

示徐州悠久的历史和灿烂的文化，展示历史城区发展的文脉，形成名城的一大亮点。

严格控制历史城区及周边地区建筑高度，疏解建筑密度，保护历史风貌。保护区、建设控制地带、风貌协调区内所有改造建筑和新建建筑严禁屋面使用琉璃瓦（寺庙宗教建筑除外），墙面不得使用瓷砖，以免对传统建筑环境造成破坏。建筑色彩禁止过于鲜艳，应以青、白二种色调为主体，以与传统建筑相协调。对于已经使用琉璃瓦和瓷砖的建筑，应加以强制改造。

保护建国路视廊、西门—大同街—老东门视廊、中山路视廊、解放路视廊、彭城路—泰山路视廊，重要景观视廊沿线新建建筑原则上不得超过12m，必要时应做景观影响分析，并经过规划委员会专家论证。保护云龙湖、云龙山景观界面，控制周边的建筑高度，展现山、水、城、林交融一体的景观特色。保护历史城区北门地区景观界面、西门地区景观界面、老东门景观界面、南门回龙窝历史地段以及户部山历史文化街区景观界面。

对历史街巷分三类进行保护。其中，状元街、崔家巷、翰林街和户南巷等作为一类街巷，保护名称、走向、空间尺度和街巷风貌，不对街巷进行拓宽，恢复街巷传统铺装，保护和传承原有巷道空间氛围与感受，丰富视觉内容，提高景观质量；大同街、文亭街—青年路、富国街—河清路、少华街、中枢街—二府街、马市街、北门大街（统一街）、美人巷等作为二类街巷，保护名称、走向、宽度、尺度，不对街巷进行拓宽；彭城路、淮海东路等作为三类街巷，保护名称和走向。

（6）历史文化街区和历史地段的保护

1）历史文化街区的保护

保护户部山与状元府两片历史文化街区。

户部山历史文化街区核心保护范围北至状元街，南至项王路，西至彭城路，面积为2.58hm²；沿翰林街、项王路和彭城路划定建设控制地带，面积为3.64hm²；保护范围总面积6.22hm²。环境协调区北起马市街，南抵项王路，西临步行街，东至解放路，面积约5.47hm²。

状元府历史文化街区核心保护范围北起崔家巷，南至劳动巷，西至状元府西围墙，东至老盐店，用地面积约2.49hm²；沿劳动巷和彭城路划定建设控制地带，面积为1.98hm²；保护范围总面积4.47hm²。环境协调区北至项王路，南抵和平路，西临彭城路步行街，东至解放路，用地面积19.84hm²。

历史文化街区单独编制保护规划（详见第五章第二节）。

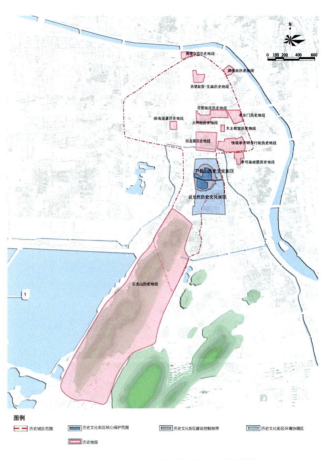

图4-9　历史文化街区与历史地段规划图

2）历史地段的保护

保护12片历史地段：回龙窝历史地段、牌楼街历史地段、云龙山历史地段、老东门历史地段、快哉亭开明步行街历史地段、西楚故宫–文庙历史地段、大同街历史地段、徐海道署历史地段、李可染故居历史地段、天主教堂历史地段、花园饭店历史地段、黄楼公园历史地段（图4-9）。

严格保护历史地段内传统街巷的格局、走向、空间尺度和界面；严格保护历史地段内文物保护单位及历史建筑所处的历史环境；历史地段内新建、改建（构）筑物应当在高度、体量、形式、色彩等方面与历史风貌相协调；新建、改建道路时，不得破坏街巷格局和景观特征。

（7）文物保护单位、历史建筑和未定级不可移动文物的保护

保护全市290处文物保护单位。其中，全国重点文物保护单位8处26个点；江苏省文物保护单位29处；市（县）级文物保护单位253处。保护11处历史建筑。保护未定级不可移动文物。对于尚未核定为文物保护单位的登记不可移动文物，进行价值评估。对具有突出价值的不可移动文物，核定为相应级别的文物保护单位，并依法实施保护。

（8）工业遗产的保护

工业遗产保护包括矿业遗址和铁路遗址（图4-10、图4-11）。

目前徐州矿区内现有32对生产矿井，其中有12对矿井已停产关闭。其中夏桥与韩桥煤矿为徐州最早的煤矿，对其进行了功能重整与改造，使其成为展示徐州近代工业发展的基地。同时采煤塌陷区可整治成矿业遗产公园，打造徐州矿业遗产的特色名片。

徐州自20世纪初便是全国铁路交通的重要枢纽，陇海线与津浦线在此交汇，而高速铁路也在原

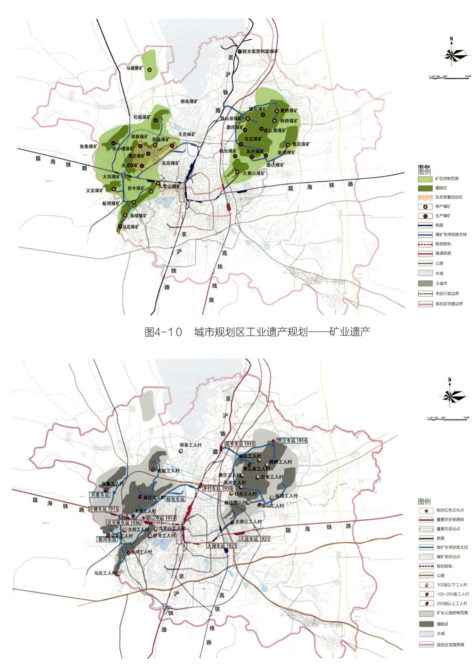

图4-10　城市规划区工业遗产规划——矿业遗产

图4-11　城市规划区工业遗产规划——铁路遗产

京沪铁路的东部穿城而过。铜山车站、夹河寨火车站、沙塘火车站、津浦线茅村站、大庙火车站和大湖车站均为潜在发展资源。

工业遗产单独编制保护规划，形成围绕徐州主城区东西两块矿业采集地为核心，陇海铁路、京沪铁路为主轴的工业景观格局。

（9）非物质文化遗产的保护

保护已公布的国家级9项、省级43项，市级101项非物质文化遗产，继续推动传统曲艺文化、传统工艺等非物质文化遗产项目的普查和公布。

曲艺文化保护内容包括：柳琴戏、梆子戏、唢呐、邳州跑竹马、琴书、徽剧、京剧、柳子戏、花鼓戏、四评调、丁丁腔、皮影戏、评剧、话剧等。民间工艺文化保护包括邳州农民画、邳州剪纸、邳州纸塑狮子头、沛县泥模玩具、徐州吉祥面具、睢宁儿童画、徐州香包、丰县糖人贡等。保护传统饮食文化，挖掘彭城菜系、《金瓶梅》菜系、楚汉菜系。保存徐州传统庙会，如云龙山庙会、泰山庙会、五毒庙会。举办迎春花市、端午龙舟竞渡、重阳登山、庙会等活动，体现徐州民俗风情特色。传统地名是徐州历史文化名城保护的重要内容之一，必须加以保护，建立健全相关法规和技术规范，对传统胡同、街道的历史名称不得随意修改。

3．紫线范围和管控要求

紫线范围包括户部山历史文化街区保护范围（面积6.22hm²）和状元府历史文化街区保护范围（面积4.47hm²）。城市紫线应严格按照《城市紫线管理办法》进行管控。历史建筑待城市政府正式公布之后，依据《城市紫线管理办法》进行管控。

4．历史文化遗产的展示和利用

（1）构建市域文化景观空间网络

以京杭大运河、故黄河为双轴，架起覆盖市域的"两河流域"空间结构，串联徐州历史城区以及周边历史文化景观。

（2）构建中心城区文化景观空间网络

通过历史轴线的延伸道路、故黄河、主要交通道路等串联形成以徐州历史城区为核心的"一环、四带、五片"的中心历史文化景观空间网络。"一环"：串联"五片"的道路形成的绿色人文外环。"四带"：故黄河、中山路、解放路、淮海路及其延伸道路等历史文化路线。"五片"：九里山、杨山、凤凰山、拖龙山-女娥山、云龙山-云龙湖环境风貌保护区（图4-12）。

（3）构建历史城区文化景观空间网络

结合历史街区、历史地段、文保单位、开放空间等，构建历史城区文化景观横轴、纵轴和环带。

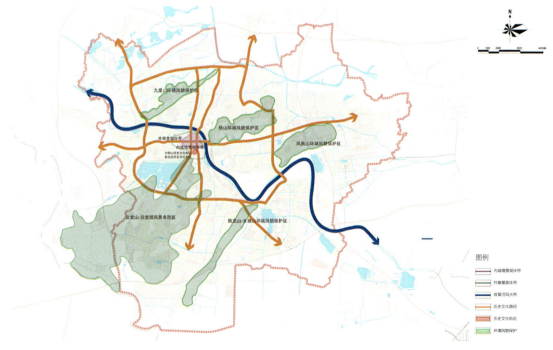

图4-12　中心城区历史文化景观空间网络图

5．实施保障措施

（1）推进法制建设

积极推动重要近现代建筑名录的分期分批公布，依法保护列入名录的历史文化资源。成立名城保护督查指导小组，负责对各项重点保护和修缮工程的推进情况进行定期、不定期的督查考核和业务指导。

（2）优化更新方式

历史文化街区和历史风貌区应确立"整体保护、有机更新、政府主导、社会参与"的方针，采用小规模、渐进式、院落单元修缮的有机更新方式，不得大拆大建。积极探索鼓励居民按保护规划实施自我保护更新的方式，建立历史建筑的长期修缮机制。

鼓励组织和个人购买或租用历史建筑，积极利用社会资金按照政府规划和管理要求投入历史建筑的保护和维护。

历史建筑的所有人、使用人和管理人应当按照保护要求和修缮规定使用、维修建筑。转让、出租建筑的，转让人、出租人应当将有关保护要求和修缮规定告知受让人、承租人。

（3）完善制度保障

历史文化名城保护与整治应由政府给予资金补偿或政策倾斜。市财政及各县（市）区财政应设立文物保护专项经费，用于重要文物保护单位的维修配套和重点博物馆、纪念馆、文物库房的保护、维修、安防等。建立差别化考核制度和财政转移支付制度，支持和鼓励各区、县加大历史文化保护力度。

（4）制定行动计划

市人民政府根据历史文化名城保护阶段性目标编制年度保护整治计划，并组织实施。年度保护整治计划应当明确保护整治的项目、内容、投资、进度和责任单位等。

（5）加强公众参与

历史文化保护项目实行专家领衔制度。历史文化保护更新项目的规划和详细实施方案应进行专家论证并广泛征求公众意见。批准的实施方案应进行公示，接受公众监督。有效利用各类媒体和宣传手段，大力宣传名城保护法规政策、文化遗产保护知识，及时报道工作动态，宣传先进典型，曝光违法行为，营造浓厚的舆论引导氛围。

4.2 户部山、状元府历史文化街区保护规划

历史文化街区是经省、自治区、直辖市人民政府核定公布应予重点保护的历史地段，是城市长期发展过程中形成的。具有独特的建筑和人文风貌，蕴含着丰富的历史文化信息，历史文化街区的传统风貌是城市景观中最具有特色的部分，显示了城市发展过程中的历史信息，是反映城市历史文化的重要载体。

4.2.1 基本情况

徐州市户部山历史文化街区和状元府历史文化街区所处的户部山地区自古便处于承接城市与自然的重要地理位置，该区地处整个徐州核心区中部，是北部老徐州历史文化片区与南部云龙山佛教文化片区重要的承接枢纽。户部山古称南山，历史上项羽曾在此处构筑高台，操练兵马。南宋绍熙

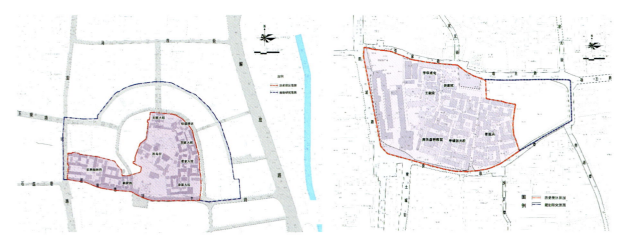

图4-13 户部山历史文化街区范围划定图　　图4-14 状元府历史文化街区范围划定图

五年（1194年），黄河改道夺泗入淮，从此徐州水患成灾。1624年，为避水难，徐州户部分司主事张璇在大水来临前将户部分司署迁至南山上，尔后即在山上筑垣构室，从此，南山改称户部山（图4-13）。明户部分司移设户部山之后，徐州南关一带遂成为十分活跃的商业区。它四周的上街（今彭城南路）、下街（今解放南路）、前街（今马市街）、后街（今解放路以西的建国路）等逐步发展成为重要的商贸集散地，随着商家频繁出入户部山，官绅富户不惜重金在户部山觅地造房，各类高宅深院次第分布，错落有致。

徐州市户部山历史文化街区核心保护范围北至状元街，南至项王路，东至状元街，西至彭城路，用地面积为2.58hm²。研究范围北至翰林街，南抵项王路，西临彭城路步行街，东至翰林街，用地面积为6.22hm²。

徐州状元府历史文化街区核心保护范围北起崔家巷，南至劳动巷，西至状元府西围墙，东至老盐店，用地面积为2.49hm²。研究范围北至项王路，南抵劳动巷，西临彭城路步行街，东至状元街，用地面积为3.21hm²（图4-14）。

户部山历史文化街区和状元府历史文化街区仅一路之隔，是徐州历史文化名城的重要组成部分，具有深厚的人文底蕴和传统风貌，是表现徐州城市特色的重要载体，具有丰富的历史、人文、科学研究等方面的价值。

1. 户部山历史文化街区内重要建筑和重要历史人物

（1）戏马台

位于户部山顶，被称为"徐州第一胜迹"。公元前206年西楚霸王项羽在此营筑高台，用来操练兵马，故得名。现建筑金光闪亮，为错落有致的清官式建筑，并有百米长的石刻碑廊。戏马台为历代文人墨客、豪杰猛士所登临怀古，是徐州市一处较为引人入胜的景点（图4-15）。

（2）崔焘故居

崔焘故居始建于明嘉靖十六年（1538年），位于户部山崔家巷，俗称"崔旗杆"，也称崔家大院（图4-16）。明清两代，崔家共有5位进士、2位翰林，有13人先后担任知府、同知、通判等职，可谓诗礼人家，科甲鼎盛，累官晋爵。清代道光九年（1829年），崔焘中进士，入翰林院，被钦点为庶吉士，历任河南通许县知县、裕州知州、安徽怀庆知府等职。崔焘故居依山而筑，分为上院、下院和客屋院，原有房舍320余间，占地面积约1万m²。

图4-15 戏马台实景图

图4-16 崔焘故居鸟瞰图

图4-17 余家大院鸟瞰图

图4-18 翟家大院内景

（3）余家大院、翟家大院、郑家大院、刘家大院、魏家园

余家大院位于户部山东南麓，曾为户部分司旧址，是户部山八大户之一。大院面南坐北，占地1800m^2，呈三纵三横的建筑格局，由东西并列的三路院落组成，共有十余个小四合院，百余间房屋（图4-17）。

翟家大院建于南侧余家大院和北侧郑家大院之间的狭长地带，地块不规整，布局则灵活多变，有房屋40余间（图4-18）。翟家古居山西，明朝末年迁至徐州，清代中期成为徐州有名的富户。购得户部山王姓大院后，按地形对其原有的建筑进行了改造。

郑家大院位于户部山东，为一门两院布局，有前院、北院、南院和西院四个院落，庭院深深。目前郑家大院尚有50余间房保持旧貌，建筑形式轻盈灵活。院内的一株古银杏树，其树龄约100年左右，依然茂盛。现郑家大院与戏马台互相通连，为戏马台景区之一（图4-19）。

图4-19 郑家大院实景图

刘家大院为刘向后人所建，此片田产占地近10亩，并排三进院落，从东到西绕着戏马台，另有一处面积颇大的后花园。除后花园已改造成戏马台公园的一部分外，其他三处院落还大体保持着旧时的格局。东院虽然另起了院门，但主房依然存在；通往东院的穿堂屋依然如故；中院与西院的主体建设完好如初。越过围墙，依稀还能看到花园的藤萝迭翠（图4-20）。

魏家园已有近200年左右的历史。它原有四进院落，面积虽不大，但建筑却精巧别致。各院的使用功能有别，建筑风格在保持大局协调的情况下又各有特色。魏家园的建筑在十年浩劫中虽然也遭到了破坏，但前面两进院落侥幸躲过了劫难，至今还保持着旧貌，有基本完整的旧屋20间（图4-21）。

（4）权谨牌坊

权氏家族分居徐州城乡各地，常以"权谨牌坊"为中心聚集联络。权谨牌坊，又称"权氏祠堂"，始建于明代宣德二年（1427年），是徐州历史上唯一的歌颂封建礼教忠孝名人的纪念建筑物（图4-22）。

图4-20　刘家大院实景图

图4-21　魏家园实景图

图4-22　权谨牌坊实景图

2. 状元府历史文化街区内重要建筑和重要历史人物

（1）李蟠状元府

李蟠是徐州历史上唯一的状元，李蟠状元府始建于清代康熙年间，背依戏马台，占据户部山山势平缓的大半个南坡，原有前后左右四进三路院落，占地近4200m^2，有房屋400余间，气势磅礴，规模宏大。主要建筑上装有"五脊六兽"和"插花云燕"，蔚为壮观。

（2）李华甫宅

李华甫宅位于崔家大院上院对面，是一座中西合璧的建筑。其主人李华甫是民国时期一位有名的商人，家储甚丰。定居户部山后，买了王天元的竹园建起了这座楼房。由于所建楼房工艺讲究、中西合璧、壮观大气，被称为徐州第一楼。

（3）老盐店

老盐店（劳动巷14号）建于1931年，是旧时盐业专营时的管理机构，是徐州近代盐文化的见证。民国二十年（1931）前，徐州被划为鲁盐引岸（行销）区，徐州设有盐务管理处，在原状元府巷户部山南坡设发售处,俗称"老盐店"。"老盐店"历史上为"前店后衙"的格局,前半部分售盐、储盐,后部是管理机关,原有库房二处,有房屋上百间。

3. 户部山历史文化价值评估

（1）历史文化特色

1)"趋利避害,因山造城"的山城特色。

由于历史上黄河多次泛滥淹城,户部山街区多为官宦人家为躲避水患迁居至此,优越的区位和地势条件是定居落户的先天条件,街区整体格局依山就势,院落错落有致,体现了因山造城的独特魅力。

2)"民居文化为主,连续成片"的文化遗存。

街区历史上就曾建设有大量的民居建筑,以崔焘翰林府、魏家园、余家大院、翟家大院、郑家大院、刘家大院为代表的连续成片的民居建筑整体风貌与建设艺术水平之高,是研究徐州当地民居特色的重要依据。

（2）价值评估

1）街区发展是在明清商业贸易发展和运河漕运的双重影响下形成的重要载体,是徐州社会文化、商业发展、历史变迁的一个缩影和见证。

户部山街区是徐州城区范围内仅存的明清至民国时期的传统建筑群落,是城市历史演变过程中的重要历史实物见证,是徐州极其珍贵的历史文化遗产。

2）街区历史悠久,大量相关的文献、诗歌、传说以及周边文化景点涉及地区发展、历史沿革、山川名胜等历史信息,对传承地方历史文化具有重要价值,在徐州人心中具有重要的情感价值。

历史上记载的大量物质文化遗存已修缮完成,同时与街区相关的历史典籍包含了大量丰富的历史文化信息,涉及地区的历史沿革、山川名胜、祀典民俗等,对传承地方文化具有重要意义。同时徐州人记忆中仍留存着大量有关户部山地区的传说与典故,该地区在其心中具有强烈的情感归属意涵。

4. 状元府历史文化价值评估

（1）历史文化特色

1）状元府街区是继户部山另一处仅存的代表江苏北部寒冷地区位于山丘地带高等级施工技术的建筑遗产,其选址、布局、结构和装修都反映了清末民国年间徐州地区人与自然灾害做抗争的成果,以及他们对生活与艺术的追求。

状元府建筑风格承南袭北,体现"五省通衢"的徐州对不同地域文化的兼容并蓄;布局上有着传统四合院的严谨结构,既有北方四合院的规整化一,又有南方民居的曲折秀美,形成了独特的建筑遗产和风格。

2）丰富的空间格局特色。

街巷空间：街巷节点多以直线形式出现,因地形原因必须转折的,也多采用曲尺形式弯曲。街巷两旁主要以民居院落的石基砖墙形式的外墙组成,墙面极少留窗（也有极少部分高窗）,主街道较宽,支巷较窄。街巷路面中间以厚青麻石铺设,两侧则用青砖或是尺寸较小麻石铺垫,整洁干净,质感厚重。

院落空间：民居院落空间也融合南北特色,北方中正且中轴对称的四合院式结构和南方形式自然灵活的天井式的南方小院,空间灵活多变,尺度适中,既保证了院落的私密性又不乏空间通透的趣味组合。

（2）价值评估

1）承南袭北，金字梁结构的建筑格局和风格。

街区整体建筑布局以北方传统的四合院为主，墙体厚重，门窗相对较小，起居室布置靠后，有明显的北方传统民居特色，待客厅堂布置在进门处，与外界开放，具有南方特点。

具有徐州特色的"标准金字梁"结构，人形硬山顶，顶上铺设的小青瓦排列整齐，勾头的上方加盖一层"压四露六"方式铺设的迎风花边，韵律感与运动感极强。民居中的屋脊造型很有特色，既不是北方屋脊刚直的线条，也不是南方的蜿蜒曲折，而是采取较大的上翘弧度，线条简洁明快，古韵感极佳。

建筑装饰色彩朴实无华，重视材料的固有色，并多采用色彩清淡的材料。以白色、青灰色为主要基调。细分之下，屋顶多用青灰色瓦片，墙面青白结合，花窗木雕红色为主；梁柱多以黑褐色或木本色为主。整体色调统一，局部变化但并不跳跃，风格简洁流畅。

2）状元府街区与徐州发展一脉相承，能够体现徐州的传统文化。

状元府街区以传统的四合院为基础，主要院落有严谨的空间序列、对称布局，沿轴线空间等级递进，用空间来区分人们的等级关系，反映出传统的尊卑等级的儒家思想。房间的通透性不强，体现了封建社会的封闭性和道家遁世的特点。

4.2.2 保护目标

（1）保护历史街区历史文化遗存。
（2）保持地区的功能与物质环境的多样性。
（3）改善地区社会经济与生活环境。
（4）在保护前提下促进地区文化旅游产业发展。

4.2.3 保护原则

1．保护文物真实性原则

尽量保存历史遗存的原物，保护历史信息的真实载体和相关联的肌理、空间布局与尺度，从而保护街区丰富的文化内涵。

2．保护环境景观完整性原则

对于历史文化街区、建筑群、景观，不仅要保护历史建筑本体，还要统筹保护其周边的环境，以及其中包含的非物质历史要素，将它们作为一个整体加以保护。

3．维护传统功能延续性原则

对历史文化街区需要完善功能，整治景观，改善环境，运用多种保护和合理利用方式，使历史建筑及其环境既保持传统特色又符合现代生活需求，提升历史街区的整体品质，实现可持续发展。

4．历史文化多样性原则

对街区内不同时期和风格的遗产和景观，应该保护并突出各个历史时期代表性遗存，体现地区的历史文化多样性的特征。

4.2.4 户部山历史文化街区保护内容

1. 功能发展定位

依据徐州市总体规划和徐州市历史文化名城保护规划，结合户部山历史文化街区的历史演变、产业结构、土地利用，确保历史文化街区社会经济可持续发展的综合效益。作为徐州老城区的有机组成部分，户部山历史文化街区以体现西楚文化、明清大院为主，集传统文化展示、休闲娱乐、文化旅游、社区服务功能为一体、具有浓厚徐州文化特色的历史文化街区。

2. 空间格局保护

（1）街巷空间保护

户部山街区内需要保护重要传统街巷为崔家巷，状元府街区内需要保护重要传统街巷为户南巷、崔家巷、玉钩巷。保护传统街巷原有空间尺度不变，不得随意拓宽街巷；修复两侧传统建筑，保持原有建筑高度和体量，采用传统工艺和按原样修复；重点整治与传统风貌不协调的一般建筑，按传统风貌和建筑式样进行改造或更新。

（2）广场开放空间保护

规划保留王陵路广场，建设项王路北侧广场。用地方石材铺砌广场，增加景观乔木，增加休憩设施，整治周边建筑风貌（图4-23）。

3. 环境风貌保护

现存树木少部分是街区旧有之物，大部分是近代栽植，但也与街区有了多年的磨合，是街区环境的重要组成部分，应最大限度地保留。确定主要景观视廊、代表历史文化街区的标志性与重要景观，如外部整体形象、入口景观、核心景观等。通过历史文化街区整体形象和边界的总体控制，达到历史文化街区风貌的完整性和延续性。保护高低错落、连续韵律的传统院落空间和肌理走势，保护曲折有致、完整连贯的传统街巷界面和收放空间。保护和传承原有传统街巷空间氛围和感受，整治或拆除不符合原有传统肌理和传统建造方式的建筑院落，修复原有庭院院墙，恢复巷道石板路面，提高景观视觉效果。

4. 文物保护单位的保护

户部山历史文化街区内文物保护单位有全国重点文物保护单位6处：崔焘翰林府、魏家园、余家大院、翟家大院、郑家大院、刘家大院。市级文物保护单位2处：权谨牌坊、戏马台（表4-1）。

文物保护单位应按照《中华人民共和国文物保护法》划定保护范围。对文物保护单位的认定、保护、管理、法律责任等，应遵照《中华人民

图4-23　户部山历史文化街区保护规划总平面图

共和国文物保护法》、《中华人民共和国文物保护法实施条例》的有关规定执行。

保护范围是根据文物保护单位的级别、规模、内容以及周边环境的历史和现实情况合理划定的，在文物保护单位个体之外保持一定安全距离的，确保文物保护单位真实性和完整性的区域。

保护要求为所有的建筑本体与环境均要按《中华人民共和国文物保护法》的要求进行保护，不允许改变文物的原有状况、面貌及环境，如需进行必要的修缮，应在专家指导下遵循"不改变原状"的原则，做到"修旧如故"，并严格按修缮审批手续进行。该范围区内现有影响文物原有风貌的建筑物、构筑物必须拆除，且保证满足消防要求。

户部山历史文化街区文物保护单位一览表　　　　　　　　　　　　　表4-1

序号	名称	地址	年代	级别
01	崔焘翰林府	崔家巷1号	明清	国家级
02	魏家园	崔家巷2号	民国	国家级
03	余家大院	状元街1号	明清	国家级
04	翟家大院	状元街2号	明清	国家级
05	郑家大院	状元街3号	明清	国家级
06	刘家大院	状元街5号	明清	国家级
07	权谨牌坊	状元街4号	明清	市级
08	戏马台	项王路1号	明清	市级

5. 建筑遗产保护与整治模式

本着保护户部山历史文化街区中建筑风貌和空间格局的原则，按照《江苏省历史文化街区保护规划编制导则》中对建筑保护与整治模式的规定，考虑街区现状和可操作性，对街区内的建筑提出以下保护与整治措施（表4-2）。

（1）保护类建筑：街区保护范围内的建筑已修缮完成，要依据文物保护法严格进行保护。

（2）整治类建筑：针对街区保护范围以外的建筑质量尚可，但风貌与传统风格有一定距离、建筑或者院落大部分已改建的建筑。对此类建筑应按传统风貌和建筑形式进行整治，主要是通过立面粉饰、门窗修补、调整外观色彩等措施达到与街区传统风貌协调。

建筑保护与整治方式分类标准　　　　　　　　　　　　　表4-2

分类	保护与整治方式	分类标准
01	保护类（街区保护范围内）	结构、布局、风貌保护完好，不改变原状，修旧如故，已修缮完成的建筑
02	整治类（街区保护范围外）	建筑质量尚可，但风貌与传统风格有一定距离、建筑或者院落大部分已改建的建筑

6. 其他物质文化遗产（古树名木）的保护

严格保护街区内登记的古树名木，以及位于传统街巷、传统院落的其他古树。主要以泡桐、梧桐为主，不得随意砍伐。

7. 物质文化遗产的合理利用

户部山历史文化街区中物质文化遗产的合理利用的主要途径是将历史遗存的保护利用与发展旅游结合起来，使历史文化遗产能够提供传统文化展示、商业及其他相关产业和旅游配套服务。

8. 非物质文化遗产的合理利用

保护徐州剪纸、徐州香包、江苏柳琴戏、徐州梆子、徐州琴书等列入国家级非物质文化遗产名录的项目，加强非物质文化遗存传承人、传承场所及教育培训设施的保护与建设；保护与街区有关的重要历史名人文化及其遗址；保护与恢复传统历史景观，包括结合街区的整体保护与整治，强化历史传统文化氛围；利用现存的文化传统、表演艺术，开展多种文化推广活动，结合商业文化设施建设，增加传统文化表演与展示场所。

4.2.5 状元府历史文化街区保护内容

1. 功能发展定位

状元府历史文化街区是以生活性街巷和传统居住建筑为街区特征，以体现市民生活和民俗活动为主要功能的历史文化街区（图4-24）。

2. 空间格局保护

空间格局保护同样以街巷空间保护和广场开放空间保护为主要保护内容。

3. 文物保护单位的保护

状元府街区内文物保护单位有国家级文物保护单位3处：李蟠状元府、老盐店、李华甫宅，保护范围及要求同户部山历史文化街区（表4-3）。

图4-24　状元府历史文化街区保护规划总平面图

状元府历史文化街区文物保护单位一览表　　表4-3

序号	名称	地址	年代	级别
01	李蟠状元府	劳动巷23号	清	国家级
02	老盐店	劳动巷14号	清	国家级
03	李华甫宅	崔家巷26号	清	国家级

4. 建筑遗产保护与整治模式

本着保护状元府历史文化街区中建筑风貌和空间格局的原则，按照《江苏省历史文化街区保护规划编制导则》中对建筑保护与整治模式的规定，考虑街区现状和可操作性，对街区内的建筑提出以下保护与整治措施。

（1）修缮类建筑：针对文物保护单位，遵循"不改变原状"的原则，做到"修旧如故"，并严格按修缮审批手续进行。保持原样，以求如实反映历史遗存。

（2）修复类建筑：针对历史街区保护范围内结构、布局以及风貌基本完好，有一定保存价值、格局完整、传统风貌较好，但局部已变动的建筑，按照传统式样予以修复。

（3）整治类建筑：针对历史街区保护范围内结构、布局、风貌尚可，但建筑或者院落大部分已改建，与传统风格有一定差距的建筑。对此类建筑应按传统风貌和建筑形式进行整治或更新，主要是通过立面粉饰、门窗修补、调整外观色彩等措施达到与街区传统风貌协调。

（4）改造类建筑：针对历史街区范围内结构、布局、风貌等与传统风格不协调，局部影响传统风貌的建筑。对此类建筑应按传统风貌和建筑形式进行改造。主要是通过降低建筑高度、改造屋顶形式以及更换外饰面等措施达到与街区传统风貌协调。

（5）拆除类建筑：针对与历史风貌冲突较大、建筑质量较差、违章搭建或破坏传统院落原有格局的建筑，应予拆除，以增加道路、广场、绿地开敞空间，或根据需要恢复庭院空间或新建与历史风貌相符的建筑（表4-4）。

建筑保护与整治方式分类标准 表4-4

分类	保护与整治方式	分类标准
01	修缮类	结构、布局、风貌保护完好，历史原真性好，修旧如故
02	修复类	结构、布局、风貌基本完好，局部已变动
03	整治类	结构、布局、风貌尚可，但建筑或者院落大部分已改建
04	改造类	结构、布局、风貌与传统建筑不协调，局部影响传统风貌
05	拆除类	与历史风貌冲突较大、建筑质量较差、违章搭建或破坏传统院落原有格局

5．其他保护内容

状元府历史文化街区在环境风貌保护、其他物质文化遗产的保护、物质文化遗产的合理利用、非物质文化遗产的合理利用等方面同户部山历史文化街区。

5 生态建设与生态修复规划

我国快速的城市化进程造成大多数城市发展呈现圈层蔓延、轴线扩张的发展态势，城市空间不断向外拓展，城市建设不断侵占生态本底，生态环境的压力不断加大，极大地改变了城市生态空间的格局，对生态空间造成巨大压力，PM2.5、雾霾、酸雨、沙尘暴已然成为生态环境破坏的代名词，城市生态环境日益脆弱，城市生态安全愈发敏感，城市承载力面临巨大挑战，我们所梦想的"田园城市"在不断蜕化。如何解决城市建设发展与生态空间保护的矛盾，实现二者的可持续发展与共融，有效地维护和恢复城市的基本生态系统服务能力，就成为国内外城市建设共同面临的一个重大理论和实际问题。

党的十八大要求加大自然生态系统和环境保护力度，实施重大生态修复工程，保护山林、湖泊、湿地面积，保护生物多样性，坚持绿色发展的理念，构建科学合理的城市化格局、生态安全格局。徐州市丰富的自然景观资源构成了徐州独特的山水生态格局，为确保整体生态格局的保护与延续，划定了生态红线、城市绿线、城市蓝线和山林红线，编制完成了城市绿地系统、云龙湖风景名胜区、吕梁山风景区、大运河风景路、故黄河风景路、采煤塌陷地生态修复、潘安湖生态湿地、九里山风景区规划。通过总体规划、详细规划、专项规划等不同层面的规划控制，保护山水特色、构建生态格局、修复生态环境、提高环境品质，有效保障了城镇发展空间和自然空间的良性互动，提升了城市的生态环境品质和城市形象，实现了城市由灰到绿、由灰到靓的转变，赢得"一城青山半城湖"的美誉，2015年徐州荣膺首批"国家生态园林城市"。

5.1 生态建设规划

5.1.1 城市绿地系统规划

1. 基本情况

近年来，徐州大力推进"显山露水"、"退渔还湖"、"去港还湖"、"扩湖增水"、"湿地修复"、

"宕口治理"、"荒山绿化"、"街心公园"、"七彩徐州"等一大批重点园林工程。大力实施生态修复，多措并举推进采煤塌陷地综合治理，累计整治采煤塌陷地9万多亩，建成了潘安湖湿地、九里湖湿地、督公湖等一批风光秀美、涵养生态的湿地公园。对全市900多处采石宕口和废弃矿山实施生态改造，累计完成宕口绿化2.5万亩，治理山体200多万平方米，建成了全国首座宕口遗址公园东珠山宕口公园。先后实施两轮"进军荒山"行动计划，投入资金6.9亿元，绿化荒山400多座、13万亩，在全国开创了"石头缝里种出绿色森林"的典范。目前，全市森林覆盖率达32%，居全省第一；市区建成区绿化覆盖率达42.87%，居全省前列；主城区300亩以上大型开放式园林近30处；精心打造云龙湖、云龙山、云龙公园"三云"品牌，在云龙湖周边征收2200亩土地用于生态建设，建成了珠山景区、市民广场、滨湖公园为代表的环湖景观带，云龙湖风景名胜区成为徐州城市的生态明珠。同时，对彭祖园、奎山公园、汉文化景区、泉山森林公园等实施敞园改造，兴建大龙湖、金龙湖、科技广场、楚园、植物园、名人园、百果园等一批精品园林，免费向市民开放，"楚韵汉风、南秀北雄"的城市特质日益彰显。

经过近几年的建设，徐州城市绿地系统空间结构已经凸显，即以山体地带、城区地带、滨水地带构成的三个层次的立体空间，结构较为合理，市区的道路网络与节点绿地形成较为统一的整体，从而形成点、线、面相结合的绿地系统结构体系。但是现状绿地系统在类型结构、空间布局、植物选择、城市廊道绿化等方面还存在不足，绿地的多功能性尚未充分发挥和利用。徐州市城市绿地系统的编制科学规划了城市绿地空间结构，对于建设国家生态园林城市，构建生态安全格局具有重要的意义。

2. 规划特点

（1）重构生态网络体系

充分发挥城市典型的山水格局、精粹的楚汉文化等特点，以系统性和多样性为原则，打造徐州"两带、两片、多廊、多区"的绿地景观格局。依托"两河横贯、两湖傍映、三楔入城、地景开阔"的基底条件，按照景观生态学原则，规划各种类型绿地相互联结，形成稳定的城市绿地生态网络系统，持续地发挥生态、游憩、环保等系统性功能。同时注重生物多样性、景观多样性和功能多样性，重视生物资源保育、绿化植物应用、园林植物群落配置的多样化，充分发挥绿地系统的生态功能、景观功能、游憩功能、防灾功能的叠加效能。

（2）重视生态修复

针对历史上遭到破坏的山体和采煤塌陷地这一地域特点，规划以生态再造变废为宝为原则，秉承着"把最好的资源留给后代，把最美的风景还给百姓"这一理念，以"显山露水"、"生态湿地（采煤塌陷地）"、"宕口修复"、"荒山绿化"等内容为抓手，加快偿还生态欠债，全面保护和再造自然环境，融合协调生态、生活、生产空间。

（3）创新规划思路

为确保规划方案全面有效的实施，针对目前诸多规划融合问题，规划创新性的将城市绿地系统和城市清风廊道规划、历史文化名城规划、海绵城市建设规划、城市防灾避险规划相融合，解决空间有序统一问题。其次，针对存量规划日益凸显的问题，规划提出存量规划中应更多得提供绿地供给量，保障绿色城市建设。从宏观和微观两个层面提供规划指导（图5-1）。

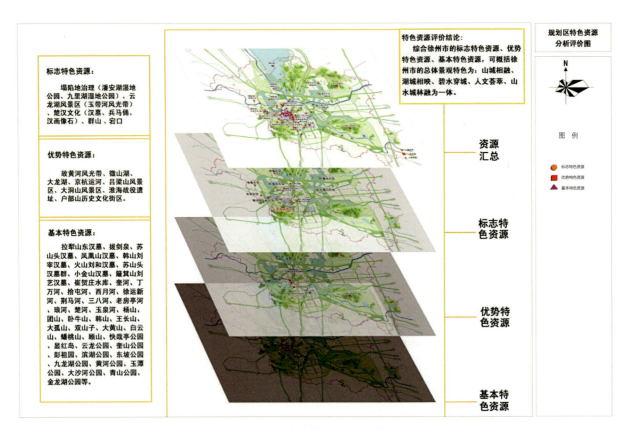

图5-1 规划区特色资源分析评价图

3. 主要内容

（1）市域绿地系统规划

以系统学、生态学和景观生态学为指导，以徐州市城镇体系为依托，基于徐州自然与社会经济发展实际，依托徐州市自然和人文资源条件，构建"两带、两片、多廊、多区"的市域绿地结构（图5-2、图5-3）。

"两带"为沿故黄河、大沙河景观带及沿大运河景观带；

"两片"为湿地景观片区，包括微山湖生态湿地保护区和骆马湖湿地自然保护区；

"多廊"为沿路景观廊道和防护林带，包括连徐高速公路、盐徐高速公路、京福高速公路、京沪高铁、104国道、206国道两侧形成的大型防护林生态廊道；

"多区"为特色景观节点，包括云龙湖风景名胜区、马陵山风景名胜区、泉山自然保护区、

图5-2 市域绿地系统结构图

艾山自然保护区、大洞山森林生态系统自然保护区、临黄湿地公园、九里湖生态湿地公园、潘安湖湿地公园、大黄山郊野公园、农林产业培育区等。

（2）城市规划区绿地系统规划

1）规划结构

徐州市城市规划区绿地系统结构可以概括为"两带、四楔、三环、十三廊"的结构布局模式（图5-4）。

"两带"为故黄河和京杭大运河，是徐州最为主要的两条河流水系，规划特别强化两河的滨水绿地建设，形成规划区内蓝绿辉映的生态锦带。

"四楔"为规划区东北、西北、东南、西南四个方向呈楔入状布置着山林绿地和生态湿地，通过营建从规划区向主城区在东北、东南、西南、西北四个方向上的楔入式大型绿地，将外围的绿地渗透到城市中心，为徐州

图5-3　市域绿地系统规划图

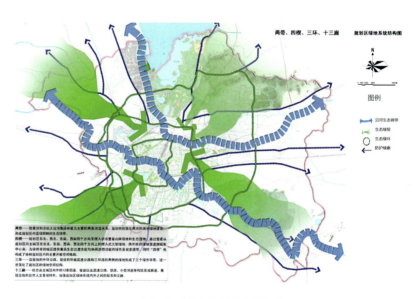

图5-4　规划区绿地系统结构图

市的城区提供兼具生态过渡功能与休闲游憩功能的绿色景观渗透带，同时"四楔"也构成了徐州规划区内的主要开敞空间格局。

"三环"为沿规划的外环公路、现状的环城高速公路和三环路的两侧的绿地形成的三个绿色环带，进一步强化了规划区的绿地空间结构。

"十三廊"为结合由主城区向外放射的13条国道、省道以及高速公路、铁路、小型河道等构筑景观廊道，展现沿线的自然人文景观特色，加强规划区绿地系统内外之间的联系和交融。

2）绿地布局

规划针对规划区绿地结构格局，突出"绿带、绿楔、绿环、绿廊"相结合；绿地与景观资源保护相结合；绿地与用地功能、交通组织相结合的原则，形成"绿带穿城、绿楔入城、绿环圈城、绿廊网城"的绿地布局，创造"山水相拥、人文荟萃"的自然山水城市和历史文化名城的绿地风貌特

色，形成从"历史文化名城"到"国家园林城市"再到"国家生态园林城市"的持续发展模式（图5-5）。

绿带穿城：沿故黄河、京杭运河两侧各规划30~100m滨河绿地，形成既通达又连贯的重要廊道。

绿楔入城：规划区内的自然保护区、风景名胜区、森林公园、重要湿地、生态公益林、煤矿塌陷地湿地公园等十余处生态斑块共同纳

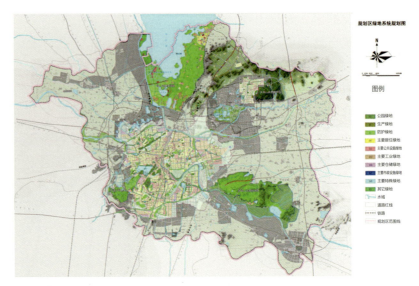

图5-5 规划区绿地系统规划图

入到绿地系统的楔入状绿地中，形成生态、景观、游憩和防灾等综合功能的绿地斑块和公共开敞空间系统，改善规划区生态环境。并通过合理的绿地指标建设、绿地景观优化，为市民创造良好的人居工作环境。

绿环圈城：规划沿外环路、四环高速公路、三环路两侧各建防护绿地30~100m。通过绿环构建环抱城市的生态圈，维护和改善城市生态环境。

绿廊网城：沿联系主城内外的主要公路两侧规划20~50m防护绿地。

（3）城区绿地系统规划

根据《城市绿地分类标准》CJJ/T 85-2002，规划将绿地分为五类，包括公园绿地、生产绿地、防护绿地、附属绿地、其他绿地。在公园绿地中，又细分为综合性公园、社区公园、专类公园、带状公园和街旁绿地，附属绿地细分为居住绿地、单位绿地（包括公共设施用地内绿地、工业用地内绿地、仓储用地内绿地、对外交通用地内绿地、市政公用设施用地内绿地、特殊用地内绿地）和道路绿地。

规划至2020年，绿地率为40.88%，绿化覆盖率≥44%；人均公园绿地面积13.68m²（表5-1、图5-6）。

徐州城区绿地系统规划指标一览表　　　　　表5-1

项目		2015现状	2020规划
建设用地面积（km²）		247.45	347.89
城市人口（万人）		216.37	312.8
绿地分类	公园绿地（G1）（hm²）	2762	4279.06
	生产绿地（G2）（hm²）	168.25	27.14
	防护绿地（G3）（hm²）	3017.7	3821.09（4899.99）
	附属绿地（G4）（hm²）	4061.49	6088.9
	其他绿地（G5）（hm²）	23307	39063
	建设用地内绿地面积（hm²）	10009.44	14216.19

续表

项目		2015现状	2020规划
绿地指标	人均绿地（m²/人）	46.26	45.4
	人均公园绿地（m²/人）	12.77	13.68
	绿地率（%）	40.45	40.88
	绿化覆盖率（%）	43.26	44

注：（ ）内为规划区范围绿地面积。

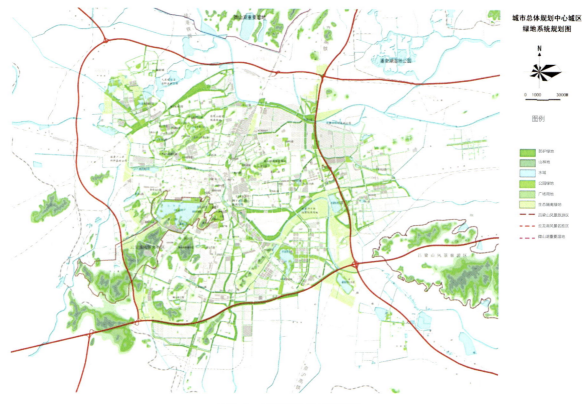

图5-6 城区绿地系统规划图

5.1.2 城市绿线规划

1. 基本情况

随着我国城市建设的发展和城市人民生活水平的提高，城市绿地的生态、景观、娱乐休闲等功能也越来越受到人们的重视，成为现代城市文明程度的一个标志。以管理城市绿地为主要功能的城市绿线成为现代化城市规划管理的重要组成部分。《国务院关于加强城市绿化建设的通知》（国发2001年20号文）明确提出，各城市应当建立绿线管理制度。2002年建设部第63次常务会议审议通过并发布了《城市绿线管理办法》，自2002年11月1日起施行，标志着绿线受到了国家法规的保护，这对加强城市绿地建设、减少和杜绝侵占城市绿地的行为提供了法律的保障。徐州市城市绿线规划对城市1000多块绿地的控制指标进行了系统的划分，对加强城市生态环境建设，创造良好的人居环境，促进城市可持续发展起着重要的作用。

2. 主要内容

(1) 公园绿地（G1）

公园绿地分为综合性公园（G11）、社区公园（G12）、专类公园（G13）、带状公园（G14）、街旁绿地（G15）五类。其中，综合性公园、专类公园和街旁绿地应明确用地边界范围；社区公园主要控制绿地的规模和各项指标，具体位置和用地边界在下位规划中划定；带状公园主要包括道路带状公园以及滨水带状公园两类，规划中明确绿地规模和用地边界。

规划综合公园45个，总面积为1451.65hm²，其中12个为全市性公园，33个为区域性公园；规划划定社区公园66个，总面积230.23hm²；专类公园指具有特定的内容和形式，具有一定游憩设施的集中绿地，规划专类公园30个，面积1482.78hm²；规划带状公园54个，总面积为803.95hm²；街旁绿地位于城市道路用地之外，相对独立的成片绿地，包括街道广场绿地和小型沿街绿化用地等，规划划定街旁绿地310个，总面积为310.45hm²（表5-2、图5-7）。

(2) 生产绿地（G2）

重点划定城市规划区范围内用于城市乡土适生植物、特色植物等研究、繁育的绿化用地的生态控制线。规划划定生产绿地总面积为886.38hm²。

(3) 防护绿地（G3）

防护绿地绿线结合城市组团隔离用地、城市主要交通市政用地、工厂企业隔离带、自然山体林地、河湖水体等用地划定，明确其规模和功能。规划防护绿地总面积为4899.99hm²，其中建设用地范围内的防护绿地面积为3821.09hm²。

(4) 绿地控制指标

规划绿地控制指标按照强制性指标和指导性指标两大类分为绿地使用控制、绿地容量控制、绿化建设控制三方面内容（表5-2、图5-8）。

绿地控制指标分项表　　　　表5-2

序号	控制指标大类	控制指标中类	控制指标小类
01	规定性指标	绿地使用控制	地块编号
			绿地名称
			绿地性质
			地块面积
			宽度
		绿地容量控制	绿地率
02	引导性指标	绿化建设控制	资源景观特色
			乡土树种比例
			应急避险等级

图5-7 城区各类绿地规划图

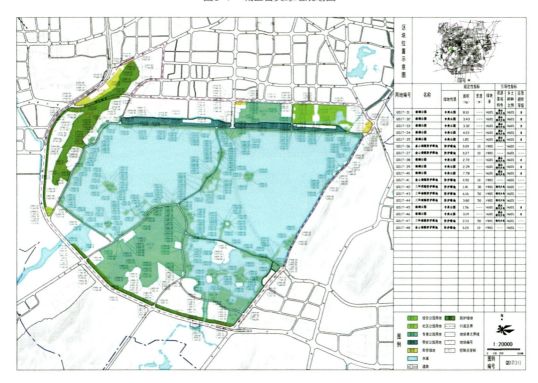

图5-8 城市绿地控制图则

5.1.3 城市河道蓝线规划

1. 基本情况

徐州市地处淮河支流沂、沭、泗诸水的下游，境内河流纵横交错，湖沼、水库星罗棋布，东有沂、沭诸水及骆马湖，西有大沙河及微山湖，以黄河故道为分水岭，形成北部的沂、沭、泗水系和南部的奎濉河水系。徐州市河流水系比较复杂，分属三个水系：沂沭泗水系、故黄河水系及奎濉河水系。徐州市区以故黄河水系为分水岭，北侧为沂沭泗水系，南侧为奎濉河水系。

20世纪60、70年代，许多国外大城市如巴黎、伦敦、悉尼等开始了大规模滨水地区改造和功能开发，国内一些城市的功能开发也越来注重生态和水环境的保护和治理。近年来，徐州市大力实施"天更蓝、地更绿、水更清、城更靓、路更畅"五大行动计划，城市绿化和水环境面貌显著改善，河道保护与滨水景观建设已经成为城市发展的新亮点和推动力。依据城市总体规划的要求，编制城市河道蓝线规划，保护河湖水系，引导滨水地区有序开发，对于提升城市的生态环境品质、城市品位以及滨水地带的土地资源价值，满足人们游览休闲需求都具有重要意义。

2．规划特点

（1）蓝线规划针对性强

徐州市河流、水库、湿地和沟渠多，本规划主要针对与城市规划建设密切相关的部分对象划定城市蓝线，蓝线划定对象充分与《徐州市城市排水（雨水）防涝综合规划（2013～2020）》相衔接，规划的蓝线划定对象分为主要河道、湖泊水库湿地、骨干河道3大类。

（2）蓝线划定标准科学性强

由于河道保护规划尚未出台可行的规范，本次规划蓝线控制宽度根据徐州市实际情况并结合相关技术标准及相关城市经验综合考虑。

（3）控制保护原则性强

依据防洪排涝所需河道断面，根据水利管理要求和城市景观发展要求，确定徐州市中心城区范围内河、湖、库、渠等水系的保护控制线（蓝线），以图则的形式对规划范围内的各类水系提出具体保护要求。

（4）蓝线划定协调性强

贯彻落实合理用地、节约用地、集约用地的政策方针，实现与城市规划建设用地的有机协调，在可持续发展原则下取得有机平衡。对远期需要调整而近期需要保留的用地，划定时考虑其灵活性。与同阶段城市规划的深度保持一致；符合法律、法规的规定和国家有关技术标准、规范的要求。

3．主要内容

（1）规划对象

中心城区内河流、湖泊、水库、湿地、骨干河道众多，流域长度、河道宽度、水域面积大小不一，本次规划选择进行蓝线控制的水体遵循以下原则：徐州市总体规划、各分区规划体现的河流、湖泊、水库、湿地；具有防洪排涝重要功能的骨干河道；具有城市生态、绿化景观重要功能的水体；单位用地内的水域不在蓝线控制之列。

（2）蓝线分区

本次规划蓝线划定按流域进行分区，依据徐州市城市防洪规划（2012～2020），共划分为四大排水分区，十七个规划排水分片。四大排水分区分别为京杭运河排水区、房亭河排水区、故黄河排水区、奎河排水区，十七个规划排水分片分别为拾屯河片、丁万河片、徐运新河片、荆马河片、三八河片、青黄引河片、老不牢河片、房亭河北片、房亭河南片、故黄河滩地片、老城区片、云龙湖片、楚河片、灌沟河片、奎河片、琅河片、闫河片（图5-9）。

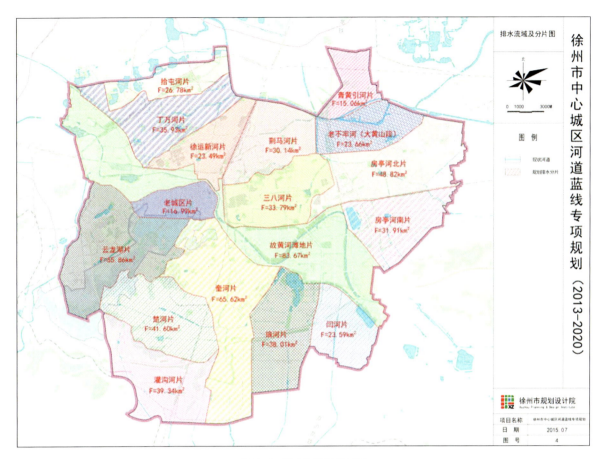

图5-9 排水流域及分片图

（3）划定内容

依据住房和城乡建设部《城市蓝线管理办法》的基本要求，结合徐州市的实际情况，本次规划的蓝线划定对象分为河道、水库（湖泊）和湿地（包括湿地公园）、骨干河道等3大类。

本次规划蓝线划定范围为中心城区573.19km² 范围，主要河流水系约61条，总长度约160km，湖库16宗、骨干河道约100处。水域总面积约为44.3km²，占规划范围总面积的7.7%。其中主要河流水域面积18.6km²；水库及湖泊水域面积24.5km²；骨干河道水域面积1.2km²（图5-10）。

（4）水系景观控制

根据城市水系总体布局规划，在综合治理的基础上，对城市各大水系中的主要河流分别提出不同的景观控制要求，对每条河流控制提出主要控制景观节点，以体现对水体景观从"线"到"面（点）"的整体规划控制。规划形成"一轴、三核、多带、多点"的水网景观体系结构。"一轴"为故黄河景观带，是徐州市重点打造的"清风走廊"；"三核"为云龙湖风景区、大龙湖风景区、九里湖湿地风景区；"多带"为网状的水系系统网络，使得城市水系生态功能不断优化，日益形成"天蓝地绿"的现代城市水系网络；"多点"为水系景观节点，犹如"水系串玉珠"，成为展现城市生态魅力的场所，更是城市休闲娱乐的场所（图5-11）。

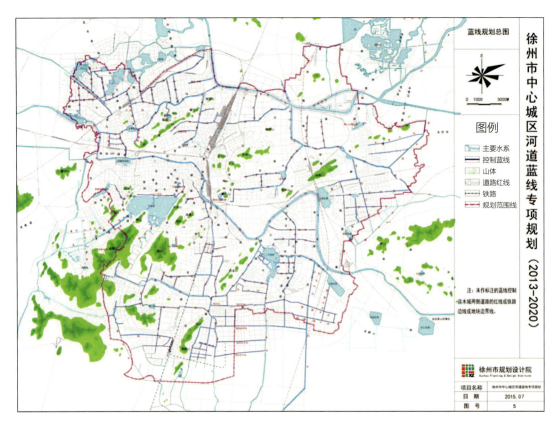

图5-10 蓝线规划总图

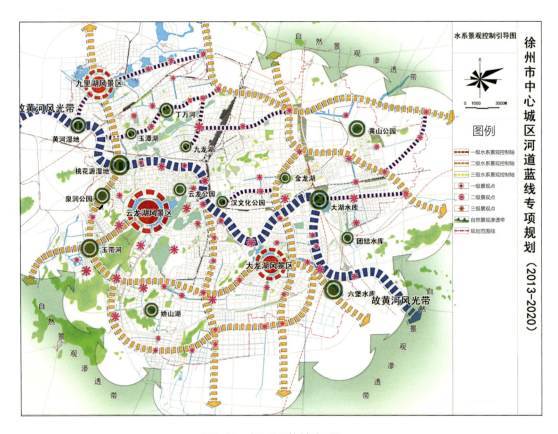

图5-11 水系景观控制引导图

5.1.4 生态红线区域保护规划

1．基本情况

生态红线是指对维护国家和区域生态安全及经济社会可持续发展具有重要战略意义，必须实行严格管理和维护的国土空间边界线。

国家提出划定生态保护红线的战略决策，旨在构建和强化国家生态安全格局，遏制生态环境退化趋势，力促人口资源环境相均衡、经济社会和生态效益相统一。2012年江苏省生态红线区域保护规划划定了占全省面积22.23%的生态红线保护区域面积，为全省生态保护与建设、自然资源有序开发和产业合理布局提供了有力支撑。

徐州市生态红线区域保护规划在江苏省生态红线区域保护规划的基础上，全面分析和把握城市自然生态本底和特点的基础上，按照"保护优先、合理布局、控管结合、分级保护、相对稳定"的原则，划定了占全市国土面积23.95%的生态红线保护区域面积，进一步推进了徐州市的生态文明建设，对于构建城市生态安全格局，建设"天蓝、地绿、山青、水净"的美丽徐州都具有十分重要的意义。

2．规划特点

（1）协调发展

生态红线区域的划定与保护充分考虑与城市总体规划、国土规划、绿线规划、蓝线规划、山林红线规划、主体功能区规划及其他相关规划的衔接，实现多规合一，努力构建生态安全格局。

（2）控管结合

明确受保护地区的主导生态功能和范围，针对不同类型的生态红线区域，实行分级保护措施，明确环境准入条件，以提高生态红线区域保护规划实施的可行性，确保各类生态红线区域得到有效保护。

（3）分级分类管控

生态红线区域实行分级管理，划分为一级管控区和二级管控区。一级管控区是生态红线的核心，实行最严格的管控措施，严禁一切形式的开发建设活动；二级管控区以生态保护为重点，实行差别化的管控措施，严禁有损主导生态功能的开发建设活动。

3．主要内容

（1）总体目标

通过生态红线区域保护规划的实施，使全市受保护地区面积占国土面积的比例达到20%以上，形成满足生产、生活和生态空间基本需求，符合徐州市实际的生态红线区域空间分布格局，确保具有重要生态功能的区域、重要生态系统以及生物多样性得到有效保护，提高生态产品供给能力，为全市生态保护与建设、自然资源有序开发和产业合理布局提供重要支撑。

（2）划定内容

徐州市共划定11类（自然保护区、风景名胜区、森林公园、湿地公园、饮用水水源保护区、洪水调蓄区、重要水源涵养区、重要湿地、清水通道维护区、生态公益林、特殊物种保护区）生态红线区域。市域共计生态红线区域75块，总面积2696.63km^2，占全市国土面积的23.95%。其中一级管控区面积186km^2，占全市国土面积的1.65%；二级管控区面积2510.63km^2，占全市国土面积的22.30%。市区生态红线区域共计14块，总面积63.31km^2，占市区面积的14.31%。其中一级管控区面积6.05km^2，占全市国土面积的1.37%；二级管控区面积57.26km^2，占全市国土面积的12.94%（图5-12）。

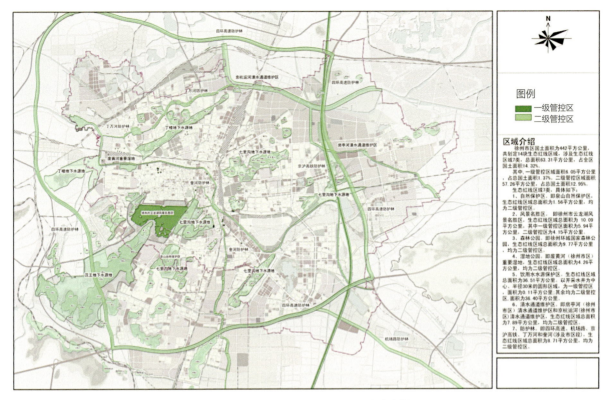

图5-12　徐州市市区生态红线区域保护规划总图

5.1.5　山林红线划定规划

1．基本情况

党的十八大要求加大自然生态系统和环境保护力度，实施重大生态修复工程，保护山林、湖泊、湿地面积，保护生物多样性。研究表明，陆地生态系统的生物量占地球生物量的99%，森林生态系统的生物量又占陆地生态系统生物量的90%以上。保护山林资源既是增加森林碳汇、应对气候变化的战略支撑，又是规模最大的绿色产业和循环经济体；依托山林资源发展绿色经济、实现绿色增长，也是建设生态文明的重要内容之一。

徐州市山林资源丰富，市区周围群山环抱，山势连绵交叠，峰岭逶迤。地形由西北向东南倾斜。区内有九里山、云龙山、泰山、泉山、拉犁山等大小山头156个，其中最高峰为泉山，海拔238.2m。独特的山水资源形成了从小范围的"群山环抱，一脉入城；二河相抱，一湖映城"，到大区域的"三山楔入，两河穿流；城市密集，地景开阔"的城市空间格局。所谓"三山楔入，两河穿流"，是指三条由西南向东北的山系（即九里山、云龙山、泉山拉犁山）斜穿城市，黄河故道、京杭大运河横贯而过，加之云龙湖等一系列湖群点缀其间，共同构成独特的山水相映格局。自然景观条件十分优越。正如苏东坡在《放鹤亭记》中云："彭城之山，岗岭四合，隐然如大环"，可谓"藏风聚气"之地。

但在城市的发展进程中，徐州市的山林资源也遭到了如采石、取土、放牧、砍柴、滥伐树木、违章建筑等破坏，徐州市山林红线划定规划有效的保护了城市山林资源，开山毁林、侵占山林资源的现象得到了有效的遏制，提升了城市生态环境品质，保护了生物多样性，丰富了市民休闲生活，促进了城市经济发展，构建了一城青山半城湖，生态宜居新徐州的城市风貌。

2. 规划特点

（1）生态城市建设的重要组成部分

早在2005年，徐州市就编制了划定山林红线保护区规划，有力推进了徐州市生态城市建设的进程。加大了自然生态系统和环境保护力度，实施重大生态修复工程，保护山林、湖泊、湿地面积，保护了生物多样性。

（2）生态优先、保护第一的理念

党的十八大把生态文明建设纳入中国特色社会主义事业"五位一体"总体布局，明确提出大力推进生态文明建设，努力建设美丽中国，实现中华民族永续发展。要正确处理好经济发展同生态环境保护的关系，牢固树立保护生态环境就是保护生产力、改善生态环境就是发展生产力的理念，更加自觉地推动绿色发展、循环发展、低碳发展，决不以牺牲环境为代价去换取一时的经济增长。

（3）合理开发、集约利用土地

土地资源的稀缺性是人们集约利用土地的最直接的动力。特别是山体周围的土地资源。合理开发，是在大自然能够承受人工改变的程度范围之内做开发，一旦过量开发，将会给城市环境造成无法挽回的损失。土地集约利用强调在保护生态环境的前提下进行。本次规划将以生态理论为指导，使山体周围的土地建设规划符合经济社会发展和生态规律，协调由于建设及人类活动所造成的土地资源紧张等诸方面的矛盾，解决山体周围土地的集约利用和生态环境保护的问题。最终实现山体周围的规划建设与经济的协调发展。

（4）坚持山体保护与城市发展整体统一

消除城市发展对城市山体保护的消极影响的关键在于，不能"孤立"的对待与城市发展息息相关的山体，需要将对山体的保护与利用放到城市整体发展框架内来考虑。通过合理的山体功能开发与利用来提高山体利用率，使市民近距离感受大自然的气息。

（5）坚持历史文化保护

徐州市是国家历史文化名城，而徐州的山林更是两汉文化的集萃地。在保护物质环境的基础上，加强对传统文化、地方风俗等非物质文化的保护，继承和发扬优秀的文化传统，提高徐州市文化品位，促进物质文明与精神文明建设同步发展，使城市具有吸引力和生命力。

（6）坚持可操作性的规划理念

规划在充分调查现状山林资源的基础上，并根据山体所处位置的重要性及其所蕴涵的历史文化价值的高低，对不同的山体提出不同的规划管控要求，以增强规划的可操作性。

3. 主要内容

（1）总体目标

在科学分析徐州市现有山林资源的基础上，把规划保护区纳入淮海生态圈和苏北地区的绿色网络之中，坚持保护山体与恢复山体为第一的原则，以集中展现山水文化、两汉文化、军事文化、东坡文化、彭祖文化等非物质文化为脉络，加强对山林的整体环境、历史文化环境、重要历史地段和文物的保护，合理划定山林红线保护区，在保证规划区生态环境质量的基础上，着力打造"山中有城，城中有山，山城一体，共生共融"的绿色生态城市的格局和集"山、水、城、林"于一体的现代生态城市风貌。

（2）划定内容

徐州市区规划山林红线保护区的山体共212座，包括山头773个，山林保护区面积18061.82hm^2（图5-13）。

图5-13　徐州市区山体分布图

5.1.6　云龙湖风景名胜区规划

云龙湖风景名胜区是以云龙山水自然景观为特色，兼具多种功能的国家5A级旅游景区。为有效保护和利用云龙湖风景名胜区的风景资源，控制和引导云龙湖风景区及外围保护地带的规划和建设，协调好景区与城市发展的关系，促进其可持续发展。

1．基本情况

云龙湖位于徐州市主城区的西南部，为城市近郊面积最大的天然湖泊。沿湖地带北临城区居住组团，人口相对集中，多条城市主干路与景区相接，交通条件十分便利；东南为云龙湖风景名胜区的主要游览区——云龙山、拉犁山。总体上风景区属徐州市区内的重要旅游生态环境区域，是整个城市的有机组成部分，因此二者紧密联系，互动发展，城市经济发展与空间拓展等直接影响云龙湖风景名胜区的建设，风景区的发展也将影响徐州市的整体形象。

云龙湖风景名胜区范围：从云龙山北麓，沿湖北路至韩山北麓为风景名胜区北界；沿韩山西麓南下，顺玉带路跨京福高速到沿山、顶山一带为风景名胜区西界；南以光山、黑山、驴眼山南麓到走马山过京福高速至大刀山为界，自大刀山、小刀山北上，绕中国矿业大学新校区的西界，接三环南路，环泰山、淮海烈士纪念塔、彭园边界，至云龙山第一节峰为风景名胜区东界。风景名胜区面积44.7km²，外围保护地带面积44.2km²，控制范围总面积88.9km²。其中，核心景区面积16.1km²，水域面积6.6km²。

2．规划特点

（1）文化为脉

保护云龙湖风景名胜区的自然与人文风景资源，保持资源的真实性、可读性、完整性与可持续性，展示和延续两汉文化、名人文化、宗教文化、军事文化、民俗文化。

（2）山水串联

降低城市道路对风景区的割裂和干扰，加强山水之间联系。严格控制云龙山、珠山、西凤山之间的观景视廊和景观界面，加强玉带河与拉犁山之间的建设控制，整体构建湖、山、岛、城、林、湿地、田园等游赏空间。

（3）体系健全

构建适应风景名胜区资源保护与利用的游赏交通组织方式，完善区内的水陆游赏交通体系。优化风景区外围的城市交通系统，利用景区入口及外围保护地带用地，合理布置游赏换乘及城市公交场站，实现景区内部游赏线路的顺畅。

（4）城景协调

加强云龙湖风景名胜区与外围保护地带的景观、功能、设施、用地、建设等方面的协调，强化对风景区外围保护地带的建设控制。合理预控城景之间的生态廊道和天际线。

3．主要内容

（1）景区性质

以云龙山水自然景观为特色，体现两汉文化、名人文化、宗教文化、军事文化、民俗文化，具有风景游赏、休闲度假、科普教育、乡村休闲等功能的城景交融型省级风景名胜区（图5-14）。

（2）空间结构规划

规划采用"塑双核，通双脉，生三片，成一体"空间优化途径，以片区联动为手段，以山、湖、田生态空间为核心，以慢行绿道和生态蓝道为依托构建完整空间格局。即景区北部以云龙山水为核心，南部以汉王风情为核心，依托拉犁山景观绿脉和玉带河景观蓝脉，形成南部相连的两大景观带和功能各异的三大片区，构成"双核双脉三片"的空间布局。

"双核"：云龙山水核由环云龙湖区域构成，形成城市生态核心和休闲核心；汉王风情核由拔剑泉、汉王镇构成，形成风景区南部的民俗风情核心和发展核心。

"双脉"：拉犁山景观脉是风景区绿脉，由连续的山体风光，构建南北向景区绿道；玉带河景观脉是风景区蓝脉，依托玉带河及湿地，构建双核之间的生态蓝道。

"三片"：隐逸山水片区由云龙山水景区、凤凰怀古景区构成，彰显文化主题；漫游山林片区由拉犁山向南延伸的山脉为依托，由玉带探幽景区和拉犁春秋景区组成，突出体育康体、山野郊游等

图5-14　云龙湖风景名胜区实景

主题特色；乐享田园片区即汉王风情景区，由汉王镇及南部丘陵田园风光组成，突出两汉文化、徐州民俗风情、乡村休闲度假的主题特色。

"五大景区"：云龙山水景区、凤凰怀古景区、玉带探幽景区、拉犁春秋景区、汉王风情景区（图5-15、图5-16）。

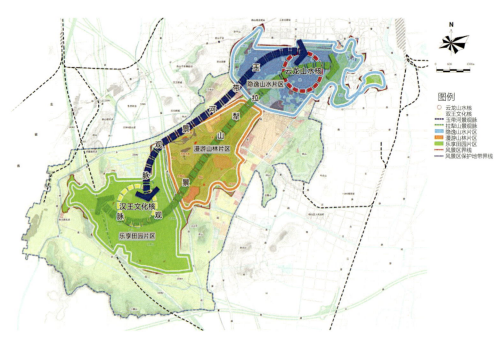

图5-15　云龙湖风景名胜区空间结构规划图

图5-16　云龙湖风景名胜区规划总平面图

图5-17 云龙湖风景名胜区土地利用规划图

（3）土地利用与分级保护规划

依据风景名胜区规划规范的用地分类要求，结合云龙湖风景名胜区的实际情况，在风景名胜区总体规划用地布局的指导下，按照分级保护要求进一步细化。根据云龙湖风景名胜区的资源分布及特色，将风景名胜区空间划分一级、二级、三级保护区（图5-17）。

（4）地块控制

形成以"严格保护、强调融合、控制规模、彰显特色"为原则的规划控制体系。详细确定风景名胜区各类用地的范围界线，明确用地性质和发展方向，提出保护和控制管理要求，研究开发利用强度指标，制定土地使用、资源保护与利用等管理细则。针对不同空间类型范围内的每个地块制定控制图则，明确各种强制性和引导性控制内容。其中：各地块按所属空间类型的通则性管理要求进行控制落实，其强制性控制要求区别对待。对不同空间类型或特定意图用地，根据风景资源保护与利用的实际情况，引导性内容可转化为强制性内容（表5-3、图5-18）。

云龙湖风景名胜区地块控制内容一览表　　表5-3

地块所属空间类型	特定内容		特定内容
自然景观保护区	生态保护、景观保护与利用、游赏活动控制、必要设施建设控制；禁建内容		土地控制、资源保护、景观风貌控制
史迹保护区	典型景观保护、史迹修缮型或恢复型建设控制、游赏活动控制、必要设施控制；禁建内容；历史文化古迹须同时满足相应法规要求		
风景游览区	景源保护与利用、游赏活动控制、游览设施控制、土地利用强度、建筑退让景源或红线距离、建筑体量与风貌控制		
发展控制区	用于开发区建设的区域	旅游基地及配套设施控制、用地兼容性、土地利用强度、建筑风貌控制、游赏活动控制	
	维持原有土地利用方式与形态的非建设区域	配套设施控制、建筑建造控制、景观协调	

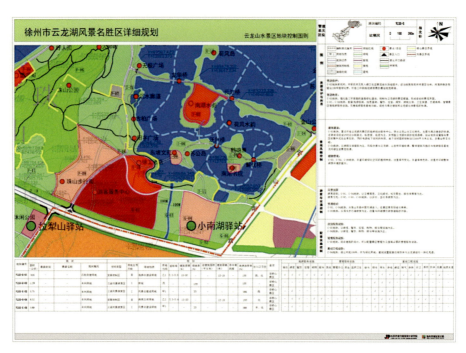

图5-18　云龙湖风景名胜区地块控制图则

5.1.7　吕梁山风景区规划

1．基本情况

吕梁山风景区总体面积186.22km^2，位于徐州市主城区的东南部25km处，距新城区约18km，距高铁站约20km，距观音机场约9km，区位条件优越，交通条件便利。吕梁山风景区历史悠久、山形秀美、植被良好，与散布在其中的众多水体形成了自然景观丰富的生态区域，与徐州市北部的微山湖、东北部的大洞山自然保护区、西南部的云龙湖风景名胜区以及京杭大运河、故黄河共同搭建了"生态徐州"的框架。为确保吕梁山风景区建设和管理的科学性和连续性，统筹资源保护和利用的关系，形成了徐州市吕梁山风景区总体规划编制工作。

2．规划理念

（1）严格保护原生型的生态格局

提高风景区生态价值，增加山林地面积，提高生物多样性，丰富空间层次，逐步实现向地带性群落过渡的目标。注重山林景观价值，整体控制区内开发建设总量和位置；适当对原有植被稀疏、生境较差的山体进行改造。

（2）立足田园，突出地域特色

立足田园、水库、荒山资源，建设山地运动休闲和水上运动休闲娱乐设施，发展生态观光和现代农业科技，提升观光型农业的层次，增添游客的参与性和娱乐性。

（3）保护和利用物质文化遗产和非物质文化遗产

依托本区的历史文化资源，逐步恢复重要的遗址和遗迹景点。挖掘和传承地域儒家文化、吕国文化、漕运文化、吕梁奇石文化，凭藉本区的文化积淀，开展以文化为主题的体验游和文化交流活动，打造文化特色浓郁的风景区。

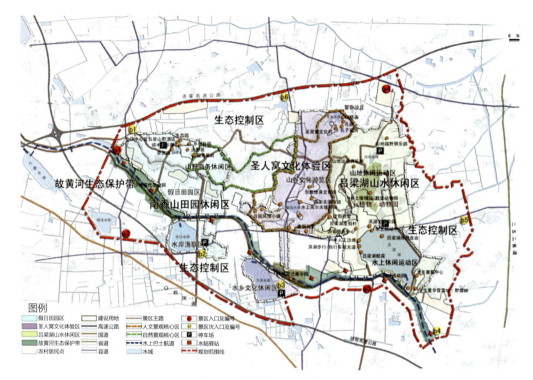

图5-19 吕梁山风景区规划图

3. 规划内容

（1）性质定位

规划确定吕梁山风景区的性质为：徐州市的后花园；以"山水迤逦、田连阡陌"为景观特征，以城区居民休闲、都市圈居民度假为主要功能的近郊中型风景区。

（2）规划布局

吕梁山风景区以东西走向的黄河故道为纽带，串接吕梁湖至白塔水库、下洪水库至圣窝村、水口水库至白桥水库等三个片区，形成一带三区梳状布局结构，外围设置生态控制区。

（3）功能分区

吕梁山风景区包括故黄河生态保护带、南香山田园休闲区、圣人窝文化体验区、吕梁湖山水休闲区等一带三区及其外围的生态控制区（图5-19）。

5.1.8 大运河风景路规划

1. 基本情况

1958年，国家投资治理大运河徐州段，疏通中运河，开辟湖西新航道；整治不牢河段，从邳州刘山闸至蔺家坝开挖了一条新运河，并建了船闸和节制闸，形成徐州境内现有京杭大运河。其中微山湖二级坝至蔺家坝57.4km；蔺家坝至窑湾110.26km；苏鲁交界至大王庙13.5km，共计181.16km。目前，京杭大运河徐州段按管理梯段划分为湖西航道、不牢河和中运河三段，其中不牢河与中运河已达到二级航道标准，航道底宽60m，航宽74m，最小水深4m，河口宽100m；湖西航道规划按照二级航道标准进行整治。不牢河与中运河作为国家南水北调东线工程的主要输水通道，已完成扩挖、疏浚工程，并建成刘山、解台、蔺家坝三大梯级枢纽。

为更好地保护和利用大运河沿线文化、生态、景观资源，提升沿线地区人居环境质量和城乡空间品质，引导和促进旅游等产业的发展，编制了大运河风景路徐州段规划。

2．规划理念

（1）整合资源、突出特色

大运河徐州段沿线景观资源丰富，因缺乏有效的串联，影响了景观整体形象的提升。本次规划以建设生态绿带、文化长廊、休闲胜地为目标，从旅游线路的连续性、交通的便捷性、产品的互补性等角度充分整合沿运河区域的旅游资源。深入研究沿运河地区的水体、山体、湿地和植被等自然景观风貌特征，梳理和挖掘汉文化史迹及历史、文化、风俗等非物质文化遗产，进一步优化资源品质，突出徐州文化特色。

（2）区域统筹、保护优先

从区域整体角度出发，统筹考虑徐州市市区与沛县、邳州市、新沂市风景路之间的顺畅衔接，注重各个区段发展特色的协调；加强风景路内外的合理分工，统筹风景路内外的发展。风景路布局秉承严格保护大运河地区景观生态系统的完整性、自然人文资源的原真性的原则，保障运河水系的生态环境，维护区域内生物多样性。同时，按照人口、资源、环境与社会经济协调发展的要求，兼顾风景路及周边区域的发展需求。

（3）因地制宜、低碳生态

合理把握沿运河地区的发展实际，充分结合地区资源特点和建设水平，因地制宜利用现状资源，促进新建设施集约，探索符合地方发展需求的建设途径。落实节约用地、集约建设等理念，体现设施配套的低碳生态；采用先进技术，优选本土化、乡土化材料，体现建设技术的低碳生态；提倡节约能源、节约资金，体现日常运行的低碳生态；倡导慢行方式、珍惜环境等理念，体现生活方式的低碳生态。

3．主要内容

（1）风景路网构建

按照风景路承担功能的不同，大运河风景路徐州段分为主线和支线，共同构成大运河风景路网络。规划形成"一主、十七支"的大运河风景路网络体系。"一主"即风景路主线，为大运河风景路的核心线路，紧邻大运河单侧或两侧布局；"十七支"为十七条风景路支线，是联系大运河主线和沿线主要景区、景点的线路。

（2）总体布局方案

1）主线布局

规划风景路主线总长度约243.9km，其中沛县段长约58.1km，市区段长约82.8km，邳州段长约94.0km，新沂段长约9.0km。城镇型风景路主线66.03km，郊野型风景路主线110.47km，生态型风景路主线67.40km。主线以利用为主，其中利用段208.90km，改造段6.80km，新建段28.20km。

2）支线布局

规划共设置17条支线，连接大运河沿线的风景名胜区、自然保护区、森林公园、湿地公园、观光农业区、特色村庄、历史文化名镇及省级以上文物保护单位等景观资源。规划风景路支线总长度约354.58km，其中，沛县段长约49.78km，市区段长约123.50km，邳州段长约142.70km，新沂段长约38.60km。城镇型风景路支线103.08km，郊野型风景路支线165.64km，生态型风景路支线

85.86km。支线以利用为主,其中利用段313.72km,主要是利用乡镇道路、城市道路等;改造段40.86km,位于徐州市主城区和新沂段,将现状道路改造为具有慢行路权的道路(图5-20)。

3)建设形式

大运河徐州段风景路主线的主要建设类型分为堤顶路、滨水路(新建)、城市道路、国省道和乡村道路五种形式。按照风景路与城乡道路的关系分类,堤顶路、乡村道路属于混合型风景路,慢行通道依据现状路面宽度而定,通常不小于3m;滨水路(新建)属于独立型风景路,其中,城镇型滨水路不低于5m,郊野生态型滨水路不低于3m;城市道路、国省道属于并联型风景路,即在原有道路空间内增加风景路通道,风景路与机动车通道间通过栏杆或绿篱进行物理隔离,城市道路单向组织,慢行通道不低于3m,国省道双向组织,慢行通道不低于3m(图5-21、图5-22)。

(3)景观特色组织

沿景观路设置景观节点,以不同的景观单元强化景观路特色,形成各具自然、人文要素风格的景观带,展现各地风土人情。在合理布置景观节点的基础上,有序串联风景路游憩活动,全面展现

图5-20 大运河风景路线路布局规划总图

图5-21 沛县段堤顶路示意效果图

图5-22 铜山段滨河路示意效果图

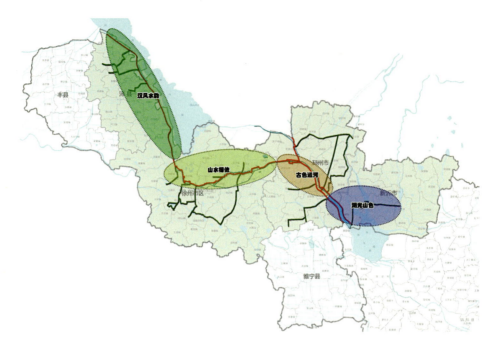

图5-23 大运河风景路景观分区图

运河沿线的美好景致。规划在原有特色景观节点的基础上，新增景观节点共计24处，其中风景路主线沿线新增17处，支线沿线新增7处，总体形成汉风水韵、山水相依、古色运河、湖光山色四个特色景观带（图5-23）。

5.1.9 故黄河风景路规划

黄河是中华民族的摇篮，历史上黄河有着"三年两决口，百年一改道"的显著特点。因此在黄河下游河道的变迁史上，就有了源于下游决口改道而带来的多个黄河故道，目前保存较为完好的为金代至清初黄河南徙时期的故道，徐州市黄河故道就属于其中之一。在徐州境内黄河故道分为两条河道，原主河道称为故黄河，从苏皖交界处的丰县二坝起，流经丰县、铜山、市区和睢宁，继续东流入黄海，徐州市范围内全长173km；原黄河分洪道称大沙河，从二坝入境，经丰县、沛县入昭阳湖，全长61km，黄河故道在徐州市总长度累计为234km。黄河故道洪水泛滥时毁掉城池，洪水过后的泥沙将城市埋于地下，新城重建于先前的城池之上，形成特有的"城上城，府上府，街上街，井上井"的奇观。今天，黄河故道已成为徐州的生命之河，与徐州人民的生活唇齿相依，她既是徐州城市历史的象征，又是生态徐州的有机组成部分。黄河故道沿线二次综合开发成为构建城市线性增长极，焕发流域新活力，推动城市发展的重要举措。

1. 基本情况

（1）经济

黄河故道为地上悬河，沿线动植物资源丰富，但土壤砂性较大，部分河段淤积严重，行洪不畅。而且两岸水利设施不完善，水资源利用率低。由于历史、区位、交通等多种因素的制约，黄河故道沿线经济发展滞后，基础设施薄弱，村庄面貌落后，现状沿线地区集中了大量的经济薄弱村贫困人口，是全市城乡统筹、协调区域一体化的重点和难点所在。

（2）文化

历史上黄河数次决口改道是黄河故道形成的关键，对塑造沿线城市起到了重要的作用；黄河故道沿线地区古时为兵家必争之地，拥有丰厚的历史积淀，形成了独特的文化；沿线串联丰富的物质和非物质文化遗产，是流动的乡土文化展示博物馆。

（3）生态

黄河故道作为一条悬河，形成了独特的景观，同时也是对区域生态系统结构有广泛影响的半自然生态系统；沿线丰富的湖泊、沼泽、滩涂、种植业、林木等作为湿地系统，发挥着重要的生态功能。

（4）政策

2012年，徐州市确定黄河故道二次综合开发战略，提出二次综合开发的重点内容要坚持水利、农业、生态、文化旅游、交通"五位一体"战略，围绕行水、蓄水、资源、生态、文化、旅游"六大功能"，推进水利工程、交通工程、土地整治工程、特色农业体系工程、绿色生态工程、历史文化建设工程、旅游观光工程、村庄环境整治工程等"八项工程"，并将黄河故道开发与徐州全面小康社会建设有机结合，与精准扶贫、精准脱贫有机结合。

2．规划理念

（1）传承文化遗产系统

故黄河遗产廊道的重要性体现在其通过大量特有的历史和文化资源，将促进徐州地区、江苏省乃至民族特质形成的那些特定人物和事件传达给现代游客。因而完整性和真实性是廊道文化遗产系统保护和开发要考虑的首要因素。

对文化遗产系统的保护与开发应多手段综合利用，通过连续的游览道将文化遗产串联起来，形成完整的遗产游览系统，强调文化遗产的真实性和完整性。

（2）保护自然遗产系统

故黄河河道、沿线的湿地、林地以及农田水网等丰富的自然资源是故黄河廊道地区的历史和文化发展不可或缺的基础。历史上这一地区肥沃的土地、充沛的水资源、多样的动植物资源使得徐州成为兵家必争之地以及商业贸易的中心。今天，这些自然资源成为遗产廊道的自然基质，同时也是许多游憩活动得以开展的基础。

（3）构建完善的遗产廊道支持系统

黄河故道遗产廊道提供从郊野到城市的多种游憩机会，廊道区域景观的完整性和连续性将成为吸引人们前来骑行和远足的基础。遗产廊道作为整体的旅游目的地会延长游客在此停留的时间，因此，构建集慢行系统、解说系统、服务设施等可为人们提供深入了解廊道的条件和机会，同时也将保证黄河故道的体验质量，打造高品质旅游目的地。

3．规划特点

黄河故道作为母亲河，是黄河文明体系中的重要部分，长期以来哺育着沿线地区的农田、城市和文明的发展；黄河故道作为生态廊道，是维护区域生态系统健康，为沿线的地区及其居民持续地提供自然服务的保障；黄河故道作为经济拉动线，是沿线城市实现经济转型和跨越式发展的契机。

规划具有如下特点：

（1）构建了各部门协作参与的基础资料调研模式

多专业多部门协同参与。国土、交通、文化、水利、旅游、环保、扶贫开发办、各村镇委员会参与座谈、调研和编制工作。

（2）对"沙、旱、碱"等灾害频发的黄河故道进行的多元化、多系统驱动模式的战略选择

黄河故道二次开发的一系列问题是相互关联、互为因果的，不可能单独解决，因此，规划提出项目的开发需要加强水利、道路设施的完善和改造，突出景观、生态的恢复与提升，注重文化元素的融入，并进行农业综合开发，在此基础上，加强旅游开发，构建多目标体系的综合开发示范区。

（3）小流域综合开发带动区域整体提升的战略选择

本规划通过生态保护促进了生态系统的良性循环；通过综合治理，提升了沿线多元功能的价值；通过旅游催化，促进了区域产业整体提升；通过以农为本，打造了区域特色农业品牌；突出农民增收致富和农村生活、生产环境的改善，构建了三农为本的发展思路，以创意农业、科技农业、空港农业、休闲农业等现代农业为抓手，大力促进了农业带动产业化发展，构建现代农业为特色的农业发展体系。

（4）注重规划技术与公共政策的完美结合，具有很强的操作性

本规划不仅停留在技术层面，而是向公共政策迈进一大步，通过"中泓贯通工程、道路畅通工程、土地整治工程、农业提升工程、生态建设工程、生态建设工程、文化旅游工程、扶贫开发工程"等八大工程的年度实施项目的确立，做到规划内容的可量化，可分解，可落实、可检验、可考核，有力地保障了规划实施。

（5）突出了地方发展与黄河故道的联系，树立新的发展品牌

黄河故道是徐州重要的历史文化资源，规划在综合开发故道的基础上，加强地方发展与黄河故道的联系，塑造优美宜人的流域空间，使黄河故道及沿岸地区成为展示地方形象的一道亮丽风景线。

4．主要内容

（1）定位

黄河故道定位为：一项承载文化与自然的双重遗产、一个宣示热情、粗犷的精神家园、一条体验地域市井生活的游憩廊道。

（2）功能布局

1）市区段

市区段规划分为三大主题分区：自然生态体验区（故黄河上游湿地公园至三环西路）、历史人文休闲区（三环西路至汉桥）、现代宜居生活区（汉桥至六堡水库）（图5-24）。

自然生态体验区以生态体验、休闲度假为主要特色，规划有郊野湿地公园、桃花源生态度假基地两大重要节点。

历史人文休闲区以黄河古韵、人文体验为主要特色。历史人文休闲区位于徐州市老城区，有李可染故居、文庙、中山堂等文化资源，有兵魂公园、黄河公园、迎宾公园等公园绿地，有花鸟文化街、创意68等休闲资源。

现代宜居生活区以现代生活、休闲娱乐、生态宜居为主要特色，规划有水上商业街、大湖活力休闲组团、六堡湿地养生组团三大重要节点。现代宜居生活区位于规划区下游，河道两岸为新城区，开发以现代、休闲、宜居为主要特征，规划范围内有两处较大水库湿地，目前处于开发的初级阶段，应控制合理开发。重要节点：水上商业街、大湖活力休闲组团、六堡湿地养生组团。

2）县区段

县区段根据空间开发条件评价，结合区域开发现状和发展需求，构建"一带八片"的总体格局。

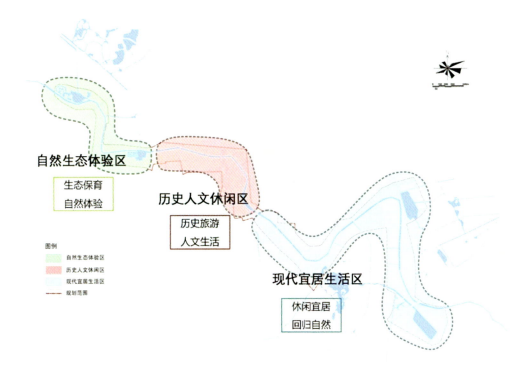

图5-24 故黄河市区段总体空间布局图

"一带"是故黄河、大沙河综合发展带;"八片"是八个农业生态及旅游发展片区,其中丰沛区域三个、铜山区域两个、邳睢区域三个(图5-25)。

故黄河、大沙河综合发展带:依托沿线自然生态和历史文化资源,积极发展沿河观光与旅游休闲,适度发展优质林果和花卉苗木种植,严格控制畜禽类养殖,加强生态建设和环境保护,打造成为一条集生态、文化、旅游、农业等功能于一体的综合发展带。

丰沛区域:东南部粮食特菜及观光旅游片,扩大稻麦和蔬菜种植规模,推进粮食种植规模化、基地化,积极发展设施蔬菜生产,适度发展农业观光和体验旅游。西南部林果粮食及观光旅游片,扩大优质林果及小麦、玉米等旱作杂粮种植规模,积极发展田园观光和果园采摘体验等休闲旅游。沛县北部水产及休闲旅游片,适度发展优质稻米生产和渔业养殖,积极发展观光和休闲旅游。

铜山区域:西北部优质粮食特菜及休闲旅游片,加快万亩高产良田、万亩蔬菜基地和连片林果区建设,依托特色农业资源和汉墓遗存,积极发展休闲、文化旅游。东南部优质稻麦与旅游片,发挥位于近郊的区位优势、结合设施农业和农业旅游的良好基础,做大现代农业与农业旅游;利用吕梁景区的山地景观和水资源优势,发展山水休闲度假游。

睢邳区域:睢宁粮食林果及旅游片,积极推进旱改水,形成优质小麦和稻米规模化种植基地。睢邳林果及旅游片,进一步发展林果种植,维护区域水源涵养、生物多样性维护等生态服务功能;充分挖掘两汉、三国文化资源,发展古镇历史文化体验和休闲度假旅游。邳州瓜菜粮食及观光旅游片,着力发展稻米、瓜果和蔬菜种植,适度发展采摘体验和农业观光旅游,依托黄墩湖适度发展临湖观光休闲。

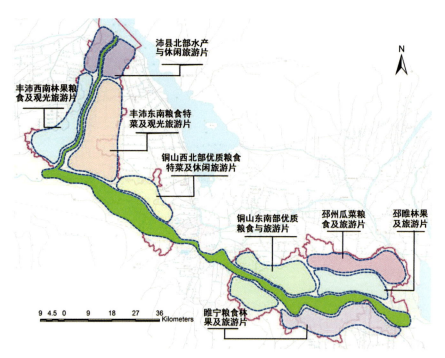

图5-25 故黄河县区段总体空间布局图

5.2 生态修复规划

5.2.1 采煤塌陷地生态修复规划

如何实现矿区城市的可持续发展问题,是当前研究的热点之一。采煤塌陷地与城市可持续发展所构成的矛盾,是矿业城市亟待解决的主要矛盾之一。作为煤矿城市,徐州拥有大量采煤塌陷地。这部分土地可以通过生态修复、综合整治等方式改造成为景观绿地、建设用地等。这样一方面可以提高城市土地利用集约度,解决城市用地需求瓶颈;另一方面也可以积累相应的配套技术研究,为我国资源型城市转型和发展提供有益的参考。

2007年12月,国务院出台了《关于促进资源型城市可持续发展的若干意见》,表明了国家对老工业基地复兴的关注与支持。2008年以来,国家及江苏省政府先后组织调查组数次到徐州进行振兴老工业基地的相关调研。在此背景下,徐州市提出了通过生态修复和产业结构转型,实现徐州老工业基地振兴的目标。

1. 基本情况

徐州市域矿区分布于徐州市区和沛县境内,东起徐州市贾汪区、西至苏皖省界、西北濒临微山湖,南接徐州中心城区,煤田面积达1400km^2。矿区内煤炭资源丰富,且与鲁南、皖北、豫东煤田相毗连,是全国重要煤炭基地之一。

百年的煤炭开采,在矿区内遗留下了大量的采煤塌陷地。采煤塌陷地主要分布于徐州市区北部的铜山、沛县、贾汪、经济开发区4个县(区)的28个镇(办事处)。随着城市面积的扩大,逐渐有和城市建成区连接起来的趋势。根据最新统计,在徐州矿区内有不同程度塌陷地16133hm^2(图5-26)。

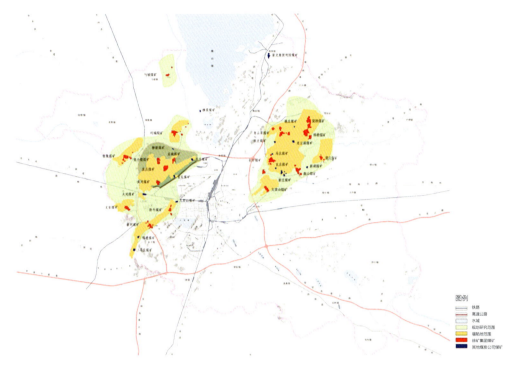

图5-26　徐州市矿区塌陷地范围图

从总体分布来看，徐州矿区采煤塌陷地多处于生态环境及社会环境较为敏感的城乡结合部。由于数量庞大，塌陷地已经形成半包围徐州城区的格局，对城市的进一步发展形成明显的制约。徐州矿区塌陷地中已成功治理的仅占总量的28%（4517hm²），剩余部分中，土地未沉稳的占19%（3065hm²），沉稳未治理的42%（6776hm²），已治理但由于各种原因需要二次治理的占11%（1775hm²）。此外，由于煤矿开采每年仍将有330hm²新增塌陷地。

这些散落在徐州市北部和西北部大小不一的塌陷地，不仅严重限制了城市建设的发展，而且也引发了一系列的经济、社会和生态安全问题，主要表现有：土地资源的破坏严重，生态环境日益恶化，区域内经济增长缓慢甚至停滞，农民和工人生活来源困难。

2. 规划策略

徐州塌陷地的生态恢复按照整体规划、科学定位、分步实施、依靠科技、因地制宜、重建生态、全面发展的综合整治新思路，坚持把经济发展、环境建设有机地协调起来，利用塌陷地生态恢复，构建徐州矿区的可持续发展的"社会—经济—自然复合生态"系统，从矿区环境、城乡统筹发展、城市产业转型三个层次促进城乡生态体系的恢复重建。

（1）整顿矿区周边污染源，提倡环保清洁生产，建立生态产业链。目前大部分塌陷区周边分布较多造纸厂、铸造厂、玻璃厂等村镇工业，这些工厂规模小、污染重、区位散，成为区域内水体及大气污染的主要来源。对整个矿区生态系统的恢复统筹考虑，要求及时整顿污染严重的企业，规划区位合理的工业区聚集小型企业，统一制定污染排放标准，修建污水处理设备，提倡企业的环保生产、清洁生产，建立生态产业链，发展矿区循环经济。

（2）挖掘塌陷地湿地价值，梳理水系，构建城市生态湿地。在城市绿地规划基础上，根据塌陷积水的面积、深度和区位等因素，梳理水系。基于塌陷地块建立人工湿地、生态绿地、复垦农田等绿色开敞空间，完善城市绿地系统，实现塌陷地到城市绿肺的转变，调节区域小气候，增加城乡结合部的景观多样性。

（3）科学合理制定土地整理规划，探索塌陷地植物修复新技术，打破塌陷地农林用地复垦的固有思维，从生态恢复和城市发展的角度进行土地整理规划，探索新的塌陷地修复技术，如植物修复技术，利用绿色植物以及根际微生物体系吸收、挥发和转化、降解的作用机制来清除环境中的污染物质。

3．主要内容

（1）规划目标

基于生态补偿原理，以"矿、城、乡"的协调共赢和持续发展为宗旨，采取多技术、多途径土地复垦，加强矿区环境综合整治，建立不同功能的矿区生态建设示范基地，逐步形成与经济、社会发展同步的生态恢复建设机制，最终实现"振兴矿区、富美徐州"的总体目标。

（2）产业转型规划

塌陷地的生态恢复不仅是生态环境治理的技术问题，更重要的是通过塌陷地的复垦和再利用调整城市产业结构，促进煤炭企业转型，激活当地滞缓的经济，提高人民生活品质。结合徐州城市产业现状及规划，根据塌陷地区位进行产业定位，以"科技、环保、综合"发展产业为原则，构建循环经济实验基地，修复和重构煤炭产业链，发展生态综合利用产业，努力实现资源型城市的产业转型。结合徐州市总体发展战略和各片区的实际情况，可将矿区产业转型模式分为如下四种（图5-27）：

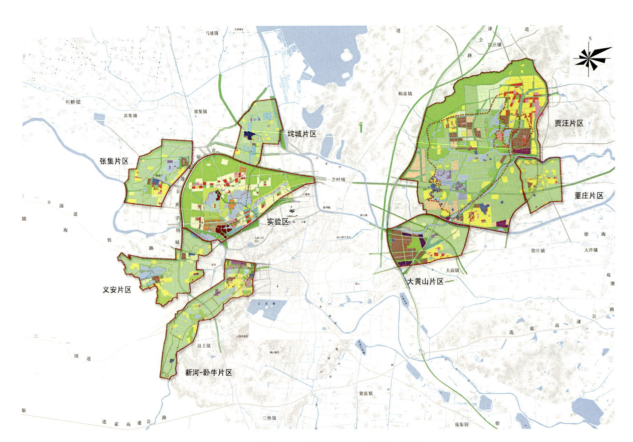

图5-27　徐州市矿区塌陷地生态恢复总体规划图

1）由"灰"转"绿"的产业转型模式

利用大面积水面具有的生态服务功能，完善城市的生态基础设施及绿地格局，创造城郊宜居环境，利用交通优势发展商贸物流产业，增加旅游服务设施，促进休闲产业，接续城市发展空间。

2）以农为本的产业转型模式

以复垦农、林用地为主，建立高效农业、立体农业生产模式，延长农业产业链，规模发展乡镇农产品加工企业，结合滨水景观开发观光农业旅游，促进城乡统筹发展。

3）绿色工业的产业转型模式

利用紧邻徐州经济开发区的区位优势，借助区域内发达的内外交通系统，建立工业园区配套设施，吸引人才入驻，同经济开发区统筹考虑，同步发展。

4）多元发展的产业转型模式

作为联系贾汪区与主城区之间的"柔性空间"，在保留湿地、水体等自然景观形态的基础上，建设城市化公共设施，宜农则农，宜工则工，宜城则城，宜生态则生态，发展适宜产业，挖掘特色文化，打造城乡一体化发展的城市拓展空间。

（3）实验区、启动区规划

规划九里湖及其西北的庞庄、柳新为塌陷地实验区，总用地面积约80km²；规划以九里湖为中心形成塌陷地启动区，总用地面积约31km²（图5-28、图5-29）。

图5-28 九里湖煤矿塌陷地起步区规划功能分区图

图5-29 九里湖煤矿塌陷地起步区土地利用评价图

5.2.2 潘安湖生态湿地规划

1. 基本情况

潘安湖位于贾汪区西南部青山泉镇和大吴镇境内，为权台矿和旗山矿采煤塌陷区域，因塌陷天然形成大面积坑塘，总用地1.74万亩，是贾汪区内塌陷时间最长、面积最大、塌陷程度最深的采煤塌陷地。2008年开始，在振兴徐州老工业基地进程中，为治愈潘安湖塌陷地开辟了一条全新思路——利用废弃采煤塌陷地兴建生态湿地公园，计划总投资2.23亿建设潘安湖湿地公园，将该地区建成集湖泊、湿地、乡村农家乐为一体的休闲公园，打造"中国最美的乡村湿地、中国最美的和谐乡村、国家级乡村民俗产业基地"三大品牌（图5-30）。

2. 规划构思

（1）第三空间的整合和差异化发展

小南湖景区是集商务休闲、湖泊观光、餐饮娱乐为一体的商务休闲度假区。潘安湖是集观光度假、乡村休闲、水上娱乐、科普教育为一体的湿地公园。将两者之间的生态廊道打通，有利于两者功能互补、资源共享、共同发展。

（2）民俗文化的提炼

马庄因管弦农民乐队而享誉全国，拥有灿烂的乡村民俗以及历史文化。规划依托马庄现有的历史文化背景，突出其田园体验、民俗展示功能，打造成为国家级乡村民俗文化产业基地。

（3）生态经济区规划

1）徐贾快速路东侧邻近湿地公园，打通与小南湖的生态廊道后，生态环境更为优越，选择性开发研发创业、商业服务、总部办公等。

图5-30　潘安湖湿地公园核心区鸟瞰图

2）湿地公园南部，建设15km²的潘安湖科教创新区，依托江苏师范大学集聚招引国内外高校、企业，打造产学研一体、学城融合、智慧生态的综合性科教园区。

3）研发创业综合体：位于区块内西北部，拥有便捷交通，以研发创业功能为主，辅以商贸、居住等功能，是北部的配套中心。

（4）经济效益平衡

湿地公园核心区范围内以大规模的资金投入建设为主。为贯彻"经营城市"理念，实现投入产出的资金平衡，在不对环境造成不利影响的前提下，必然将在外围进行一定强度的居住用地以及公建用地的合理化开发和出让，以实现湿地公园和湿地经济区功能上的"双赢"。也只有这样，才能最终实现整个潘安湖区块的健康和持久的发展。

3．主要内容

（1）总体目标

中国最美的乡村湿地：根据地区人口、资源、生态和环境的特点，以潘安湖湿地特色为核心，以地域历史文化和民俗风情为品牌依托，建成集湿地生态、农业观光、水上娱乐、科普教育、度假休闲为一体的"中国最美的乡村湿地"。

潘安湖生态经济区：以潘安湖优美的生态环境为依托，以保护生态、发展经济为重要战略构想，构建保障有力的生态安全体系，形成先进高效的生态产业集群，建设生态宜居的新型城市群，打造集总部办公、研发创业、商业服务及生态居住为一体的生态经济区。将其建设成为全国生态文明与经济社会发展协调统一、人与自然和谐相处的生态经济示范区，是潘安湖的又一重大战略目标。

（2）功能结构

规划形成"一心、两轴、一带、六区"的总体结构（图5-31）。

"一心"为湿地服务中心，位于310国道两侧，融合了旅游服务、度假、购物、参观、交通等功能，是整个湿地公园的集散中心。

"两轴"为沿西城大道两侧布置创意产业园、研发创业、总部办公等功能，形成的经济发展轴；

图5-31 潘安湖湿地公园功能结构规划图

以及沿东西向的310国道形成顺畅、便捷、高效的交通体系，是重要交通轴线，也是展示道路景观、体现周边自然生态景观的空间组织轴线。

"一带"为公建服务带，是一条贯穿湿地服务中心、310国道以北的休闲度假中心及南部生活服务中心的配套公建服务带，是整个区域的集中配套中心。

"六区"为商贸研发综合区、商务办公综合区、生态休闲区、田园民俗展示区、潘安湖科教创新区以及征迁安置区。

5.2.3 九里山风景区规划

1. 基本情况

九里山风景区位于徐州主城以北的边缘地带，规划面积8.84km²，核心景区面积2.61km²，是徐州市环城国家森林公园的一部分，森林覆盖率达90%以上，是重要的城市近郊生态绿屏。九里山群峰竞秀，沟壑纵横，森林繁茂，自然生态环境良好，作为固守徐州的屏障，从春秋战国时期到新中国成立，大小战争曾发生400余起，其中包括楚汉相争、十面埋伏、彭城之争、九里山伏击战等著名战役，现存古战场遗址、樊哙磨旗石、烽火台等历史遗迹，拥有厚重的军事文化底蕴（图5-32）。

2. 规划构思

（1）引擎发展，活力注入

九里山风景区位于九里山片区与中心城区两大片区之间，成为城市发展的屏障，是"市场价值洼地"，亟需新的引擎的撬动。

因此，风景区的保护和利用，要站在区域空间、城市运营、土地开发、品牌塑造的高度，以生态为核心带动发展，以文化为魂魄促进发展，对接九里山片区传承城市功能，外延生态功能，对

图5-32 九里山风景区总体鸟瞰图

接老城中心区承接城市职能，提供公共服务配套，聚焦资源、组合力量始终将其作为北部新城的核心吸引要素来打造，使之成为新城建设的新引擎、城市北部新绿核和具有影响力的生态文化旅游目的地。

（2）山城相融，空间延续

九里山绵延九里，横亘于城市北部，阻断了南北的联系，成为城市进一步发展的屏障，也成为城市交通的瓶颈，隔绝了城市功能的延续。

规划将城市居住、产业、交通、景观等功能融入山体，使城市功能外溢，整合提升山体生态、历史、景观、区位要素，构建城市—山体文化长廊，使山城互融，让空间得以延续，让功能得以延伸，让山体粘合城市，成为片区乃至城市的新的特色形象。

（3）珠联玉带，景观提升

九里山的生态景观及文化资源丰富，但现状利用率低，缺乏规划设计。现状五条通道将九里山山体切断，成为五个生态的断裂带，生态延续性被严重破坏。

规划因地制宜，运用现代生态修复新科技，重构九里山山水格局和生态景观，连接宕口，连通九里山生态廊道；结合景观资源打造特色节点，塑造景区标志，形成环山绿道，将其有机组成串联，塑造优美的景观特色风貌，实现生态可持续发展。

（4）文化注入，打造品牌

九里山是世界楚汉文化、军事文化名山，具有独特性。但由于各方面的因素，九里山文化内涵未得到充分挖掘和表现，风景区现状发展不佳。

规划挖掘地区文化潜力，整合和利用区域资源，将九里山融入区域生态格局，以生态绿带串联文化核心，连接古今文化，彰显亮点，打造品牌。

3. 主要内容

（1）宏观定位

九里山风景区，是一个可观、可赏、可亲、可近、可游、可娱的徐州北部地区崛起的新引擎，文旅产业与城市发展融合的示范区，自然生态基底与休闲游憩活动有机融合的新典范。

（2）功能定位

以保护和修复多样的生态景观为基础，以旅游发展为导向，以"生态绿屏、楚汉名山、欢乐之园"为主要特征，以生态休闲运动为支撑，以楚汉文化旅游为主题，打造集自然观光、生态休闲、主题娱乐、科普教育、军事体验、休闲运动、宗教瞻仰于一体的国家5A级旅游景区。

（3）空间结构

依据规划目标和规划对象的性质、作用及其构成规律制定整体规划结构，概括为"一核、两带、九区、七廊、多节点"的空间结构（图5-33）。

"一核"为虞姬湖主题公园及配套商业所在位置，兼具休闲、娱乐、体验、住宿等配套服务，是风景区的功能核心。

"两带"为九里山生态休闲观光带及丁万河生态景观观光带。

"九区"为山林生态观光片区、楚汉文化小镇片区、楚汉风情商业街区、全民健身休闲公园片区、体育公园片区、综合商业服务片区、宗教纪念瞻仰片区、医养结合养老片区、城市居住片区。

"七廊"为结合7条穿越九里山及琵琶山、青山的快速路或城市主要道路打造景观生态廊道。

"多节点"为门户形象节点、主题公园节点、城市公园节点。

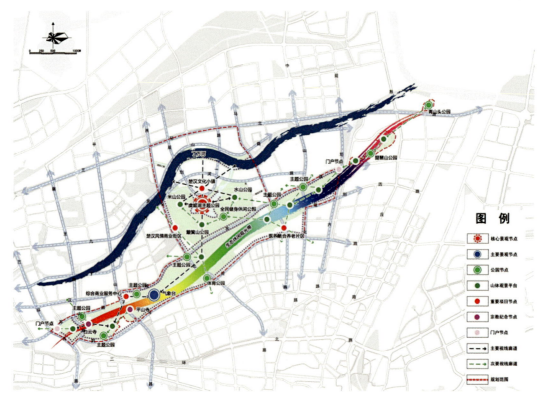

图5-33　九里山风景区空间结构规划图

5 | 生态建设与生态修复规划

（4）山体修复

基于城市道路打断了山体连续性，以及部分山体采石宕口裸露的现象，规划重点对生态修复进行专题研究，通过生态手段重构九里山生态系统。九里山襄王路段现状道路为双向四车道，路中无绿化带，路侧有1.5米机非绿化隔离带，路侧低处有护坡，在S1断面处，山体与路面高差最高达40m，山体开凿现象严重，山石大量裸露，现状高差大，山体破坏严重，仅作山体恢复工程量巨大。同时，襄王南路段，历史资源、宗教资源、自然资源极其丰富。九里山古战场遗址位于路段起始段，白云寺位于路中段，与改造山体处有良好的景观视觉效果（图5-34）。

规划秉承因地制宜和因损施策的原则，坚持遵循自然规律、恢复原有山体轮廓走势，保证大型乔木生长，保持水土，至少3m覆土，同时兼顾工程经济性，突出生态修复的重点，采用消隐式设计理念进行山体生态修复。山体改造后，S1、S2断面处在原有基础上拓宽道路宽度，由双向四车道拓宽为双向六车道，同时保留并向路侧外移人行道和非机动车道。此路段整体采用四跨箱型框架结构

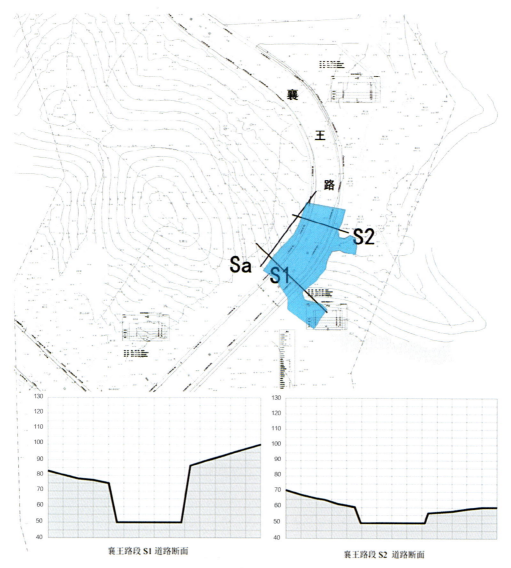

图5-34 襄王路段改造范围图

体系作为支撑，沿山体走势由S1~S2逐渐从四层降低至一层，一层为行车隧道，二层至四层为可开发层。此路段与九里山古战场遗址和白云寺联系紧密，可开发成山体博物馆及宗教主题项目，山体表面断崖两侧连接，可进行山体公园及宗教主题改造，规划做到了将山体生态修复与利用充分结合（图5-35~图5-37）。

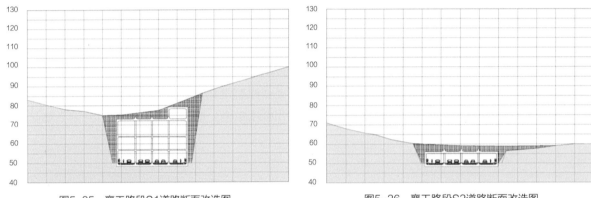

图5-35　襄王路段S1道路断面改造图　　　　图5-36　襄王路段S2道路断面改造图

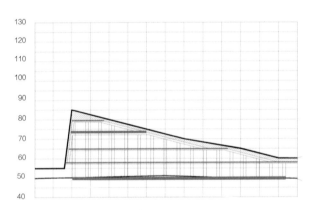

图5-37　襄王路段Sa道路断面改造图

6 城市综合交通规划

城市综合交通规划涵盖了存在于城市中及与城市有关的各种交通形式的综合研究的规划。从地域关系上分为城市对外交通和城市交通两大部分。城市对外交通指以城市为单元，单元和单元之间的交通联系，其运输方式主要有公路、铁路、航空、水路等。而市内交通更强调城市内部各交通产生点和吸引点之间的交通联系，主要通过城市道路系统、轨道交通系统等来组织。

6.1 基本情况

6.1.1 发展状况

1. 对外交通

徐州是国家级内河水运主枢纽城市，全市航道初步形成了一干多支的网络布局，航道总里程909km。随着港口功能的提升和徐州港区顺堤河作业区煤炭码头一期工程、万寨作业区国家煤炭储备基地工程、戴圩作业区一期工程等重大项目的建成运行，港口货物通过能力达8456万t，较"十二五"末增加41%。2015年完成货物吞吐量9030亿t，位列全省内河港口第一；航空枢纽运输量和服务能力快速提高，旅客吞吐量132万人次，货运吞吐量0.64万t。

2. 市内交通

市内交通在投资、设施、需求、机动化等方面均明显增长，公路总里程实现新突破。全市交通线网总里程达到17733km（其中公路16428km、内河航道909km、铁路396km）；2016年全市汽车保有量达到101.6万辆，相比2010年增长了约125%，年均增长接近21%；城乡公共客运服务逐步改善，公交年客运量2015年达到3.65亿人次。

6.1.2 存在问题

徐州城市快速发展为交通发展提供了良好的机遇，但长期以来，交通问题也一直制约城市的健康发展，主要表现在以下几方面：

1. 综合交通枢纽的承载力有待加强

以徐州为中转枢纽，有机衔接国内重要陆、海、空枢纽，全面辐射淮海经济区的国际运输能力依然较弱。集疏运及联运配套设施相对落后也制约了港口服务区域的广度和深度。

2. 交通运输发展过程中的结构性矛盾依然存在

铁路发展有待挖潜。公路发展水平有待提高，普通国省干线建设相对滞后，现状公路面积密度、高等级公路比重不足。干线航道尚未成网，航道等级与船型发展不协调。港口集约化、规模化水平仍待提高，除京杭运河上已建有较大规模装卸作业区外，其余航道沿线仍以散布的小码头为主，靠泊能力低，装卸设施简陋，港口服务于产业结构调整和升级的能力较低，与经济社会发展要求不相适应。

3. 公交发展与多样化的出行需求不相适应

徐州与国际重要贸易地区和国内重要城市的直达水平仍然不足，同时城市公交优先战略有待进一步落实。现有城市公交体系仅有常规公交，较为单一，轨道交通、快速公交、定制公交等尚未发展，多层次、一体化的城市公交体系尚未建立。公交线网布局不均衡，淮海路、复兴路、解放路、中山路等主干道上公交线路重复度较高，而城区外围覆盖率不足。城市公交场站用地缺乏保障，车辆停保场和首末站缺口较大，给公交的正常运营带来困难。公交路权优先设施供给不足，公交专用道分布零散，尚未成网。城乡客运一体化水平也有待提高。城市公交、农工班线和镇村公交缺乏统筹规划，城市公交和城乡公交线路重复，在城区存在无序竞争的现象。城乡客运一体化换乘体系尚未构成，城乡结合部的场站设施功能缺乏有效衔接，城乡公交无缝换乘体系尚未形成。

4. 交通枢纽地位与高额物流成本不匹配

近年来公路货运周转量明显高于水路，且增长速度高于水路，说明公路运输仍然是主要的运输方式；物流基地服务功能单一，难以提供仓储配送、流通加工、多式联运等现代物流服务，物流市场结构分散，资源缺乏集约整合；高效的运输装备优化更新缓慢；货运车辆大型化、厢式化、专用化等各项指标仍落后于其他城市，更与发达国家存在较大差距；铁路运输总体标准化水平还相对较低；代表先进运输组织方式的内河集装箱运输发展缓慢；内河航运市场持续低迷，"十二五"期间全市内河航运市场呈现出"需求放缓、运力增加、成本上涨、运价下降、亏损扩大"态势。

5. 科技信息化发展和应用水平有待提高

信息交互困难，存在信息孤岛，资源整合需求强烈；在公共服务特别是广大公众个性化出行服务、物流服务等方面建设不足。对外服务的信息实时性差、可用性有待提高、服务手段有限，交通诱导分流等交通信息内容不能完全满足交通出行者的需求，服务水平、服务手段和服务能力有待提高。

6. 资金、土地、环境等外部条件约束进一步趋紧

土地方面，国家、省、市各级均执行严格的生态红线管控，同时交通项目用地占补平衡指标不足，需通过交易平台购买，项目用地日益成为重要审批难点。资金方面，交通公益性项目财政资金缺位、经营性项目融资成本高，市场预期不足，建设融资压力进一步加大。环保方面，节能减排相应的政策优惠、资金引导、技术支持和奖惩激励等仍显不足，企业主体意识不强，公民参与度不高。

6.2 总体要求

6.2.1 指导思想

全面贯彻党的十八大和十八届三中、四中、五中全会和习近平总书记系列重要讲话精神，紧紧围绕建设新亚欧大陆桥经济走廊重要节点城市、全国重要的综合性交通枢纽城市，牢固树立并切实贯彻"创新、协调、绿色、开放、共享"的发展理念，以"交通先行"为战略，以加快构建现代综合交通运输体系为核心，以加快转变发展方式为主线，以深化改革为动力，着力提升行业发展效能，着力提升运输服务质量，着力提升民生服务水平，着力提升运输产业层次。

6.2.2 基本原则

深化改革，创新发展。把改革创新作为综合交通发展的强大内生动力，以处理好市场和政府关系为核心，以市场化改革为基本方向，全面深化交通运输重点领域和关键环节改革，加快体制机制创新、政策创新、管理创新，努力破解深层次矛盾；运用法治思维和法治方式推进交通运输治理体系和治理能力现代化，着力推进依法行政，推进交通运输治理能力的现代化。

先行引导，开放发展。要发挥交通运输对经济稳增长的支撑和保障作用，要在转变交通运输发展方式上取得新成效。继续坚持交通运输适度超前发展原则，立足淮海城市群，面向全国，以更开放的态势发展对外交通，构建互联互通的大通道，加大铁路和水运建设，扩容重要公路通道，突出国家级综合运输枢纽建设，提升交通中心和枢纽城市的承载力和竞争力，在更高层次、更广范围、更大空间提高运输组织能力，为"一带一路"等战略实施提供交通运输支撑和保障。

统筹谋划，协调发展。统筹发展速度、质量和效益，科学安排增量，合理确定建设规模，充分整合存量资源，提质增效；统筹各种运输方式发展，充分发挥各种运输方式的比较优势和组合效率，合理确定交通建设项目的技术标准；统筹建设、养护、运输、管理，促进交通运输全面发展；统筹城乡、区域交通运输协调发展，支撑新亚欧大陆桥经济走廊、长三角地区一体化建设，推动主城和副城融合发展。

服务为本，共享发展。把服务和保障民生作为交通运输发展的出发点和落脚点，突出交通运输行业的服务属性，着力提升运输服务水平，努力实现"人便于行、货畅其流"，推进交通运输基本公共服务均等化，实现交通运输的民生普惠。把效率作为提升运输服务的核心，以科技进步和信息化引领交通运输现代化发展，努力推动行业转型升级，全面提升服务水平。

节约集约，绿色发展。按照建设国家生态园林城市和美丽徐州的要求，把节能减排、保护环境和节约集约利用资源落实到交通运输各环节，努力实现交通运输绿色发展。把安全保障作为前提，牢固树立"安全第一"的理念，坚守红线定位和底线思维，按照"预防为主、综合治理"的方针，全面提高交通运输的安全性、可靠性和应对自然灾害、突发事件的反应能力。要主动适应土地、资金、环境等约束，节约集约利用土地、岸线、空域等资源。

6.2.3 总体目标

徐州作为全国重要的综合性交通枢纽，未来一个时期应着力打造以服务和支撑区域经济社会可持续发展为核心，以区域、城乡一体化为特征，立足中心城市，服务淮海城市群，面向国内外，具有较强支撑、服务、引领功能的国家综合交通枢纽和区域性"交通中心"。在综合交通网络构建方面，按照布局合理、能力充分、衔接紧密、通行顺畅的要求，全面提升基础设施承载能力，形成内部出行便捷、外部过境通畅、内外部衔接有序的交通网络新格局，打造安全、便捷、优质、高效的客货运输服务体系。

通过基础设施能力和运输服务水平的提升，使徐州综合交通有效承担起三个方面的重要使命：一是对接"一带一路"、长江经济带国家战略，成为城市群面向全国走向国际的门户枢纽；二是服务构建淮海经济区，成为区域内资源要素集聚共享的关键载体；三是做大做强中心城市，成为区域性中心城市品质提升的基础依托。

6.3 城市对外交通规划

6.3.1 国际航运中心规划

1. 基本情况

目前，完成京杭运河湖西航道一期建设工程、徐洪河刘集东船闸建设、徐洪河（刘集至沙集段）"五改三"、新戴运河"六改四"、徐沙河"六改五"、京杭运河城区段综合整治等建设项目，同时完成了徐州水上服务区、邳州水上服务区服务配套水运项目，航道网络初步成型。建成徐州港区顺堤河作业区煤炭码头一期工程、万寨作业区国家煤炭储备基地工程、戴圩作业区一期工程等重大项目，港口能力得到明显提升。

2. 规划内容

依托陆桥通道、京杭运河水运主通道等设施，实现与连云港港和沿江沿海主要港口的紧密衔接，优化拓展外贸物流服务网络，培育国际货代经营人及货代企业，为周边区域提供可靠的国际货运服务。

完善水运通江达海功能，提升港口对外开放水平。依托徐州港铁水联运枢纽优势和建设中的口岸设施，向东对接沿海连云港等国际开放型海港，对接沿海国际物流体系，向南通过京杭运河对接长江经济带地区，向西即通过铁路国际通道对接"丝绸之路经济带"沿线地区，形成"东拓西联、南北贯通"的对外开放格局。加快双楼作业区水运口岸基础设施建设，着力推进双楼保税物流中心通过验收；加快顺堤河作业区动力煤、无烟煤、焦煤期货交割库建设，推进完善港口二类口岸服务功能，建设港口保税物流园区。以保税中心、保税物流园区建设发展为基础，加快徐州水路口岸开放（图6-1）。

6.3.2 国际航空枢纽规划

1. 基本情况

观音机场作为淮海经济区对外开放的航空口岸，航线网络覆盖韩国、中国香港、中国澳门等地区。开通国际航线5条、港澳航线3条。2016年旅客运送出入境人数15.9万人次，是"十一五"期末的6.4倍。2016年旅客吞吐量148.7万人次，其中徐州周边城市客流比例超过50%。

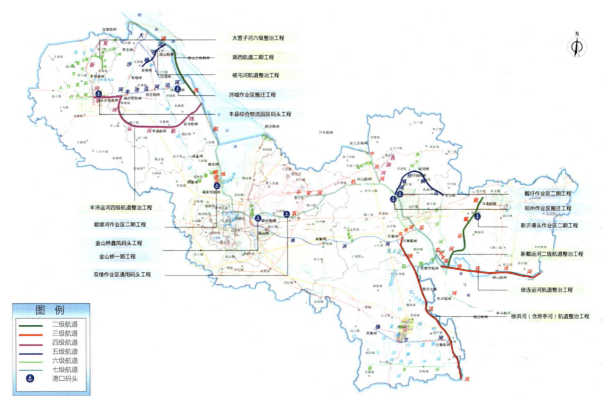

图6-1　徐州市航道网建设规划图—"十三五"发展规划

2. 规划内容

观音机场二期扩建工程稳步推进，主体基本完工，2016年上半年飞行区建成投入使用，下半年T2航站楼投入运营。在宿迁、宿州、淮北、枣庄等4个城市设立了城市异地候机楼，淮海经济区内主要城市出港旅客已占机场总出港客流量的40%，支撑淮海经济区交通中心地位。徐州加快建设观音机场，全面提高机场设施能力和服务水平，建设航空支撑体系，构建比较完整的全球航线网络。

国际客运便捷化工程，扩展徐州观音机场国际（地区）航线资源和中转航线，依托高速铁路，完善与重要航空枢纽联运体系，为周边区域提供便捷高效的国际客运出行服务。

（1）推进运输机场建设。扩建工程建成之后，将有效满足机场年旅客吞吐量600万人次、年货邮吞吐量20万吨、年航班起降架次5.2万架次需要。进一步拓展城市候机楼辐射范围，增强旅客集聚能力。

（2）不断加密国际（地区）直达客运航线。强化徐州观音机场的现代化区域枢纽机场、淮海经济区大型航空港功能定位。逐步开通观音机场至韩国及东南亚、东北亚、欧美和"一带一路"沿线国家和地区的国际航线。

（3）积极开展空铁联运服务。积极发展衔接上海、南京等主要机场的空铁联运服务，提升徐州高铁东站城市候机楼服务功能，增开旅客班车，徐州及淮海经济区内旅客可在徐州购买联程服务票单和办理登机业务，通过高速铁路，确保3h内到达禄口机场，4h内到达虹桥机场，5h内到达浦东机场，享受到国际客运服务。

（4）开展国际航线空空中转服务。加强观音机场与主要航空公司合作，通过中转联程，实现与国内枢纽门户机场衔接，把观音机场打造成淮海经济区旅客国际旅程的重要节点。

6.3.3 铁路枢纽规划

1. 基本情况

市域基本形成"三纵两横"干线铁路网，铁路运营总里程达396km。京沪高铁、郑徐客专建成运营，铁路运营里程新增90.9km，高铁动车组的航空式服务使得旅客乘坐舒适度大幅提高，徐州至上海、北京的时间分别由9小时、11小时，缩短至3小时，带动整个徐州都市圈融入京、沪"3小时交通圈"。丰沛铁路基本建成待运营。京沪通道和陇海通道两个"十"字形双亿吨国家铁路动脉的交汇进一步强化了国家级铁路枢纽地位。但是，随着徐州经济持续快速发展，徐州铁路枢纽也逐步暴露出快速铁路覆盖县级节点低、客运设施比较缺乏、与全省交通运输现代化目标差距较大等问题。

2. 规划内容

加快推进铜山货场改造升级，并推进铜山货场铁路口岸申报建设，以徐州铜山综合性铁路货场和集装箱办理站为运输节点，以目前徐州铁路货运中心开行的中欧班列为基础，依托徐州京沪铁路、陇海铁路两大干线铁路交汇的优势，构建以徐州港为枢纽节点的"徐新欧"国际铁水联运大通道。

（1）优化完善快速铁路网。巩固提升徐州作为国家级枢纽城市及淮海经济区中心城市地位。开工建设徐连客运专线、淮安至新沂客运专线。到2020年新增时速200km以上的快速铁路里程262km，高速快速铁路运营里程达317.3km。

（2）加快发展铁路客运。发挥铁路客运资源优势，积极争取增开班列，增开始发班线，力争到2020年，将徐州高铁班次由目前的112个班次增加到200个班次。依托徐州铁路动车所，积极争取开通徐州至上海、北京、西安、南京等地区中心城市的城际始发班线。

6.3.4 对外公路规划

1. 基本情况

建成宿新高速、济徐高速北段，高速公路里程新增47km，高速公路通车里程达459公里，居全省第三位，覆盖市域全部县级节点，连霍、京福、京沪、淮徐四条国家高速公路主干线四通八达。完成310国道徐州西段等普通国省干线公路新改建工程248km，普通国省干线覆盖89%的乡镇，并全面达到二级及以上标准。

2. 规划内容

继续完善高速公路网络布局。加快省际通道建设，扩建容量趋于饱和的公路通道，优化互通布局，促进互联互通。续建完成徐州至明光高速公路，开工建设京沪高速公路徐州段扩建工程，加快推进台儿庄至睢宁高速公路、枣庄至沛县等高速公路建设，积极争取在京福高速公路贾汪段、徐连、徐宿淮高速公路铜山段增设互通出入口。规划建设高速公路28.6km（新建5.5km，改扩建23.1km），至2020年，高速公路总里程达到482km（图6-2）。

加快推进规划普通国省干线落地。以土地和资金等资源要素为前提，科学安排普通国省干线公路建设，坚持"先存量后增量、先通后畅"的原则，加快普通国省干线建设。规划建设徐萧快速通道，加快开展徐州至宿州、淮北等开放式快速连接通道前期研究。

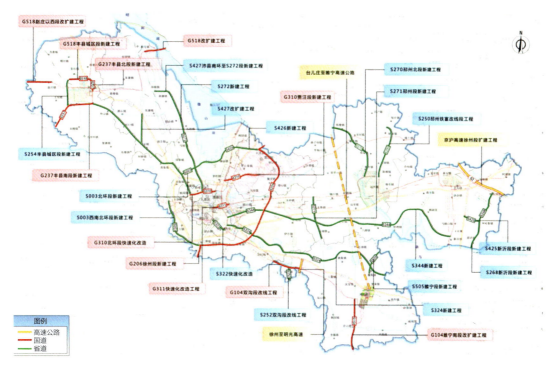

图6-2 徐州市公路建设项目图—"十三五"发展规划

6.4 城市交通系统规划

6.4.1 发展状况

1. 交通需求特征分析

徐州市是江苏省规划建设的四个特大城市之一，也是徐州都市圈核心城市和淮海经济区中心城市，是国家级综合交通枢纽。2015年末，徐州市域户籍人口1028.7万人，较上年增长0.5%，其中市区总人口323万人，人口城市化率为57.47%。规划至2020年主城区（含铜山城区）288万人，建设用地316.19 km^2。

（1）机动车发展水平

截止2016年底，徐州市区汽车保有量为53.2万辆，其中私家车为30.86万辆，占58%。相比于2010年底汽车保有量增加了30.91万辆，增长了139%，年平均增长23.2%（表6-1、图6-3）。2016年全市汽车保有量已达101.6万辆，全市近几年机动车拥有量呈增长趋势。

随着经济发展水平的提高和居民对舒适生活的追求，私人小汽车已迅速进入家庭，并呈现出稳定的增长趋势，城市交通系统面临着巨大的压力，停车难题将更加突出。

（2）出行特征分析

根据徐州市主城区城市居民出行抽样调查分析结果，徐州市主城区长期集中旧城发展，城市空间未得到有效拓展，现状居民出行方式结构中，表现出典型的中小城市的城市交通特征，慢行交通占主导地位（步行及非机动车比例达到70%）。

徐州全市近年机动车拥有量统计表　　　　　表6-1

年份	汽车保有量	私人轿车	大型客车	摩托车
2011	451309	174817	6607	591162
2011	541867	233860	6897	578381
2012	625546	288024	6994	620858
2013	684546	325239	7148	630345
2014	756003	387404	6628	623305
2015	851541	462637	6862	526981
2016	1016085	562938	7247	324023

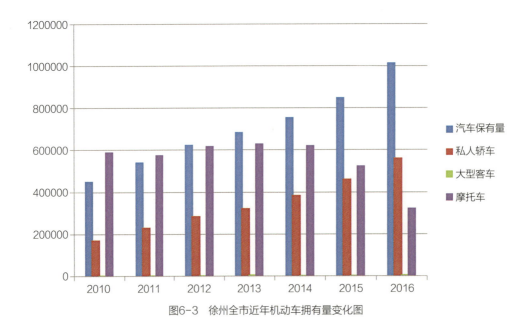

图6-3　徐州全市近年机动车拥有量变化图

1）出行次数

据统计，目前，徐州市区居民人均出行次数为2.70次/人·日，其中以中小学学生出行次数最多，约为3.02次/人·日，其次为从业人员中的职员和服务员，人均出行次数为2.96次/人·日和2.94次/人·日（图6-4）。由于近几年来，徐州城市空间结构扩展较快，居民出行距离较长，因而居民人

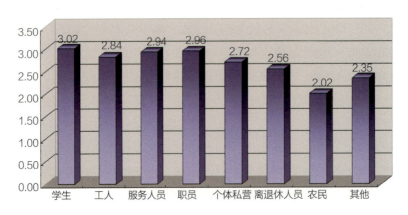

图6-4　不同职业出行者人均出行次数

均出行次数下降较为明显。

2）出行方式

中心城区慢行交通出行比例呈逐年下降趋势，但仍占较大优势，在全方式中比重接近59%。公交出行分担率缓慢增长，公共交通（含公交和出租）出行量占总出行量比例达21.2%，在机动化方式中的比重约50%；私人小汽车出行比例大幅提高，出行比例由2003年的1.21%提升至2016年的15.87%（表6-2）。

居民出行方式总体构成对比　　　　　　　　　　　　　　　　　　　　　表6-2

年份	步行	非机动车	公交	出租车	轻骑摩托	私家车	单位小车	单位大车	其他
2003	21.8	54.71	14.69	1.01	3.77	1.21	0.69	1.33	0.79
2010	23.91	42.6	19.26	0.93	3.67	5.28	1.54	1.71	1.11
2016	20.57	38.1	20.16	1.06	0.84	15.87	0.95	1.3	0.95

随着城市框架拉开，城市机动化发展趋势明显，机动化出行比例由2003年的23.49%提升至2016年的41.33%，其中公交车出行比例为20.16%，私人小汽车为15.87%（图6-5）。

2．道路交通

（1）综合交通状况

徐州市是全国重要的综合交通枢纽城市，陇海、京沪两大铁路干线在此交汇，拥有全国第二大铁路编组站。8条国道、21条省道、6条高速公路穿境而过，高速公路通车里程440km，在全国地级市中位居前列。京杭大运河傍城穿行。观音机场为国家民航干线机场。鲁宁输油管道纵贯境内。形成了铁路、公路、水运、航空、管道"五通汇流"的立体交通体系。此外，徐宿淮盐城际铁路及徐连高速铁路也已开工建设。

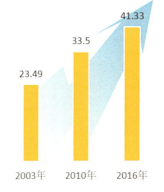

图6-5　中心城区历年机动化分担率对比

（2）道路网状况

目前，徐州主城区："方格+放射状"的干道路网骨架结构基本形成，快速路、主干路、次干路总长度约414.7km，路网密度分别为0.4km/km^2、1.12km/km^2、0.67km/km^2（图6-6）。

城市道路交通是城市社会经济发展的一张"脉络版图"。依据目前主城道路建设情况，总体上老城区和东南部新城区干道路网密度较高。其中，作为发展起步较早、人口集聚的老城区，现阶段主要是推进部分道路的改扩建和提高支路网区内服务水平；新城区作为徐州重点发展的现代城市新片区，为推进新城区现代化的发展，新城区道路高标准建设，干道路网基本建设成形到位，道路网整体条件较好。其余片区，九里片区除西部有几条干道外，其他多为村庄道路；中北部的坝山居住区、金山桥工业区多为新建、在建道路；城东工业经济开发区则多为待建道路。

目前，道路网存在主要问题：1）过境交通与城市内部交通相互干扰影响。104国道、206国道、310国道等多条国省道过境干线穿越城区，货运车辆、重载车辆与客运交通使道路压力持续增大，严重影响了道路交通的安全与稳定；2）主城区路网规模不足，密度偏低，结构不合理。主干道大部分仅为双向四车道，道路网络的总体容量不高。由于支路网密度不足，城区干道缺乏必要的分流系

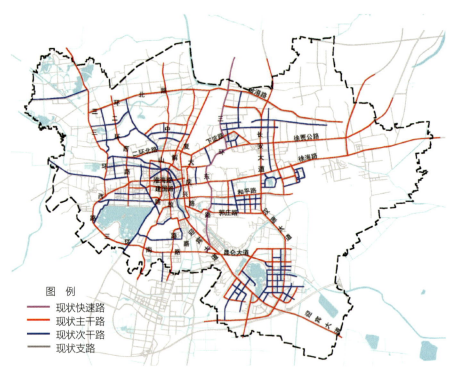

图6-6 徐州市主城区现状道路网

统,造成机动车交通主要集中在干道上,高峰时段饱和度较高,易发生拥堵现象;3)铁路、河流、山体对城市交通的分隔阻碍较为严重,主干道的贯通性较差,铁路瓶颈制约突出。跨河、跨铁路通道明显不足,其中跨故黄河桥梁平均间距0.8km,跨铁路通道平均间距1.73km。受铁路、河道分隔的影响,城区内主要干道的贯通性较差。目前,三环路以内没有东西向直接贯通的干道,南北向也仅有中山路、解放路全线贯通。

3. 公共交通状况

截止2015年底,市区共拥有公交车辆2400余台,运营线路188条,线路长度4509km,日发送9000多个班次,年客运量达3.26亿人次。虽然徐州市公交车辆及公交线路逐年递增,但公交客流量增长却较为缓慢,城市公共交通发展仍然比较滞后,与城市经济社会快速发展、群众生活水平不断提高的要求还有一定差距。主要表现为:公共交通的主体地位尚未确立,公共交通吸引力不强,公交站点、场站、枢纽等设施建设相对滞后,行业发展政策不够完善,致使公交出行分担率不高。

4. 城市停车设施状况

《徐州市建筑物配建停车设施设置标准与准则》将徐州市主城区划分为三类停车分区。一类区:中心城区,指二环路范围内,由二环西路、二环北路、津浦铁路及和平路、解放南路、溢洪道、湖北路围合而成的区域;二类区:老城区及翟山组团(一类区以外)、坝山组团、大郭庄机场、开发区,由三环西路、九里山、津浦铁路、蟠桃山路、杨山路、京沪高铁、拖龙山、欣欣路、泉新路、三环南路围合而成的区域;徐州新区,由拖龙山、故黄河及连霍高速公路围合而成的区域;三类区:除一类区、二类区以外的其他地区(图6-7)。

截至2015年,徐州市主城区共有路外公共停车场209处,停车泊位约28979个。主要分布于一类

图6-7 徐州市主城区停车分区图

区和二类区（表6-3、图6-8）。其中，中心区的淮海路、西安路等重要通道的周边地区是全市停车泊位密度最高的区域。

徐州市主城区路外公共停车场分布情况　　　表6-3

分区编号	地面停车场	地下停车场	机械停车场	合计
一类区	77	32	1	110
二类区	82	10	0	92
三类区	7	0	0	7
合计	166	42	1	209

虽然一类区总的停车泊位数不如二类区多，但是从停车场的个数来讲，一类区却总体最多，这说明虽然一类区范围较小，但却集中了主城区大量的停车资源（图6-9）。

按省政府相关文件最低限计算，共需公共停车泊位8万个。但截止2015年底，主城区停车泊位还不足3万人，与规划还有5万个左右的停车泊位的空缺，对动态交通产生了较大影响。

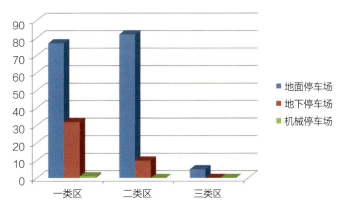

图6-8 徐州市主城区各停车分区公共停车场分布对比图

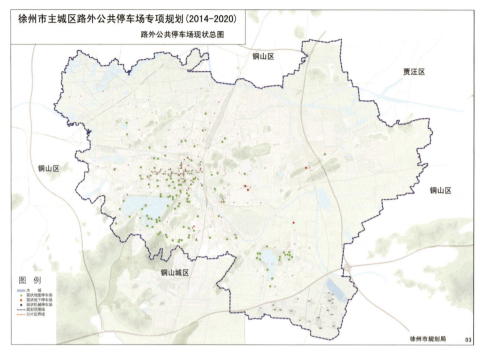

图6-9　徐州市主城区公共停车场现状分布图

5．慢行交通系统状况

（1）非机动车设施现状

现状主城区次干路等级以上的道路中，采用机非分隔带的道路长度约占道路总长度的56.7%；采用机非隔离栏的约占总长度的6.5%；采用画线隔离的道路约占总长度的28.3%；其余机非混行、人非共板的道路约占8.5%（图6-10）。

老城区干路慢行道断面多以画线隔离为主，部分道路机非混行或人非共板，如黄河西路、铜沛

图6-10　徐州市主城区现状主要道路慢行隔离状况分布图

路、矿山路东段、湖滨路等机非混行，明珠路、西安南路人非共板。老城区作为慢行交通主要的吸发源，慢行客流量大，个别道路的现状断面已难以保障居民安全、顺畅的慢行出行。由此可见，老城区现状道路非机动车道硬化隔离设施尚有较大的改善和提升空间。

（2）现状步行街

目前徐州主城区比较成熟的步行街，一是位于彭城路的剪子谷步行街，长约500m；二是位于云龙湖北岸，集休闲娱乐、商务餐饮等于一体的滨湖新天地步行街长约1032m。

（3）现状干道及以上等级道路人行道宽度

1）老城区多为2～5m，最宽的有7m左右，但实际有效宽度（指除去被道路设施所占用的空间，剩余的行人有效通行宽度）大多只有1～2m，宽的最多3～4m。主要表现为部分道路有效人行通行空间不足，行人路权和舒适性得不到尊重。

2）新城区慢行道宽度总体较宽，人行道有效空间均能够达到2～4m。

3）金山桥工业区因现状步行人流量较少，因此现有宽度的设置总体可行。

4）坝山南片居住区的道路人行道基本为2～4m，但有效空间仅有1～2m，多数空间被停车占用。

5）九里片区，现状人口多集中在西片的新建居住区，有效人行空间基本能够保证2～3m（图6-11、图6-12）。

（4）现状人行过街设施情况

现状除东三环设有3处地下通道过街外，老城区范围内现有立体过街设施6处。老城区4处为地下通道过街，分布于中山路—淮海路路口、建国路上海服饰城、火车站附近和中国矿业大学西侧的解放路上；另2处为过街天桥，分别位于三环南路原三十四中学校门前和二环北路蓝天桥。6处立体过街设施中，位于徐州的老城CBD商圈内立体过街设施有1处，与南京老城新街口商圈比较，立体过街的设置密度仅为南京新街口商圈的1/6。（徐州老城CBD立体过街设施密度0.5个/km²；南京新街口CBD为3.33个/km²）（图6-13）。

部分交叉口过街设施及信号设置与过街人流量不匹配，行人平面过街存在安全隐患。主城内路段基本采用平面人行横道过街，但特别是在主要的干道交叉口，路口设计尺度较大，加之信号配时不完善，行人在一个绿灯信号时间段内通过困难，一定程度上刺激了行人违规过街行为的发生，降低了人行过街安全性。

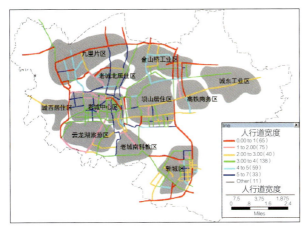

图6-11　徐州市主城区现状道路人行道宽度

图6-12　徐州市主城区现状道路有效人行道宽度

6.4.2 城市交通规划

徐州市主城区主要位于淮徐高速、京台高速、连徐高速围合而成的高速公路环内,并适当扩大至高速公路环外的重点开发区域(图6-14)。

1. 快速路系统规划

近年来,随着徐州城市规模扩大和交通需求增长,路网承载能力凸显不足,尤其是跨通道、城市出入口等关键区段交通拥堵问题较为突出,过境交通与城市内部交通、长距离交通与短距离交通相互干扰,交通系统运行效率下降。为了促进交通系统扩能提速、均衡分布,减轻中心城区交通压力,有必要开展快速路系统专题研究,加强规划控制,指导快速路系统建设。

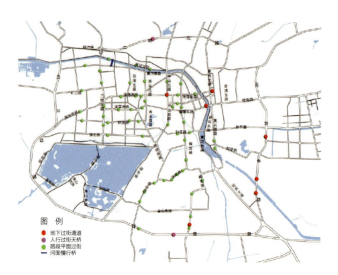

图6-13 徐州市主城区现状主要慢行人行过街设施分布

(1)发展目标

根据徐州市快速路系统规划,按照既能满足发展的需求,又不过度建设的原则,规划徐州市快速路路网密度目标为0.4~0.5km/km^2;同时要确保中心城区车辆可在10min内进入快速路系统,确保各组团可在15min内通过快速路系统进入高速公路,同时确保徐州主城区内各功能组团至少有一条快速路连接,增强各功能组团的联系。

(2)规划依据

快速路的设置以既有的规划方案为基础,重点从道路功能、建设条件和工程可实施性的角度进行对比分析,对存在争议的线路进行论证、调整,优中选优,形成最佳的快速路网方案。

图6-14 徐州市主城区范围示意图

1)路线选择主要考虑其重要程度,将对接对外交通系统的道路定位为快速路系统的射线,确保主城区与对外交通系统(高速出入口、国省干道)衔接顺畅,加强老城区对新区、各组团的辐射带动作用。同时考虑快速路对景观的影响、整体路网功能的配合,可将部分路线调整为结构性主干道。

2)在周边组团构建快速路环,使快速路系统能够串联所有"双心六片区",带动城市各组团建设发展。

3)在中心城区边缘设置快速路环,形成对中心区的保护圈,从而分流过境交通、缓解中心城区交通压力。

4)从工程可操作性的角度出发,重点是对快速路建设条件的分析,强化对快速路断面、不同走向的快速路之间如何转换、建设形式的论证，从而明确各条快速路的线位，确定总体的规划方案。

5）为弥补快速路网功能不足，强化重点区域、重要节点之间的便捷联系，规划设置结构性主干道，以提高路网快速通达的目的。

（3）规划内容

规划快速路网"二环十一射一联"的布局形态与"双心六片区"的空间形态相辅相成。规划快速路系统通过快速环线的设置，串联起"双心六片区"各功能区。各组团均能通过快速路到达老城中心和徐州新区，加强各组团与城市中心的联系。快速路能够作为各组团的骨架路网，快速集散交通，以提升交通基础设施建设标准为抓手，发挥中心城区对外围组团的引导带动作用，加快城市空间结构的调整。

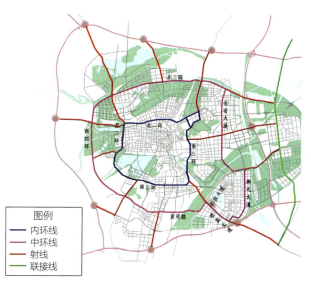

图6-15 徐州市主城区快速路网规划布局图

此外，为了弥补快速路系统功能的不足，强化重要区域、节点之间的联系，规划设置8条结构性主干道，作为快速路的补充。结构性主干道总里程约70.5km，包括中山北路、西二环—云龙湖隧道—泉新路、金山东路—汉风路、振兴大道、北京路、昆仑大道、楚韵路—潇湘路、汉风路（图6-15）。

快速路系统规划方案分为：

1）快速内环方案

北二环—东三环—南三环—西三环作为快速内环，承担缓解中心区交通压力、分流长短距离交通的功能（图6-16）。

图6-16 快速内环方案

2）快速中环方案

快速中环东线、中环西线、中环北线、中环南线线位分别为长安大道、新元大道、西四环（暂定名）、北三环以及黄河路（图6-17）。

3）快速射线方案

快速路射线方案主要考虑将对接高速公路出入口道路以及联通重要组团、对接重要对外通道的道路定位为快速路。

对接高速公路出入口的射线共7条，分别是：西三环北延，通过徐丰公路至丰县，对接高速公路城区西北出入口；徐沛公路，对接高速公路城区北侧出入口，向北衔接沛县；东三环北延，通过G104对接高速公路城区东北出入口；城东大道，对接高速公路城区东侧出入口；迎宾大道，对接高

图6-17　快速中环方案

速公路城区东南出入口；北京路南延，通过G206对接高速公路城区南侧出入口；北二环西延，对接徐商公路以及高速公路城区西侧出入口。

对接对外组团的快速路射线共4条，分别是：将韩山隧道打通后向西延伸，对接新徐萧公路，作为西向快速路射线的组成部分；长安大道向北延伸，连接G104至北京；北三环向东延伸，连接G206至烟台；彭祖大道向东延伸，通过徐皂公路至皂河镇。

4）快速连接线方案

考虑到北部贾汪片区与中心城区间强烈的联系需求，结合现状已部分修建的徐贾快速路设置南北向的快速路连接线一条，向南至G104，向北连接到贾汪区。同时贯通汉源大道（彭祖大道—迎宾大道段）作为新城区对外联系的快速通道。

5）快速路系统方案

整体快速路规划方案，总体上形成"二环十一射一联"的路网结构。

快速内环：东三环—北二环—西三环—南三环。

快速中环：长安大道—北三环—西四环—黄河路。

快速路长度：211km（不含高速公路）。

路网密度：0.43km/km²。

2. 主干道路网规划

中心城区主干路长550km，路网密度1.4km/km²。为弥补快速路系统功能不足，强化重要区域、节点之间的联系，规划设置8条结构性主干路，作为快速路的补充，结构性主干道总里程约70.5km（表6-4、图6-18）。

中心城区结构性主干路一览表　　表6-4

序号	道路名称	建议红线（m）	长度（km）	建议断面形式
1	中山北路	40	4.6	四块板
2	云龙湖隧道	50	15.3	四块板
3	金山东路	40~50	15.2	四块板
4	振兴大道	50	4.7	四块板
5	北京路	50	3.6	四块板
6	昆仑大道	60	13.5	四块板
7	楚韵路	30~50	6.5	四块板
8	汉风路	50	7.1	四块板

结合结构性主干道的设置,快速路网的通达性更强,尤其是强化了老城区与徐州新区之间、新老城区与综合客运枢纽之间的便捷联系,满足重点区域与节点之间快速到达、集散的要求,有利于发挥老城区对新城区的带动辐射作用,也扩大综合客运枢纽快速集疏运道路网的辐射范围(图6-19),新老城区与高铁站之间的联系通道分析如下:

(1)老城区与高铁站:

1)路径一:城东大道(快速路);

2)路径二:和平路(结构性主干道)。

(2)老城区与徐州新区:

1)路径一:和平路(结构性主干道)—长安大道(快速路)—汉源大道(结构性主干道);

2)路径二:迎宾大道(G104)(快速路);

3)路径三:金山东路(结构性主干道);

4)路径四:昆仑大道(结构性主干道)。

(3)徐州新区与高铁站:

1)路径一:汉源大道(结构性主干道)—长安大道(快速路)—和平路(结构性主干道);

2)路径二:振兴大道(结构性主干道)。

3. 城市公共交通发展规划

以贯彻落实国家"公交优先"策略,推进民生幸福工程,随着城市规模的不断扩张以及重大基础设施的建设所带来的出行问题,公共交通需求日益凸显,公交规划也需相应进行优化完善。

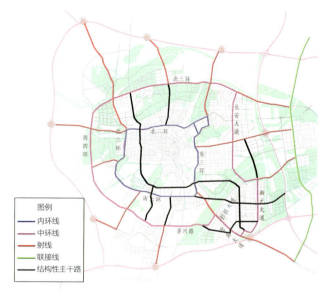

图6-18 快速路与结构性主干道规划图

图6-19 重点区域与重要节点联系通道分析图

(1)规划目标

建立一个安全可靠、集约高效、经济适用、节能环保、舒适文明、城乡统筹的多层次公交线网;形成配置规模合理、结构优化的公交设施;完善公平合理、灵活性高的公交票制体系;构建信息化、节能环保的公交体系(图6-20)。

(2)规划内容

1)公交线网规划

规划思路:规划期末将建成以轨道交通为主骨架线,以快线、主线为次骨架线,普通线、旅游线、乡镇线、镇村线等相配合的多级线网结构。近期公交线网规划的优化将以填补公交覆盖盲区、适应城市空间拓展以及结合轨道交通和谐发展为重点。

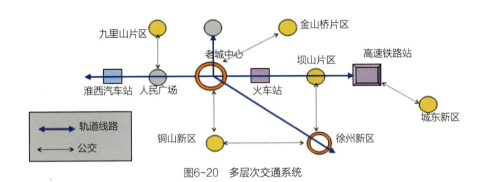

图6-20 多层次交通系统

至规划期2020年，合计新增57条公交线路，300m公交覆盖率将提升至56.2%，500m公交覆盖率将提升至90.5%，均达到省定覆盖率指标（图6-21）。

①识别城区内部盲区，提高覆盖程度（图6-22）。

②适应城市拓展，公交服务范围延伸。

为适应城市空间的拓展，公交线路延伸至各主要片区：九里山片区、火花片区、娇山湖片区、坝山片区、邵楼片区、拖龙山片区等（图6-23）。

③结合轨道线网的建设，打造协调发展的公交体系（图6-24）。

2）公交场站规划

由于场站的不足造成公交线路里程数偏长，公交线网密度不足，公交准点率下降，等候时间较长，造成居民的出行不便，乘坐公交的意愿下降。部分城市新发展区域公交场站设施不足，制约着城市发展与公交发展。

按照"应配尽配"的原则满足城市长远发展的需求。徐州中心城区共规划公交场站87处，现状

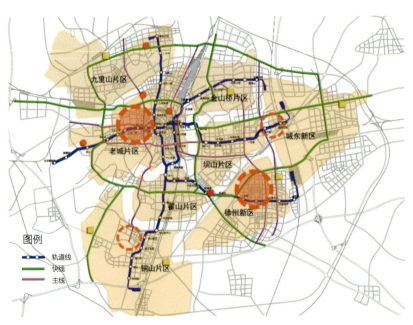

图6-21 公交线网结构图

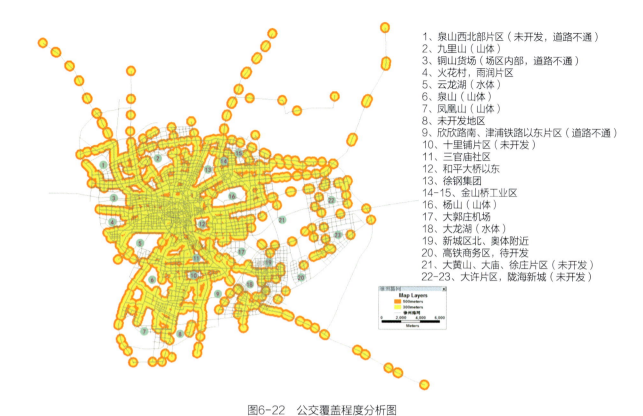

图6-22 公交覆盖程度分析图

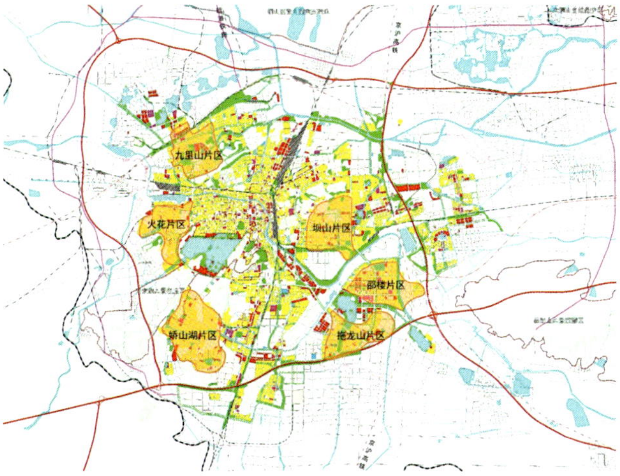

图6-23 公交延伸片区图 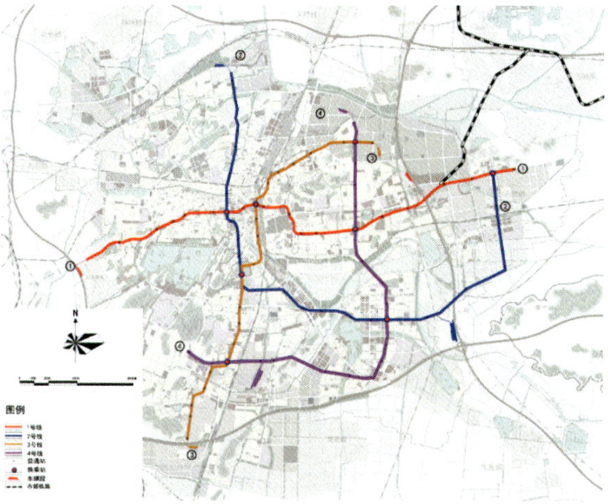　　　　图6-24 公交与轨道线网结合图

30处，现状总用地约26.7hm²，拆迁改建3处，约5hm²。规划新建60处。新建用地56.5hm²，总用地78.2hm²（图6-25）。

以泉山区为例，泉山区共规划14处，现状6处，现状用地5.65hm²，拆迁2处。规划新建10处。用地10.8hm²。共计12.7hm²（图6-26、表6-5）。

图6-25 公交场站布局图

3）公交专用道规划

目前公交专用道总长26.3km，其中：①淮海路：东站路口—段庄环岛。公交专用道长度1.8km，港湾站台14处，公交专用字符16处。②建国西路：道平桥—博爱环岛。公交专用道长度2.1km，公交专用字符3处。③二环西路：段庄环岛—湖北路肖庄路口。公交专用道长度2.6km，公交专用字符7处。④和平东路：新104国道乔家胡路口—和平高架大桥路口。公交专用道长度9.2km，公交专用字符10处。⑤昆仑大道：公交专用道长度10.6km，公交专用字符16处。现状存在里程规模小、不连续、未形成系统规模效应等问题，不利于落实公交优先发展策略。

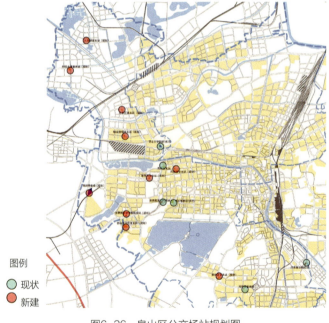

图6-26 泉山区公交场站规划图

以"联网成片"为原则规划公交专用道，扩大公交专用道设置规模，增强系统规模效应以及加强道路断面改造，以适应公交发展需求（图6-27）。

同时加强辅助设施规划，即规划11处LNG加气站（含贾汪1处），结合公交首末站、枢纽站及停保场设置。配备加气站点、公交充电桩、出租车综合服务及商业服务等设施。

泉山区公交场站规划一览表　　　　　　　　表6-5

序号	公交场站名称	用地面积（hm²）	备注
1	九里湖首末站（规划）	0.3	新建
2	时代大道首末站（规划）	0.8	新建
3	王新庄首末站（规划）	0.7	综合开发
4	铜山货场首末站（规划）	0.73	新建
5	苏山头停保场（拆迁）	1.2	现状拆迁
6	雨润停保场（规划）	5.0	技术场站
7	徐商路首末站（规划）	0.45	综合开发
8	西苑首末站	0.34	现状
9	民安园首末站（规划）	0.3	新建
10	淮西客运站枢纽站	0.65	现状
11	韩山首末站（拆迁）	2.5	现状拆迁
12	徐萧路换乘枢纽站（规划）	0.33	综合开发
13	杏山子首末站（规划）	2.0	综合开发
14	泰山路首末站（规划）	0.28	新建
15	凤华园首末站	0.25	现状
16	汽车南站枢纽站	0.6	现状
	合计	12.7	

注：泉山区：共14处。现状6处，拆迁2处，规划10处。

九横	全长（km）
1.三环北路	11.1
2.荆马河南路	8.2
3.二环北路-下淀路-杨山路	16.1
4.城东大道	6.6
5.和平路	9.3
6.郭庄路	9.7
7.金山东路	5.7
8.三环南路	11.2
9.黄河路-一纬16路	12.6
八纵	
1.三环西路	9
2.平山路-二环西路	7.7
3.煤港路-复兴路	7.3
4.三环东路	12.9
5.大学路	6.1
6.泰山路-泉新路	5.5
7.迎宾大道	9.9
8.云苑路-汉风路-丽水路	11.7
两环线	
1.高铁环线（站北路——站南路）	4.6
2.新城区环线（体育场南路—新元大道—汉风路）	9.1
总计	174.3

图6-27　公交专用道线网构架图

4. 主城区路外公共停车场专项规划

（1）规划背景

近年来，徐州国民经济持续稳定发展，2016年，徐州地区生产总值（GDP）5808.52亿元，年增长8.2%，人均GDP达66845元，年增长7.7%。随着社会经济的发展，徐州市也进入机动化快速发展的阶段。截止2016年底，徐州市区汽车保有量为53.2万辆，其中私家车为30.86万辆，大型客车4915辆。

在机动车辆快速增长的同时，由于城市土地资源紧张和早期停车配建标准低的影响，城市停车供给不足，公共停车设施缺乏。"停车难"已经成为困扰城市交通、影响居民生活质量和旅游环境的严重问题，因此有必要修订城市停车设施规划。

（2）规划目标

通过规划，科学划定停车分区，合理确定停车设施规模及供应结构，制定符合徐州市主城区总体交通发展战略，与城市用地布局和功能性质相协调的停车设施布局方案，构建完整城市停车设施体系。

（3）规划范围

远期规划范围与城市总体规划主城区一致，即西至卧牛山煤矿，东含大黄山、大庙镇，南至连霍高速公路（不含铜山新区），北抵茅夹铁路、大运河的区域，总面积约553km^2。

（4）规划内容

徐州市主城区路外公共停车场布局涵盖两方面内容：一方面要结合城市总体规划中关于城市空间布局、用地发展及综合交通发展的规划；另一方面也要深入分析总规中关于社会停车场的布局规划思路及已规划停车场的落地情况，使停车设施专项规划中的停车场布局与总体规划相适应。

路外公共停车场布局规划根据规划区域内停车设施供应策略，综合考虑停车需求分布、土地利用条件、停车设施规模、道路交通条件和停车可达性等，依据路外公共停车场布局原则和要求，结合主城区现有路外公共停车场调整后，在规划区域内再行规划路外公共停车场145处，新规划停车泊位数为21442个（图6-28）。

我们将主城区划分为A—L区十二个片区开展规划设计。以A片区为例介绍，A片区位于徐州市主城区的西北，北至徐州主城区和铜山区的边界，南至陇海铁路—汉城东路—九里山脉，西至徐州主城区和铜山区的边界，东至津浦铁路。A片区在主城区未来发展中，主要承担居住和部分产业职能，用地构成以居住用地、部分公共服务设施用地、仓储物流用地和少量工业用地为主。

A片区在停车分区中属于三类区，属于城市外围，停车供应政策为扩大供应区，以配建停车设施为主，提高配建标准，与用地开发紧密结合，增加停车泊位的供应量。停车场建设形式以地面停车为主。

根据停车设施供应策略，结合该区域的路外公共停车需求并考虑建筑物配建停车需求与其配建停车泊位最大供应之间的缺口，确定该区域的路外公共停车供应情况。A片区保留现状停车场共2个，停车泊位共380个；规划新增停车场18个，停车泊位3170个；合计A片区远期共有停车场20个，停车泊位3550个（表6-6）。

根据徐州市主城区路外公共停车场布局的原则、指导思想和方法，结合各区域的路外公共停车

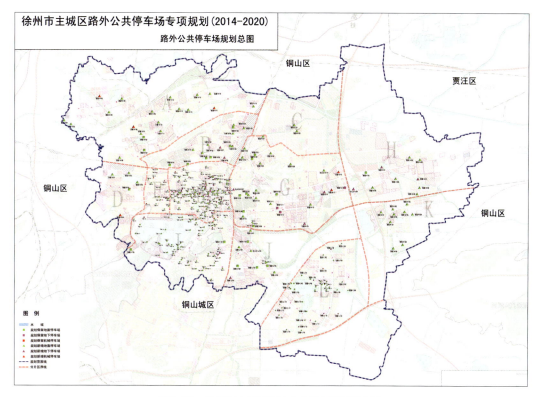

图6-28 徐州市主城区路外公共停车场规划总图

A片区路外公共停车场布局

表6-6

序号	停车场编号	位置	泊位数	建设形式	类型	近远期
1	旅游—A—01	桃园丁场附近	120	地面	旅游服务	远期
2	旅游—A—02	桃园丁场附近	160	地面	旅游服务	远期
3	落实—A—03	苏瓦房附近	300	机械	落实规划	远期
4	落实—A—04	顺堤河顺堤路	60	地面	落实规划	远期
5	旅游—A—05	九里湖东南	100	地面	旅游服务	近期
6	还账—A—06	朱庄附近	200	机械	解决遗留	远期
7	预留—A—07	孤山东部	100	地面	规划预留	远期
8	落实—A—08	丁楼村附近	350	地面	落实规划	近期
9	落实—A—09	西月河南	100	地面	落实规划	远期
10	公建—A—10	平山路东	100	地面	公建服务	远期
11	公建—A—11	江山东南	300	地面	公建服务	远期
12	预留—A—12	杨屯中学东	100	地面	规划预留	远期
13	旅游—A—13	原劳武港西	60	地面	旅游服务	远期
14	落实—A—14	刘楼村北	180	地面	落实规划	近期
15	预留—A—15	罗台子周边	160	地面	规划预留	远期
16	轨道—A—16	城北客运站东	250	地面	轨道换乘	近期
17	轨道—A—17	热电厂西侧	400	机械	轨道换乘	近期
18	落实—A—18	北方氯碱东侧	130	地面	落实规划	远期

需求并考虑建筑物配建停车需求与其配建停车泊位最大供应之间的缺口,确定徐州市主城区的路外公共停车供应情况。主城区保留现状路外公共停车场208个,停车泊位共28873个;规划新增停车145个,停车泊位21442个。合计徐州市主城区远期共有停车场353个,停车泊位50315个。

5. 慢行交通系统规划

（1）规划背景

1）慢行交通是绿色、健康、环保的交通方式,对提升城市品质、提高居民生活满意度十分重要。城市慢行系统包括步行和非机动车行,无论哪种方式,对于节约土地资源、保护城市环境、提高居民短距离出行的安全性和便捷性都能起到很好的作用。

2）"优质慢行,公交优先",发展慢行交通,是城市面临机动车快速增长压力下的重要发展战略。

3）发展慢行交通,建立安全、便捷、舒适的出行交通环境是市民日常出行的内在要求,也是交通规划的重要现实要求。慢行交通在徐州城市交通体系中占有很重要的位置,多年以来自行车仍旧是重要的出行工具,而未来徐州城市居民通勤交通中,慢行交通所占比例更加不容忽视。同时,慢行交通能够发挥其与公交、地铁等公共交通方式的有效接驳,很好地充当公共交通运行的衔接方式。

（2）规划范围和年限

规划范围：徐州市城市总体规划主城区范围,不含铜山区,建设用地246km²。规划年限与徐州市城市总体规划保持一致,规划年限2020年（图6-29）。

（3）规划目标

构建"安全、连续、便捷、舒适、优美"的慢行交通环境,引导低碳、生态、绿色的交通出行理念,打造国内先进和领先的城市慢行系统,为优质服务社会、满足市民绿色出行和慢行活动绘就蓝图和创造条件。

步行系统规划,以追求优质的城市步行化建设为引领,在满足行人安全、便捷的步行等基本通行要求基础上,营造与城市不同人群步行出行特征相适宜,强调构筑城市道路空间的安全、舒适和休闲步行交通,形成以人的基本通行需求为导向,打造完整的步行网络和彰显徐州风景风貌的休闲步道。非机动车系统规划,以创建生态园林城市为宗旨,倡导人们合理均衡的多样化出行结构需求,构建与机动交通和谐整合,与公共交通、地铁一体化衔接,与土地利用协调共生的安全有序、连续便捷,体现出行公平性的非机动车网络和出行环境。

（4）规划内容

慢行系统规划着重强调与步行街、地下空间开发以及城市绿道系统相结合、融为一体,对徐

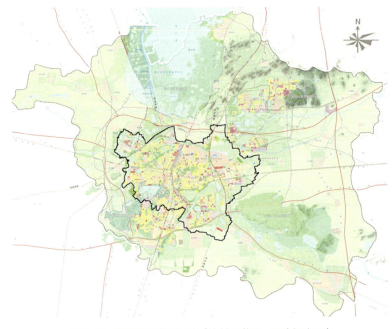

图6-29　慢行规划范围界定（主城区范围,不含铜山区）

州主城区行人、非机动车交通的网络和几类重点类型区域的慢行设施进行规划布局和优化设计。

1）徐州主城区非机动车交通系统规划

根据徐州市主城区非机动车交通需求预测，开展非机动车道网络规划，将非机动车交通网络划分为日常性非机动车道网和休闲性非机动车道网两级。其中日常性非机动车道包括非机动车主通道和非机动车次要通道。休闲性非机动车道主要利用滨水绿化开敞空间建设，是独立于城市道路的慢行专用滨水景观休闲道。

非机动车主通道——为居民通勤及就学服务，是满足较大非机动车交通需求，串联城市各慢行功能区的重要通道。进行慢行节点、非机动车交通流向和道路条件的分析，最终在规划范围内形成"28横36纵"的非机动车主通道布局（图6-30、图6-31），并根据规划主通道布局，对近期建设需求较大的主通道优先提出断面改造建议。

非机动车次要通道——主要实现城市各慢行功能区内服务和非机动车可达目标要求，满足非机动车交通集散，延伸非机动车主通道联系，连接居住、就业就学、交通节点、旅游景点等交通源。非机动车次要通道的选取以次干路为主，部分非机动车交通量较大的支路也可选为次要通道。非机动车次要通道与主通道共同构成非机动车道网络的骨架。此次规划非机动车主通道里程406km，密度1.65km/km²；规划非机动车次要通道里程585km，密度2.37km/km²（图6-32）。

休闲性非机动车道，主要利用滨水绿化开敞空间建设，是独立于城市道路的慢行专用景观休闲道，串联主城区各类公园绿地和重要的自然人文节点，形成"沿河、环湖、环山、通公园"

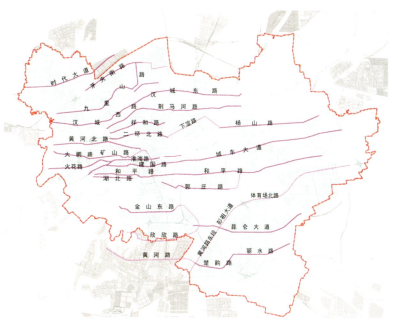

图6-30 非机动车主通道规划"28横"

图6-31 非机动车主通道规划"36纵"

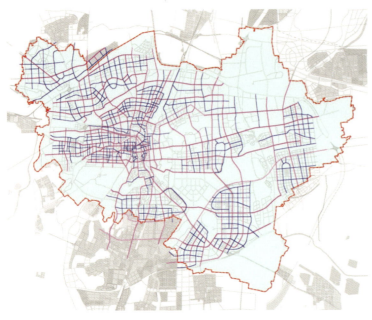

图6-32 规划非机动车道布局图

的城市绿道系统。城市绿道可以成为非机动车休闲道，主要为居民提供非机动车休闲、游览、健身等出行需求。主要从以下几个思路进行规划：

①沿市区主要水域、山体及绿地走廊等风景风貌区布局，是专用路权的滨水休闲绿道；

②滨水休闲道主要结合河道两侧宽度大于10m的绿化带设置；

③单向非机动车道宽度一般控制在2~2.5m，双向行驶控制在3~3.5m；

④休闲性非机动车道可与休闲性步行空间统一布置。

结合此次研究范围内的水域、山体、绿地走廊等条件，规划沿故黄河、三八河、丁万河、徐运新河、奎河、房亭河、顺堤河建设沿河非机动车休闲性绿道，规划沿云龙湖、金龙湖、大龙湖、桃花源湿地、五山公园、城东休闲公园、泉山公园等景区建设非机动车环形绿道（图6-33）。

图6-33 休闲非机动车道布局图

同时规划设计非机动车换乘方式。主要通过非机动车与常规公交站点、地铁之间的停车换乘，通过"非机动车+公交（或地铁）"的交通出行方式，延长门到门的出行链。非机动车换乘设施的布置遵循以下原则：

①结合地铁站、公交枢纽站等设施设置，换乘场地规模由非机动车换乘量确定；

②选择合适的停车设置，加强管理，使非机动车停放有序，防止盗窃、破坏或受天气影响；

③设置规范、完善的非机动车停车标志、标线。

非机动车停车设施规划从三个方面进行研究：与地铁的换乘衔接、与公交的换乘衔接和非机动车路边停车（图6-34）。

2）主城区步行交通系统规划

规划步行交通网络分为两种类型：

①依托于城市道路设置的步行通道（图6-35）；

②独立于城市道路，依托城市绿色开敞空间的休闲性步行绿道。徐州主城区范围内的休闲性步行绿道，主要依托于市域水系河流、湖泊等滨水的线形绿色开敞空间建设（图6-36）。

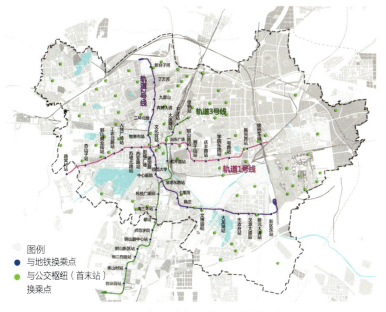

图6-34 非机动车与地铁、公交枢纽（首末站）换乘的停车设施布局

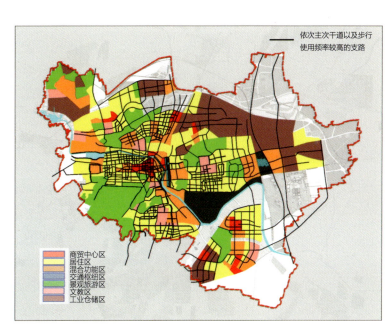

图6-35 主城区依托城市道路的常规步行通道规划图

3）步行过街设施规划

规划原则：

①依据用地特性合理控制过街间距，主次干道路段上，过街横道间距控制在250～300m；

②为提高行人过街安全性，同时降低过街行人对机动车的干扰，当道路车道数达到双向4车道同时设有中央隔离带或车道数达到双向6车道及以上时，设中央行人驻足区（岛），宽度大于1.5m，满足行人二次过街；

③结合轨道交通站点、地下商业空间开发等条件，设置立体人行过街设施，协调通道与地面步

图6-36 主城区休闲性步行绿道网络规划图

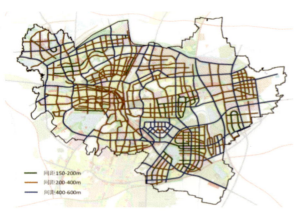

图6-37 平面过街设施间距规划图

图6-38 路段二次过街设置规划图

行系统的联系，提高过街的连续性和便捷性。

平面过街设施规划：当人行横道长度大于16m时，应在人行横道中央设置行人二次过街安全岛，其宽度不应小于2m，困难情况下不得小于1.5m。可通过减窄转角安全岛、利用转角曲线范围内的扩展空间、缩减进出口车道宽度等措施设置行人二次过街安全岛。因条件限制宽度不够时，安全岛两侧人行横道可错开设置（图6-37、图6-38）。

立体过街设施规划：

①独立的立体过街设施

主城区独立的立体过街共规划19处，现状9处，规划新增10处。

东三环与和平路交叉口现状为地面人行横道过街，并设中间驻足区。尽管路口高峰时段人行过街偶会出现过街不便的时候，但是根据路口道路设施现状建设，三环东路为高架段，和平路为下穿地道段，该路口设立体过街设施受条件限制。因此，规划建议维持现状，高峰时段必要情况下可通过有效的交通管理配合来提升地面人行过街安全性。此外，参考现有的北三环、西三环快速化改造方案中地面人行过街设施的规划。北三环均为地面道路交叉口人行横道过街，路口过街18处，平均间距520m左右，且规划的公交港湾车站均在交叉口出口道位置，公交客流路口过街距离较合适；西三环规划有16处人行过街，其中1处为交叉口人行天桥过街，其余均为地面交叉口人行横道过街（含与规划道路相交预留的平面过街），平均过街间距约510m。慢行规划总体上北三环、西三环快速路地面慢行过街数量合适、间距合理。因此，建议沿用既有规划的北三环、西三环慢行过街设置方案（图6-39）。

②结合地铁站及地下空间开发的立体过街

结合近期轨道站点共规划立体过街设施43处。另结合中心商圈地下空间开发和局部空中走廊规划，统筹考虑相应的立体过街设施（图6-40）。

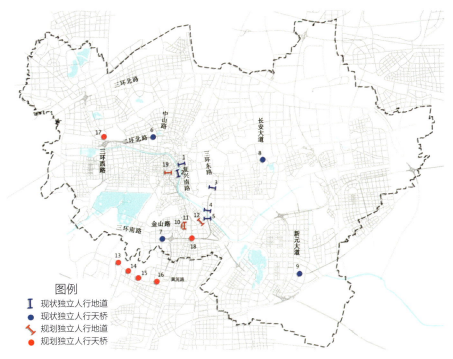

图6-39 独立的立体过街规划布局图

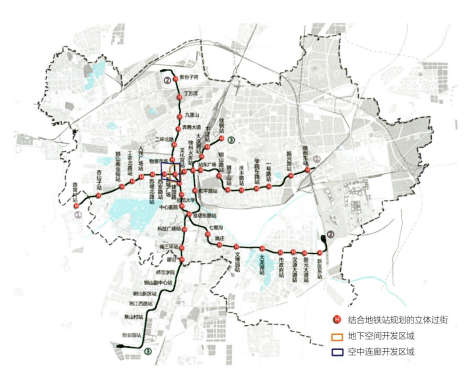

图6-40 主城区结合地铁站及地下空间、空中走廊的立体过街设施规划图

4)徐州主城区慢行规划分区规划

基于规划对徐州主城区慢行发展梳理的几点要求,结合未来用地发展,对主城区内慢行进行规划分区,以更加明确分区特征下的慢行系统建设差异化的发展方向。慢行规划分区分为以下几类:老城CBD和历史文化片区;火车站及其周边交通枢纽地区;以地铁车站为中心的慢行一体化衔接地

区；主城区景观风貌区（大型湖景公园）；主城滨河沿岸地区；一般居住和商业混合用地建设新区。分别根据对各区特点差异进行可行性分区研究和设计（图6-41）。

分区规划策略：

①老城CBD和历史文化片区

因老城CBD地区范围与历史文化片区规划范围有所重合，因此慢行规划将两个地区范围相整合，慢行规划内容各有侧重。

慢行特征：CBD商圈高密度的商业及公共服务类设施建筑群以及片区内功能各异的历史文化节点项目，促使该区域集聚各种大流量的交通，慢行过街需求强，同时对慢行环境的安全性和品质要求高。

图6-41　慢行规划分区图

发展策略：保障商业中心区、历史文化街区慢行需求。商业中心区侧重步行设施建设提升步行过街安全性，结合地下空间开发和地铁站的站厅层过街，打造上下一体商业步行街区，提升商圈慢行品质，规范自行车停车。历史文化片区建设侧重功能的内在联系，和空间上慢行的有机串联，强化文化与商业的联动建设。重点处理好人与车的关系，构建适合于"背包客"一族的慢行线路。

②火车站及其周边交通枢纽地区

慢行特征：慢行交通人流量大，站区以步行为主，各种方式换乘频繁，以疏散人流为主。

发展策略：强调快慢分离，以减少慢行与机动车冲突为主，做好慢行与火车、公路客运和公交、出租车以及其他方式的慢行接驳，步行流线顺畅、便捷。

③以地铁车站为中心的慢行一体化衔接地区

慢行特征：地铁出入口人流量大，以步行方式为主，有适量的换乘公交和自行车。

发展策略：尽量缩短乘客步行距离，强化各种交通方式之间的紧密有序换乘。自行车建设侧重与公共交通的换乘停车布设。

④主城区景观风貌区（大型湖景公园）

慢行特征：慢行出行目的以日常旅游、休闲锻炼为主，局部时段人流集中度高。

发展策略：弱化机动车交通，重点围绕滨湖、临山的景观特色，构建湖景公园等的连续环路慢行绿道，突出慢行设施环境的景观性和舒适性。

⑤主城滨河沿岸地区

慢行特征：以河岸附近市民日常休闲锻炼为主，对河岸慢行的连续性及舒适度要求较高。

发展策略：根据滨河沿岸用地及现状河岸慢行建设现状，通过沿河慢行道的连续布设以及与城市道路交接节点的处理，保障滨河慢行的连续通畅。

⑥一般居住和商业混合用地建设新区

慢行特征：一般的老城内的老小区，慢行条件受用地、道路的建设限制较大，但日常慢行通勤流量较大，慢行和车辆冲突较为频繁，安全性要求是主要的。而主城区内目前正推进建设中的一些城市新片区，规划用地性质多混合用地，未来的慢行流量总体上应该是比较平均的。得益于地区新建，其慢行建设较老城区有空间。

发展策略：尽量串联地区主要的慢行活动节点，为片区市民提供安全、连续、舒适的日常休闲慢行线路。结合居住区周边的道路建设，适当采取交通稳静化措施，重点考虑满足居民出行的需求，营造安全和适当的慢行通行空间，提供道路建设和管理的慢行技术标准和要求。

5）主城区慢行交通系统近期建设计划

徐州主城区慢行建设主要针对三个方面：一是城市道路建设工程，包括道路的人行道、非机动车道建设，机动与非机动车辆隔离设施建设，健身专用道及中心商圈的地下商业街建设；二是城市中的立体过街设施建设；三是服务景区人流的慢行节点建设，主要是与城市道路相交的节点处行人立体过街设施和景区内部为构建慢行成环的慢行桥的建设。

新建道路设施工程：绿化带53.87km，隔离栏47.02km，新增人行道43.86km，新增非机动车道118.1km，健身专用道81.0km，地下商业步行道10.44km。新建过街设施：地下通道3处，人行天桥8处。新建景区慢行节点：地下通道6处，人行天桥8处。

6.4.3 轨道交通规划

1. 研究背景

徐州作为淮海经济区中心城市，承担着重要的区域交通服务的功能，要求建设一个高效、一体化的综合交通体系，加强内外交通的接驳换乘，为旅客提供高效服务。因此，无论是城市定位，还是城市规模以及地形地貌特点，都需要大力发展轨道交通，来支撑城市未来发展目标的实现。对城市发展而言，轨道交通又是"百年大计"，根据国内外城市的发展经验，轨道线网规划将影响到城市的长远发展和综合布局，对城市空间形态、土地开发以及高效城市交通客运体系的建立都是至关重要的。同时，轨道交通投资巨大、工程复杂，须超前做好工程设施和相关配套设施用地的规划预留。因此，必须首先确定科学合理的轨道交通线网，为轨道交通发展提供依据。

（1）国家及区域层面：城市地位面临新定位

近期编制的《全国城镇体系规划（2016—2030）》拟将以徐州为国家区域中心纳入国家空间战略；《江苏省城镇体系规划（2015~2030）》将徐州定位为全国重要的综合性交通枢纽、长三角区域中心城市、淮海经济区商贸物流中心、徐州都市圈核心城市。

（2）城市发展层面：城市发展挑战新高度

徐州市行政区划调整，撤销九里区（铜山撤县改区），市区行政区域面积从1159.9km^{2}增加至3037.3km^2，常住人口达到323万人。面积和人口分别达到调整前的2.6倍和1.7倍，极大的拓展城市发展空间。

《徐州市城市总体规划（2007~2020）》（2017年修订）对城市空间和人口进一步优化。规划区由市辖五区和睢宁县双沟镇构成，面积为3126km^2，呈"众星拱月"的空间结构（图6-42）；将铜山城区纳入中心城区范围，城市空间进一步优化，整体呈现双心六片区的空间结构（图6-43）。新城区、铜山新区、开发区加快建设，鼓楼区、云龙区、泉山区等老城区改造全面实施，贾汪区与核心区联系进一步加强，铜山区与老城区融合发展趋势明显，西部新城、贾汪新城、陇海新城、空港新城加快布局，均对轨道交通发展提出了要求，期望以轨道交通支撑和引领新区城市空间拓展和旧城土地利用更新。

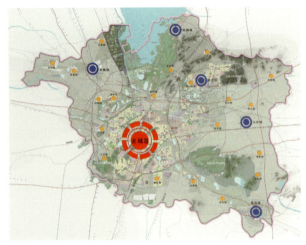

图6-42　规划区"众星拱月"空间结构　　　　图6-43　中心城区"双心六片区"空间结构

（3）轨道交通发展层面：轨道发展提出新要求

徐州轨道交通近期建设规划中1、2、3号线一期工程均已开工建设，并将于2019～2020年陆续建成通车，届时近期建设规划线网全部完成。随着徐州轨道交通进入加速发展阶段，2020年后的轨道交通发展方向和重点需要超前研究，确保徐州轨道交通的持续稳定发展。

《城市公共交通分类标准》、《城市轨道交通工程项目建设标准》、《城市轨道交通线网规划编制标准》等国家规范、标准相继出台，对城市轨道交通系统的规划建设提出了新的要求。《城市轨道交通线网规划规范（GB/T 50546—2009）》修订）中提出：城市轨道交通线网宜根据城市规模、城市空间结构、城市轨道交通服务水平和交通需求等研究确定线网层次，研究快线、环线等专题。因此，面临国家规范的新要求，徐州需构建多层次、一体化的轨道交通网络。

2. 轨道交通建设的必要性和可行性

（1）徐州市建设轨道交通的必要性

1）缓解城市交通主要矛盾，实现交通发展战略的迫切需要

城市机动化出行快速增长，城市交通拥堵程度及范围不断扩大，迫切需要建设轨道交通，缓解主城区交通拥堵，强化公共交通主体地位。

①缓解主城中心区交通拥堵

主城中心活动区集中了全市政治、经济、文化等功能，各种类型用地开发规模和强度较大，交通生成率高。城市特殊的地理条件导致道路设施供应不足，常规公交线路集中在城市主要干道上，重复系数高，道路交通压力相对集中，供需矛盾突出，交通拥堵程度不断加剧。

目前徐州主城区尤其是城市中心区的交通矛盾已很突出：城市中心区交通流高度集中，路段饱和度高，出入交通不畅；城市主要干道交通负荷高，中山路、解放路、复兴路和建国路等重要干道高峰小时机动车交通量均超过3000pcu/h；城市公交运能不足、服务水平偏低，城市中心区主要干道上的部分公交线路日客流量超过80000人次。

②满足组团之间长距离出行需求、提高居民出行质量

近年来，随着徐州城市化进程的不断加快，建设用地的拓展，外围组团与主城交通联系日益密

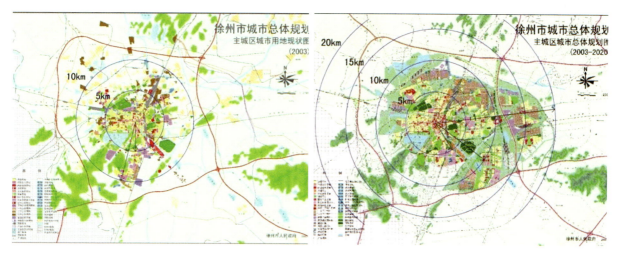

图6-44 居民出行距离变化示意图

切。随着新城区、铜山新区等城市新兴组团的发展，城市居民平均出行距离将由现状的3-4km左右增长到6.5km左右。同时，居民出行时间分布也日趋集中，高峰期间城市交通运输强度随之持续增强。徐州市现有的地面交通方式具有明显的局限性，难以适应未来居民出行长距离化、集中化等趋势，无法满足居民准时、快速、安全、舒适的出行质量要求。

轨道交通运行速度快，平均运行速度达35-40km/h，与常规公交15-20km/h的运行速度相比优势明显，能够很好地适应徐州市居民出行长距离化的趋势，未来居民平均出行距离按照6.5km计算，采用轨道交通将比现状采用常规公交更为省时。轨道交通运能强大，单向高峰小时运能达4~6万人，为地面公交的7~10倍，能够在高峰时段提供更为稳定可靠的运输服务，从而适应城市居民出行的集中化趋势。此外，轨道交通还具有安全、舒适等特点，对于提高居民出行质量效果十分明显（图6-44）。

③强化公共交通主体地位、优化城市交通结构

近年来徐州市公共交通服务在不断加强，公共交通客运量与日俱增，居民公交出行方式比例稳步增加，但城区公共交通主导地位仍然没有得到充分的体现，目前总体服务水平仍有待提高。根据城市交通发展目标，徐州市将加快构筑以大运量轨道交通为骨干、常规公共交通为主体、其他公交方式协调发展、与远城区和对外交通紧密衔接的多层次、集约型、一体化公共交通网络，构建层次分明的公共交通体系。

轨道交通作为一种高效的公共交通方式，一旦建成将迅速提高徐州市公交服务水平，据测算规划近期轨道交通将使公交分担率大幅上升，减少城市公交出行时耗近1/3。同时，轨道交通建设能够有效地整合常规公交，从而系统的改善公交运行效能与服务水平，直接、间接地优化城市交通结构。

④克服道路资源的有限性、合理推进城市机动化

新世纪以来，虽然城市道路面积持续以10%左右的速度增长，但机动车的增长速度更快，使车辆对城市道路的拥有面积以每年12%的速度下降。有些道路还严重损坏，使道路交通拥堵状况没有得到有效的缓解。

2016年，徐州地区生产总值5808.52亿元，人均GDP达66845元，基本达到中等发达国家水平。

从城市经济发展水平与居民收入状况判断，未来5~10年将是城市机动化的关键时期。机动车与私人小汽车拥有量急剧增长，但道路建设速度远不如机动车出行量增长数量，道路的建设反而导致更大规模、更严重的交通拥堵，地面道路资源十分紧张，供需矛盾尖锐。

徐州市是一个历史文化名城，主城区要保存历史、文化遗产。因此，要确保道路建设空间有一定的困难，道路建设跟不上交通需求的增长。轨道交通是不依赖于道路资源机动化的交通方式，其强大运能能够很好地满足城市机动化出行需求的增长。同时，轨道交通提供的高质量出行与小汽车相比具有很强的竞争力，能够替代与限制小汽车使用，引导城市机动化理性发展。因此，只有建设城市轨道交通才是解决城市道路资源的有限性与城市机动化发展的必然性这对基本矛盾的有效出路。

2）落实城市总体规划，适应城市建设和发展的需要

①克服交通瓶颈制约，支撑"双心六片区"城市空间布局

轨道交通具备断面运输能力强大、客流稳定不间断等特点，无疑是增强通道运能、解决交通瓶颈的有效途径。徐州市轨道线网基本形成后能够增强老城与徐州新区、坝山的通道运能，从而明显缓解道路交通通道不足导致的组团间通道运能紧张的状况，将相互隔离的功能组团整合为紧密联系的整体（图6-45）。

②引导徐州城市有序扩展，加快新城区建设进程

按照徐州市总体规划，单中心的城市结构显然难以适应未来城市规模与功能要求。因此，推动城市副中心及其新区快速发展迫在眉睫，徐州的未来需要具有强大吸引力与有序城市空间的城市新兴组团。

为了加快新区发展必须积极引导老城功能、人口向外围组团疏散，在此过程中轨道交通对城市

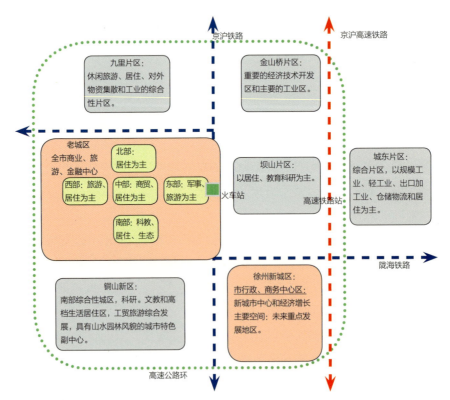

图6-45　居民出行距离变化示意图

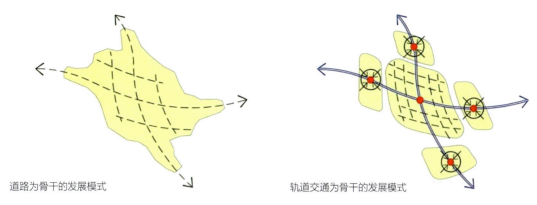

道路为骨干的发展模式　　　　　　　　轨道交通为骨干的发展模式

图6-46　徐州城市拓展模式示意图

开发的导向作用将凸现。其次，按照TOD理念轨道交通能够引导与组织各种要素在空间上有序分布，形成交通便捷、具有活力的组团结构，从而促进新城区合理发展，保障新城区可达性与吸引力（图6-46）。

③引导城市近期项目建设，推进产业布局调整

近期，徐州市全面推进新城区的开发建设，借助高铁站的建设契机，大力发展坝东片区。

长期以来徐州老城一直是多种城市功能的聚集地，导致公共设施缺乏整合，影响城市功能提档升级；产业用地布局松散，没有形成规模化、集聚化的竞争力。

轨道交通建设能够促进徐州老城区用地结构整合与优化，提升城市功能、改善基础设施，促进现代商贸物流、文化教育、信息咨询、旅游业等服务快速发展。同时轨道交通建设将有力地支撑徐州外围组团开发，推动城市产业空间布局的优化。

3）促进城市经济发展，提升城市品质

①推动社会经济快速发展

轨道交通建设运营不但能够直接为城市创造就业机会，而且能够带动电力、车辆制造、土建等相关行业的快速发展，从而推动地方经济整体提升。通过改善城市可达性、强化城市集聚效应，轨道交通还能够促进沿线城市用地升值，推动市区第三产业发展。

②完善城市服务功能，提高城市区域中心地位

徐州既是欧亚大陆桥经济带、东北亚经济带与环黄渤海经济圈的切点，又是国家沿海、沿江、沿线的"π"型开发、开放格局的结合点，具有连接东西、沟通南北、双向开放、梯度推进的战略优势区位。全球经济一体化背景下，国际产业资本向中国大陆转移、国内发达地区的产业资本向内地转移给徐州城市发展带来历史性机遇。

轨道交通不仅仅是一种现代化的交通方式，更代表着大都市新兴的生活方式。轨道交通的建设不但能够整合与强化徐州区域中心城市功能，增强城市吸引力，而且可以显著改善城市环境与城市景观，提升城市整体形象。

（2）徐州市轨道交通建设的可行性分析

1）国家政策

①公交优先就是人民大众优先。国家的相关政策已充分体现了公共交通在城市交通中的重要

性，并制定了优先发展公共交通的对策。

②2004年，建设部颁发《建设部关于优先发展城市公共交通的意见》，后由国务院办公厅转发建设部等部门关于优先发展城市公共交通意见的通知，对各地城市人民政府强调了优先发展城市公共交通的重大意义，要求争取用五年左右的时间，基本确立公共交通在城市交通中的主体地位。建设部"意见"强调公共客运交通系统是重要的城市基础设施，是关系国计民生的社会公益事业。并且，还明确指出轨道交通与公共汽车、电车、出租汽车、轮渡等交通方式共同组成公共客运交通系统。

③国家交通发展政策为徐州市轨道交通线网提供了良好的发展背景与强有力的政策支撑。

2）徐州市建设轨道交通的条件分析

①城市发展规模

2015年末，徐州市区总人口已达323万人，远期市区规划人口规模达328万（含铜山区），城市发展规模要求有大容量轨道交通支撑其发展。

②城市经济发展水平

据研究，城市基础设施投资占GDP的3%~5%是比较合理的。而公共交通包括轨道交通在内的投资占城市基础设施投资的14%~18%，即公交投资约占城市GDP的0.9%是一个合理而且财政能够承受的指标。据此测算徐州每年可以用于公交建设的投资应达到25.2亿元左右。

近期各城市投资情况显示，轨道交通地下线造价一般在6亿元/km左右，高架线3亿元/km左右，据此推算城市每年GDP达到600亿元/年即有能力建造轨道交通。徐州经济实力已经符合建设轨道交通的要求（表6-7）。

徐州经济发展主要指标　　　　　　　　　　表6-7

项目	2010年	2020年
财政收入一般预算	222.16亿元	1250亿元
国内生产总值	2942.14亿元	9259.26亿元

综上所述，徐州城市经济发展水平与经济实力符合建设轨道交通的要求。

3）客流支撑条件

根据国务院办公厅关于加强城市快速轨道交通建设管理的通知，规划线路高峰小时单向客流量达到1万人可以建设城市轻轨，规划线路高峰小时单向客流量达到3万人可以建设地铁。

根据对徐州道路交通的调查推算，现状市区部分主干路高峰小时断面客流量达到1万人次以上，如解放南路道路断面客流约为2.7万人次/h，淮海东路道路断面客流约为2.3万人次/h，复兴路、中山南路、建国路跨铁路通道等路段断面客流也达到1万人次以上，而解放南路和淮海东路的高峰小时公交客流均在1万人次左右，可见徐州城市已经初步具备了建设轨道交通的客流支撑条件，随着城市的发展，将很快满足有关要求。根据规划预测，徐州市轨道线网规划线路2020年最大高峰小时单向客流量达1.9万，基本能够满足建设轨道交通的客流条件。

3. 规划范围与规划年限

根据徐州城市发展需要，近期徐州市轨道交通线网规划范围为：

结合徐州城市总体规划，考虑到铜山已经纳入市区范围，因此轨道线网规划应包含铜山新区，最终确定以总体规划确定的中心城区约573.19km²作为轨道线网重点规划范围。

其他规划范围的界定：

老城区核心区：以二环路、京沪铁路、湖北路、三环西路包围的范围作为徐州老城核心区，面积约22km²。

徐州新区核心区：以104国道以北的城市主要建设用地范围作为徐州新区的核心区域，包含了新城区的行政、商务中心以及主要居住区，面积约18km²。

都市发展区：徐州都市区是以主城区为核心，以主城区及外围城镇为主体，以绿色生态空间相隔离，以便捷的交通相联系的高度城市化地区。形成以主城区为核心，铜山、利国、贾汪、大许、双沟、郑集为六个重点发展组团及柳新镇、青山泉镇、汴塘镇、大吴镇、茅村镇、大彭镇、汉王镇、三堡镇、棠张镇、张集镇十个镇适度发展的"众星拱月"的大都市空间结构。

远期徐州市城市轨道交通线网研究范围为徐州市域（11258km²）及周边邻近城市（图6-47）。徐州市的有效辐射半径及城市轨道交通服务范围，规划范围划分为两个层次。

图6-47　远期规划研究范围示意图

第一层次：徐州市中心城区，西至泉山区边界，东含庙山镇，南至连霍高速公路以南（含铜山城区）和云龙区边界，北抵云龙区和鼓楼区边界。面积约573.19km²。

第二层次：徐州都市圈核心城市范围，包括徐州市区行政管辖范围、睢宁县双沟镇以及安徽萧县。

（2）规划年限

结合徐州市实际情况，以《徐州市城市总体规划（2007~2020）》（2017年修订）为编制依据。

4．发展目标与发展策略

（1）发展目标

建立一个与土地利用相协调、规模合理、层次清晰、高效一体化的城市轨道交通体系。形成以轨道交通为骨干的城市综合交通客运体系，实现各交通系统之间的无缝换乘，促进一体化综合交通系统的构建，支撑并引领徐州发展成为淮海经济区中心城市。

1）时空可达性目标

主城区核心片区30min内直达老城区中心；主城区边缘组团45min通达老城区中心；都市区重点镇及空港地区与老城区中心实现1h联系。

2）方式结构目标

远期主城区公交出行分担率达25%以上，占全部机动化出行方式的60%以上；轨道交通出行占公共交通出行总量的20%以上，占全部机动化出行方式的10%以上；远期主要通道上公共交通承担50%以上的跨区出行，其中轨道交通承担30%以上。

（2）发展策略

围绕一体化综合交通系统的构建，徐州轨道交通发展需要从各个层面突出"一体化"的战略。

1）构建一体化的线网

徐州主城区及外围重点发展区域未来将作为一个整体进行规划建设，在其发展过程中为适应不同层次的出行需求，建设多层次、一体化的轨道线网是必不可少的支撑条件。外部要实现与区域轨道系统的优化衔接，内部要主次协调、快慢结合，强化各组团与中心区的快速联系。

2）实施一体化的开发

徐州主城区轨道交通线网规划要与城市空间布局以及土地利用规划紧密结合，以轨道交通系统支撑城市组团式空间结构的构建，以轨道交通带动城市组团式拓展，优化轨道车站周边用地资源配置，推进公共交通导向型社区建设，促进土地集约利用与城市更新。

3）形成一体化的换乘

完善轨道交通换乘枢纽布局规划，强化轨道交通系统与城市对外交通枢纽以及城市活动中心的联系，围绕大型换乘枢纽编织和组织线网，方便不同出行方式之间的转换，形成以轨道交通为核心的一体化客运交通体系。

5．规划理念与规划指导思想

（1）规划理念

建立一个以轨道交通为骨干的城市综合交通客运体系，强化各交通系统的高效换乘，促进徐州一体化综合交通系统的构建。确定合理的规模，满足未来城市居民出行需求，支持城市交通发展战略的实现；构建科学的形态，支撑徐州城市总体规划的实现，支持和引导城市用地的发展；制定理性的计划，为政府规划控制提供科学依据，为城市发展留有余地和弹性。

（2）规划指导思想

以原有规划线网为基础，结合城市空间结构优化、用地功能布局调整，以及新时期外部发展环境的变化，对轨道交通线网进行优化和完善，主要规划原则如下：

1）以开工建设的线路为前提，以既有线网规划为基础

原有轨道线网以2007版城市总体规划为基础开展了深入的分析研究，确定了中心城区的基本构架。本次规划在已开工的1、2、3号线一期工程的前提下，对中心城区既有的线网进行优化布局。

2）以新的城市交通出行需求为目标，以国家新标准为依据

随着城市空间不断拓展，徐州逐步向都市区演变，中心城不断完善的同时，外围组团逐步形成，必然产生新的出行需求。参照国家新标准，不同范围需要构建不同层次的线网，特别是联系外围地区的轨道交通需要更加快速，以适应其长距离出行，满足出行时耗需求。

3）与新一轮城市总体规划编制互动，适应新的城市空间布局

新一轮总体规划计划于近期编制，轨道线网规划需与城市总体规划的编制互动，规划线网要与城市主要发展轴向相适应，强调其对城市布局调整和土地开发的引导作用，特别是围绕城市各级中心体系的构建形成多线换乘枢纽，提高人口与就业岗位密集地区的轨道线网密度，通过轨道交通串联城市各大客流集散点，促进城市整体运行效率的提升。

4）与区域铁路、轨道网络相衔接，构建一体化轨道交通线网

随着京沪高铁、郑徐高铁的开通运营，徐连高铁、徐宿淮盐高铁等重大项目的开工，徐州作为全国铁路枢纽城市的地位更加强化，徐州需要把握提升综合承载能力和服务功能的有利时机，强化轨道交通与区域综合客运枢纽的衔接，通过构建一体化的交通体系，扩大区域辐射范围，提升徐州中心城市地位。

6．规划内容

（1）线网规划

《徐州市城市轨道交通线网规划》提出未来徐州轨道交通骨架线网分快线和干线两个层次。快线主要为联系主城区与外围组团之间的长距离出行，干线主要为主城区内部为中距离出行提供快速便捷的交通联系。

方案规划由7条城市轨道普线和4条城市轨道快线构成线网总体构架，总里程323.1km，共178座车站，其中换乘车站31座，包含两座三线换乘车站（图6-48）。

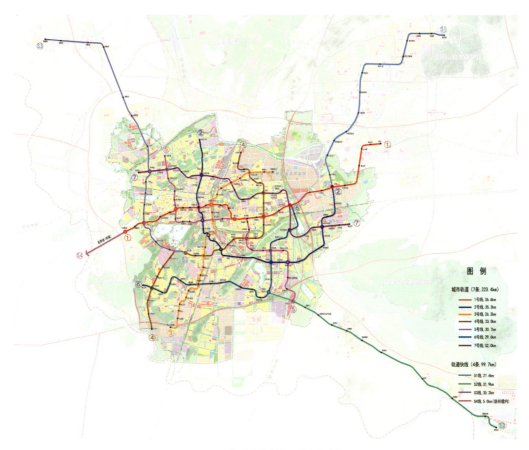

图6-48　徐州市轨道交通线网规划图

规划轨道普线7条,总规模223.4km,设站143座,其中换乘站25座;轨道快线4条,含萧县方向1条(预留),总规模99.7km,设站42座,与普线换乘车站7座(表6-8)。

徐州市轨道交通线网规划表　　　　　表6-8

类别	线路编号	起点	终点	线路长度(km)	车站数(座)	平均站距(km)
城市轨道普线	1号线	汉王新城	大庙	36.6	27	1.41
	2号线	新台子河	大庙北	35.3	26	1.41
	3号线	后蟠桃村	银山车辆段	26.2	22	1.25
	4号线	刘湾村	台上村	33	25	1.38
	5号线	徐矿城	孙店村	30.7	24	1.33
	6号线	杨山路	珠江路	29.6	20	1.56
	7号线	王新庄	路庄村	32	25	1.33
	小计			223.4	143	1.38
城市轨道快线	S1线	大庙	凤鸣海	27.6	14	2.12
	S2线	新城区客运站	双沟站	31.9	12	2.90
	S3线	金山南路	黄集镇	35.2	16	2.35
	S4线	汉王新城	—	5	—	
	小计			99.7	42	2.46
合计				323.1	178	

1号线:为一条串联东西方向的骨干线,全长约36.6km,设站27座,包括轨道交通线路之间的换乘站9座。其中,杏山子站与规划S3线换乘,大庙站与2号线、规划S1线换乘,汉王新城站预留与萧县轨道快线衔接的条件。

线路起于汉王新城,沿老徐萧公路—西三环路—淮海西路—淮海东路—大马路—徐州火车站—淮海东路延长段—东三环路—黄乔公路—高铁徐州站—徐连一级公路—G206—华建路敷设,止于大吴街道。

线路贯穿城市东西发展主轴,覆盖城市东西主轴客流走廊,联系老城区、坝山片区和城东片区及大吴街道,为老城区与东部地区提供快速联系,引导促进老城区、坝山片区、城东片区的发展,强化城市东西方向轴线发展。线路衔接人民广场、彭城广场和淮海广场三大老城商业中心。坝山片区、城东新区两个组团级商业中心,快速联系徐州火车站和高铁徐州东站,联系客运西站、汽车总站和客运东站,加强城市轨道交通线网与城市对外客运枢纽的衔接,实现城市交通与区域交通的一体化。

2号线:为一条南北向骨干线路,长约35.3km,设站26座,包括轨道交通线路之间的换乘站9座。其中,大庙站与1号线、规划S1线换乘,并预留与S1线贯通运营条件。

线路北起九里区的新台子,沿华润路—中山北路—中山南路—建国东路—解放路—长安路—三环南路—昆仑大道—城东新区规划路,止于大庙站。

线路贯穿老城区南北发展轴,徐州新城区东西发展轴,覆盖城市北向放射客流走廊和东南放射客流走廊,为老城区和新城区提供快速联系,引导促进老城区北部地区、新城区和城东新区的发展，向东拓展城市空间。线路衔接彭城广场和新城区行政金融中心，串联客运北站、彭城广场、汽车南站、新城区行政中心等客流集散点。

3号线：为一条南北向的骨干线，线路全长约26.2km，设站22座，包括轨道交通线路之间的换乘站7座。

线路起自后蟠桃村，沿驮蓝山路、下淀路、大庆路至徐州站，在徐州站北咽喉下穿铁路折向复兴北路，在复兴南路与淮塔东路交叉口折向淮塔东路，在淮海战役烈士纪念塔广场转至解放南路，继续向南沿北京路，后沿黄山路折向铜山新城，止于银山车辆段。

线路贯穿城市发展轴，覆盖城市东北和西南放射客流走廊，联系金山桥片区、老城区、翟山片区和铜山新区，引导促进金山桥片区和铜山新区的发展，南北向拓展城市空间。线路衔接三大老城商业中心之一的淮海广场、铜山新区商贸中心以及金山桥片区中心和翟山片区中心，同时串联徐州火车站、汽车总站和铜山汽车客运站等客流集散点，强化轨道交通与城市对外客运枢纽的衔接换乘。

4号线：总体呈南北走向，全长约33.0km，设站25座，包括轨道交通线路之间的换乘站8座。其中，泰山路站与规划S3线换乘。

线路起自秦虹桥附近刘湾村站，沿三环东路—蟠桃山路—杨山路—长安大道向西，经大郭庄机场片区至翟山片区，经三环南路—大学路，止于高速环外台上村站。

线路联系金山桥片区、坝山片区、翟山片区、徐州市科技创新谷片区以及规划的大学城片区，强化沿线片区与大郭庄中央活力区的直达联系，促进大郭庄中心的形成以及下淀片区的更新和铜山新区的发展。线路串联大郭庄商业中心、金山桥片区中心、翟山片区、矿大新老校区等客流集散点。

5号线：全长30.7km，设站24座，包括轨道交通线路之间的换乘站9座。

线路起自九里山片区徐矿城站，沿平山路—平山南路—二环西路—湖北路—和平路—庆丰路到达大郭庄中央活力区中心，后经紫金路、新元大道，止于六堡水库地区。

线路衔接九里山片区、老城片区、坝山片区、中央活力区及新城区，强化老城、新城、大郭庄中心的直达联系，促进中央活力区发展。线路串联九里山片区中心、人民广场商圈、中央活力区中心、奥体中心等多个客流集散点。

6号线：呈反"L"型走向，全长29.6km，设站20座，包括轨道交通线路之间的换乘站7座。其中，新城区客运站与规划S2线换乘。

线路起自徐州市科技创新谷珠江路站，沿珠江路—彭祖路—黄河路至新城区，经惠民家园内部支路，汉风路—彭祖大道后向北串联徐州东站，止于徐州东站东广场。

线路联系科技创新谷片区、铜山新区、徐州新城区及高铁东站，串联高铁站、新城行政商务中心、铜山新区中心等大型客流集散点，强化了铜山区与新城区的直达联系，同时提高了高铁站对新城区和铜山区的可达性。

7号线：全长32.0km，设站25座，包括轨道交通线路之间的换乘站9座。其中，新庞庄站与规划S3线换乘。

线路起自西部新城北部片区，沿九里山西路—天齐北路—奔腾大道敷设，后下穿京沪铁路徐州北站货场，经徐钢路下穿山体至双拥路向东至徐州东站；沿京沪高铁向南进入新城区彭祖大道，后穿越京沪高铁向东，沿彭祖大道—城东商务区规划道路向东，止于路庄村站。

线路衔接九里山片区、老城北部片区、金山桥片区、高铁商务区及城东商务区，串联九里山中心、金山桥中心、徐州东站、规划会展中心以及城东商务中心等大型客流集散点。

S1线：全长27.6km，设站14座，包括与轨道普线的换乘站1座。线路起自1、2号线换乘站大庙，沿徐贾快速通道—贾柳线（303县道）—G206（泉城路）—泓福路，止于凤鸣海。S1线为贾汪组团与中心城区快速联系的线路，沿线串联潘安湖科教创新区、科教园区、青山泉镇、贾汪城区等多个组团，有利于带动贾汪城区快速融入中心城区。

S2线：全长31.9km，设站12座，包括与轨道普线的换乘站2座。线路起自6号线新城区客运站，沿G104至徐州观音国际机场，然后向南穿越G104立交，止于徐宿淮盐双沟站。S2线为机场与中心城区快速联系的线路，同时服务G104沿线潘塘、张集、贺楼、房村、李楼、双沟等居住组团，有利于机场客流快速进入市场中心，同时带动G104沿线组团发展。

S3线：全长35.2km，设站16座，包括与轨道普线的换乘站3座。线路起自4号线泰山路站，沿三环南路—杏山子大道—三环西路—S322敷设，止于黄集镇。S3线串联云龙湖风景区、中国矿业大学南湖校区、西部新城片区、拾屯片区、柳新镇、郑集镇及黄集镇等组团，与轨道4号线、1号线和7号线均可换乘，是郑集方向与中心城区的快速联系线路。

S4线：为预留线，1号线起点站汉王新城站预留萧县方向轨道快线接入的条件。

（2）近期建设规划

2013年2月，经国务院同意，国家发展改革委批准了徐州市城市轨道交通近期建设规划（2013~2020年）。至2020年，建成1、2、3号线一期工程，线路总长约67公里，其中地下线60.6公里（图6-49、表6-9）。目前，轨道交通1、2、3号线一期工程均已开工建设，预计将于2019—2020年陆续通车试运营。

1号线一期：西端起于杏子山站，沿老徐萧公路—西三环路—淮海西路—淮海东路—徐州火车

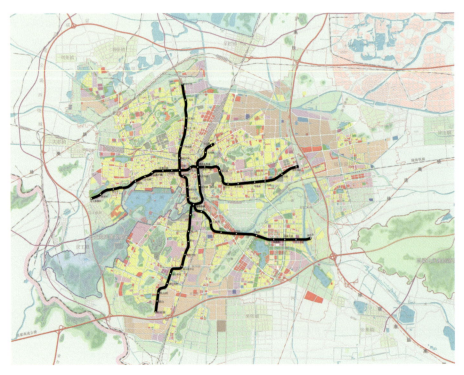

图6-49 徐州市城市轨道交通近期建设规划

徐州市城市轨道交通近期建设规划（2013—2020年）　　　　　表6-9

近期建设线路	起始点	长度（km）
1号线一期	杏山子 – 徐州东站	23.1
2号线一期	新台子河 – 新区东	26.6
3号线一期	下淀路 – 创业园	17.3

站—淮海东路延长段—东三环路—和平路—高铁徐州东站，途径西客运站、人民广场、彭城广场、徐州火车站、徐州民营工业园，止于高铁徐州东站，长度20.047km。全线共设17座车站，全部为地下车站。在徐萧公路南侧，龟山以西，花头山以北设杏山子车辆段；在京沪高速铁路以东、京福高速公路以西，徐连公路以北设高铁停车场；在韩山商业街站、一号路站附近分别设主变电站；在一号路站附近设控制中心。

2号线一期：线路起于新台子河，至京沪高铁西侧设新区东站终点，2号线一期工程线路全长约23.9km，均为地下线，设站19座地下站，其中换乘站5座。平均站间距1.30km。设新台子河停车场1处，新区东车辆段与综合基地1处。控制中心利用1号线一号路控制中心。预计2020年12月建成通车。沿线主要经过华润路、中山北路、彭城路、解放路、解放南路、梨园路、南三环、昆仑大道等。

3号线一期：一条南北向的辅助骨干线，快速串联了金山桥片区、老城区、翟山片区、铜山新区，涵盖了徐州中心城区"双心六片区"中的多个片区，衔接了铁路徐州站交通枢纽以及金山桥副中心、矿业大学、铜山行政中心等重要功能中心。徐州地铁3号线一期全长18.3公里，全线共设站16座，全部为地下站。其中徐州火车站站、和平路站、淮塔东路站、铜山副中心站等4座车站为换乘车站。

1号线将于2019年建成通车，2、3号线也将在2020年建成通车。

7 市政基础设施规划

基础设施是关系经济社会持续快速发展的重要保障条件。在新形势下，为实施基础设施的可持续发展，需要突出"共享、网络、适度、统筹、集约、和谐"，着重把握"统筹协调、集约利用、远近结合、主动引导、持续发展"的原则。

7.1 徐州市中心城区海绵城市专项规划

7.1.1 海绵城市特征

海绵城市是指通过加强城市规划建设管理，充分发挥建筑、道路和绿地、水系等生态系统对雨水的吸纳、蓄渗和缓释作用，有效控制雨水径流，实现自然积存、自然渗透、自然净化的城市发展方式。传统模式建设与海绵城市建设在相关方面对比见图7-1。海绵城市的建设途径主要有三方面，一是对城市原有生态系统的保护；二是生态恢复和修复；三是低影响开发（LID）。低影响开发指在场地开发过程中采用源头分散式措施维持场地开发前后的水文特征基本不变，有效缓解不透水面积增加造成的洪峰流量增加、径流系数增大、面源污染负荷加重的负面影响。

海绵城市建设理念中的"渗、滞、蓄、净、用、排"可为徐州市资源开采引发的地面塌陷、地下水超采及城市开发建设产生的水文循环破坏带来了新的解决方式和实施路径。海绵城市中"渗、滞、蓄"等低影响开发措施，可缓解徐州市面临的城市内涝问题；"净"等低影响开发措施可降低徐州市重要河流水域的水环境污染负荷，改善地表水环境状况；"用"可逐步提高城市非传统水资源的利用，降低对传统水资源的依赖程度，可一定程度缓解徐州市水资源短缺问题；"排"低影响开发措施可进一步降低城市内涝风险，为城市正常运行提供安全保障。

7.1.2 基本情况

徐州市地处苏、鲁、豫、皖四省交界，具有连接东西、沟通南北的区位优势，是淮海经济区的中心城市和全国重要的综合性交通枢纽。经过多年城市建设与发展，目前徐州正处于老工业基地全

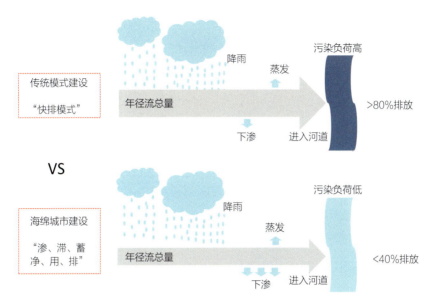

图7-1 传统模式建设与海绵城市建设在地表径流和面源污染控制方面对比

面振兴、资源枯竭型城市转型发展的重要战略期,是建设现代化区域中心城市、加快产业转型升级的重要发展机遇期。2013年12月,中央城镇化工作会议提出"建设自然积存、自然渗透、自然净化的海绵城市",强化水资源节约和城市生态环境保护。海绵城市建设理念为解决徐州市发展过程中面临的水资源短缺、地下水超采、采煤塌陷区、城市内涝、城市点源和面源污染负荷高和棚户区改造等问题提供了契合实际的解决方式和实施路径。

为贯彻和落实中央城镇化工作会议精神,徐州市基于自身城市发展特征、已有的海绵城市的理念和内涵相吻合的涉水、园林绿地和道路交通等专项规划,以及管理机制和投融资模式方面经验,启动了《徐州市中心城区海绵城市专项规划》的编制工作。规划整体性梳理徐州市海绵城市建设存在的问题,系统性地提出海绵城市建设总体目标与定位、分区分类标准及具体的实施路径,为建设环境优美的现代化区域中心城市和山水园林城市打下坚实基础。

作为统筹徐州市涉水系统、绿地系统和生态用地的系统性专项规划,本次规划的编制具有如下意义:

1. 统筹徐州中心城区海绵城市建设

将城市排水防涝、城市截污治污、建设地块的低影响开发、雨水资源综合利用等内容纳入到海绵城市建设当中,针对性地提出徐州市城市排水防涝安全、城市水污染控制、城市水资源利用三个方面的目标。

2. 因地制宜制定海绵城市建设实施途径

制定海绵城市规划管控机制,并将其纳入到徐州市城市规划编制与管理的各个阶段和各个层次,构建一套可操作的海绵城市规划管控体系。

3. 合理安排海绵城市建设时序

海绵城市涉及的城市排水防涝、城市截污治污、雨水资源综合利用是一个系统性工程,仅在城市局部区域打造"示范"和"样板"难以解决目前整个城市现实存在的问题;同时,缺乏系统性、统筹性的海绵城市建设规划指导,容易产生粗放的城市开发建设。因此,通过编制海绵城市建设专项规划，充分发挥城市规划引领作用，将"海绵城市"生态化理念统筹涉水及涉绿地系统规划，实现分片区分类别、系统性引导徐州市海绵城市开发建设。

7.1.3 主要内容

1．规划范围

考虑徐州市城市发展特征，本次规划分为研究范围和重点规划范围两个层次。其中研究范围为徐州市区，包括云龙区（徐州新城区）、鼓楼区、贾汪区、泉山区、铜山区，总面积约3037km^2。重点规划范围与徐州市城市总体规划中心城区的边界范围保持一致，即西至泉山区边界，东含庙山镇，南至连霍高速公路以南（含铜山城区）和云龙区边界，北抵云龙区和鼓楼区边界，总面积约573.19km^2，其中总规中2020年建设用地面积约316km^2。海绵城市专项规划研究范围和重点规划范围（见图7-2）。

2．规划目的

本规划旨在指导徐州市在城镇化建设过程中推广和应用海绵城市建设模式，加大城市径流雨水源头减排的刚性约束，优先利用自然排水系统，建设生态排水设施，充分发挥城市绿地、道路、水系等对雨水的吸纳、蓄渗和缓释作用，使城市开发建设后的水文特征接近开发前，有效缓解城市内涝、削减城市径流污染负荷、雨污水资源化利用、保护和改善城市生态环境，探索符合徐州市实际情况且具有推广示范意义的海绵城市建设模式，提出符合徐州市自然环境特征和城市发展实际的海绵城市建设框架，将徐州市打造成为全国海绵城市建设高标准、规划建设运营管理考核一体化的试点区域，为实现自然积存、自然渗透、自然净化功能的海绵城市提供重要保障，在江苏省城市建设生态化、智慧化、弹性化的海绵城市树立典型示范。

3．总体思路

依据海绵城市建设目标，针对现状问题，因地制宜地确定海绵城市建设的实施路径。老城区重

图7-2 徐州市中心城区海绵城市专项规划研究范围和重点规划范围

点解决城市内涝、黑臭水体治理等问题，合理确定海绵城市建设方式和规划指标，结合城镇棚户区和城乡危房改造、老旧小区有机更新等推进海绵城市建设；新建区应优先保护自然生态本底，合理控制开发强度，全面落实海绵城市建设要求。

结合徐州市海绵城市建设特点，按照"多层次、多技术、系统推进、全过程控制"的总体策略，进行海绵城市的建设。

（1）多层次

宏观层次：从整个大区域上，识别大的生态斑块、绿色廊道、水系廊道，从蓝绿网络着手，构建区内整体的海绵骨架，并协调绿地系统规划以及道路与场地竖向规划。

中观层次：在整体的海绵骨架系统研究的基础上，以海绵城市规划协调统筹涉水规划。在防洪排涝水安全方面，将水利排涝与城市排水标准相协调，耦合雨水工程专项规划与场地竖向规划；在水污染控制方面，通过海绵城市确定的水质目标，协调污水工程，面源污染控制，建立水质模型，确定削减污染物的量；在雨污水资源化利用方面，结合利用目标，落实具体措施，达到相关的要求。另外，结合管控单元，对地块进行海绵城市建设指标分解，通过年径流总量控制率的强制性指标，得到下凹式绿地率、透水铺装率以及绿色屋顶率等指引性指标。

微观层次：结合控制性详细规划，细化地块内低影响开发海绵设施的布局，加大城市径流雨水的源头污染控制，建设海绵小区、海绵广场与道路、海绵型公园等，充分发挥城市绿地、道路、水系等对雨水的吸纳、蓄渗和滞纳作用，进一步优化整体的海绵系统，形成多层次海绵城市建设思路（见图7-3）。

《徐州市中心城区海绵城市专项规划》侧重于宏观与中观层次的海绵城市构建，《示范区海绵城市专项规划》则偏重于第三层次，即微观层次海绵城市实现。

（2）多技术

海绵城市建设涉及面广，为提高规划的科学性、前瞻性和可实施性，就要使用先进的技术和方法，主要体现在：

1）水生态方面，结合城市大面积水系以及绿地空间系统的预留，引风入城，减少城市热岛效应。规划基于遥感解译模拟城市通风，验证水系空间和绿地空间预留对改善对风环境的影响，从而对控规用地进行模拟校核和优化。

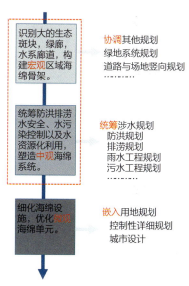

图7-3 多层次的海绵城市建设思路

2）水安全方面，从流域的视角，提出区域的防洪排涝体系建设方案。通过水文分析，确定规划区各条水系的洪水水位，并协调城市竖向规划，为后续城市建设打下坚实的基础。规划运用MIKE urban、MIKE11以及MIKE21模拟城市排涝，提出城市竖向、水利排涝、市政排水为一体的研究思路，从而构建合理的城市防洪排涝体系。

3）水环境方面，通过点源及面源污染的双重控制提升城市的水环境质量。在点源污染方面，通过MIKE11模拟污水处理厂尾水对于河道水质的影响；在面源污染方面，规划通过多级海绵系统串联，保障规划区内水环境，多级海绵系统主要指河口湿地系统、河道湿地系统、雨水管网末端系统以及地块低影响开发系统，以MIKE11模拟河道水质，SWMM模拟对各个小汇水分区的源头面源污染以及采取LID措施后产生的面源污染进行模拟，量化评价城市开发中运用低冲击开发技术的影响和作用，从而实现水生态系统的良性循环。

4）水资源方面，通过SWAT对流域产水量进行分析，并结合面源污染的水质分析，确定规划区的水资源利用方案。对于各个地块，提出雨水资源化利用比例，为下一步的详细设计提供依据。

地块的指标分解，是海绵城市建设以及规划管控中的重要抓手，结合不同的城市用地特点，根据不同的建筑密度、绿地率等，合理确定各个片区的低影响开发设施的组合和占比，因地制宜，选择合适的方式进行串联组织。

4. 自然空间格局保护

（1）生态安全格局构建

基于位于区域生态安全，结合徐州市辖区农林用地等自然生态基底，从海绵城市建设理论保障城市水安全和水生态环境角度出发，构建"一环五楔三廊多点"的生态安全格局（见图7-4）。

（2）水体空间保护

规划对区域现状水系空间进行梳理，保护水系廊道，形成"三水穿城、五湖联动、多点镶嵌"的水系空间结构（见图7-5）。

（3）绿色空间保护

保护对象主要包括农林用地生态基质、重要的生态斑块及饮用水水源地保护区三大类。

生态基质：是指徐州市辖区城镇建设区周围分布的大量的农林用地，主要包括有永久基本农田、基本农田、一般农田等农用地。它们是市辖区面积最大的一类天然海绵体，在市辖区发挥着"渗滞蓄净"等海绵城市功能。

重要生态斑块：徐州市辖区的自然保护区、风景名胜区、森林公园、重要湿地、生态公益林、煤矿塌陷地湿地公园等十余处大型的绿色生态斑块共同纳入市辖区重点绿色空间保护中，形成具有发挥生态环境、景观、游憩和防灾等生态服务功能的大型生态斑块和公共开敞空间系统，能充分发挥"渗滞蓄净"等海绵城市功能的天然海绵体，同时能有效改善区域的生态环境。

（4）城市建设用地开发要求

为了维护徐州市辖区的生态安全格局，保护水体空间和绿色空间，合理划定了城市开发边界，并提出了禁建区、限建区的用地管控要求，有效防止城镇建设空间无序蔓延。

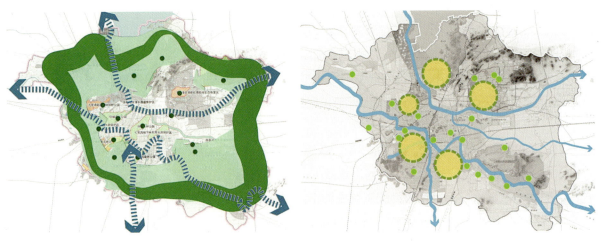

图7-4　市辖区生态安全格局图　　　　图7-5　区域水系空间结构图

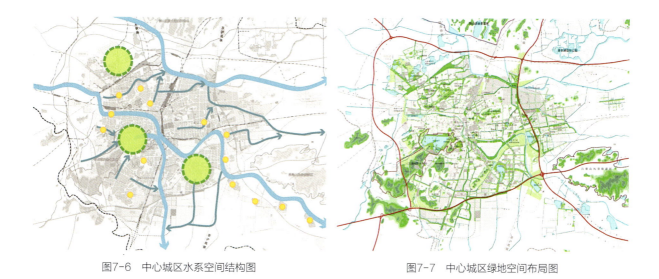

图7-6 中心城区水系空间结构图　　　　图7-7 中心城区绿地空间布局图

5. 中心城区公共空间海绵布局

（1）中心城区水系空间布局

规划对中心城区现状水系空间进行梳理，结合规划用地方案，形成"三水绕城、三核联动、多点镶嵌、多廊串珠"的水系空间结构（见图7-6）。

（2）中心城区绿地空间布局

基于徐州市城市绿地系统规划，提出了形成"绿带穿城、绿楔入城、绿环圈城、绿廊网城"的绿地布局，创造"山水相拥、人文荟萃"的自然山水城市和历史文化名城的绿地风貌特色，形成从"历史文化名城"到"国家园林城市"再到"国家生态园林城市"的持续发展模式（见图7-7）。

图7-8 中心城区蓝绿生态网络格局图

（3）中心城区生态安全格局

在市辖区生态安全格局的基础上，考虑中心城区蓝绿网络生态要素基底，从海绵城市建设理论保障水安全和水生态环境角度出发，构建"一核多廊多心"的蓝绿生态网络格局（见图7-8）。

7.2　徐州市示范区海绵城市详细规划

7.2.1　基本情况

城西片区是徐州市西部门户，面积约9.9km^2，定位为"生态导向下的零散居住工业群落向生态新城转型的海绵城市试点区域"。示范区域内现存有采煤地面塌陷带、城市内涝高风险区以及大量的棚户区改造项目，对低影响开发建设带动区域生态保护与修复、环境改善有着非常迫切的需求。

城西片区海绵城市试点建设，将有效解决区内城市内涝问题和水生态环境质量，显著提升生活空间品质，为老工业基地和资源枯竭型城市转型发展、采煤塌陷区生态修复、生态水文循环重构以及海绵城市建设与棚户区改造相融合提供实践和示范。

7.2.2 总体目标与技术路线

1. 总体目标

将海绵城市建设理念贯穿城市规划、建设与管理的全过程，在最大限度保留和保护原有生态敏感区域的基础上，依托水网，蓝绿结合，嵌入生态性的措施，全面提升示范区的水生态、水安全、水环境、水资源水平，并对城市进行有机串联，构建"水、林、田、湖、城"于一体的生态、特色、活力、共生的海绵空间，实现城市与自然的互融。

2. 技术路线

示范区规划的技术路线详见图7-9。

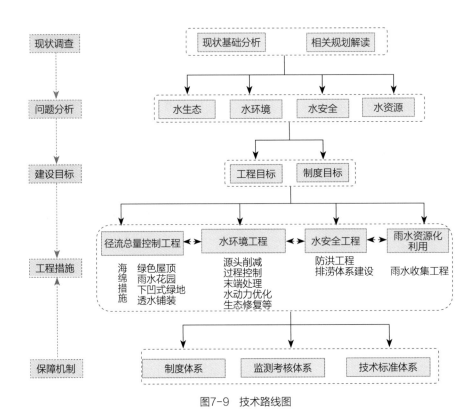

图7-9 技术路线图

7.2.3 主要内容

1. 规划范围

海绵城市建设示范区域位于徐州市中心城区西部。东至三环西路、西至经四路（纵五路），北抵大彭路（徐商路），南抵王长山山脊线，面积约9.9km²（见图7-10）。

2. 规划内容

（1）弹性海绵

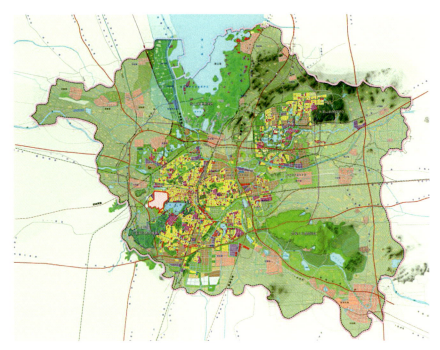

图7-10 示范区区位图

1）生态廊道构建

借助徐州市中心城区主导风向及局地环流特征（城市热岛环流），充分利用现有冷源，打造东西向的自然通风的生态廊道体系，着力构建大彭路、淮海西路延长段及纬一路—徐萧公路—淮海西路生态通风廊道，缓解城市热岛效应（见图7-11）。

2）年径流总量控制率

根据《海绵城市建设技术指南》提供的计算方法，结合现状用地和规划情况，经多轮调整修正，将年径流总量控制目标分配到地块。

现状已建、在建地块年径流总量控制率达到70%左右，规划建设地块达到85%左右。

相应指标可以作为地块海绵城市建设的管控依据。其中，刚性指标为年径流总量控制率，下凹

 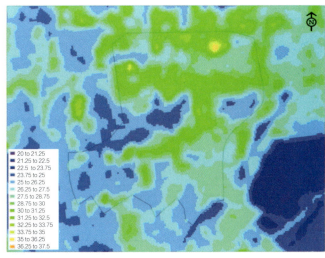

图7-11 示范区通风廊道构建示意图

式绿地率、透水铺装率和绿色屋顶率为指引性指标（见图7-12）。

（2）弹性海绵

1）水安全保障规划

雨水管网、场地竖向与水系洪水位是一个动态的调整过程。通过调整场地竖向与雨水管网，使得地面积水深度变小，积水时间缩短，从而寻求三者之间的最优解。设计过程见图7-13。

2）水质保障规划

①点源污染

故黄河按Ⅳ类水标准控制，丁楼净水厂保持现有工艺，西区污水处理厂尾水在达到一级A后排入故黄河，在三环西路桥断面处水质（TN）也会超过地表水四类。因此，西区污水处理厂尾水需进一步处理至地表水Ⅳ类后，方可排入故黄河。

②面源污染

若云龙湖按照地表水Ⅲ类标准，按现状水质进行推演，仍有部分环境容量，随着城市建设用地的增多，预测在传统开发模式下，水环境无法满足功能区划要求，需通过海绵城市建设，达到水污染控制的目的。云龙湖流域TN削减分析见图7-14。

规划新增用地主要集中在玉带河流域、王窑河流域，这两个流域以三级海绵系统（主河道湿地+

图7-12 汇水区内各地块年径流总量控制率分布图

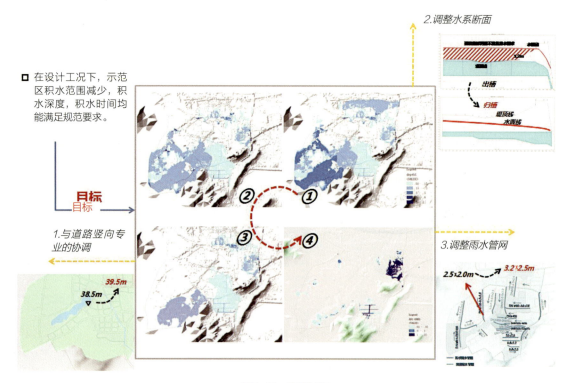

图7-13 设计过程

7 | 市政基础设施规划

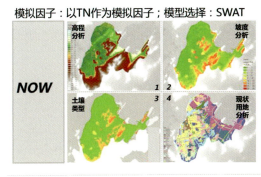

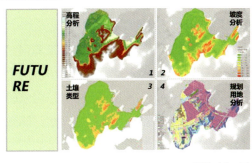

图7-14 云龙湖流域TN削减分析图

支流入口湿地+管网末端湿地），削减面源污染（见图7-15）。

军民河流域以及金山大沟流域主要为现状用地，其按照海绵城市改造的难度较大，主要通过在河口设置湿地的方式进行污染物的削减。

（3）活力海绵

1）雨水资源化

根据城市供水量预测，规划区内平均日用水量约为2.5万t/d，年用水量912.5万t，若替代比例按照5%，则雨水资源化的水量约45.6万t/年。泉润湿地、桃花源湿地预留0.5m的调蓄空间。结合截水渠，新建7处调蓄池，用于收集卧牛山、小长山以及磨山的雨水（见图7-16）。

图7-15 三级湿地海绵系统削减示意图　　　　　图7-16 雨水资源化利用

2）污水资源化利用

西区污水处理厂尾水进一步处理，以去除总氮为主，减小故黄河的污染负荷。在桃花源湿地中预留6hm²用地，建设强化型垂直湿地。

7.3 徐州市中心城区供水专项规划

7.3.1 基本情况

徐州市区现状城市供水由地下水源及地表水源两部分组成，地下水源占总供水量近60%，地表水源占40%。使用地表水作为水源的仅有刘湾水厂，以微山湖小沿河为主要水源地，主要向中心城区供水，小沿河水源地取水规模为40万m³/d。刘湾水厂现有顺堤河及京杭大运河—不牢河两个备用水源地。目前徐州市区大部分仍然使用地下水作为水源，中心城区除部分使用刘湾水厂供水外，其他地区如铜山、经济开发区均使用地下水。鉴于地下水面临污染和超采的风险，地下水厂除部分常规供水外，大部分将逐步改造成应急或备用水厂。同时，地下水源将通过保护、修复等措施恢复地下水的水量、水质。

截至目前，市区形成"地表水源为主，地下水源作为应急补充，积极利用再生水"的供水水源结构及"双水源、多路径联网"的供水安全格局。沿市区主要道路布置输水主干管，形成环状加放射线的管网布局。通过不同水厂间输水干管连通，实现各水厂联网对置供水、互连互备的安全供水格局。

7.3.2 规划目标及构思

1. 规划目标

总体上，城乡区域供水实现全覆盖，水源水质及供水水质稳定达标，城乡供水安全得到有效保障，供水行业集约化发展水平显著提高，以水资源的可持续利用支撑社会经济的可持续发展，具体包括：（1）饮用水源水量保证率不低于97%、水质保持《地表水环境质量标准》GB 3838—2002中Ⅲ类及以上标准；（2）市区实现区域供水城乡全覆盖；（3）出厂水质及管网水质全面达到《生活饮用水卫生标准》GB 5749—2006中规定的106项水质指标的水质要求，合格率≥99%；（4）中心城区供水水压不低于0.20MPa，管网末梢服务压力不低于0.16MPa；乡镇供水水压不低于0.16MPa；农村供水水压不低于0.12MPa；对于局部地势较高区域、高层建筑密集区域采用局部加压来解决。管网服务压力合格率大于98%；（5）健全应急供水设施，遭遇突发性水污染事故时，应急供水量不低于正常供水量的30%。管网环状供水，最不利管段发生事故时，管网供水流量不低于最高日最高时流量的70%；（6）工业用水重复利用率不低于90%，管网漏损率不高于12%，污水资源化利用水平不低于20%。

2. 规划构思

坚持科学规划，远近结合，因地制宜，城乡统筹，充分利用现有供水设施，进一步优化水源配置、强化水源（地）保护、推进城乡统筹区域供水、健全制水设施、改进制水工艺、完善供水管网、增强节水管理、加强行业监管，逐步构建徐州市"水源达标、备用水源、深度处理、严密检测、预警应急"的城乡饮用水安全体系，保障城乡居民生活饮用水安全，实现城乡经济社会可持续发展。城市供水流程见图7-17。

7.3.3 主要内容

1. 用水量预测

根据对徐州市中心城区、贾汪城区、外围城镇及农村的用水量预测，2020年徐州市区最高日用水量为131万m³/d，其中公共供水的水量为106万m³/d，火电用水量（自备地表水）为25万m³/d。见表7-1。

2. 水源规划

（1）总体布局

统筹徐州市区及周边城市水源，规划徐州市区形成"地表水源为主，地下水源作为应急补充，积极利用再生水"的供水水源结构，及"双水源、多路径联网"的供水安全格局为目标，加快城市区域水厂，尤其是地面水厂的建设进程，大力推进城乡统筹区域供水实施进程。

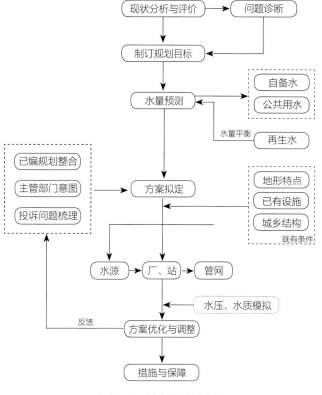

图7-17 城市供水流程图

地表水以微山湖、骆马湖为水源，形成双水源供水格局，京杭大运河—不牢河和顺堤河作为备用水源地。地下水除部分作为常规供水外，其余采用"永久封填"或"封存备用"的方式进行保护，"封存备用"的地下水作为应急水源。积极利用再生水，主要用于工业及市政杂用，作为常规供水水源的补充。

（2）第二地面水源及第二地面水厂规划

第二水源地即骆马湖水源地及第二地面水厂的建设对保障徐州城市供水需求，推进区域供水，提高供水安全可靠性，提高人民生活水平具有重要意义。骆马湖是我国第七大淡水湖，是南水北调的重要调蓄性湖泊，水体水质综合类别为Ⅱ~Ⅲ，是徐州市境内和周边最安全、最可靠的战略地面水源地。具体布局：取水口设置在新沂市窑湾镇二弯村骆马湖大堤以东2.5km左右，输水管线自取水口经窑湾东、窑湾北至中运河，穿越中运河进入邳州境内，经新河镇、八路镇、占城镇、土

徐州市区最高日用水量预测表	表7-1
地　区	预测水量（万m³/d）
中心城区	83
外围城镇	19.18
农村	3.78
火电（自备地表水）	25
总计	130.96

图7-18　骆马湖水源地及原水管线位置示意图

山镇、八义集镇进入铜山区单集镇，而后进入开发区徐庄镇，在徐庄镇毛庄村建设第二地面水厂。见图7-18。

3. 水源地保护

水源地保护的主要目标为地表水水源地和地下水水源地，地表水水源地主要包括微山湖小沿河水源地、骆马湖水源地、京杭大运河不牢河水源地、微山湖顺堤河水源地；地下水水源地包括汉王地下水水源地、丁楼地下水水源地、茅村地下水水源地、经济技术开发区地下水水源地、汴塘地下水水源地、七里沟地下水水源地、贾汪地下水水源地、张集地下水水源地。

4. 水厂规划

结合用水量需求预测以及徐州市现状供水格局，规划徐州市区水厂布局方案为：2020年徐州市区供水总规模为106万m^3/d，规划保留刘湾水厂，规模为40万m^3/d；扩建毛庄水厂（二水厂）至40万m^3/d；新建郑集水厂，规模20万m^3/d；保留汉王地下水厂，规模为3万m^3/d；保留张集地下水厂，规模为3万m^3/d。中心城区供水设施布局详见图7-19。

5. 管网规划

规划徐州市区加快实施城乡统筹区域供水，由城市区域水厂集中供水，并以城市供水系统为基础，将供水管网向乡镇和农村延伸，撤并水源条件差、供水不安全的乡镇、农村小水厂，实现乡镇、农村供水与城市同源、同网、同质、同服务，从根本上解决城乡居民饮用水安全问题。

沿市区主要道路或河流布置输水主干管，形成环状加放射线的管网布局。通过不同水厂间输水干管连通，实现各水厂联网对置供水、互连互备的安全供水格局，较偏远的乡镇可采用枝状布置。中心城区供水管网规划详见图7-20。

6. 节水规划

由于徐州市本地水资源贫乏，城市用水主要依靠跨流域调水，成本较高，应积极采取措施节约用水，减少水资源的消耗。

工业用水是节约用水的重点，主要应通过生产方式和生产工艺节水：提高企业生产用水系统的用水效率，提高水的重复利用率；实行清洁生产战略，采用节水生产工艺，合理进行工业布局，以减少工业生产对水的需求，提高水的利用效率。

运用经济杠杆节约用水建立合理的价格体制，包括水费类别、标准及收费办法等。将用水同居民的直接经济利益有机地结合起来，提高居民节约用水的意识。

7 | 市政基础设施规划

图7-19　中心城区供水设施布局图

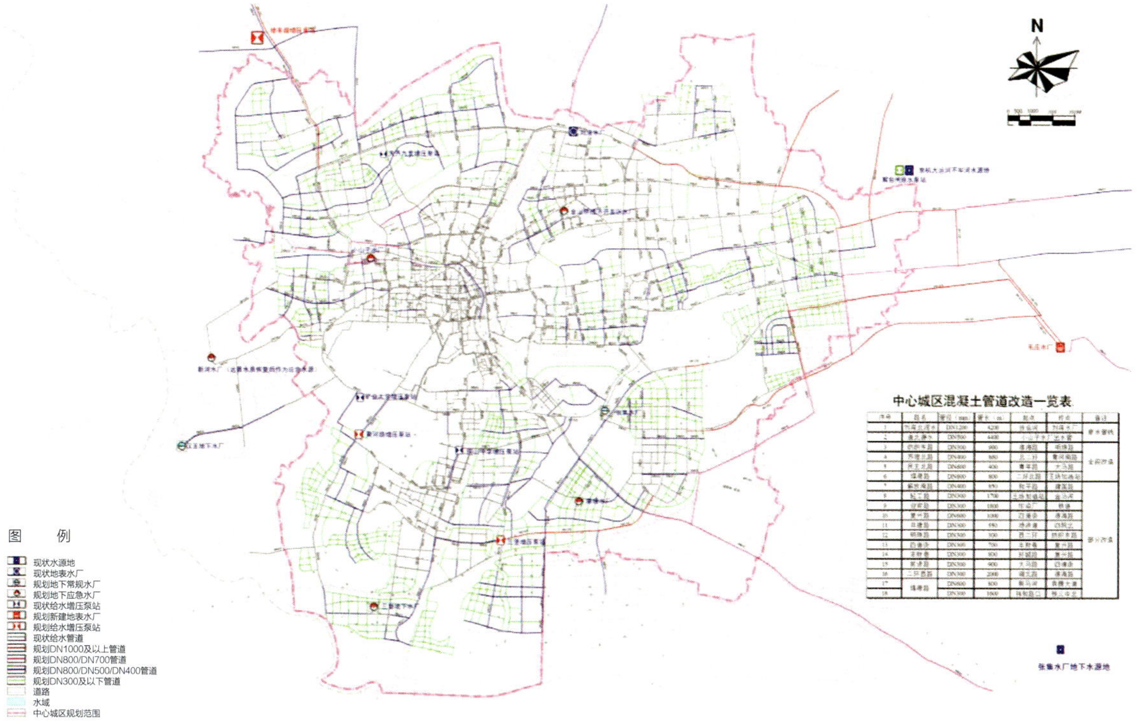

图7-20　中心城区供水管网规划图

7.4 徐州市中心城区排水（雨水）防涝综合规划

近年来，全国很多城市频繁遭遇暴雨袭击，引发严重内涝，致使城市运行出现严重瘫痪，城市的水安全成为困扰许多城市投资发展的重要问题。为了有效解决水的问题，党中央、国务院高度重视，2013年3月，国务院办公厅下发文件，要求各城市结合当地实际、抓紧编制城市排水（雨水）防涝综合规划。根据城市排水（雨水）防涝综合规划编制大纲的新要求，徐州市组织编制了城市排水防涝规划。

7.4.1 基本情况

徐州市区水系复杂，"一城三域"。故黄河横贯市区东西，并形成自然分水岭，以其为界，市区分属三个水系：故黄河以南属淮河流域、奎濉河水系，以北属沂沭泗水系，故黄河自成水系。排涝按照外排河道划分为奎河、故黄河、京杭运河、房亭河4个排水区。

新中国成立以来，徐州市共经历了四次日降雨量超过200mm的大暴雨和一次短历时强度较大降雨过程，给城市企业生产、商业经营、居民生活带来较大影响。强降雨暴露了徐州市区排涝新问题：城区河道排水标准低，城市低洼地涝水无法及时排除。市区配套管（沟）网、涵闸、泵站及管理调度设施还存在较多问题，突出表现在老城区管网配套老化失修、工程标准低，新建城区管网配套滞后，管护力量和信息化水平与城市发展不匹配。

根据2013年城市排水（雨水）防涝编制大纲、2014年修订的室外排水设计规范，徐州市河道的排涝标准应由原来的二十年一遇提高到三十年一遇。同时随着徐州城市总体规划的修订，城市范围进一步扩大，新增区既有域防洪排涝体系不能适应城市的发展要求。城市发展占用土地面积增大，更出现侵占水面的现象，从而降低市区调蓄雨水能力，影响市区排水出路，加重城市内涝情况。

基于上述考虑，编制徐州市城市排水（雨水）防涝综合规划，借此解决城市局部极端暴雨在短时间内超过雨水管网设计排除能力，但没有超过城市防洪体系最大负载时的雨水排除问题。

7.4.2 主要内容

1．规划目标

（1）发生城市雨水管网设计标准的降雨时，地面不应有明显积水。（2）发生城市内涝防治标准以内的降雨时，城市不能出现内涝灾害。（3）逐步改善城市内涝现象，发生城市内涝防治标准以内的降雨时，保证排水工程体系运行正常，城市不出现内涝灾害；发生超过城市内涝防治标准的降雨时，城市反应迅速、应对及时、措施得当、有效控制超标雨水带来的不利影响，降低城市社会经济受灾风险。（4）逐步完善排水体系，按雨污分流制逐步健全排水管网系统。（5）初步构建海绵城市排水框架，初步实现雨水的滞、蓄、渗、排、净、用等多途径综合治理要求，逐步实现年径流总量70%的控制要求。（6）全面治理、截留城市初期雨水，保证市区内河道水质功能要求，城市水体水质明显得到改善。

2．规划思路

秉承"适度超前，系统协调、重点突出、远近兼顾"的原则，通过现状资料的收集与解读，相关规划建设与管理部门的走访，详尽的现场踏勘调查，充分借鉴国内外编制城市排水（雨水）防涝

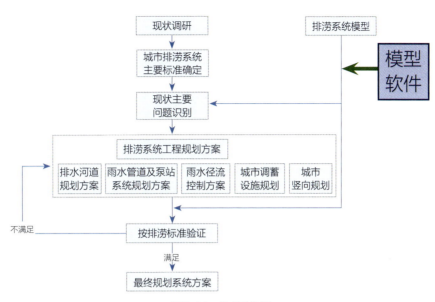

图7-21 技术路线图

综合规划的经验，运用数学模型，对徐州市现状排水防涝能力与内涝风险做出评估，找出问题。按照最新的排涝标准，提出解决方案，并导入模型验算，确保规划成果更具科学性、指导性。技术路线见图7-21。

3．城市排水防涝能力与内涝风险评估

（1）模型评估流程见图7-22。

（2）降雨规律与下垫面分析

1）降雨规律分析

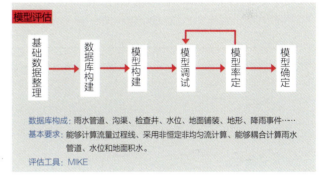

图7-22 模型评估流程图

研究徐州市降雨变化规律（降雨机理、雨型、峰值、时空分布、城市化影响），分析徐州市长历时和短历时降雨过程线。徐州市新旧暴雨强度公式对比见图7-23。

2）下垫面分析

下垫面的情况（地表类型、土壤性质、地形地貌、植被覆盖率、水体分布等因素）对降雨的渗透、调蓄、净化等方面有直接联系，其很大程度上影响到径流产生的时间、径流排放量、径流水质情况等特征参数，对城市排水系统有直接关系。下垫面的概念涵盖较多属性，对城市降雨径流影响较大的有土壤类型、地形地貌等因素，其中地形地貌的主要表征指标为地面高程、坡度坡向。

3）现状排水系统能力评估

由于徐州市下垫面、降雨强度和汇水区的变化，一些管网已经不能达到原有标准。在现状普查和数字化风险评估的基础上，对徐州市现有雨水排水管网、雨水调蓄、泵站等设施进行排水能力评估与校核。现状管网排水系统能力评估结果及现状积水分析结果可作为管网改造的主要依据，详见图7-24、图7-25。

4）内涝风险评估与区划

内涝灾害风险评估采用多个指标叠加法。

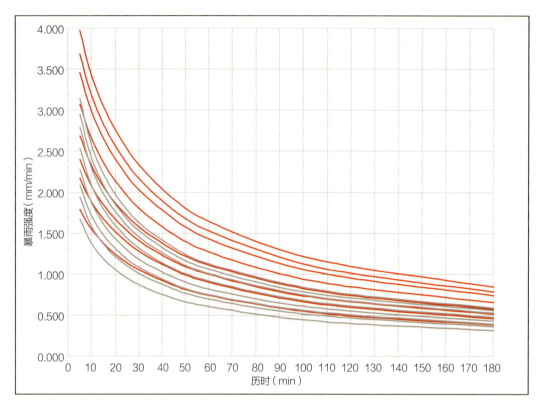

图7-23 徐州市新旧暴雨强度公式对比图

图7-24 现状管网排水系统能力评估图　　　　图7-25 现状积水分析图

由于内涝风险评估缺乏统一的权威，本次规划采用多指标叠加法，选取对内涝灾害风险评估影响较大和空间分布有关的5个因子，作为风险评估的主要因子，并参照其他项目经验，确定各因子的权重。见图7-26、图7-27。

4．排水分区

根据徐州市地形地貌、城区水系情况、排水容泄区的特点以及排水的受顶托情况、徐州市城市总体规划布局、排水骨干河道分布、竖向规划、道路布局、道路坡向等，将市区雨水排除分为五个排水区及39个排水片区。见图7-28。

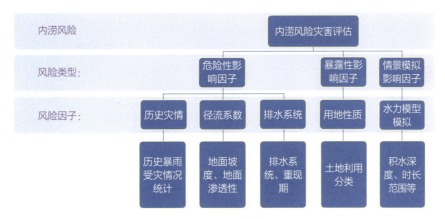

图7-26 风险评估流程图

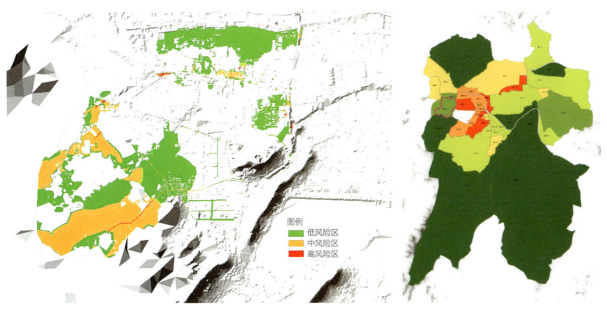

图7-27 风险评估图　　　　　　　　　图7-28 排水分区图

5. 系统方案

（1）源头控制：运用低影响开发措施，从源头控制径流量和径流污染，从总体层面对区域控规提出相应指标。

通过MIKE21模拟水动力，优化水系岸线形态；耦合SWMM与MIKE21，确定污水厂尾水的排放方案及合流制管网的改造方案；通过SWAT模拟流域面源污染，寻找污染负荷与城市规模间的响应关系，提出城市发展规模指引。见图7-29。

（2）提标改造：按规划标准新建管网、修缮泵站、拓浚内河水系。见图7-30。

（3）排涝规划：确定城区河道合理排涝水位，减少水位顶托对城市雨水排放的影响，增加排水管网及排水设施的排水能力与调蓄能力。见图7-31。

（4）高水高排：完善山区排洪系统，使山区洪水通过排洪系统直接入河。

（5）因地制宜：采用调整地块标高、增设小型水系、调整管网布局、增设调蓄设施、利用现有池塘、道路进行临时调蓄等多种手段解决内涝。

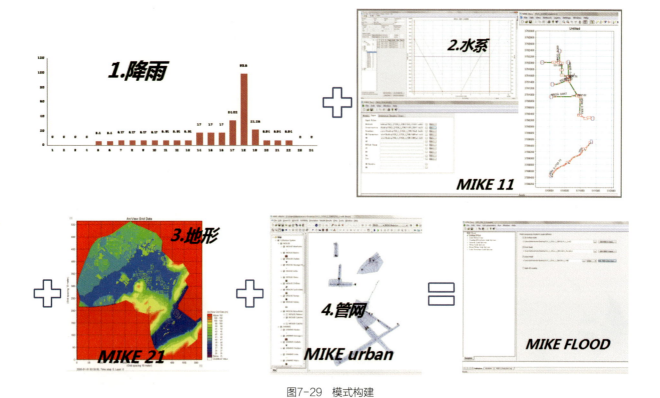

图7-29 模式构建

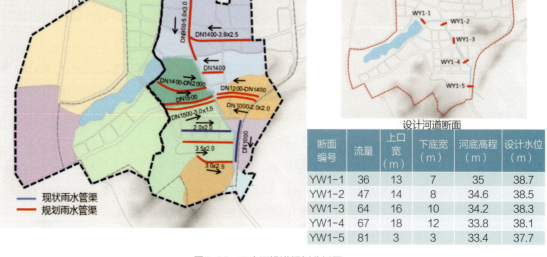

图7-30 王窑河排涝规划分析图

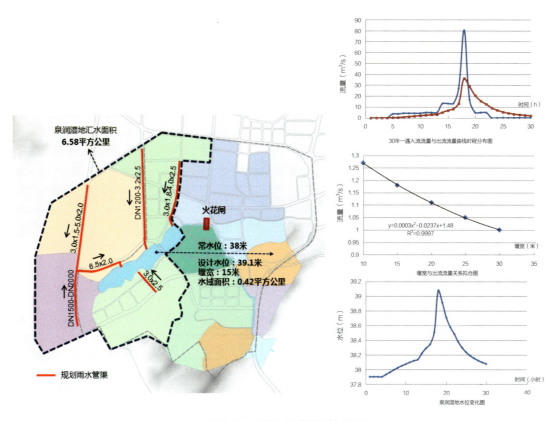

图7-31　泉润湿地排涝规划分析图

运用SWMM模拟雨水管网，MIKE11构建一维河道模型，MIKE21构建二维湖泊模型，通过MIKEFLOOD平台进行耦合，并确定泵站规模与场地竖向的关系。

6．规划衔接

做好与城市竖向规划、城市综合防灾规划、城市绿地系统规划、城市道路系统规划、城市避难场所规划等规划的协调，提出对相关规划的调整意见。同时注重与城市防洪规划的衔接，充分考虑城市防洪的水位、流量、淹没过程等对规划的影响。

将公共开发空间、道路、景观要素、建筑设计与雨水系统相结合，按建筑—场地—道路—公共开发空间4个连续层次进行规划设计。

对徐州市建成区，结合旧城改造，提出近期可实施的城市排水防涝方案。对规划未建区，结合风险评估的结果，优先提出内涝高风险地区的用地性质调整和场地竖向调整建议，从源头降低徐州市内涝风险。

与排水防涝相关的指标：建筑容积率、径流系数、绿地率、透水性地面比例等，作为控制性详细规划的指标，与控制性详细规划进行充分衔接。

规划在编制过程中充分与总体城市设计、生态环保专项、供水专项进行互动，水系专项为总体城市设计提供常水位、设计洪水位、设计河道线、水系蓝线；与生态环保专项协调污水处理系统、尾水排放方案等方面内容；与供水专项协调再生水系统等方面内容。

7.5 徐州市主城区污水处理规划

7.5.1 基本情况

徐州市主城区共有10座主要污水处理厂，其中老城区内6座，铜山区内2座，经济开发区内2座，总污水处理能力为59万t/d。见表7-2。

徐州市主城区污水处理厂一览表　　　　　　表7-2

序号	项目	规模（万t/d）	出水水质标准
1	奎河污水处理厂	16.5	一级B
2	荆马河污水处理厂一期	10	一级B
	荆马河污水处理厂二期	5	一级A
3	三八河污水处理厂一期	3	一级B
	三八河污水处理厂二期	4	一级A
4	经济开发区污水处理厂	4.5	一级B
5	新城区污水处理厂一期	2.5	一级A
6	西区污水处理厂一期	2	一级A
7	龙亭污水处理厂一期	4.5	一级A
8	大庙污水处理厂一期	3	一级A
9	丁万河污水处理厂一期	2	一级A
10	铜山新城污水处理厂	2	一级A

规划区内大部分建成区已建成健全的污水收集系统。老城区主要以截流式合流制排水系统为主，新建地区主要为雨污分流制排水系统。

随着徐州市污水处理厂建设进程的加快，再生水回用不仅能够使水资源得到充分利用，而且能够避免尾水排入河流造成污染。徐州市现状再生水处理总规模为17.5万t/d，只有荆马河污水处理厂有3万t/d的再生水进行了回用，其他污水处理厂除少量供污水处理厂自用外，其余都排入河道，造成了水资源的浪费。

现状污水处理厂尾水排放的接纳水体有故黄河水体、奎河水体。接纳通道为徐州市尾水导流通道，导流通道的尾水除沿途使用外，其余尾水入黄海。

7.5.2 规划构思

城市污水系统规划与城市排水（雨水）防涝综合规划应统一考虑，规划根据城市水域及接纳水体功能区的要求和水环境容量，体现排渍、减污、分流、净化、再用功能的协调发展，综合考虑城市结构布局、经济发展、地理地质环境、水质目标、污水治理目标、污水产生量、需水用水排水平衡等因素，结合控制水质和区域水污染防治建设规划（尾水导流规划、水系生态恢复综合整治规划等），合理确定雨污水收集输送、污水净化和综合利用设施的设置。尤其对于污水处理厂，应合理布局，确定建设规模、处理程度和工艺流程，并根据分汇水区、按系统分期配套建设。

为使污水系统规划更具科学性、指导性，规划编制中运用数学模型进行验算，确定污水处理厂尾水的排放方案及合流制管网的改造方案。通过SWAT模拟流域面源污染，寻找污染负荷与城市规模间的响应关系，提出城市发展规模指引。

7.5.3 主要内容

1. 规划目标

到规划期末（2020年），徐州市水环境质量得到阶段性改善，污染严重水体较大幅度减少；远景展望至2030年，力争水环境质量总体改善，水生态系统功能初步恢复；到21世纪中叶，生态环境质量全面改善，生态系统实现良性循环。

分项规划目标：

（1）污水处理率：近期90%，远期95%；

（2）城市尾水再生水利用率：近期达到25%，远期达到30%；

（3）污水处理厂负荷率：近期不低于75%，远期不低于85%；

（4）污泥处置率：100%；

（5）污水处理厂尾水在2017年底前全面达到《城镇污水处理厂污染物排放标准》GB 18918—2002一级A排放标准；

（6）全面加强配套污水管网建设，强化城中村、老旧城区和城乡接合部污水截流、收集；到2020年，徐州市建成区基本实现污水全收集、全处理。规划推进初期雨水收集、处理和资源化利用；

（7）针对市区内以及市区周边黑臭河道治理，沿河道设置污水截流管，将污水收集后送入污水处理厂集中处理。

2. 污水处理厂布局

根据徐州市区的特点，结合徐州市以往的规划和污水处理设施现状情况，选择设置多个排水系统和相应的污水处理设施。结合污水排水现状，合理预测污水量。依据管网评估的结果，提出合流制管网的改造方案，逐步完善其配套排水管网。配合南水北调治污工程，确定污水厂尾水的排放方案如下：故黄河以北的尾水纳入尾水导流系统；故黄河以南的尾水经深度处理后全部再生回用。

目前徐州市主城区现状污水厂数量相对过多，污水厂布置较分散，不利于管理，而且污水厂分散导致造价高，污水厂运行能耗大，成本高。三八河污水厂和大庙污水厂都有建设用地，规划将大郭庄片区污水纳入三八河污水厂进行处理，将东贺片区污水纳入大庙污水厂进行处理，尽量减少污水处理厂数量，集中布置。运河北污水处理厂已建规模0.2万t/d，至2020年规模为0.4万t/d，远景规模1万t/d，远景保留该污水处理厂。

徐州市主城区2020年污水处理规模84.5万t/d，污水处理厂11座；远景（2030年）污水处理规模115.5万t/d，主城区不再新增污水处理厂，并将铜山新城水处理厂归并到龙亭污水处理厂，污水处理厂由11座归并为10座。主城区污水处理规划见图7-32。

3. 污水收集系统规划

根据污水处理厂服务范围内地形和现状管网，合理布置污水管网，确保污水能够顺利接入各片区污水处理厂。奎河污水收集地区主要为徐州老城区，主要采用截流式雨污合流制，近几年新建地区（小区和新建道路）采用雨污分流制。三八河污水收集区主要为坝山片区，该片区主要采用截流式雨污合流制，新建区域基本实现雨污分流制。西区、丁万河污水收集区现有污水管在已建区域存在截流式合流制，新建区域采取雨污分流制。新城区、大庙、龙亭、经济开发区收集系统主要采用雨污分流制。铜山新区污水收集系统，新建区排水系统为雨污分流制，尚有不少未改造地区，排水体制为雨污合流制。荆马河污水收集区主干管主要为截流式污水管，污水支管采用分流制。目前合流制排水区域均实施截流式污水管网。老城区结合道路建设及改造逐步实施雨污分流。

图7-32 主城区污水处理规划图

4. 尾水再生利用及排放

徐州市再生水回用主要集中在中心城区范围内，2020年主城区及铜山城区污水集中处理量约84.5万t/d，现已经建成的再生水处理厂规模为17.5万t/d。本次规划扩建核兴再生水处理厂，扩建规模3万t/d，主要回用对象为江苏中能硅业科技发展有限公司、徐州金山桥热电有限公司、保利协鑫徐州再生能源公司，主要用途为工业循环冷却水的补充水及绿化用水。规划新建两座再生水厂：新城区再生水处理厂4万t/d，主要回用于徐州烟厂新城区厂区；龙亭二期再生水处理厂3万t/d，主要回用于三堡热电厂冷却用水，以及沿途的工业用水和市政、绿化用水。至2020年，再生水回用总规模为27.5万t/d，实际污水再生利用率可达32.5%。

奎河接纳奎河污水处理厂、铜山新城污水处理厂、新城区污水处理厂、龙亭污水处理厂的尾水，总量为20.5万t/d。西区污水处理厂的尾水作为泉润湿地补水水源，总量为4万t/d。规划荆马河污水处理厂尾水通过压力管道，输送至尾水导流通道，尾水导流管道设计规模为14万t/d。三八河污水处理厂尾水通过重力流管，输送至尾水导流通道，尾水规模为12万t/d。经济开发区污水处理厂尾水通过重力流管道，输送至尾水导流通道，尾水规模6万t/d。大庙污水处理厂尾水通过重力流管道，输送至尾水导流通道，尾水规模12万t/d。丁万河污水处理厂通过压力管道，输送至尾水导流通道，尾水导流管道设计规模5万t/d。

5. 污泥处置

根据目前徐州地区的具体情况，规划将好氧堆肥、制砖和焚烧作为污泥处置的发展方向。

至2020年，徐州污水处理厂产生污泥约690.6t/d，含水率为80%，不含或含有少量工业废水的污水处理厂的污泥由于含有的有毒有害物质少，规划采用好氧堆肥处置，包括铜山新城污水处理厂、龙亭污水处理厂等；含有较多工业废水的污水厂的污泥因有毒有害物质较多，规划采用焚烧方法处置，包括三八河污水处理厂、经济开发区污水处理厂、大庙污水处理厂、丁万河污水处理厂、西区污水处理厂、奎河污水处理厂的污泥用于制砖。

规划污泥好氧堆肥处置规模为400t/d，占地约3.49hm²，厂址位于龙亭污水厂内；规划污泥焚烧

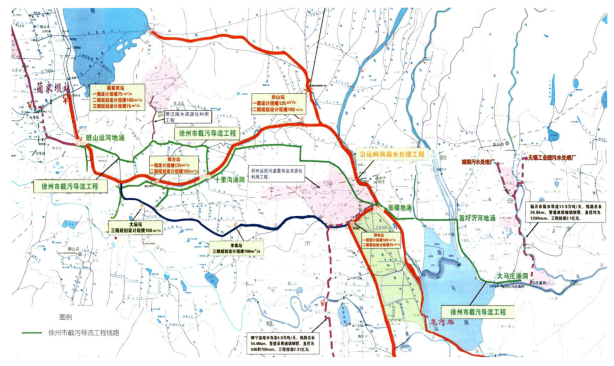

图7-33 南水北调东线徐州境内工程示意图

200t/d，送到大吴镇建平垃圾焚烧厂进行协同焚烧处置；规划污泥制砖200t/d。

6. 尾水导流通道

为保证调水水质，打造南水北调徐州段清水廊道，徐州市多措并举，强化落实，全力推进尾水导流工程建设。南水北调东线一期徐州境内有两项截污导流工程：一是徐州市截污导流工程，二是丰沛睢新四县市尾水资源化利用及导流工程。见图7-33。

徐州市截污导流工程从荆马河东王庄闸起，先后在荆山结点汇流三八河污水处理厂和经济开发区污水处理厂尾水、在大黄山矿东结点汇流大庙污水处理厂尾水，在贾汪区十里沟结点汇流桃园河~贾汪北支尾水（丁万河、贾汪、大吴三个污水处理厂尾水），在张楼结点汇流邳州市两座污水处理厂尾水，先后经运南灌渠、耿北大沟、沙埠大沟、彭河、运东大沟、湖东自排河至大马庄涵洞入新沂河污水通道，最终自流入海。其主要任务是将南水北调东线京杭运河不牢河段、房亭河、中运河邳州段等三个控制单元的桃园河污水处理厂、荆马河污水处理厂、三八河污水处理厂、经济开发区污水处理厂、大庙污水处理厂、贾汪污水处理厂、大吴污水处理厂、邳州污水处理厂等污水处理厂的尾水集中收集、达标排放，尾水水质排放标准为一级A。其主要功能是使徐州段区域尾水系统与南水北调东线输水干线分流，以保证每年10月至次年5月南水北调东线水质达到地表水Ⅲ类水质标准。

7.6 徐州市主城区电力工程专项规划

电力是能源体系的重要组成部分和城市发展的主要基础条件，城市电力工程规划应以优化能源结构、建立现代能源利用体系为目标，按照"清洁高效、多能互补、分布利用、综合协调"的原则合理确定规划城市电力设施。

7.6.1 基本情况

徐州电源建设在完成部分135MW级以下电源的"上大压小"基础上，电源建设向60万kW及以上常规燃煤机组、煤矸石综合利用、热电联产项目等继续推进。同时，国家电网规划在徐州建设1000kV变电站一座。

徐州电网已形成以500kV变电站为中心，220kV电网分片供电的格局。500kV变电站四座，分别为三堡、任庄、岱山和姚湖；220kV电网形成东、西两片——西片包括市区、铜山、贾汪、沛县、丰县和大屯矿区，以任庄、三堡为中心形成内、外环网；东片包括邳州、新沂、睢宁等县，以岱山、姚湖为中心形成多个环网。

主城区220kV变电站建成数量10座，110kV变电站建成数量29座。2013年，主城区的最大用电负荷达到191.5万kW，供电量121.1亿kWh。随着徐州老城改造与新城建设继续进行，用电负荷将持续增加。220kV电网向主城区负荷供电的任务加大，结构将由"送出型电网"向"受电型电网"转变，容量缺口将逐年增大。同时，徐州中心区开发强度高，土地利用趋于集约，导致中心区变电站容量不足，新增布点困难。

7.6.2 主要内容

1. 电源规划

徐州电力资源丰富，是江苏乃至华东的电力能源基地。为改善城市生态环境，促进可持续发展，"节能减排、上大压小"政策契机，强力推进大型高效机组建设。规划向"60万kW及以上常规燃煤机组、30万kW及以上热电及综合利用机组、整体煤气化联合循环发电（IGCC）示范机组"三大方向发展，加快打造具有徐州特色的"创新型、规模型、外向型、节约型、环保型"新型电力工业体系，成为江苏电力工业基地。

规划建设华润电力潘塘热电联产2×300MW项目，国华徐电2×1000MW项目，贾汪发电公司2×1000MW项目，华鑫电力发电机组扩建2×1000MW项目，徐塘电厂三期2×1000MW项目，徐州垞城坑口电厂改扩建2×600MW项目，华润电力三期2×1000MW项目，沛县大屯煤电公司综合利用电厂2×300MW项目，徐矿综合利用电厂二期2×300MW项目等。

2. 特高压电网规划

我国已进入特高压电网发展的重要阶段，按照特高压电网建设要求，规划将在徐州境内建设1000kV陈庄变电站，站址位于沛县敬安镇陈庄村。届时，徐州将成为特高压电网重要联络节点，对缓解我市及淮北地区新建煤电项目电力外送压力发挥重大作用，还将进一步提升我市综合实力和电网水平。

规划区内建设西盟至南京、晋北至南京、陇彬至连云港等特高压徐州段线路工程，为徐州电网提供坚强特高压骨干网架支撑。

3. 主城区电网规划

（1）负荷预测

2020年，主城区规划人口288万人，电力总负荷为5531.5MW，城市建设用地的负荷密度17.28MW/km²。

（2）500kV电网

随着本地区负荷的不断发展和电源建设，电力送出将以500kV电网为主要输电通道，500kV变电站将由过去"功率升压"转变为"功率降压"，并需不断增容扩建。加强500kV网架的建设，规划建设500kV高压环网，以满足大电源的接入和送出，提高地区电网的稳定性。

规划在徐州西北部黄集附近新建500kV黄集变，同步建设500kV线路，形成黄集变—任庄变—三堡变—黄集变的500kV高压环网。规划东部新沂市新建500kV姚湖变。

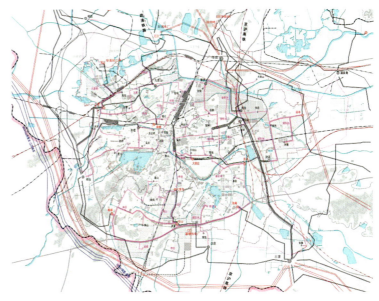

图7-34　主城区电力工程规划图

彭城电厂（2×1000MW）分别以500kV从任庄、黄集并网。

（3）220kV电网

随着500kV环网的形成，本地220kV电网转为主要承担向本地区负荷供电的任务，结构将由"送出型电网"向"受电型电网"转变。城区220kV双环网开环运行，按分层分区原则，规划建设以500kV变电站和主力电源点为中心，构建城区220kV主网架。

（4）110kV电网

按规划区负荷的分布和增长点，增加新的布点，合理规划，调整供电区域实现分层分区供电，提高城区供电质量和供电可靠性。

规划新建110kV变电站原则上按3×80MVA最终规模考虑。

重要用户供电的110kV变电站，其双电源分别取自不同的220kV变电站。

规划逐步淘汰35kV电压等级。

主城区电力工程规划见图7-34。

7.7　徐州市主城区燃气工程专项规划

燃气是能源体系的重要组成部分和城市发展的主要基础条件。近年来，随着经济的发展，能源日趋紧张，环境质量下降等，是我国现阶段发展过程中亟待解决的重大课题。大力发展燃气供给，不仅能为城市提供稳定、可靠的高品位燃料，改善人民生活环境品质，而且可节约能源、减少城市污染，有利于美化城市，具有明显的社会效益、经济效益和环境效益。实践证明，编制科学的燃气规划，并按规划组织实施，统一管理，是节约能源、节省投资、减少环境污染的有效手段。

7.7.1　基本情况

徐州市形成了以西气东输天然气为主气源的城市燃气供应格局。市区燃气供应保障能力明显增强，安全管理和服务水平明显提高，燃气应用领域不断拓展，用气结构不断优化，燃气行业为徐州市能源结构调整和节能减排做出了贡献。

1. 天然气

徐州市天然气行业发展迅速，至2010年，徐州市所有人工煤气管道及用户已全部置换为天然气，并实现稳定供气。各类用户协调发展，用气结构不断优化。天然气用户数和用气量稳步增加。截至2012年底，徐州市管道天然气有居民用户35.79万户，用气量5911.18万m^3；商业户610户，用气量1992.11万m^3；工业户37户，用气量5003.82万m^3；天然气汽车加气759.81万m^3；全年总用气量13666.92万m^3天然气。见图7-35、图7-36。

图7-35　2005～2012年天然气居民用户数及年增长率

图7-36　2005～2012年徐州市天然气用气量及增长率（不含铜山）

2. 液化石油气

至2012年底徐州市共有9个液化石油气储配站，40个供应点，2012年全年供应液化石油气用气量1.55万t，其中商业用气约占33%，民用气约占67%。徐州市市区由于燃气管道的覆盖及各新建小区配套设施的建设，目前液化石油气逐渐由主要的用气来源变成补充用气来源，为一些不具备通气条件的小区及没有管网覆盖的居民点提供用气来源。

7.7.2　主要内容

1. 规划原则

按照"安全、经济、高效"的方针，坚持"以人为本、安全为先、管理为重"的原则，着力构建：（1）多气源、多方向的外部供应保障体系；（2）建设分级合理、功能明晰的区域输气网络；（3）打造科学合理、智能高效和精细化的燃气运行管理体系；（4）创新燃气市场发展机制，不断提高天然气在城市能源结构中的比例，为实现徐州生态宜居、可持续发展的城市目标做好能源保障。

2. 规划思路

以促进能源转型发展为主线，以提高供应保障能力为核心，以经济合理配置天然气资源、构建战略安全保障体系、提升管理水平、促进城乡燃气均衡化发展为重点，着力增加气源，完善输配系统，提高调峰能力，建设安全稳定的供应体系；着力优化用气结构，加强需求侧管理，建设高效利用和安全的用气体系；着力提升行业管理水平，加强市场监管，提高服务质量，构建有序、诚信的燃气市场和依法、规范的市场监管体系；着力培育燃气行业科技、管理创新，提高综合竞争能力，实现燃气行业的可持续发展。

大力发展天然气。完善天然气接收、储备、调峰、输配设施。积极开发市场，合理高效利用，鼓励替代分散燃煤。基础设施联网与贸易机制创新相结合，推进跨区资源互补和供需平衡。

稳定发展液化石油气。保障液化石油气资源供应渠道，增加、完善政府和企业两级储备。结合管道气发展，合理布局配送和服务站点，提高服务质量和便捷化程度。

3．气源

徐州市城市燃气气源单一，应全力推进城市气源与通道建设，完善天然气输配系统。

积极增加"西气东输"和"川气东送"管线等入苏、入徐管道协议用气实际供应量。以西部天然气为基本气源保障，落实并完成柳泉焦炉煤气甲烷化项目及天然气地下储气库建设；论证海上LNG利用的可行性，如中石油如东LNG、中石化连云港LNG、中海油滨海港LNG、新疆广汇启东LNG等，努力形成多气源、多形式供气格局。

4．储气调峰

（1）日调峰储气量预测

规划区储气系数按30％考虑，至2020年徐州主城区管道天然气调峰储气量为29.62万Nm^3/d。

（2）调峰设施

徐州市区调峰储气设施包括天然气气柜、LNG储罐、外环高压管道，同时中压管网系统内也能储存部分燃气。

目前主城区主要的调峰设施为：一座10万Nm^3气柜及16km现状高压管道，总调峰储气量为19.24Nm^3，显然不能满足远期日调峰的需求。为了解决城区天然气储气调峰能力不足的问题，建议沿绕城高速敷设高压燃气环网，主要利用城市燃气高压管道进行调峰。

5．天然气事故储气设施

应急气源主要作用在于当长输管线发生故障而引起天然气供应中断时，可保证居民正常用气，实现可靠供气，维护社会稳定，同时尽量减少因停气而造成的损失，是提高城区供气可靠性的有力手段。

应急气源主要保证居民用户的正常用气，因此按照居民用户的日用气量来计算应急气源所需储气量。

LNG是最为经济合理的天然气储备调峰来源。徐州市区储备应急天数为5~7d，近期可按5d应急考虑，远期可适当增加应急能力，延长至7d。远期居民用气量44.16万Nm^3/d，因此应急储备气量为309.12万Nm^3/d。目前，徐州主城区现状储气设施的总储气量为94.24万Nm^3，应急储气量明显不足。规划扩建现有LNG应急储备站，同时要选址新建一处LNG应急储备站，预选位置位于徐萧公路北—西环城高速西之间。

6．天然气输配设施

完善高、中、低不同压力级制，枝、环结合的燃气管网系统。为了提高城市供气的保障率和稳定性，规划建设燃气高压环网，在保留现状金山桥、新城区2座高中压调压站的同时，于城南、城西、城北新建3座高中压调压站。同时，在城区内新建天然气中压A级输气环网，沟通5座高中压调压站，作为城市用地组团间输配气的主要通道，大幅提升城市供气的可靠性。主城区燃气工程规划见图7-37。

图7-37 主城区燃气工程规划图

7.8 徐州市主城区市供热工程专项规划

集中供热系统是城市重要的基础设施，体现一个城市经济社会发展的水平，是城市综合服务功能高低的具体体现。发展集中供热不仅是一项温暖工程，也是一项环境工程，更是一件民心工程、节能工程。集中供热不仅能给城市提供稳定、可靠的高质量热源，改善居民生活环境，提高市民的生活质量，而且能明显发挥规模效益，在节约能源，有效减少城市污染，节省城市建设用地有着十分重要的意义。

7.8.1 基本情况

目前，主城区共有9家热电企业。

（1）华鑫、华润、华美和华润潘塘"四大"热电单机容量均为300MW，华鑫已向市经济开发区供热，同时也已完成替代坝山热电厂的职能；华润电厂机组已改造待供，华美电厂2×350MW机组已获国家立项，同时也已经完成替代西区热电厂的职能；金山桥、华润潘塘电厂项目已初步可研论证。

（2）南区、苏洋、铜山新汇小热电企业，仍担负市区部分冬季供暖任务。主力供热机组为15MW、25MW的抽凝供热机组，配套75t/h、120t/h燃煤锅炉，锅炉总容量620t/h。供热介质主要为蒸汽，供热距离在8km左右；圣戈班热电为企业焦炉煤气综合利用自备热电厂，供周边用户冬季供暖需求。

城区范围内的热负荷主要是工业生产和冬季居民供暖两大类，工业生产热负荷主要集中在市经济技术开发区和高新区，分别为760t/h、50t/h，冬季供暖热负荷主要集中在云龙区、鼓楼区、泉山区和铜山新区，共1050t/h。

7.8.2 主要内容

1. 规划原则

根据城区供热现状和存在的问题,遵照国家能源产业政策和特大城市发展的客观需要,从徐州市现有大型热源点布局出发,遵循"统筹规划、同类替代、减少破路、一厂一策、分步实施、平稳过渡"的原则,合理划分供热区域,现有的热水网用户和新开发区域供高温热水,现有蒸汽网热用户用蒸汽网接收,科学确定"华美替代西区、华润替代苏洋、华鑫、金山桥替代坝山、华润潘塘替代南区、新汇"四大整合方案。

2. 供热热源

热源点供热分区应与城市规划、产业布局相对应,整合区内热电资源,城区现有热电厂规模较小、技术参数落后、能耗高且对周边环境造成了环境影响,同时限于用地规模,无法对其进行技术更新。从2005年徐州市开始对城区范围内的热电厂进行拆除,这对改善徐州市的空气环境质量具有积极作用。同时徐州市北部大型电厂,虽进行了供热改造,但用户较少,供热机组利用率偏低,所以徐州积极实行节能减排、以大压小,以周边电厂供热替代城区热电厂向城区供热。

2014年徐州市重点实施市区热电整合工程,将由四家大型热电企业"以大代小",整合淘汰城区内中小热电企业。规划保留并扩建华美热电厂,改造华润电厂、华鑫电厂、新建潘唐电厂满足徐州城区的供热需求,规划保留金山桥代建热电厂,对其周边工业供热。见表7-3。

规划热源点一览表　　　　　　　　表7-3

序号	厂名	供热能力	技术参数	主要服务区域
1	华美热电厂	1600t/h	4×1025t/h 锅炉和 4×300MW 大型热电机组	西安路以西,九里山以南,云龙湖以北
2	华润电厂	1200t/h	改造六台 320MW 凝气机组为供热机组	北到九里工业园区,南到淮海路西到西安路,东到铁路枢纽
3	华鑫电厂	1200t/h	改造六台 320MW 凝气机组为供热机组	淮海路以南,西安南路以东,黄河古道以西,坝山以南大部分面积,南到新城区顺堤河
4	潘唐热电厂	1600t/h	4×1025t/h 锅炉和 4×300MW 大型热电机组	北到云龙湖、新城区顺堤河
5	金山桥热电厂	300t/h	6×220t/h 循环流化床锅炉,4×25MW 背压式汽轮发电机	经济技术开发区周边工业用户

3. 供热管网

徐州市热力网需要整合升级,通过资源整合,使热力网科学、和谐的发展,达到空间上布局合理,运行经济可靠,以适应城市建设发展的要求。

依据城区现有热电厂供热能力及所处区域,重新划分供热范围,调整供气管网结构;在有条件回收凝结水的条件下,应增设凝结水回收管道。超过热电厂供热经济半径的用户,通过建设集中分布式能源解决,以达到供热稳定、节能、安全、经济的目的。

随着华美热电厂扩建,华润电厂、华鑫电厂改造,潘唐热电厂建设以及新汇热电厂、坝山

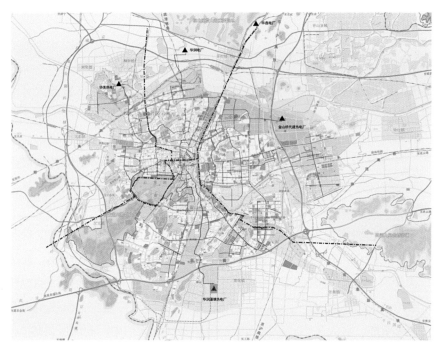

图7-38 主城区供热工程规划图

热电厂的拆除,主城区重新调整供热区,同时管网进行一定范围的改造。主城区供热工程规划见图7-38。

(1)华美热电厂

规划建设东南方向热力管线,管径DN 600,沿徐丰公路、三环北路一直沿平山路延伸至三环北路,主要供应二环北路以北、中山北路以西原九里区范围;沿三环西路敷设DN 1500热力管线接入西区热电供热主干网,供应西安路以西,九里山以南,云龙湖以北的区域。

(2)华润电厂

供热管网分高温热水和蒸汽两路,一路DN 1500的高温热水管线沿华润路东侧至三环北路,再沿三环北路向西,一路由天齐路口向南至九里山路,另一路沿平山路向南至九里山南,供城北居民采暖用热;另一路DN 800的蒸汽管道一路向南进入苏洋热电公司与苏洋热网形成联网。

(3)华鑫电厂

供热管网规划沿新104国道敷设DN 1000蒸汽管道,向徐州经济技术开发区供热,主管线沿不老河东侧向南,在新104国道运河大桥东侧穿越运河至三环北路东延段,至荆山引河。

(4)潘唐热电厂

供热主干管线分两路,一路沿奎河东岸向北敷设DN1200供热管线,在铁路桥南穿越至奎河西岸向北延伸与南区热电厂热网联网;一路进入铜山新区与新汇热网联网;另一路沿汉源大道向北敷设到顺堤河以南,供周边用户用热需求。

7.8.3 规划特点

符合国家能源产业政策。通过利用城市周边300MW的抽凝发电机组改造成抽气供热机组,以及新建350MW超临界热电机组,淘汰城区内的高能耗的小型热电机组,符合国家当前大力推行的城市集中供热政策。

徐州市城区实施"以大代小"热电整合工程，节能减排效果明显。大型热电机组远离城区，均采用高效率的除尘和烟气脱硫脱硝装置，使烟尘、二氧化硫、氮氧化物浓度比小热电企业供热排放浓度大幅度降低，大大减少对城区空气质量影响。大型机组运行效率高，发电煤耗比小机组低三分之一以上，节能效果明显。

利用300MW大型热电机组实施集中供热，符合徐州特大城市发展的趋势。集中供热是城市重要基础设施和一项公益事业，也是徐州城市现代化发展水平的重要标志。根据徐州建设特大型城市发展的总体规划，结合集中供热的现状及各种资源，实施热电整合、"以大代小"的战略是切实可行的，同时在技术上也是科学合理的。

7.9 徐州市中心城区综合管线及管廊专项规划

随着城市的快速发展，地下管线建设规模不足、管理水平不高等问题凸显，一些城市相继发生大雨内涝、管线泄漏爆炸、路面塌陷等事件，严重影响了人民群众生命财产安全和城市运行秩序。为了切实加强城市地下管线建设管理，保障城市安全运行，提高城市综合承载能力和城镇化发展质量，国务院于2014年6月印发了《国务院办公厅关于加强城市地下管线建设管理的指导意见》（国办发［2014］27号）明确要求，编制完成地下管线综合规划，完成城市地下老旧管网改造，建成较为完善的城市地下管线体系，使地下管线建设管理水平能够适应经济社会发展需要。同时还提出稳步推进城市地下综合管廊建设，开展地下综合管廊试点工程，通过试点示范效应，带动具备条件的城市，结合新区建设、旧城改造、道路新（改、扩）建，在重要地段和管线密集区建设综合管廊。为进一步贯彻国务院27号文精神，切实推动综合管廊建设工作的有序开展，国务院于2015年8月印发了《国务院办公厅关于推进城市地下综合管廊建设的指导意见》（国办发［2015］61号），为我国综合管廊建设工作提出了新的要求。

7.9.1 基本情况

当前，"拉链马路"已经成为制约城市品质提升的重要因素之一，并且随着城市建设强度的不断增加，城市对地下空间的集约利用要求与粗放式的市政管线直埋所导致的地下空间浪费之间的矛盾也日益突出。

徐州市委、市政府历来重视城市地下管线建设工作，2011年颁布实施了《徐州市城市地下管线管理办法》，该办法明确提出，新建、改建、扩建城市主干道路时，应当控制相应管线位置，不得占用其他管线位置，同时须符合技术安全标准和相关条件的，地下管线工程应当优先采用综合管廊技术，鼓励社会力量投资建设综合管廊。

综上，实施城市管线综合规划，对城市有限的地下空间资料进行梳理调整，对每一种城市管线约定在固定位置，防止各种管线相互交叉，有着极其重要的意义。而根据国家的相关政策，对重要的地带、节点及空间特别有限的地点，实施管廊建设，是十分必要的，也是实现徐州转型发展，提高城市建设品质的必然途径。综合管线梳理及管廊的建设必须首先要解决好规划引领问题，编制徐州综合管线及管廊规划，谋划好徐州管线梳理及管廊建设的总体布局，同时识别可重点实施的地

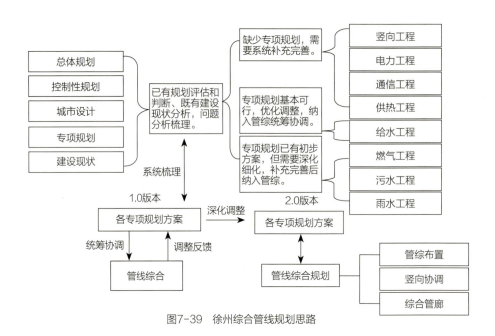

图7-39　徐州综合管线规划思路

区,并进行必要的详细规划,进行示范工程建设,为徐州的管线梳理及管廊建设,做好统筹工作。

7.9.2　规划思路

秉承"适度超前、系统协调、重点突出、远近兼顾"的原则,通过现状资料的收集与解读,梳理及研判,市政相关规划建设与管理部门的走访,详尽的现场踏勘调查;结合既有实施建设情况,研判原有专项规划方案,协调徐州市总体规划、控制性详细规划,充分借鉴国内外市政综合管线规划的经验,协调各类管线、统筹布局、集约建设,按照从"面"到"点",层层推进。在"面"上解决徐州市中心城区综合管线的总体系统布局;在"点"上解决重点建设示范区的详细规划。在重要地区、节点,提出管廊规划建设方案。见图7-39、图7-40。

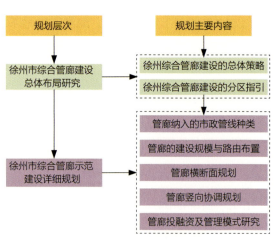

图7-40　徐州综合管廊规划思路

7.9.3　规划内容

1. 规划范围

西至泉山区边界、东含大庙、南至连霍高速公路以南(含铜山城区)和云龙区边界,北抵泉山区和鼓楼区边界。规划面积573km^2,建设用地约316km^2。

2. 规划目的

科学合理布局市政管线,为中心城区市政管线提供控制指引,满足城市地下空间集约利用、节约土地资源的要求,实现地下管线集中、远程、智能化管理。

3. 管线规划

（1）现状评估

在建设层面：通过部门访谈、现场踏勘、管线现状资料、实施建设情况、建设管理体制、管线普查资料等途径，对管线建设充分了解，分析问题，探究根源，提出建议，全面评估。

在规划层面：通过对总体规划、详细规划、各专业管线专项规划分析解读，对规划编制的齐全程度、审批情况、协调程度、内容深度、指导建设实施成效、执行过程中存在的问题，综合评价、判断并提出完善方案。

1）城市高压电网

共设置500kV变电站2座，220kV变电站15座，110kV变电站52座。高压采用环网接线，110kV高压主要通道：北三环、西四环、珠江路、汉源大道、长安大道、南三环、东三环、北三环、平山路、西二环、淮海路、中山北路、解放路、煤港路、殷庄路、北京路、城东大道、徐贾快速等路段。见图7-41。

2）城市中压电网

10kV集中路段：淮海路、建国路、解放路、煤港路、殷庄路、北京路、中山北路、北二环、下淀路、西二环、平山路、南三环、东三环、复兴路、迎宾大道、汉源大道、汉风路、新元大道、太行路、珠江路、徐贾快速等路段。见图7-42。

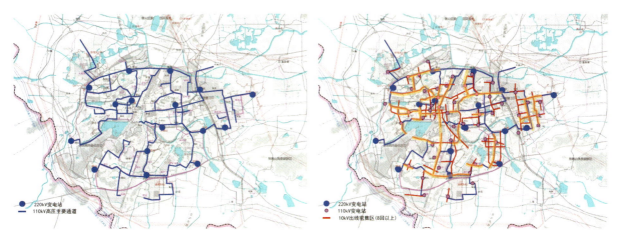

图7-41 徐州市中心城区高压电网现状图　　　　图7-42 徐州市中心城区中压电网现状图

3）城市给水

共设置给水厂8座，供水管网沿主要街道布置，全部连接成环。

主要输水干管：沿快速内环、淮海路、建国路、解放路、煤港路、殷庄路、北京路、中山北路、复兴路、长安路、北三环、西四环、黄河路、珠江路、汉源大道、长安大道、彭祖大道、汉风路、新元大道、太行路、城东大道、徐贾快速、徐丰公路等路段布置。见图7-43。

4）城市通信

共设置电信运营商20个局所，移动运营商4个局所及联通运营商3个局所。

电信、移动、联通等运营商均结合电信二类局设置机房、设备、办公管理等。

主要通信管道：沿淮海路、建国路、解放路、复兴路、北京路、中山北路、煤港路、殷庄路、黄河路、珠江路、汉源大道、长安大道、汉风路、新元大道、太行路、北三环、南三环、东三环、西二环、平山路等路段布置。见图7-44。

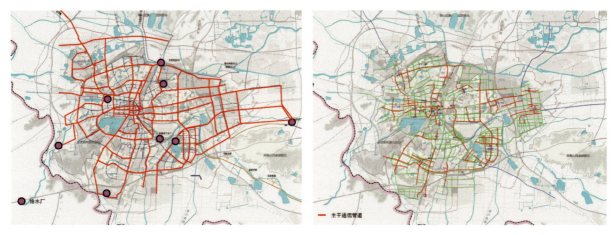

图7-43　徐州市中心城区给水现状图　　　　　　　图7-44　徐州市中心城区通信现状图

5）城市燃气

沿环城高速敷设天然气高压环网。

规划设置天然气高中压调压站5座。

中压主干管道：主要沿快速内环、北三环、西四环、黄河路、珠江路、汉源大道、长安大道、建国路、解放路、中山北路、殷庄路、北京路、大学路、长安路、徐丰公路、城东大道、昆仑大道、汉风路、新元大道、徐贾快速等路段敷设。见图7-45。

6）城市热力

共设置5座热电厂。

热电厂联网运行，主干供热管道主要沿南三环、淮海路、黄河路、北京路、迎宾大道、东三环、彭祖大道、长安大道、城东大道、北三环、徐贾快速等路段布置。

其他各主要市政道路均布置有供热支管。见图7-46。

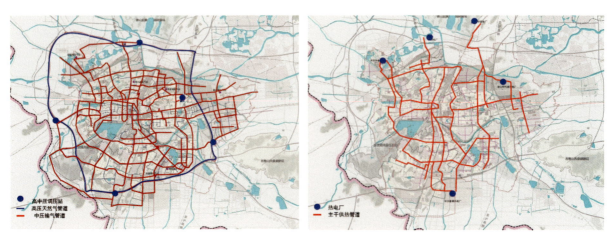

图7-45　徐州市中心城区燃气现状图　　　　　　　图7-46　徐州市中心城区热力现状图

7）城市污水

共设置污水处理厂12座。

重力流管道：主干污水管道主要沿大彭路、民祥园路、牛山路、长安路等路段布置，其他各主要市政道路均布置有污水支管。

加压管道：沿西三环、云龙湖、长安大道、徐贾快速等路段布置有加压污水管道。见图7-47。

（2）管线综合总体布局要求

在道路网规划、各专业管线规划修改完善的基础上进行编制，主要统筹协调各地下管线的总体布局，并对重要节点的平面与竖向布局进行重点说明和详细规划。城市地下管线的布局主要考虑各专业管线的平面和竖向布局要求，同时应满足相关规范的要求。

图7-47 徐州市中心城区污水现状图

明确徐州市管线综合布置的原则，对新建地区、已建地区、特殊地区分类提出综合模式要求。制定电力电缆、供水干管、雨水管、通信电缆、燃气、供水支管、污水管敷设顺序、位置等，各种管线工程应当按照管线综合规划的断面结合道路埋设。见图7-48。

（3）设施优化

统筹协调各专项市政设施布局，校核并优化城市总体规划、各专业管线专项规划的各类设施用地布局及用地规模，明确防护要求。

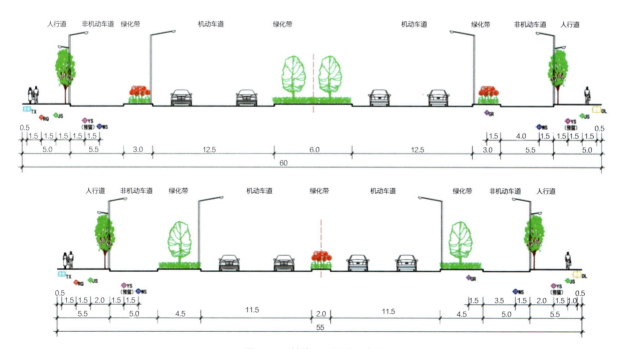

图7-48 管线工程埋设示意图

4．管廊规划

（1）规划目标

包含中心城区系统布局研究和重点地区详细规划两个层面。

在中心城区系统布局研究层面：对中心城区综合管廊建设适应性进行综合评价，提出徐州市综合管廊建设的系统布局，确定徐州市综合管廊的适宜建设区和优先建设区；统筹中心城区综合管廊的建设时序；结合相关市政专业规划方案，确定综合管廊建设区的入廊管线种类；估算徐州综合管廊建设的投资规模，研究适合徐州发展实际的综合管廊投融资及运营管理模式。

在重点地区详细规划层面：选择近期可实施性强的综合管廊优先建设区，进行详细规划，围绕市政管线布局，对综合管廊进行合理布局和优化配置，提出综合管廊纳入市政管线的种类、断面形式、关键节点的竖向协调要求，逐步形成和城市规划相协调，城市道路下部空间得到高效利用，具有一定超前性和实用性，具有突出示范意义的国际先进、国内一流的综合管廊系统。

（2）综合管廊空间布局

1）空间布局研究

徐州市地下综合管廊布局在城市空间结构的指导下，应与重要的城市市政基础设施通道相协调。同时，综合管廊的空间布局要充分考虑与城市用地功能、建设开发强度、地下空间开发、地形与地质特征、轨道交通、道路建设、市政管线等方面的影响，并采用层次分析模型进行半定量分析，力求管廊布局的科学、合理、安全、高效。

综合管廊的规划与建设，将极大提高徐州中心城区市政基础设施的建设水平，对保障中心城区城市安全、提高城市综合承载能力，实现高水平发展奠定坚实的基础。

2）空间布局

徐州市中心城区综合管廊建设的总体空间布局为"一横、一纵、一环、多片区"的综合管廊体系。

一横：淮海路、建国路、铜山路、城东大道

一纵：解放路、煤港路、殷庄路、复兴路、迎宾大道、长安路

一环：二环西路、三环南路、民祥园路

多片区：徐州新城、西部新城、城东新区、铜山新区、科技园、大郭庄机场、鼓楼老工业区、九里山片区等（图7-49）。

远期徐州市中心城区兴建地下综合管廊236km，其中干支混合型管廊114km，支线管廊122km，管廊建设密度0.41km/km。同时兴建管廊监控中心9处，其中市级1处，区级8处。

（3）综合管廊建设时序统筹

综合管廊的建设是一项系统性很强的工作，必须符合城市总体规划建设时序安排，与道路建设、地下空间开发、城市轨道建设、水系建设、其他未入廊的市政管线的建设相协调。该部分在徐州市综合管廊建设的总体空间布局研究的基础上，充分研究综合管廊适宜建设区和优先建设区的建设时序问题，做到统筹安排，有序推进。

近期建设总里程29km，总投资29亿。见图7-50。

（4）综合管廊入廊管线种类

一般情况下，本次规划将综合管廊适建区内的所有市政管线纳入综合管廊内，但考虑到雨水管线等重力流管线在竖向协调等方面的问题，将其纳入综合管廊可能会产生建设与管理上的诸多麻

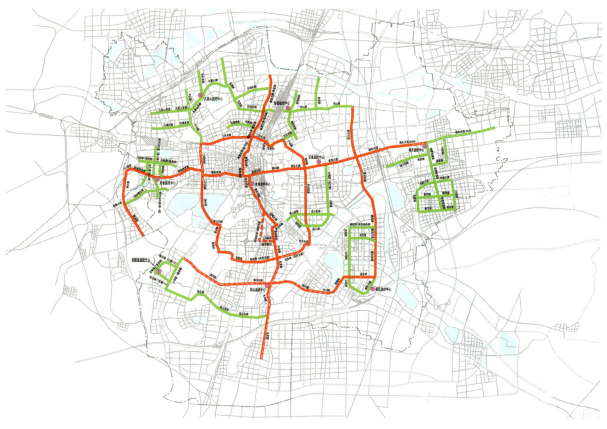

图7-49 徐州中心城区综合管廊空间布局图

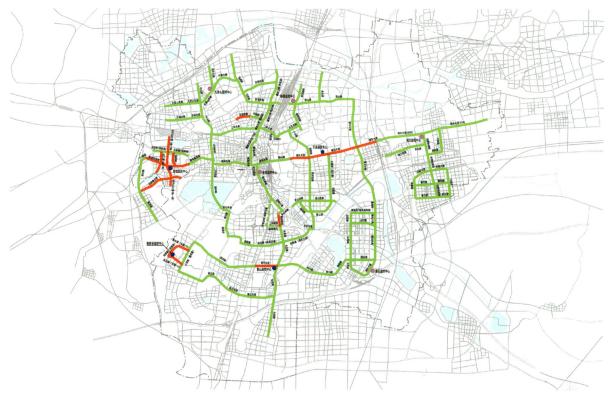

图7-50 徐州中心城区综合管廊近期建设图

烦，造成综合管廊建设综合效益的下降。本部分从场地竖向、市政管线、地质条件、水系布局等对综合管廊各适建区进行分类研究，确定各适建区综合管廊内纳入的市政管线种类。

入廊管线为电力、给水、通信、热力、燃气，有条件的情况下可以纳入污水管线。

（5）综合管廊建设投融资及运营管理模式

综合管廊建设的一次性投资规模要比直埋管线大得多，市政综合管廊的投资规模与其收纳的市政管线数量、种类、施工方式等具有密切关系，对综合管廊投资规模大小的分析不能简单地一概而论，应结合具体的工程规划方案进行分类确定。本部分在确定各适建区管廊建设规模（千米数）和各入廊管线（断面型式）的基础上，对徐州市综合管廊建设的投资总规模进行估算。

综合管廊的建设投融资模式和运营管理模式也是专项规划的重要内容，主要通过对综合管廊可经营性、投融资特征、国内外已有相关实践案例的分析，提出适合徐州综合管廊建设投融资及运营管理模式。

8 徐州市特色规划研究专题

随着国民经济发展，城镇化进程加快、居民消费观念和消费结构的不断转变，人们对城市规划建设在人文、景观、建筑、环境方面的要求也不断提高。为进一步加强和改进城市规划建设管理工作，解决制约城市科学发展的突出矛盾和深层次问题，开创城市现代化建设新局面，认真落实创新、协调、绿色、开放、共享的发展理念，尊重城市发展规律，用科学态度、先进理念、专业知识规划建设管理城市，着力转变城市发展方式、塑造城市特色风貌、提升城市环境质量、创新城市管理服务。

在新理念的指导下，近年来徐州市编制了一系列特色规划，主要包括城市清风廊道、江淮生态大走廊建设、城市色彩、轨道交通沿线地下空间利用及山体周边建设控制等方面，对实现城市有序建设、适度开发、高效运行，打造和谐宜居、富有活力、格局特色的现代化城市起到了推动和保障作用。

8.1 徐州市城市清风廊道规划

城市清风廊道简称城市风道，旨在城市中建设生态绿色走廊，在城市局部区域打开通风口，让郊区的风吹向主城区，增加城市的空气流动性，有效缓解热岛效应。从某种意义上说，城市清风廊道更多的是一种对城市结构的控制，对城市功能的完善。

8.1.1 规划背景

徐州作为内陆资源型工业城市，历史上是以煤炭、电力、机械、建材重工业为经济支柱的城市，结构性大气污染较为突出，既包括PM10、PM2.5等颗粒物污染，又包括传统的二氧化硫、工业粉尘等污染，还有与机动车尾气排放息息相关的氮氧化物污染。作为国家大气污染控制重点城市之一，随着工业化进程的加快，徐州经济发展与大气环境的矛盾日益突出，同时空气质量也已成为人们普遍关注的焦点问题。正视空气污染问题，改善空气质量，是我国当前生态文明建设的重大任务。在屡受雾霾和热岛效应困扰的今天，驱霾降温固然需要采取治理工业污染、扬尘、机动车尾气排放和节能减排等措施，但在城市空间格局、功能分布、生态建设、建筑布局、微环境改善等方面还有哪些工作可做？如何统筹考虑各方因素，提高城市自净化能力？如何在城市规划层面通过向空中要动力的方法，来打通城市经络、引进徐徐清风？这同样值得谋划和思考。

8.1.2 规划要解决的问题

1. 驱散雾霾

建设城市清风廊道，让新鲜空气流进，把大气污染物吹出，可以加快污染物的扩散，减弱污染度，有效驱散雾霾，改善微气候环境，构建良好的生态安全格局。

2. 缓解热岛效应

结合本地风向，构建便于空气流通的清风廊道，能带走城市中积存的热量，可以在一定程度上缓解城市热岛效应。

3. 节约能源

依据主导风向等气候条件，控制城市的清风廊道，改善城市建筑通风条件，提高夏季室内自然通风效果，减少空调使用时间，有效节约能源。同时，通过对城市清风廊道的构建，促进高能耗高污染企业转型，加快节能降耗和技术改造，控制工业污染和减少能源消耗。

8.1.3 规划构思

风速是影响大气污染扩散的最重要因素；大气污染物以可吸入颗粒物（PM10）为主，PM10超标，若以国际PM2.5标准评价衡量徐州的空气质量，不达标天数和超标程度还会增加；徐州市中心城市热岛现象明显，在城市热岛效应影响下，城区与郊区之间形成热岛环流，热岛环流形成的辐合场会把郊区大气中的污染物向城区输送，加重城区大气污染并促进污染物质间的相互反应，造成二次污染。徐州市中心的风速明显小于郊区，小风速会造成市区的污染物难以快速扩散稀释。

因此，城市"清风廊道"的规划要重点把握如下几个方面：一是调整产业结构，做好产业布局引导规划；二是维护生态格局，做好生态建设规划；三是控制建筑形态，做好城市设计。此外在都市区的生态建设方面重点做好两方面：一方面构建"绿色廊道"，即根据城市主导风向，沿城市主要道路、公路、铁路、河流、湖泊等周边规划一定宽度的绿带，串联现有的生态资源，构建城市绿色清风走廊；另一方面建设城市圈层式环城林带，开放式引入清风、屏障式阻挡浊风、净化浊风。通过绿廊和绿环的双重复合，产生风道的叠加效益。

8.1.4 规划内容

1. 风向分析、风口规划

利用徐州气象站1992～2011年近20年气象资料得到的全年风向玫瑰图，结果是徐州地区以偏东风为主，特别是东风（E）、东北东风（ENE）以及东南风（ESE、SE）出现频率最高，而偏北风、偏西风以及西南风出现频率相对较低。见图8-1。

由于徐州地处典型的大陆性季风气候区，所以各个季节和月份的风向存在一定差别，图8-2为统计得到的1月、4月、7月和10月

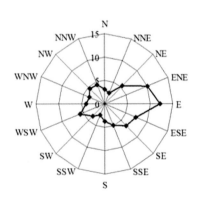

图8-1 徐州全年风向玫瑰图

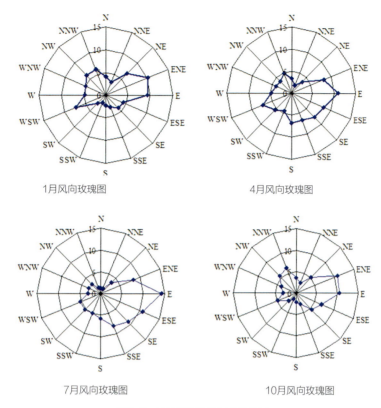

图8-2 徐州代表月份风向玫瑰图

四个代表月份（分别代表冬、春、夏、秋）风向玫瑰图，从图中可以看到，虽然偏东风在各个月份中所占的频率依然最高，但偏东风作为主导风向其发生频率以及其他风向的频率均有一定的季节变化：秋冬季节（10月和1月）以东北、西北方向为主导风向；春夏季节（4月和7月）以东、东南方向为主导风向。

徐州地区在秋冬季节以东北（ENE）、西北（NNW）方向为主导风向，西南（WSW）方向风频也有增加。春夏季节以东（E）、东南（ESE）方向为主导风向。因此，秋冬季节风道主风口为东北（ENE）、西北（NNW）两个方向，次要入口为西南（WSW）方向。春夏季节风道主风口为东（E）和东南（ESE）两个方向。见图8-3。

2. 空间布局结构

依据"引进清风、阻挡（净化）浊风"的规划思想，打造"两廊三环"的布局结构，即构建徐州市东南和西南两条清风廊道和三环净风屏障，在城市东南、西南、东三个方向通过开敞空间引入清风，在城市东北方向通过环城林带阻隔净化浊风。见图8-4。

东南—西北清风廊道：该清风廊道以故黄河为载体，联系睢宁、邳州东南部、吕梁风景区、崔贺水库、下洪水库、水口水库、杨洼水库、六堡水库、大龙湖、桃花源、临黄湿地、丰县等，生态资源丰富且位于春夏季节主导风向，是徐州市最为重要的、最需控制开敞的一条清风廊道。

西南—东清风廊道：该清风廊道联系汉王生态林、云龙湖风景区、泉山森林公园、京杭运河等主要生态空间，往东一直延伸至邳州、新沂。该风廊内生态资源丰富，且在秋冬季节风频较强，因此该风廊是徐州市秋冬季节重点打造的驱霾风廊。

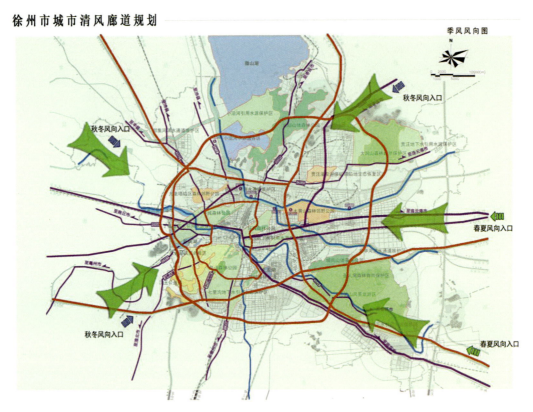

图8-3 风口规划图

图8-4 都市区清风廊道规划图

"三环净风屏障"是指都市区外环、高速环和三环快速路。通过圈层式布置环城林带，在东南、西南、东三个方向对清风开放，在东北对浊风阻挡的方式来保障城市的生态环境。

此外，在清风廊道内串联城市内部的水和绿，使之纳入到城市清风廊道体系中，改善生态环境，构建城市生态综合体，而在浊风发生区域，通过山体自净、水体自净调节局部污染，防止污染源扩散。

3．管控区域划分

根据清风廊道的构建需求，规划在清风廊道内划分三个层次的管控区域，即核心区、控制区、影响区。

清风走廊内的主要交通干线、河道每侧100m（城市建设区为城市绿线、蓝线）划定为核心区；清风走廊内的主要交通干线、河道每侧100m至1km范围线（城市建设区为城市绿线、蓝线至500m范围线）划定为控制区；清风走廊内的主要交通干线、河道每侧1～5km内划定为影响区。

4．引清风产业引导

（1）市域引清风产业布局规划

核心区内不再发展第一产业，主要以林木绿化为主，控制区和影响区内鼓励水稻种植，限制控制区内发展养殖业和设施农业。建议清风廊道内以实施"旱改水"工程为主，积极扩大水稻面积，对稻区要制订"水田"保护制度，防止高效设施农业、非农用地对水稻田的侵占。同时，为保障基本农田面积，大力提倡发展粮食种植产业，可以有选择的部分发展设施农业，但禁止发展大棚设施农业。

（2）都市区引清风产业引导

现状都市区内第一产业发展基本形成了高效农业、设施蔬菜、优质果品等产业基地。清风廊道内存在的问题是设施农业多，养殖业无序散布其中。建议清风口保护基本农田，禁止限制区内发展设施农业尤其是大棚设施农业和规模养殖业，以保障粮食安全和生态安全。

5．阻浊风产业引导

（1）市域阻浊风产业引导

市域清风廊道内沿线城镇的工业建议以机械制造、农产品加工、电子设备、工艺品制造门类为主，严禁大规模发展煤炭、冶金、化工等高污染产业。

（2）都市区阻浊风产业引导

东部城东大道两侧建议发展先进制造业、综合物流产业、高新产业、其他无污染产业，禁止新增有污染的工业项目；东北部（贾汪、利国、青山泉、江庄等）禁止新增水泥建材、煤电化工、冶金焦化等重污染产业。限期整改已投入建设的污染产业，远期做好污染企业有序搬迁工作，并采用"倒逼"和"提升"两种手段，加速传统产业转型升级。东南部工业建议以工程机械、综合物流为主。

6．市域生态管控区规划

在市域内，建立起生态系统良性循环的绿地基质，东南-西北清风廊道内黄河故道两侧各规划100m以上的绿化带，和黄河故道共同构成东南-西北清风廊道的核心区。东-西南清风廊道内徐海公路两侧各规划100m宽的绿化带，和徐海公路共同构成东-西南清风廊道的核心区。绿化种植方面，按照"林相合理、生态优良、景观优美"的要求，规划选用常绿苗木与落叶树种相结合，增加黄河故道两岸生态林的林相树种,提高种树造林面积。坚持集中连片种植,发挥规模效益,形成规模景观。

7. 都市区生态管控区规划

都市区生态管控区按照"点、线、面、环"四个层次控制。

"点":主要指村庄和企业防护林建设。对有条件的村庄大力营造围村林,70%以上行政村森林覆盖率达35%以上,努力实现农田林网化、渠塘风景化、庭院花果化和道路林荫化;对电力、煤炭、水泥、化工等高污染企业,厂外绿化规划建设50~100m宽的围厂防护林带,设计雪松、夹竹桃、朴树、广玉兰等降尘、减噪、吸收有害气体效果好的树种,厂区内部按园林标准规划设计,绿化覆盖率不低于20%。

"线":主要指重要交通干线、大型河道沿线防护林。主要包括徐州外环路、四环高速、三环路、104国道、206国道、310国道、徐贾快速通道、城东大道、故黄河、京杭运河、房亭河、不老河等重要交通干线、大型河道沿线非建设区两侧各100m,建设区两侧各30~50m建设防护林,营造树种配置合理、防护功能强大、景观效果优美的城市生态屏障,道路两侧选择以雪松、重阳木、栾树、朴树等乔木为主栽树种。农田林网以适生树种为主,搭配水杉、国槐等乡土树种,网格控制在150亩左右。

"面":主要指大洞山风景区、吕梁山风景区、云龙湖风景区和采煤塌陷地生态湿地公园,包括九里湖湿地公园、桃花源湿地公园、泉润湿地公园、潘安湖湿地公园、大黄山湿地公园。对重点面状生态区按照城市园林景观要求,适当提高水杉、枫杨、垂柳等乔木树种比例;新增采煤塌陷地的造林比例不低于40%,因地制宜打造成城市公园、湿地公园或生态防护绿地。

"环":环城林带以永久性生态林种植为主,在与东南、西南风道交接处,尽可能开敞,在与东部风道、东北风道、西北风道交接处要尽可能密林阻挡,防止浊风入内,在东部和东南部尽可能开敞,引清风入内。其中:外环路非建设区每侧各100m,建设区每侧50m(长150km,绿带面积约22km^2);环城高速每侧50m(长91km,绿带面积约9km^2);三环,每侧30m(长44km,绿带面积约2.5km^2)。

8. 建筑平面布局建议

(1)在严格控制的风道宽度内,禁止有建筑物(临时或低矮公共配套设施除外)。

(2)处于清风廊道风口位置的建筑物,宜采用Y型空间布局模式。在徐州东北部区域,宜采用O型建筑布局形态,且通过建设生态综合体,提高污染物自净功能。

(3)廊道内建筑之间的间距,建议为建筑面宽的1.5倍,面宽不宜超过50m。

(4)在风道地区,要特别开展城市设计工作,做好建筑空间布局。

9. 建筑高度控制建议

(1)为减少白天户外活动所受空气的污染,风道内的建筑物高度不宜超过50m。且建议建筑物的高度按照越靠近风道中心越低矮的原则布置。

(2)大的功能片区内要有小路网格局,且建筑高度和街道宽度比例宜控制在3:1~2:1之内,有效促进街道峡谷的空气流通。

8.1.5 规划效益评估

(1)该项目结合城市总体规划,有效的捍卫了城市生态框架,建立了联系主城内外的清风廊道,并将清风廊道控制的各项要求落实到规划管理中，提升了城市整体环境的自净效能，改善城市生态环境，更好地促进了"天更蓝"计划的实施。

（2）该项目为城市近期建设提供了有效指导和科学依据，通过对主城区引清风、净浊风而带动了近期一批生态建设项目和污染控制项目，包括塌陷地生态修复、道路水体绿化、农业开发、高耗能高污染企业搬迁等。

（3）该项目加快推广污染防治先进技术，加大细颗粒物、臭氧污染防治技术示范和推广力度，加快企业能源结构调整，推广清洁能源使用，减少污染物的排放总量，从源头控制，对重点行业和能耗大户强制燃煤脱硫与烟气治理，控制工业污染。

（4）该项目提倡城市组团发展，从气象环境角度，控制建筑连片发展，在规划中采取生态隔离带分割、多中心组团式布局，充分利用徐州丰富的自然山体、水体、绿地、农田等形成绿色开敞空间，有效的驱霾降热。

8.2 徐州市融入"江淮生态大走廊建设"规划研究

江淮生态大走廊位于南水北调东线长江与淮河流域之间，以京杭运河为主干线，以南水北调东线工程输水线路所流经的地级市为主要范围，包括江苏省扬州、泰州、淮安、宿迁、徐州5市。

8.2.1 规划总则

1. 规划背景

江淮生态大走廊，是南水北调工程最重要的水源地和清水走廊，对保障沿线水域生态环境、促进南水北调水质稳定达标具有重大意义；建设江淮生态大走廊，是对接长江经济带、淮河生态经济带国家战略，探索流域可持续发展的重大实践；是沿线地区破解环境资源约束，实现经济转型、社会发展的重要抓手；是保护世界文化遗产、彰显运河文化重要载体。2016年8月李强书记在调研中提出：要研究"江淮生态大走廊"建设的可行性，以南水北调清水工程为切入点，以此集聚资源资本和项目，进一步促进苏中、苏北的发展。2016年11月18日江淮生态大走廊写入中国共产党江苏省第十三次代表大会的工作报告中。报告中提到在南水北调沿线高起点规划建设江淮生态大走廊，以此为主轴构筑起江淮大地的生态安全屏障。徐州市积极响应战略要求，把参与江淮生态大走廊建设作为生态文明建设的龙头工程，在重要报告和会议中先后15次针对融入"江淮生态大走廊"建设提出要求。2017全国两会江苏代表团联名提出议案，呼吁将江淮生态大走廊建设纳入国家生态建设规划。

2. 战略意义

江淮生态大走廊建设本质上是对接南北地区呼应国家战略，打破生态屏障，加快绿色发展的重要之举。把江淮生态大走廊建设提升到国家战略层面，实现区域性的生态大保护，是加快转型发展的现实之要也是迫切之需。徐州参与"江淮生态大走廊"建设，通过实行最严格的环境约束性指标，倒逼产业转型升级和城镇绿色化发展，是破解资源环境约束，实现经济转型的重要抓手。对于优化区域生态景观格局，实现区域性的生态大保护，提升沿线地区人居环境质量和城乡空间品质具有重大意义。

3. 规划基调

规划总基调为共抓大保护，不搞大开发。2016年1月5日在重庆召开推动长江经济带发展座谈会上，习近平总书记强调当前和今后相当长一个时期，要把修复长江生态环境摆在压倒性位置，共抓大保护，不搞大开发。在发展与保护的终极命题上，这一重要指示给出了明确答案。推动水道经济带发展，就是要从长远利益考虑，走生态优先、绿色发展之路，全心全意建设生态文明的先行示范带，使绿水青山产生巨大生态效益、经济效益、社会效益。徐州市融入"江淮生态大走廊建设"，只有切实顺应自然生态保育，水道方能永葆生机活力。

4. 规划原则

根据省市对"江淮生态大走廊"的战略要求，确定了规划的总原则为：重点是发展，特点是生态，切入点是南水北调。

5. 规划目标

规划以构建生态景观、综合交通、产业发展、新型城镇、文化旅游五大走廊为总目标。构建生态景观走廊，以绿色发展理念为引领，以加强生态建设管控和水环境保护治理修复为重点，全力实施"南水北调"清水工程，基本建成人与自然和谐发展的绿色生态体系，生态环境质量明显提升。构建综合交通走廊，提高航道建设水平，高标准规划建设沿河道路，扩大交通网络规模，优化交通运输结构，强化各种运输方式的对接，基本形成衔接高效、安全便捷、绿色低碳的综合交通体系，综合交通枢纽地位明显提升。构建产业发展走廊，依托特色资源，大力发展优势产业，加快形成科技含量高、资源消耗低、环境污染少、生态影响小的产业结构，大幅提高经济绿色化程度，基本形成具有明显竞争优势的特色产业体系，产业竞争力明显提升。构建新型城镇走廊，优化沿河区域城镇布局，强化沿运河、沿黄河故道两个经济带城镇轴的内在联系，基本形成以亲水城市建设为主体、各类城镇竞相发展的沿河新型城镇体系，城乡发展一体化水平明显提升。构建文化旅游走廊，依托沿河自然风光、历史文化古迹以及周边农业示范区，在保护开发自然人文资源的基础上，大力发展休闲度假、生态观光等旅游服务，基本形成沿河环湖文化旅游景观体系，沿河旅游品牌知名度和影响力明显提升。

8.2.2 规划构思

基于该规划的目标体系，方案构思上提出分三步走的思路，第一，规划要构筑生态保护屏障，那么构筑生态保护屏障的生态载体是什么？第二，确定了生态载体，又如何密切沟通大小不一形态不等的生态载体，以此构筑生态保护体系？第三，如何在生态保护体系中实现"五大走廊"构建？基于这样的思考，我们在大的生态安全格局下，首先以"山水林田湖"自然生态载体为研究对象，提取重要的"源、轴、区、点"组织架构；其次"以轴串片、以片及面、珠落玉盘"，着力构建生态保护体系；统筹谋划推动京杭运河和黄河故道沿线生态、交通、产业、城镇、文化五大功能廊道协调发展。

8.2.3 空间布局

1. 研究对象选取

（1）生态轴选取

京杭运河和黄河故道是流经徐州市最重要的两条河道。京杭运河自北向南纵贯徐州、宿迁、淮安、扬州、镇江、常州、无锡、苏州8个省辖市，串连省内；太湖、邵伯湖、高邮湖、骆马湖、微山湖等5大湖泊，是串联苏北、苏中、苏南区域协调发展的大动脉，是江苏省重要的交通廊、文化廊、生态廊、景观廊、经济廊。南水北调东线工程（京杭运河段）在我市全长181km，连通微山湖、骆马湖两大湖泊。黄河故道（指明清黄河故道）全长730km，江苏省境内全长496km，徐州境内黄河故道总长度为234km（包括泛道大沙河段61km），占全部黄河故道总长32%，占江苏省黄河故道长度的47%。江苏省委、省政府高度重视黄河故道综合开发，将其列入支持苏北发展的六大重点工程之一，并纳入全省农业综合开发规划重点。推进黄河故道沿线地区综合治理与生态廊道建设，有助于增强整个区域内生发展动力，从根本上改变落后面貌，实现"洼地"崛起，促进南北区域共同发展。故本规划选取的生态轴载体为京杭运河和黄河故道。

（2）生态源选取

本规划选取的生态源为微山湖和骆马湖。微山湖是中国北方最大的淡水湖、重要的自然保护区，是徐州市重要的水源地。徐州沛县辖微山湖湖区水面面积约400km^2（含部分昭阳湖水面面积），湖岸线长62km；徐州辖微山湖湖区水面面积约100km^2，湖岸线长60km。骆马湖是江苏省四大湖泊之一，苏北水上湿地保护区，南水北调重要中转站，是徐州市重要的水源地。新沂辖骆马湖湖区水面面积约50km^2，湖岸线长约20km。

（3）生态魅力特色区选取

在生态轴和生态源的格局框架下，结合生态资源、人居环境、经济发展，综合考虑景观体验的完整性、多样性，管理实施的可操作性，规划创新性地提出了一种融合共生的载体——生态魅力特色区。生态魅力特色区的选取原则从联动塑造角度，要求考虑资源要素的综合性，从美好感知的角度，要求空间连绵成片，从资源塑造角度，要求景观可塑性要强且整体环境要宜居宜游。

（4）生态敏感点选取

生态敏感点的选取主要基于以下几个因素考虑：首先，生态敏感点自身是和廊道关系密切的、具有代表性生态功能的自然载体；其次，是区域生态系统可持续发展不可或缺的地点；再次，是具有和廊道密切关联的通道；同时还要有一定的特色和规模，一般面积为3~5km^2。

2. 规划研究范围

根据所选取的研究对象，规划研究范围涵盖境内两湖范围，京杭运河与黄河故道两侧各5km范围所涉及的县（市）、区、镇，生态魅力特色区和生态敏感点。共涉及五县（市）、五区、46个镇，总面积约5900km^2（占市域总面积52%），总人口约290万。

3. 空间布局结构

依托京杭大运河和黄河故道两条轴线、微山湖与骆马湖两大生态核心，遴选10个生态魅力特色区和20个生态敏感点构成"两轴、两湖、多片区、多点（2+2+10+20）"的生态空间结构。其中多片区指10个生态魅力特色区，分别为：丰县大沙河生态魅力特色区、沛县千岛湿地生态魅力特色区、睢宁古邳生态魅力特色区、邳州艾山生态魅力特色区、新沂马陵山生态魅力特色区、铜山吕梁生态魅力特色区、铜山楚王山生态魅力特色区、贾汪大洞山生态魅力特色区、贾汪潘安湖生态魅力特色区、徐州云龙湖生态魅力特色区。20个生态敏感点分别为：二坝湿地、渊子湿地、昭阳湖湿地、龙湖湿地、白塘河湿地、沙沟湖农业示范园、黄墩湖、港上银杏博览园、高塘水库、杨洼水库、六堡水库、珠山、大黄山湿地、九里山、杨山、托龙山、泉山、临黄湿地、桃花源、九里湖湿地。见图8-5、图8-6。

178 徐州城市建设和管理的实践与探索——规划篇

图8-5 空间布局结构图

图8-6 生态敏感点分布图

8.2.4 功能廊道构建

1. 生态景观走廊

落实主体功能区规划，明确生态功能分区，划定生态保护红线，构建清风廊道、绿色安全屏障，以加强管控、治理修复为主要手段，以河湖湿地保护和生态建设为重点，建设保育本底、天蓝水清的生态景观走廊。

（1）主体功能区保护

全面落实主体功能区战略，以刚性约束为重点，加强用地管控，明确生态功能分区，划定生态保护红线、水资源开发利用红线和水功能区限制纳污红线，构建绿色生态廊道。

（2）清风廊道构建

构建徐州市东南和西南两条清风廊道和三环净风屏障，在城市东南、西南、东三个方向通过开敞空间引入清风，在城市东北方向通过环城林带阻隔净化浊风。

（3）生态红线保护

对京杭运河清水通道维护区、故黄河清水通道维护区、微山湖湖西湿地、骆马湖湿地划定生态保护红线，一级管控区内实行最严格的管控措施，严禁一切形式的开发建设活动；二级管控区以生态保护为重点，严禁有损主导生态功能的开发建设活动。

（4）绿色安全屏障

在划定生态红线区域的基础上，以生态红线区域为骨架，构建区域"水边、路边、城边、田边"防护林体系，构建区域生态廊道，把各个生态斑块连成有机生态整体。

（5）清水通道维护和湿地建设

实施尾水导流提升工程，推进沿河城镇和工业集中区污水处理厂提标改造，确保城镇污水处理设施全面达到一级A排放标准。严格控制农业面源污染，强化农业畜禽污染物排放控制。对输水廊道两侧的生态管控区进行全面清理，搬迁沿河码头、各类堆物、畜禽养殖场，对污染企业实施关停及生态修复。按照保护优先、自然恢复为主的原则，严格入湖排污管理，实施入湖整治、截污控污和生态修复，增强湖泊自净功能。依托故黄河、骆马湖等主要水体，建设水源涵养防护林带，扩大森林、湖泊、湿地面积。积极推进湿地公园、自然保护区提档升级。

2. 综合交通走廊

以重大交通设施规划建设为牵引，构建公铁水空一体化综合交通体系。加快构建沿河风景路网络体系，加强与沿线城镇、特色村庄、景区景点等的充分衔接和有机联通。打造便捷高效、内外衔接的综合交通走廊（图8-7）。

（1）对外交通

全面对接连云港港，使其功能向内陆延伸，积极推动徐连运河建设，形成"一横两纵五干"的干线航道网，实现江淮生态大走廊的江海河联运大目标；加快形成六大港区14个重点作业区的布局，促进港城联动，积极推动多式联运的开发模式。积极开展京沪二线高铁通道研究，加强与国家高速铁路网络的对接，提升徐州的综合交通枢纽地位；加快构建"二横三纵四射"的客运专线铁路网络；加快徐沛丰、徐邳、徐砀、徐萧淮、徐观快线（预留）五条放射线市郊铁路的规划研究工作。统筹优化机场与铁路、公路、水运等交通体系的互联互通，加强机场客货运能力的提升，积极开辟

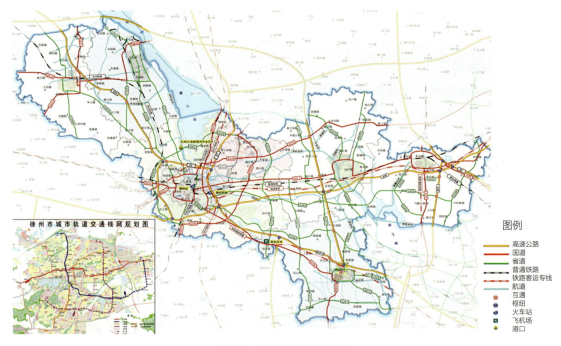

图8-7 市域综合交通体系图

国际、国内航线，加快推进通用航空体系建设。加快市域"三横六纵二联一环"高速公路网络建设，扩大城市高速公路路网里程，增加路网密度。

（2）城市交通

完善中心城市外围路网结构，加快徐州外环公路（S003）选线和建设，启动建设外环东南段，续建徐沛快速通道（272省道）、徐州经骆马湖至连云港公路（S344）、黄河故道沿岸公路（S324）。继续推进现有规划轨道线路的建设，尽早谋划2020年后轨道线网的规划建设工作，保持轨道交通建设的延续性。加快构建徐州中心城区范围内"二环十一射一联"的快速路网体系，以满足城市组团间及对外交通快速集散的要求。另外，作为快速路的补充，设置8条结构性主干路，从而强化重要区域、节点之间的联系。

（3）风景路

构建京杭运河风景路、黄河故道风景路线网体系，加强风景路与京杭运河、黄河故道沿线城镇、特色村庄、景区景点等的充分衔接和有机联通，加快构建风景路网络体系，在此基础上保护和利用京杭运河与黄河故道沿线文化、生态、景观资源，提升沿线地区人居环境质量和城乡空间品质，引导和促进旅游等产业的发展。规划京杭运河形成"一主十七支"、黄河故道形成"一主二环三支"的风景路网络体系。

3．产业发展走廊

依托沿线特色资源，大力发展优势产业，加快形成科技含量高、资源消耗低、环境污染少、生态影响小的产业结构，大幅提高经济绿色化程度，基本形成具有明显竞争优势的特色产业体系，打造生态导向、产业优化的产业发展走廊。

（1）农业提升

因地制宜配置农业生产要素，发展优势特色农业，建设一批特色农产品生产加工基地，加快形

图8-8　市域农业布局图

成中部都市农业区、南部平原生态农业区、东部岗岭综合农业区及西部沙地林果养殖农业区四大特色农业生产区，优化农业布局，构建"一圈、三带、多点"的农业发展格局。见图8-8。

"一圈"为徐州城区周边都市农业圈。根据农业资源特色，将区域内城镇划分成五种类型：农业综合开发土地治理以建设高标准农田、发展高效农业、支持农业园区建设为重点；采煤塌陷地农业综合开发特色镇建设注重生态恢复与改善农业生产条件相结合；农业旅游休闲观光特色镇重点发展生态旅游、农业体验、休闲观光农家乐等项目；丘陵山区农业综合开发特色镇突出优质粮、优质经济林果、花卉苗木及生态农业、旅游观光农业等重点建设内容；黄河故道农业综合开发特色镇重点建设优质蔬菜示范区和优质粮食示范区。

"三带"为黄河故道农业综合开发带、大沙河沿线林果产业带、滨湖（微山湖、骆马湖）生态农业产业带。黄河故道农业综合开发带以现代农业示范园区为载体，发展优质粮食、蔬菜园艺、高效林果、生态畜牧、特色水产等高效农业，发展农产品加工流通和生态旅游业，积极创建徐州黄河故道国家现代农业示范区。大沙河沿线林果产业带重点发展林果产业，推进林下种养、经济林、种苗、花卉药材的基地建设。骆马湖、微山湖生态农业产业带侧重发展休闲观光旅游等产业。

"多点"为多个特色农业生态基地。

（2）工业提升

通过轴向延伸、板块集聚，壮大一批特色产业集群，打造一批经济增长带，提升产业发展竞争力，完善区域综合服务功能。强化沿线产业联动，加快沛县循环经济产业园、丰县电动车产业园、西三环物流集聚群、徐州港多式联运综合物流园、双楼港多式联运综合物流园、锡沂高新技术产业开发区、邳州高新技术开发区等12片产业集聚区建设，重点打造为"公铁水空"多式联运物流、高新技术产业集聚带。沿线区域要禁止建设有污染性质的产业，全面控制污染物排放，关停并转小型污染企业，推动产业质态全面提升。

（3）城镇产业

以徐州市构建的五级生态城镇体系为依托，全面优化沿河新型城镇产业，强化沿线重点镇生态、产业、文化旅游等功能，通过政府规划引领、市场机制运作、民众广泛参与，以产业为主导、创新为核心、改革为动力，探索"生态+、文化+、旅游+、互联网+"发展新模式，建设一批特色小镇、产业重镇、历史文化名镇，打造沿河滨湖城镇"珍珠项链"，使之成为以特色产业为主题的新城、新区，承接中心城市扩散功能的重要产业载体。

4．新型城镇走廊

优化沿河区域城镇布局，构建"区域中心城市—县域中心城市—中心镇—特色镇（重点镇）—新型城镇社区"五级城镇体系，按照构建绿色城镇体系要求，加快沿线15个中心镇、15个特色镇（重点镇）、16个新型城镇社区建设，打造城乡统筹、协调发展的新型城镇走廊。见图8-9。

（1）中心镇建设

新型中心镇建成区面积要达到6km²以上，镇区人口5万人以上；地区生产总值30亿元以上，公共财政预算收入3亿元以上。在产业发展上，新型中心镇要重点做大做强产业园区，从土地利用、税收优惠、资金扶持等方面强化措施，鼓励工业向园区集聚，支持创建省级工业集中园区，吸引第三产业向城镇集中，推动产城融合发展；引导各园区培育特色化产业集群，走差别化发展道路。未来将中心镇建设成县域人口集中的新主体、产业集聚的新高地、功能集成的新平台、要素集约的新载体，成为县域经济社会发展的副中心。

（2）特色镇（重点镇）建设

特色镇（重点镇）要根据资源禀赋和区位特点，明确一个最有基础、最有优势、最有潜力的产业作为主攻方向，使之成为未来发展的重要支柱。以特色镇（重点镇）为载体，坚持企业主体、政府引导、市场化运作的模式，鼓励以社会资本为主投资建设，把特色镇（重点镇）建成产业发展"特

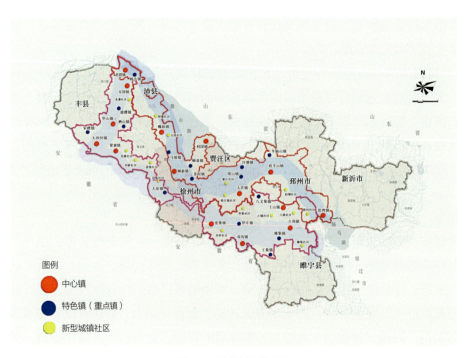

图8-9　沿线城镇体系图

而精"、建设形态"小而美"、运作机制"活而新"的综合发展载体。

（3）新型城镇社区建设

新型城镇社区重点做好做实富民产业，紧紧围绕集体增收、农民增收的"双增"目标，引导农业适度规模经营，培育壮大龙头企业，发展现代农业；大力发展农产品加工业，加快发展乡村旅游业、休闲观光农业和农村电子商务，促进一、二、三产业融合发展，带动农副产品销售和家庭手工业、交通运输业、住宿餐饮业等相关产业发展，拓展农民就业空间。

5．文化旅游走廊

依托京杭运河、黄河故道沿线历史文化、自然生态资源，以挖掘历史文化内涵为重点，在保护开发自然人文资源的基础上，全面提升沿线旅游公共服务水平，构建沿河生态文化旅游景观体系，打造以节点城镇为载体、以基础设施为支撑、以文化资源为纽带、以良好服务为保障的文化旅游走廊。

（1）京杭运河文化旅游长廊建设

依托沿线文化旅游资源特色，强化不同地段景观特质，将京杭大运河旅游长廊分为"汉风水韵、山水相依、古色运河、湖光山色"四个特色景观片区，将其打造成生态绿带、文化长廊、休闲胜地。见图8-10。

"汉风水韵"：位于运河沛县段，以汉文化展示、大湖文化（微山湖）、城市生态公园、滨湖湿地景观为特色。

"山水相依"：位于运河市区段，以汉文化展示、城市湿地公园、红色文化、历史遗迹展示等为特色。

"古色运河"：位于运河邳州段，以航运历史、古运河文化展示，湿地公园景观，历史遗迹展示，红色文化等为特色。

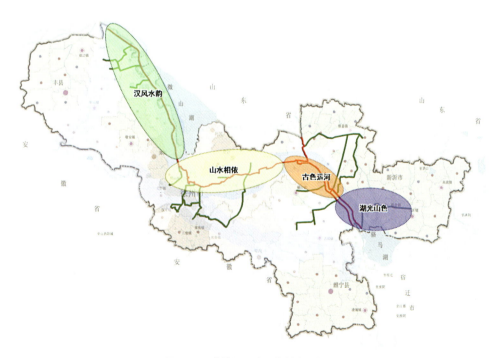

图8-10　京杭运河文化旅游发展格局

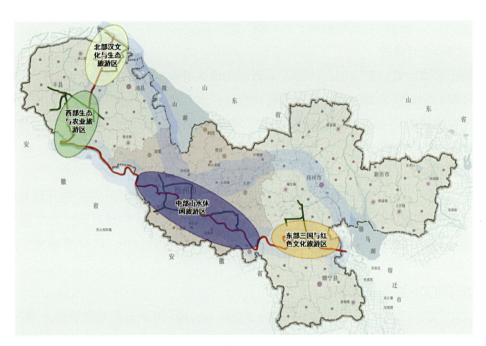

图8-11 黄河故道文化旅游发展格局

"湖光山色":位于运河新沂段,以渔乡文化体验、遗址展示、完备的旅游度假配套为特色。

(2)黄河故道文化旅游长廊建设

黄河故道文化旅游长廊重点发展生态旅游、农业旅游和文化旅游等特色旅游业,规划根据沿线旅游资源的空间分布、旅游发展基础,结合交通干线和城镇区位,将其划分为四个景观片区:西部生态与农业旅游区、北部汉文化与生态旅游区、中部山水休闲旅游区和东部三国与红色文化旅游区。见图8-11。

"西部生态与农业旅游区":位于丰县故道沿线地区,是以生态休闲和农业体验为主要特色的旅游区。

"北部汉文化与生态旅游区":位于沛县大沙河沿线地区,是以汉文化体验和生态休闲为特色的旅游区。

"中部山水休闲旅游区":位于市区黄河故道沿线地区,是以山水休闲、运动养生为特色的旅游区。

"东部三国与红色文化旅游区":位于睢宁北部和邳州市南部,是以三国与红色文化体验、湿地休闲为特色的旅游区。

8.3 徐州市城市色彩规划

如何通过城市色彩规划来提升城市品质、塑造城市风貌、形成城市特色,是一项非常重要的研究课题。面对我国城市色彩景观规划研究刚刚起步的现状,如何建立一套系统的城市色彩景观规划研究方法,为城市色彩景观规划成果的准确性和前瞻性提供科学依据和有效理论支持将具有极其重要的现实意义。

8.3.1 研究内容

（1）对徐州市的建筑色彩景观进行调查，对徐州市域范围内的建筑色彩进行综合评价与问题总结。

（2）针对建筑色彩调研分析出的问题，探求解决之道，形成构建徐州市特色建筑景观的基本方针。

（3）徐州市城市建筑色彩规划理念与整体思路研究。

（4）制定徐州市城市建筑色彩规划管控基准。对徐州市建筑色彩实行最简明的评测与管控，打造和谐、统一、有序的特色城市建筑景观。

（5）确定徐州市城市建筑主色调与色彩控制体系。

（6）对徐州市各管控区域作推荐建筑色彩并进行应用案例分析研究。

（7）徐州市室外广告、公共设施色彩规划设计与管理。

8.3.2 城市色彩规划应用体系

1. 色彩体系的选用——国际通用蒙塞尔色彩体系

城市色彩规划需要采用科学、合理、易操作的色彩体系来完成测量、分析、应用、推广、管理等工作。在本次规划设计及未来徐州市对应用色彩体系的落实与实施中，特选择国际通用色彩标准体系——蒙塞尔色彩体系，用于科学地表达和管理色彩，以消除人为的感性管理隐患，将城市视觉形象管理在色彩方面纳入科学发展轨道。

蒙塞尔色彩体系规定了三种属性来表示色彩，即色相、明度、艳度。这种表示方法适用于制作色彩、记录和管理色彩以及详细表达色彩等专门领域。

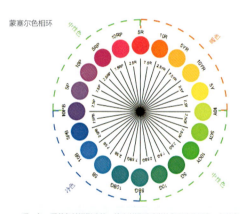

暖　色：受黄色基调影响的，给人以温暖感觉的色彩称为暖色，如橙色、黄色等。
冷　色：受蓝色基调影响的，给人以寒冷感觉的颜色称为冷色，如蓝绿色、蓝色等。
中性色：绿色系、紫色系称中性色。

图8-12　蒙塞尔色相环

蒙塞尔色相环：蒙塞尔色相环是由基础5色即红色、黄色、绿色、蓝色、紫色以及这5色之间经过混合得出的橙色、黄绿色、蓝绿色、蓝紫色和紫红色组成，将这些色彩依照光谱的排列方式进行首尾结合形成的环状称之为色相环。见图8-12。

蒙塞尔色立体：通过色相、明度、艳度的纵横交错，便可构成一个立体，简称为"色立体"。色立体中，明度为纵轴，底部为低明度，向上逐步为中明度和高明度，在表示上数字越大，色彩越明亮。横轴表示艳度，艳度的阶段越接近明度轴的色彩艳度就越低，越远离明度轴的色彩鲜艳度就越高。蒙塞尔色立体的最外边缘色都属于纯色。色立体的功能很多，是一本色彩字典，供使用者查阅、对照。见图8-13。

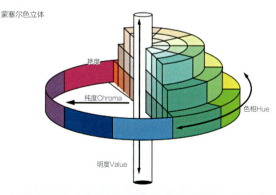

蒙塞尔色立体：将色相、明度、艳度的关系用三维空间结构来表示，将全部色彩按其规律，有秩序地排列组合在一个立体之中，则形成色立体。

图8-13　蒙塞尔色立体

2. 色彩三属性

蒙塞尔色彩体系规定了三种属性来表示色彩，即色相、明度、艳度。这种表示方法适用于清晰表现、记录和管理色彩以及详细、准确传达色彩。

色相（Hue）：指颜色的相貌，用以表示红色、黄色、蓝色等颜色的特征。符号表示为H。

蒙塞尔色彩体系中基本色相为10个，分别为R（红色）、YR（橙色）、Y（黄色）、GY（黄绿色）、G（绿色）、BG（蓝绿色）、B（蓝色）、PB（蓝紫色）、P（紫色）、RP（紫红色）。每个色相均分成10等分以扩大表示，共计100个色相。

明度（Value）：指色彩的明暗程度，以理论上的绝对白色和绝对黑色为基准给予分度。符号表示为V。

蒙塞尔色彩体系中明度分为10个等级。从0到10，数值越高，表示色彩越明亮，其中0代表理论上的绝对黑色，10代表理论上的绝对白色。如高明度色彩，是指显得明亮的色彩。低明度色彩，是指显得暗淡的色彩。

艳度（Chroma）：指颜色的浓淡程度，也称"彩度"或"饱和度"。符号表示为C。

艳度数值越大，表示色彩越鲜艳。高艳度的色彩，是指显得鲜艳的色彩，而低艳度的色彩，是指显得灰浊的色彩。每个色相的最高艳度数值，根据色相的不同而不同。见图8-14。

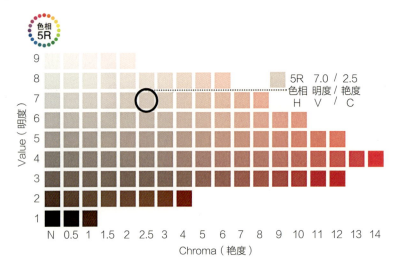

图8-14 蒙塞尔色彩三属性

3. 蒙塞尔色彩体系的色彩表示方法

蒙塞尔色度图依据色彩的色相、明度、艳度三属性建立坐标系，其中横轴代表色相和明度，纵轴代表艳度，同一种色相的色彩采用一张色度图表示。见图8-15。

通过将现场调查测色所得到的数据标注在图中坐标系上，即可清晰得出区域色彩分布状况和用色倾向。

4. 色调表示方法

色调：即色彩的调子。用色调来表示色彩群体的面貌。色调是色彩明度和纯度的混合概念。同一色相在受到明暗、强弱、浓淡、深浅的影响时的调子也就不同了。色彩最饱和的、纯度最高的色彩称纯色调，在纯色调的基础上加入不同比例的白色会形成亮色调，加入不同比例的灰色就会形成灰色调，同样在纯色调中加入黑色就会形成暗色调。见图8-16。

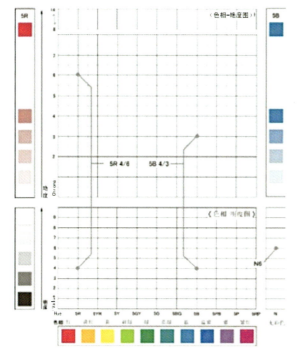
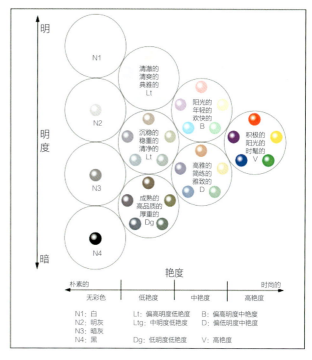

图8-15　蒙塞尔色度图　　　　　　　　　　　图8-16　色调表示方法

8.3.3　徐州城市建筑色彩的研究与基本方针

1. 城市建筑色彩调研

徐州市自然景观得天独厚，市内有云龙湖风景区和黄河故道风光带，繁华热闹的中心街区与自然景观较好地共存。作为徐州市的特色区域，规划列举了"云龙湖周边"、"黄河故道沿岸"、"户部山周边"、"徐州市新城区"、"高铁客运站周边"、"徐州经济技术开发区"、"市中心重点区域"等作为规划重点地区。除重点区域外，规划对"市中心一般区域"、"徐州市民营工业区"以及"九里区、鼓楼区"等一般地区也进行了色彩调查。

徐州市著名的故黄河自西北向东南穿城而过，故道沿岸齐聚着商业金融、商务办公、居住等各类建筑。沿岸绿意盎然的绿植花草，在给人们带来温润气息的同时也为市民提供了日常休憩娱乐的场所。该区域内建筑色彩的色相虽然主要集中在10R（红）～5Y（黄）的暖色系范围内，但在G系（绿）、B系（蓝）、PB系（蓝紫）等冷色系方面也均有分布。该区域内建筑色彩的明度基本集中在4.0～9.0的中、高明度范围内。但其中也有一些建筑运用了3.0以下的低明度色。该区域内建筑色彩的艳度基本分布在0.5的低艳度色到9.0的高艳度色范围内。街道两旁的居住类、商业类、文教类等各类功能建筑中均存在与景观不协调的高艳度色。

云龙湖周围群山环绕，风景如画，是徐州市重要的景观资源。沿湖周边建设的餐饮、商业、酒店等配套服务设施多采用高明度色，充分体现了徐州市明快现代的都市气息。该区域内建筑色彩的色相虽然基本集中在5R（红）～5Y（黄）的暖色系范围内，但在G系（绿）、B系（蓝）等冷色系中也均有分布。该区域内建筑色彩的明度基本集中在4.0～9.0的中、高明度范围内，形成一种明快的印象。该区域内建筑色彩的艳度分布在0.5的低艳度色到8.0的高艳度色范围内。居住类或商业类建筑中

图8-17　户部山居民建筑

均出现采用高艳度色的情况。

"户部山"区域较好地保存了明清时代的民宅建筑。灰色的砖作为建筑基调色，形成了沉稳而有韵味的街区景观。户部山历史建筑保护区周边的商业街中，众多仿传统建筑样式建造的建筑造型、用色与材质皆较为成功，呈现出古韵盎然的历史风情，再加上熙攘的人群，成功营造出繁华热闹的古商业街氛围，堪称徐州市城市特色景观建设的成功范例（图8-17）。该区域内建筑色彩的色相集中在狭窄的10YR（橙）~2.5Y（黄）的暖色系范围内。这些色彩主要是被指定为户部山历史文化保护区内受特殊保护的旧式民居的外墙色，即呈现出橙黄色印象的砖灰色。此外，户部山区域周围的住宅基调色大多使用N系（黑、白、灰）色彩。该区域内建筑色彩的明度基本集中在4.0~8.5的中高明度范围内。其中户部山历史文化保护区内的建筑色彩明度主要集中在中明度的4.0~6.0范围内。该区域内建筑色彩的艳度主要集中在低艳度的1.0~2.0范围内，属沉稳安定的色调。另一方面，戏马台上的一些建筑的基调色使用了艳度相对较高的色彩，在绿树掩映下，形成了地区标志性建筑。

徐州新城区商业办公组群、文化体育医疗服务设施组群、中高档住宅楼等表现出较高的色彩运用水准，反映出新城建设的综合水平。在现有良好基础上，如何更出色地把控好建筑自身、建筑与建筑、建筑与环境间的色彩合理运用，进一步提高新城区的色彩品质，塑造整体景观和谐统一，营造鲜明时尚的新城区印象，引领徐州市城市新风貌的未来方向，是本次色彩规划的重任之一。该色相区域内建筑色彩的色相基本集中于2.5YR（橙）~5YR（橙）的暖色系，或者无彩色的N系（黑、白、灰）范围内。其中，暖色系色彩多出现在住宅类建筑中，而N系色彩则多出现于行政办公类建筑中。该区域内建筑色彩的明度集中于3.5~8.0的中高明度范围内，给人或稳重或明快的舒适印象。该区域内建筑色彩的艳度基本集中在4.0以下的低艳度范围内，予人温和沉稳的印象。

徐州经济技术开发区（金山桥片区）作为城市主要的技术与工业开发区，从区域整体布局来看，西部为工业区，东部为居住区和部分工业。其中工业区中集中了包括工程机械、钢铁、物流等大批大型企业，这些企业中拥有众多大体量的办公楼、厂房、锅炉、烟囱、吊车等建筑物、构筑物与设施，组成了整个开发区的主要景观面貌。该区域内建筑色彩的色相集中于5YR（橙）~5Y（黄）的暖色系和10BG（蓝绿）~5PB（紫蓝）的冷色系范围内。其中暖色系色彩包含住宅类建筑与工业类建筑，而冷色系色彩基本专属于工业类建筑。该区域内建筑色彩的明度以6.0～9.0的中高明度色为主，并且马路两侧建筑中随处可见明度8.0以上的高明度色，使得区域景观明快活跃。该区域内建筑色彩的艳度以3.0以下的低艳度色为主，但同时有部分工业类建筑使用了高艳度色。

徐州市的市中心绿树如茵、风景怡人，自然环境舒雅精致。在这如画般的自然环境中，鳞次栉比、富丽时尚的商业楼、写字楼、酒店等耸立其间，展现出徐州都市圈核心城市繁荣兴旺的魅力景观。该区域内建筑色彩的色相虽然多集中于暖色系范围内，但也出现不少冷色系色彩，使得景观整体缺乏协调感。该区域内建筑色彩的明度以4.0～9.0的中高明度为主，使得区域印象较为明快活泼。该区域内建筑色彩的艳度基本集中在6.0以下，使得区域整体景观印象沉稳。

2. 城市色彩规划10大基本方针

通过对测色数据的全面详细分析，规划抓住了徐州市现状存在的色彩运用问题。在城市现有的整体水准相对较高的色彩秩序下，如何更好地协调城市公共空间各类景观要素间的色彩相互关系尤为重要。具体10大基本方针如下：

方针一：古色今用——建筑基调色应尽量模仿徐州市当地历史传统色彩或选择当地历史传统建材建造

城市中的历史传统建筑均以自然建材为主，而现代建筑多以坚固耐用的现代人工建材为主。人工建材可以随个人喜好与审美自由着色，而历史传统建筑的色彩是随时间变迁、逐年沉积而成的城市地域色与风土色，色彩学中称为惯用色。从保护城市历史传统风貌角度出发，在使用新型建材建造现代建筑时，应尊重传统建筑的惯用色，确保区域景观的和谐相融。见图8-18。

方针二：原生印象——徐州市内历史街区或仿古街区周边，应尽量使用富有原生印象的建材

历史类建筑独有的情趣与韵味绝非色彩能简单表现出的。特别是自然石材、砖等建材历经时光冲刷而形成的独特色彩、花纹与质地绝非一日之功。因此在历史街区或建筑周边使用现代建材建造新型建筑时，即便不能对整体建筑采用具有传统印象的灰砖、瓦等建造，也要尽量在建筑底层或入口周围，特别是人们视线集中的地方，使用具有传统印象的仿古类建材建造。见图8-19。

方针三：暖色主体——市内建筑基调色色相以暖色系为主

鉴于徐州市未来将有众多不同规模与功能的建筑建成，为能灵活应对由此生成的各类景观，并塑造风格和谐统一的城市景观，因此色彩规划首要方针确定徐州市内的建筑物基调色应以暖色系色

图8-18　方针统一示例

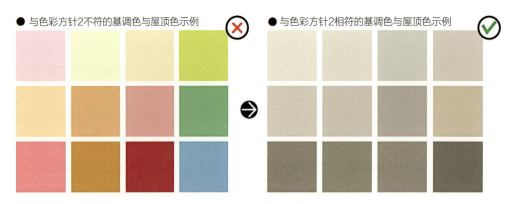

图8-19 方针二示例

彩为主。见图8-20。

　　方针四：严控艳度——市内建筑基调色、屋顶色以低艳度色为主

　　穿城而过的故黄河两岸绿树华茂、风景如画。假若沿岸的建筑中出现高艳度的鲜艳色，势必会影响周围景观的良好印象。因此建筑基调色与屋顶色应基本采用低艳度色，营造沉稳有格调的城市景观。见图8-21。

　　方针五：精致分割——市内大体量建筑物应遵循建筑外观格局，进行适度分部分段涂装

　　徐州市内的建筑，特别是居住类建筑日趋高层化，这些大体量的建筑会给周围景观带来一定影响，并可能会给其下的人行空间带来压迫感。因此，对于大体量的建筑，要综合考虑其设计特征与外观格局进行适度的分部分段涂装，使建筑整体尺度与周围环境间的视觉比例协调，方能使景观达到和谐相融。见图8-22。

　　方针六：强调低层——在建筑物低层部位适度运用强调色进行涂装，营造繁华印象

　　在远景、中景的视距情况下，由于建筑显得更加密集，因此要格外注意保持建筑立面的色彩连续性与统一感，尤其在行人视线集中的建筑低层部位，要运用色彩营造适度的繁荣新丽印象，即小面积使用鲜艳色彩，从而吸引人们的注意力。而在建筑上半部或作为基调色大面积使用此类鲜艳色

图8-20 方针三示例

图8-21 方针四示例

图8-22 方针五示例

彩却会弄巧成拙,破坏景观的和谐性。见图8-23。

方针七:精致建材——在行人视线集中的范围内使用质感丰富、质地精良的建材

与建筑低层部位应使用强调色相同,此类行人视线集中的部位也要充分考虑使用质感丰富、质地精良的建材。即使不能在外墙墙面整体使用高价建材,也提倡尽量在建筑低层周围或入口部分,使用富有品质感的建材,提高建筑整体品质感。见图8-24。

方针八:明度控制——在建筑物高层部位,避免大面积使用低明度色

低明度低艳度的色彩容易予人一种高品质的存在感,但如果将这些色彩运用在建筑物的高层部位,会与作为建筑背景的天空色彩形成不协调的强烈对比,给周围环境带来一种压迫感。因此应充分考虑建筑体量与外观格局进行适度的色彩分部分段涂装,避免在建筑物外立面大面积使用低明度色。见图8-25。

方针九:配色平衡——协调建筑外立面基调色、辅助色、强调色间的比例平衡关系

在色彩规划时,首先选定怎样的色相或色彩做基调色尤为重要,因为基调色决定建筑整体印

● 与色彩方针6不符的配色示例

● 与色彩方针6相符的配色示例

建筑外墙的中高层部位比低层部位或道旁绿植等更加吸引行人的视线，对建筑自身与周围景观产生了不良影响。

在人们视线集中的低层部分使用合适建材，营造繁华且富有情趣的都市景观。

图8-23　方针六示例

● 与色彩方针7不符的建材示例

● 与色彩方针7相符的建材示例

图8-24　方针七示例

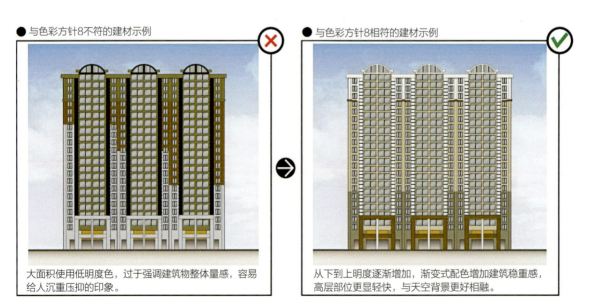

● 与色彩方针8不符的建材示例

● 与色彩方针8相符的建材示例

大面积使用低明度色，过于强调建筑物整体量感，容易给人沉重压抑的印象。

从下到上明度逐渐增加，渐变式配色增加建筑稳重感，高层部位更显轻快，与天空背景更好相融。

图8-25　方针八示例

象。基调色、辅助色、强调色的比例一般根据建筑体量尺度、设计思路和功能类别会有所不同。但一般认为基调色适合占建筑外立面面积80%左右或以上。

外立面使用两种以上色彩时，要使基调色、辅助色、强调色间的色相差相对较小，以利于构建协调一致的景观。见图8-26。

方针十：功能相符——依据徐州市总体规划划定功能区域与建筑自身功能及设计特征选择相符的色彩类别

不同建筑根据各自功能特征又有不同的形态、体量与设计概念。一般居住类建筑要强调安定舒适感，工业类建筑要强调先进可信赖感等。因此在充分考虑各地区景观特性的同时，根据建筑物的不同功能选择适宜的色彩尤为重要。见图8-27。

图8-26　方针九示例

图8-27　方针十示例

8.3.4 徐州市城市色彩规划调整与控制

为构建优美有序的城市色彩景观，制定该控制色谱，规定了一般建筑常用色彩范围。如前面所述，为区分与展现几类重点区域各自景观特征与个性，规划制定了更加详尽细分的色彩控制范围。

建筑外立面的色彩控制范围包括基调色、辅助色、强调色、坡屋顶色四类，对于不同种类其色相、明度、艳度均有不同的要求。见表8-1。

建筑外立面的色彩控制范围 表8-1

部位		色相	明度	艳度
基调色	约占各立面80%左右或以上	0R～4.9YR	3.0以上 8.4以下 8.5以上	4.0以下 1.5以下
		5.0YR～5.0Y	3.0以上 8.4以下 8.5以上	6.0以下 2.0以下
		其他	3.0以上 8.4以下 8.5以上	2.0以下 1.0以下
辅助色	约占各立面20%左右或以内	0R～4.9YR	3.0以上 8.4以下 8.5以上	6.0以下 1.5以下
		5.0YR～5.0Y	3.0以上 8.4以下 8.5以上	8.0以下 1.5以下
		其他	3.0以上 8.4以下 8.5以上	4.0以下 1.0以下
强调色	约占各立面5%左右或以内 *强调色+辅助色≤各立面的20%	全色相（蒙塞尔全色相）	自由	自由
坡屋顶色	传统工艺烧制而成具自然原生印象的瓦，可不受色彩范围限制	5YR-5Y系	6.0以下	3.0以下
		其他		1.0以下

以下为徐州市城市色彩规划控制色谱，分别为基调色、辅助色以及坡屋顶色的适用范围见图8-28、图8-29、图8-30。

当然，对于色彩控制也存在例外情况，比如在其他法令中已有明确色彩规定的建筑，以及没有外立面做识别的娱乐设施等。当然玻璃和玻璃幕墙由于能通过反射、折射、漫射等物理现象，而使其本身呈现不固定的色彩变化的也可以不遵循此标准。

8.3.5 徐州市城市色彩规划推荐色谱（66色）

前面所说的控制色谱，是用蒙塞尔色彩体系来表示建筑外立面基调色、辅助色、坡屋顶色的色彩使用范围。但如果要熟练使用蒙塞尔色彩体系，是需要有一定的色彩专业知识做基础的，对于缺乏色彩专业知识的人而言，该色彩基准的实用性稍显不足。因此，为便于普通大众也能灵活方便地选取合适的色彩，特制定了简单易操作的《徐州市城市色彩66色》。

《徐州市城市色彩66色》是在遵循色彩基准的基础上，以便于实际操作为目的而选定的使用频率较高的66种色彩构成的色谱。该66色除建筑外立面基调色外，还包括建筑辅助色、强调色、坡屋顶

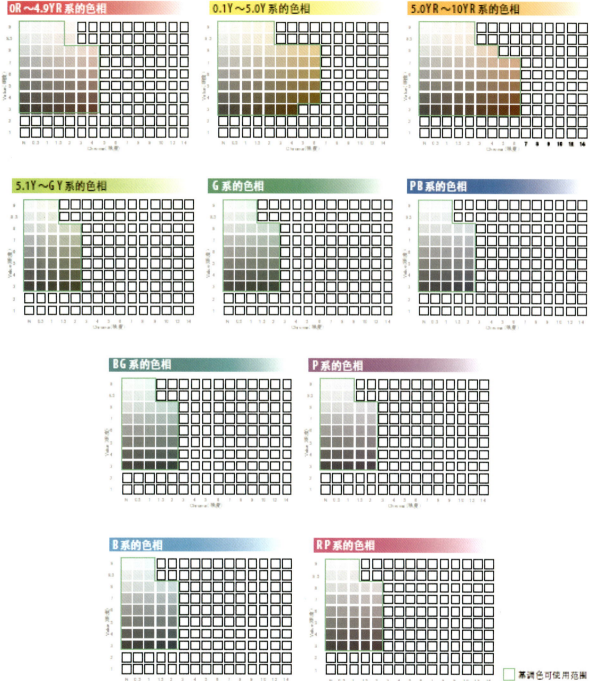

图8-28 基调色可使用范围

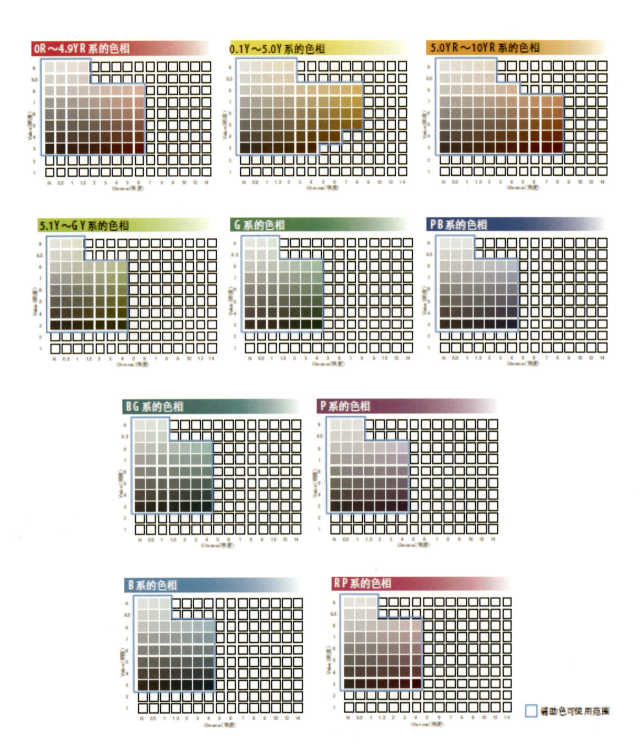

图8-29 辅助色可使用范围

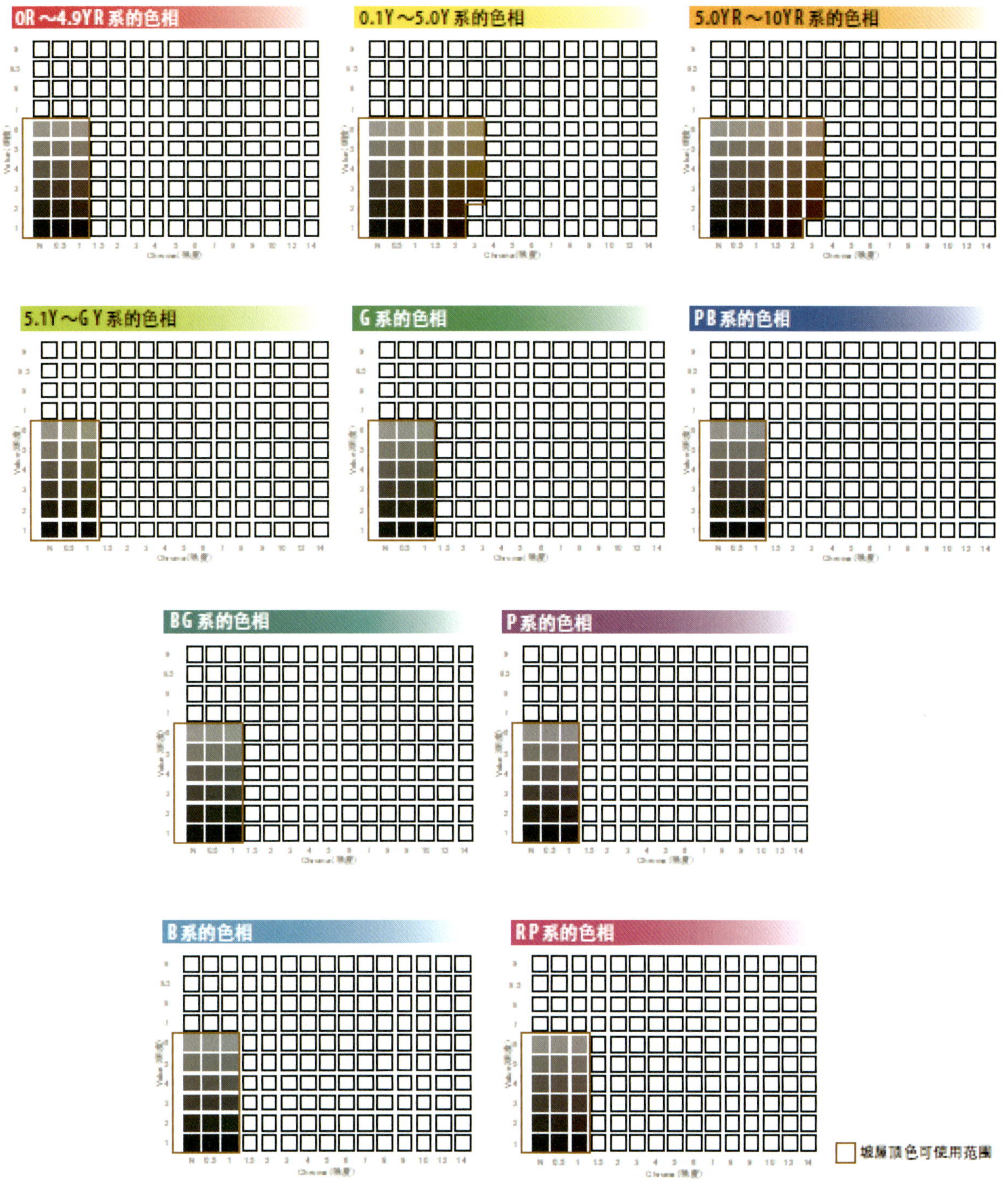

图8-30　坡屋顶色可使用范围

色和街具小品色。对于有一定色彩基础的人群来说，则可不必拘泥于此66色，仅需在遵循色彩基准的原则下自主选择合适的色彩即可。见图8-31。

建筑外立面基调色是指色彩使用比例占建筑各外立面面积80%左右或以上的色彩。基调色应尽量选择那些能够与建筑周围环境和自然景观相协调，且随时光变迁不易褪色、不易令人产生视觉疲劳的暖色系中、低艳度色。

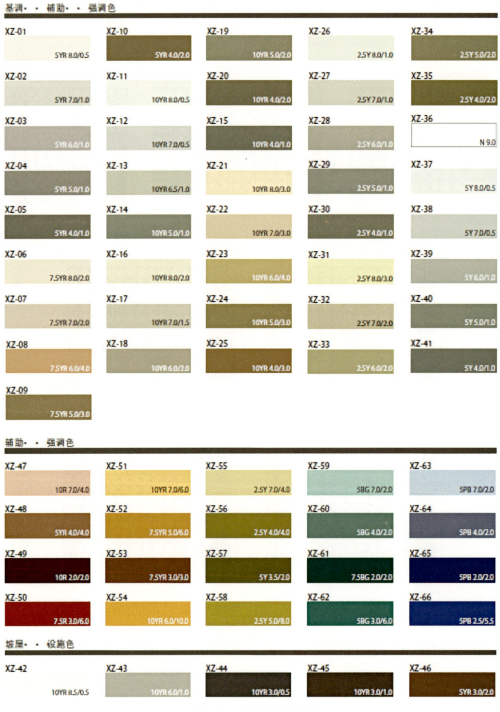

图8-31　徐州环境色彩66色

- 基调色：决定建筑主体印象的色彩，一般占建筑各外立面面积80%左右或以内。如图8-32所示。
- 辅助色：渲染建筑外观、丰富建筑表情的色彩，一般占建筑各外立面面积20%左右或以内。
- 强调色：点缀建筑外立面，彰显建筑独特个性的色彩，一般占建筑各外立面面积的5%左右或以内。并且辅助色与强调色的总面积适宜控制在建筑各外立面面积的20%左右或以内。
- 坡屋顶色：本规划中的坡屋顶色均针对建筑坡屋顶或圆屋顶。平屋顶色彩控制参看《徐州市建筑色彩控制技术导则》。此外，如金属材质、原木、石材等不上色的建材，或采用传统工艺烧制成的具原生色彩印象的砖瓦等，可不受此色彩范围所限。

图8-32　建筑立面图式

建筑外立面辅助色是指色彩使用比例占建筑各外立面面积20%左右或以内的色彩。建筑辅助色应注重营造建筑自身与街区景观的变化。辅助色一般与基调色形成一定的色差，从而创造出景观的适度变化，展现景观魅力。因此辅助色一般选择中高艳度色或与基调色形成适度明度差的低明度色，也可从基调色中选择辅助色，此时辅助色只需与基调色保持合理色差即可。

建筑外立面强调色是指色彩使用比例占建筑各外立面面积5%左右或以内的色彩。强调色可使用一些艳度较高的鲜艳色彩。一般在行人视线集中的建筑1、2层的低层部位提倡适度使用强调色，进而达到醒目的效果。

运用多种色彩时，应注意色相间的协调关系，在一栋建筑上使用2种或2种以上色彩时，要尽量统一色相，协调色彩间的关系。特别是辅助色和强调色各使用2种以上色彩时，最好在66色划出的辅助色与强调色范围中的同一纵列内选择。

8.3.6　徐州市城市主色调与代表色

徐州自古是华夏重镇，国家历史文化名城，因此遗留下了众多优秀历史色彩元素。这些历史色彩多以雅致的低艳度黄色为主。

在专业色彩规划学领域中，一座城市或特定地域的"主色调"往往是由其"基因色"决定的。"基因色"就是指这座城市自然要素的原生色彩，以及历经时光磨砺而逐渐形成的，能够与自然景观原生色彩天然共融的传统建筑色彩。事实上这些传统建筑正是因为采用了当地自然元素，如土、砂石、木材等作为建造材料，而拥有了这些元素的原生色彩，同出一源，相生互荣。通过专业的色彩调查得知，徐州传统建筑的优秀色彩如图8-33所示，集中在泛黄的灰白色到泛黄的灰色这个沉稳的色调区域范围内。雅致的黄灰白色调与徐州得天独厚的山水景观很好地达成了视觉和谐，是徐州的"基因色"。同时，在徐州市内众多新兴落成的建筑中，这类色彩也得到了较好的运用。因此，本次

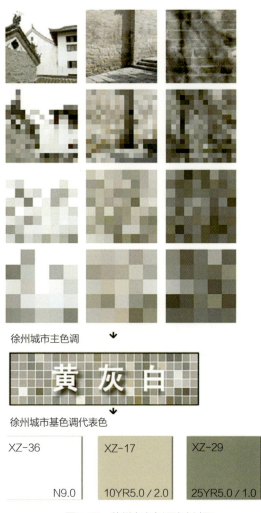

图8-33 徐州市主色调演变过程

规划将"黄灰白"定为徐州的主色调。

8.3.7 徐州市六大色彩控制体系

通过对市内建筑色彩的调查，在分析市内自然景观色彩与城市规划方针等资料之后，本规划对七大重点区域及其他一些功能用地设定了相应色彩控制体系。

黄河故道沿岸是明快开放的沿河地区，建筑基调色色相基本以暖色系为主，突出优美的水文环境，营造明快清爽的景观印象。

云龙湖周边是绿植葱茏的环湖地区，建筑基调色色相基本以暖色系为主，为衬托云龙湖与周边山背景等自然景观的美感，应注意控制基调色的艳度。

历史文化街区是历史或仿古建筑汇集、格调独特的文化保护区，建筑基调色色相基本以暖色系为主，继承与发扬历史类景观资源，营造沉稳优雅富有格调的街区景观。

新城区的色彩沉稳典雅，建筑基调色色相基本以暖色系为主，要控制基调色的艳度，打造体现新开发地区特征的简练时尚景观。

高铁客运站周边是以新车站为核心推动建设的新兴繁华地带，建筑基调色色相基本以暖色系为主，要与周边的自然景观相协调，打造活力现代的景观印象。

市中心高度密集的商业办公区，建筑基调色色相基本以暖色系为主，营造和谐统一的城市景观，打造市中心繁华兴旺活力四射的景观氛围。

经济技术开发区多种功能建筑集聚，建筑基调色色相基本以暖色系为主，要与该区域工业类建筑密集的特征相适应，营造明快洗练的区域景观。

根据以上的色彩分析将徐州市色彩分为六大色彩控制体系：分别为清、风、史、格、展、地。所谓的"清"适用于黄河故道沿河区域，沿河建筑基调色基本采用暖色系低艳度色，营造沿河清爽统一的景观，避免在大体量建筑高层部位采用低明度色，以免给行人带来心理压迫感。而"风"适用于云龙湖周边，云龙湖周边建筑基调色基本以暖色系中明度、低艳度色为主，展现环湖自然美景。要注意控制建筑屋顶色，确保从对岸或山顶眺望时，不影响整体景观的和谐感。"史"使用与历史文化街区，继承与发扬历史建筑的传统色彩因素，营造富有古典韵味的魅力景观。灵活运用历史景观资源，营造魅力独特的商业景观。"格"适用于新城区，建筑基本以暖色系低艳度色为主，营造与新行政中心风格相符的景观环境。行政办公类建筑或教育文化类建筑宜尽量选用石材，营造印象沉稳的景观。"展"适用于市中心和经济开发区，建筑基调色主要采用暖色系中低艳度色，营造统一且富个性变化的区域景观。"地"适用于功能用地，建筑基调色基本以暖色系中低艳度色为主，营造统一连续的街区景观。见图8-34。

六大色彩体系代表基调色是为了展示各体系特征从徐州市城市色彩66色中提出得来，如图8-35所示。在实际应用中，为配合建筑物的不同体量、形态和建材等，使之能有更多的配色方案，可根据六大色彩体系各自的特征，选择其他非代表色，如图8-36所示。

控制体系	适用范围	色彩控制体系思路	景观营造目标
色彩控制体系 清	重点区域Ⅰ 黄河故道沿岸	●故黄河沿岸建筑基调色基本以暖色系低艳度色为主，营造沿河清爽统一的景观。 ●避免在大体量建筑中高层部位采用低明度色，以免给周围景观带来压迫感	
色彩控制体系 风	重点区域Ⅱ 云龙湖周边	●云龙湖周边建筑基调色基本以暖色系中明度、低艳度色为主，展现环湖自然美景。 ●要注意控制建筑屋顶色，确保从对岸或山顶眺望时，不影响整体景观的和谐感	
色彩控制体系 史	重点区域Ⅲ 历史文化保护区	●继承与发扬历史建筑的传统色彩因素，营造富有古典韵味的魅力景观。 ●灵活运用历史景观资源，营造魅力独特的商业景观	
色彩控制体系 格	重点区域Ⅳ 新城区	●建筑基本以暖色系低艳度色为主，营造与新行政中心风格相符的景观环境。 ●行政办公类建筑或教育文化类建筑宜尽量选用石材，营造印象沉稳的景观	
色彩控制体系 展	重点区域Ⅴ 高铁客运站周边 重点区域Ⅵ 市中心 重点区域Ⅶ 经济技术开发区	●建筑基调色主要采用暖色系中低艳度色，营造统一且富个性变化的区域景观	
色彩控制体系 地	功能用地① 功能用地② 功能用地③ 功能用地④	●建筑基调色基本以暖色系中低艳度色为主，营造统一连续的街区景观	

图8-34　徐州市六大色彩控制体系的具体操作建议

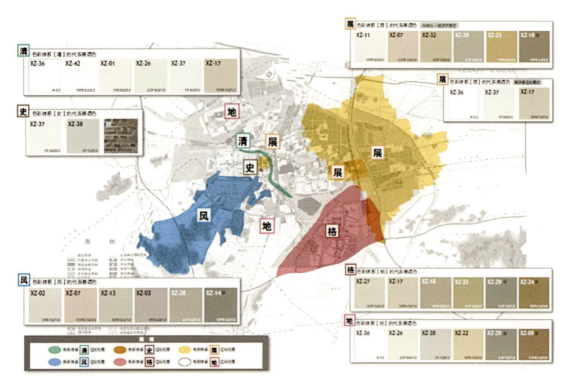

图8-35 徐州市六大色彩体系代表基调色

- 清—故黄河景区
- 风—云龙湖景区
- 史—历史文化街区
- 格—新城区
- 展—经济开发区，高铁客运站周边，市中心
- 地—其他景区

图8-36 徐州市六大色彩体系代表基调色和配色示例

8.3.8 徐州市不同空间形态建筑色彩规划设计与管理

1. 居住建筑色彩整体规划

（1）色彩定位

城市居民住宅是占据城市建筑面积总量最多的建筑类型，居住建筑的色彩对一个城市的景观面貌有着最直接和最深刻的影响。人对居住建筑色彩的喜好因自己的民族、经历、教育程度等因素而不同，造成城市居住建筑色彩的使用因目标客户群的不同而不同，材料的选择也会因为建筑售价的差异而有较大差别，因此，对居住建筑色彩的规划和设计是城市建筑空间建筑形态的重要组成部分。

通常同一住宅小区的建筑在造型、材料和色彩方面都能取得较好的一致性，因此住宅小区本身的色彩控制重点不仅在于小区中建筑之间色彩的统一性、协调性和完整性，更重要的在于某种色系在小区大面积使用后对其所属城区景观的影响，大面积使用高彩度、中高明度的色彩对城市景观来说效果是难以乐观估计的。因此对住宅小区主色调的选用应该慎重，要充分考虑到大面积使用后的视觉效果和对周围环境产生的影响。在符合大环境色彩下，遵照"先建者优先"的原则，后建的居住区要注意同现有小区的协调。另外，应结合住宅小区在城市中的具体位置、周边环境、造型定位等因素，综合分析确定住宅区的色彩是否需要体现地方文化、反映一定的地域性。传统建筑和文化保护单位附近的建筑应当考虑与传统建筑的呼应；距离云龙湖等风景区较近的住宅区，应注重同风景环境的协调，适当表现徐州地方特色。

（2）色彩趋势

1）高明度、低彩度作为主色调，线状或点状高彩度作为装饰。这一类仍然是居住建筑的主体。

2）低明度、低彩度作为主色调，造型以稳重为上，但建筑群规模较大时会对该区域的整体景观造成较大影响。

3）半自然色彩的运用，在色彩上体现传统地区特色。

住宅区主要的问题在于，开发商在建设时很少考虑住宅区对其所属城区的影响对环境的影响，这一点在控制力度和思想意识上需要加强。

（3）规划的考虑因素

1）外墙材料的使用考虑

通过徐州建筑色彩的调查和徐州建筑色彩问题分析，发现徐州存在着大量的老小区，这些小区基本上是使用涂料进行外墙粉刷，由于长期受自然环境的影响，其建筑色彩已经斑驳或者不复存在，显露出底层灰黄色的水泥涂层，严重影响了徐州城市建筑色彩整体效果。因此，对这部分小区进行重新粉刷的时候除了要考虑环境、色彩色相、纯度和明度等问题外，涂料的耐候性也是一个十分重要的考虑因素。见图8-37。

目前也有一部分新建的居住小区采用建筑外墙砖，建筑色彩典雅，具有较好的效果。但是外

图8-37　建筑外墙涂料剥离后的效果

墙砖是粘贴在建筑表面，徐州冬季较为寒冷，全年温差较大，对外墙砖的牢固性有影响，外墙砖的脱落除了有安全隐患以外，对建筑色彩影响也很大，因此，对建筑外墙砖的使用也要慎重。

目前节能降耗日益受到重视，在建筑色彩景观的规划中也需要将节能与建筑色彩结合起来，促进建筑色彩规划更具有操作性和现实意义。在建筑中建筑色彩部分主要是指建筑外围护结构的色彩，建筑能耗也主要来自建筑物的外围护结构，因此，实施建筑节能的关键是改善外围护结构的热工性能，居住建筑使用的比较多的方式是外墙保温砂浆，如果在外墙保温砂浆中加入色彩，制成彩色保温砂浆，不仅可以降低居住建筑的能耗，同时也解决了居住建筑色彩在气候影响下色彩不能持久的问题，这样城市建筑色彩规划就更具有可操作性和长期性，可以形成长期、持久的城市建筑景观。

2）居住建筑顶面的色彩规划

在建筑色彩的规划研究中，通常的关注点主要是人们在平视和仰视角度下观察到的、构成城市色彩的建筑立面的色彩，对于建筑的顶面色彩因为理念的差异和较少采用俯视的观察角度而缺乏考虑。公共建筑由于屋顶往往有较多空调和通风等设备而不需要特别的色彩规划，而对于居住建筑，尤其是多层居住建筑，因为其所占城市建筑的比重较大，从高处俯视所感受的城市建筑色彩效果明显，居住建筑顶面的色彩规划尤为重要。见图8-38。

图8-38 国外社区顶面色彩规划

随着太阳能热水器在徐州普遍运用，如何将太阳能热水器以及将来发展的光伏系统的色彩与建筑顶面色彩更好的结合是建筑设计人员需要思考的问题。

目前太阳能热水器采用的是黑色真空集热管，上方有水箱，因其集热管的管数和规格不同尺寸上有较大的差异，在建筑顶面布置时大大小小的热水器使楼顶面如同贴上了大大小小的膏药，影响整个建筑色彩的和谐统一。见图8-39。

因此，在建筑设计的过程中，应充分考虑太阳能热水器与顶面之间的位置和色彩关系，在建筑设计中考虑到太阳能热水器或光伏系统的色彩和形式，留下相应的位置，顶面建筑色彩也与之协调、统一考虑。这样才能协调整个居民小区的建筑色彩关系，进而形成和谐的城市建筑色彩景观。见图8-40。

图8-39 徐州居住建筑顶面杂乱的太阳能热水器情况

图8-40　太阳能热水器与顶面的结合

2. 商业商务区建筑色彩规划

商业街的色彩景观一般是一个城市中最活跃、最热烈的部分，商业街在某种程度上可以认为是城市建筑色彩中的点缀色。针对不同性质的商业区，色彩的控制模式是不同的。传统商业街既要传递商业性，也要表现文化性。色彩景观应该以当地历史文化传统色彩为基础，强调表达地方人文特色，广告张贴和商品陈列应遵从传统方式，以商业街的整体形象为重，避免因色彩面积过大而破坏景观。同时可以通过采用传统店面、城市雕塑、街头小品等对地方特色加以强调。如徐州户部山步行街统一规划改造了旧有建筑，将色彩定位为白墙、深褐色和暗红色的木质构件，同时通过丰富且具有传统意味的广告，有效地创造出具有地方特色的商业历史街区形象。

一般商业街以商业活动为主要目的，商品陈列和广告流动性大，更换频繁，色彩多变且使用高彩度色的机会较多，较难控制，可以通过控制位置和大小来使其变得有序。而建筑作为依附体采用中性色比较恰当，建筑间以类似调和为原则。最好能选取一二种色彩（通常宜平淡的中性色）较多地重复出现，时不时亮相群体中，这会使看上去零散独立的单体，被无形的引力牵连成整体。商业区中的广告是影响最终色彩景观的重要因素，在规划设计中应注意广告的面积和位置，防止因广告的数量过多、位置无序而造成色彩景观的混乱。国内很多城市的商业区经常存在广告数量过多、位置杂乱的通病，相对而言，欧洲城市的商业区则要"安静"得多，政府管理部门对具有商业目的性的标志、广告的管理要严格许多。

徐州中山路商业街重点强调低层视觉关注点以下的色彩设计，规划限定广告牌的大小和位置；而建筑上半部以背景身份出现，虽然比较杂乱，建筑色彩种类繁多，但就笔者询问路人的情况看来，大家对商业街建筑的上半部分关注的情况较少。从而一定程度上强化了商业街的定位，为公众创造了一个良好的购物环境。

商务办公建筑一般体量较大，这些巨大的建筑对环境的压迫作用非常明显。徐州的商务办公建筑目前还是以混凝土框架、外挂装饰铝板的建筑外表皮的装饰方式为主，这些体量巨大的、灰色的建筑对城市建筑色彩的影响巨大，目前商务建筑普遍采用的LOW-E玻璃、镀膜反射玻璃、超白玻璃等透明建筑材料可以有效地减小这种压迫感。玻璃的通透感可以使视线减少阻碍，玻璃的反射和折射的特性可以将周围的环境和建筑在玻璃上，从而使城市建筑色彩和环境更加和谐。见图8-41。

图8-41　建筑中玻璃的使用效果

图8-42　中国矿业大学南湖校区建筑色彩景观

3. 科技文教区建筑色彩规划

科技文教区的色彩景观控制计划应从其本身性质、历史文化含量、所处城市中的位置等方面具体分析，对于远离城市中心的新兴校区，色彩控制以自身的完整性为主，以建筑之间的色彩协调为原则，不必过分强调地方特色的体现，色彩施用与校区本身的地位性质吻合。如中国矿业大学南湖校区教学楼建筑群，用灰色与黄色组合作为建筑主色，大尺度白色的构架作为建筑的点缀。见图8-42。

而对有着较长历史的高等学府的建筑则要因其特殊地位而慎重行事。对于确实有一定历史文化价值的文物性建筑，提倡外立面以保护性清洗为主，尽量保留其原有的材质和色彩，不盲目翻新粉饰，更不可拆除再建。例如江苏师范大学云龙校区的三座教学楼，建于1958年前后，是徐州高等学校现有建筑中历史最长、具有一定意义的传统建筑。传统大屋檐建筑，青砖墙面，顶面铺设青瓦，整体色彩典雅协调，和谐统一，具有很强的艺术感，见图8-43。为和这些建筑协调与呼应，其周围区域新建的校园建筑的色谱应采用低彩度、中低明度、偏中性的色系，避免采用色彩性格强烈、高彩度的色彩产生喧宾夺主的后果。但同时也应具体问题具体分析，灵活使用色彩的统一调和、类似调和及对比调和原则，以达到突出重点、主次分明、色彩协调统一的最终目标。

在校园建筑色彩规划中也要考虑到色彩辅助色在不同教学楼之间的空间指示作用。目前新建的一些校园建筑色彩过于统一，这些校园除了建筑形式有些差异外，色彩毫无二致，面对相似的群建筑物，对于初到校园的人来说不利于快速到达目的地。可以考虑在建筑色彩整体和谐的基础上充分

图8-43　江苏师范大学云龙校区建筑色彩景观

利用点缀色,发挥色彩的指示功能,为不同的建筑设定不同的色彩点缀,利用小面积的高彩度色彩达到指示方向的作用,充分发挥建筑色彩的功能。

4. 历史文化保护区建筑色彩规划

传统地方文化保护区是城市历史和传统文化最为集中和精华的体现,是保护和发扬地方人文环境的重点之所在,因此需要格外仔细地分析研究和慎重操作。

徐州对于确实有一定历史文化价值的文物性建筑,提倡外立面以保护性清洗为主,尽量保留其原有的材质和色彩,绝不盲目翻新粉饰,同时对商业广告的位置和大小要进行严格的规定。

其周边地区的色彩规划,应该在对旧有建筑文脉充分理解和尊重的基础上进行,建筑色彩的选用应与旧有建筑和环境保持高度的调和一致。或者充当背景和衬托的角色,从而对反映地方特色的传统文化保护区起到突出重点的作用。一般原则下,历史文化保护区周边区域建筑的色谱应采用低彩度、高明度、偏中性的色系,避免采用色彩性格强烈、高彩度的色彩产生喧宾夺主的后果,但同时也应具体问题具体分析,灵活使用色彩的统一调和、类似调和及对比调和原则,以达到突出重点、主次分明、协调统一的最终目标。

在建筑外表皮材料的使用上尽可能以自然材料为主,在质感和视觉感上与古建筑相协调。同时注重色彩与建筑文化之间的呼应关系,以包容或突出古建筑的历史感为主,不可喧宾夺主。

8.3.9 徐州市户外广告、公共设施色彩规划设计与管理

1. 户外广告色彩规划设计与管理

户外广告一般是指长期或特定时期内设置在户外的向公众展示的宣传物。一般包括广告塔、广告板、建筑物等上设置的广告牌、立地式广告、张贴式广告等。为保证城市景观的简洁有序,应严格控制户外广告的过度张贴摆放。在大楼室内玻璃上张贴的宣传物虽然不能被看作户外广告,但它和户外广告能起到相同作用,以此也要限制其过度泛滥。

通过对徐州市户外广告现状调研,发现在历史文化街区与市中心区,广告设置的大小与高度比较一致,整体景观印象比较统一。但是部分商业类建筑,高艳度色的广告招牌设置无序,给人杂乱无章的印象。基于此对徐州户外广告进行分类规划设计与管理。

(1)仿古类户外广告设计与管理

徐州市内对仿古街区的户外广告招牌的设置较为成功,基本上对招牌的尺度、形式、悬挂位置等方面都做了适度合理的管控,此外在色彩与材质上也有一定的限定,特别是户部山街区的广告招牌运用堪为典范。在广告色彩方面,广告招牌的文字宜尽量采用古典字体,色彩宜采用与广告招牌背景底色色相相似的色彩。对于仿古类的广告招牌、背景底色宜采用黑色、低明度低艳度的红色、中低明度低艳度的黄色或橙色,文字宜采用中高明度、中低艳度的黄色或橙色、白色、灰色等,配色方式采用同一色相产生明度差的或统一色调产生色相对比的方式。见图8-44。

(2)现代户外广告设计与管理

徐州市内的现代广告招牌在尺度、形式、悬挂位置等方面管控得比较到位,但与国内其他做过广告设置规范的城市相同,这些广告虽然外观统一性得到了加强,但广告色彩与材质上依然缺乏有效管控,因此在和谐度上依然打了折扣。

相比仿古形式的广告招牌,现代广告招牌在色彩、材质上由于其复杂性与多样性而更加难于管

图8-44　仿古户外广告运用与设计示例

图8-45　现代户外广告运用与设计示例

控，图8-45列举了部分广告招牌色彩的设计示例，文字色彩与背景底色的协调搭配、文字大小与广告招牌尺寸的合适比例等是管控要点。现代广告招牌，其背景色宜采用中低艳度的色彩，对于一些著名的标志性商标，如麦当劳等，则可适当放宽要求。文字色彩以白色、黄色、橙色、黑色为宜。

2．公共设施色彩规划设计与管理

城市是由建筑物、公共设施等构筑物以及花草树木等自然景观共同构成的。虽然建筑物与公共设施的体量、风格等各有不同，但在整体景观中它们并非孤立存在的，而是互相影响密不可分的。因此，在选定公共设施色彩时，还要充分考虑它们之间的关系。

（1）徐州市公共设施色彩运用要点

公共设施有各自不同的功能、外观与尺寸，像围栏、防护栏等，一定程度上达到了"面"的统一，而路灯、车站等则达到了"线"的统一。但从色彩规划的高度来看，还要更加深入合理地运用色彩，使公共设施真正成为进一步塑造城市景观的良好要素。要构建公共设施与周围环境的良好协调关系，需要在充分了解周围环境与背景色彩的前提下，综合考虑设计方式与其他各方面要素（表8-2）。

（2）徐州市公共设施与道路铺装色彩

针对徐州市内的公共设施选定了五种色彩（图8-46）。这五种色彩均是印象沉稳的低艳度色，与各类自然景观均很容易协调；在配色上，如需要产生指示分割功能时，可采用其中明度反差大的两种色彩进行搭配（如XZ-43和XZ-45搭配）。

公共设施色彩运用要点 表8-2

序号	要素	色彩运用要点	注意事项
1	路灯/停车计时器	· 路灯等直立状设施,依情况不同可分别采用中明度或低明度色。	· 在一定空间范围内的这类设施设计风格应统一。
2	长椅	· 尽量采用不易污损的中、低明度色。	· 在历史文化保护区或风景旅游区,宜尽量使用石、木等自然材质。
3	垃圾箱	· 尽量采用不易污损的中、低明度色。	· 选用高品质标志。 · 在一定空间范围内应统一设计风格。
4	防护栏/围墙	· 应正确把握该类事物周边环境的色彩情况,选择明度可与其背景色相融合的色彩进行涂装。	· 禁止随意添加不必要的装饰。
5	花坛	· 尽量采用不易污损的中、低明度色。	· 在历史文化保护区或风景旅游区,宜尽量使用石、木等自然材质。
6	电话亭	· 尽量采用不易污损的中、低明度色。	· 禁止任意添加不必要的装饰。
7	地下通道入口	· 基本采用中、低明度色,避免使行人产生压迫感。	· 选用高品质标志。
8	变电箱、配电间	· 基本采用中、低明度色,避免使行人产生压迫感。	· 提示性标识应以行人可识别清楚的最小面积,设置在能见度高的位置。
9	便利店	· 店面本身基本采用低明度色彩,以凸显店内商品与广告。	· 选用高品质标志。

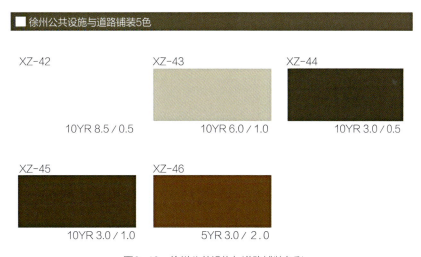

图8-46 徐州公共设施与道路铺装色彩

8.4 徐州市主城区轨道交通站点周边地下空间综合利用规划

2013年2月,《徐州市城市快速轨道交通建设规划(2013~2020年)》经国家发改委正式批复。随着轨道交通的建设,城市居民的出行方式将会发生一定程度的转变。城市建设形态也将转变为有序的沿轨道交通骨干线路的定向拓展以及地铁站域的立体化开发。为加强地铁站点与周边地下空间的有效联通,引导地铁站点周边地下空间的综合开发利用,构建地铁站点地上地下一体化的交通换乘体系,编制完成了《徐州市主城区轨道交通站点周边地下空间综合利用规划》。

8.4.1 基本情况

随着徐州的城市发展，老城区建设已饱和，新城区建设同步进行，无论是老城区的挖潜提升还是新城区的规划布局，均需摒弃传统的粗放式发展模式，改走集约化、立体化的发展模式，更大的发挥土地资源的价值，挖掘潜力，发展地下空间是最有效的途径之一。

轨道交通将城市最重要的核心功能区串联成网，这些传统商业区、新城中心、大型居住区、公共服务中心都是土地价值高的区域，人员密集，对地下空间开发的需求日益增强。轨道交通将城市对内对外交通（高铁、火车站、汽车站、公交换乘站）节点串联，需要组织引导地下空间作为地上地下的交通换乘枢纽，构筑一体化交通体系。

结合徐州市轨道交通建设的契机，进行地下空间的开发，既可以规避二次施工对地面交通的影响，减少基坑围护施工围挡的成本，压缩地铁和周边地下空间的防护距离，还能够增加地下空间的实用性和经济性，有效促进地下空间功能的统一完善。

本次轨道交通站点周边地下空间综合利用规划范围为轨道交通1、2、3号线站点周边200m范围，总面积约678.1hm^2。

8.4.2 地铁沿线地下空间价值及业态研判

1. 地铁站点商业价值评价体系构建

从区位环境、城市规划、交通条件、人口因素4个维度16个因素对地铁站点商业价值进行评价，综合考虑站点周边现状及未来规划，将地铁站点商业开发分为四个层级。区位环境和城市规划因素体现区域功能定位和地块可开发量，交通条件和人口因素体现商业开发潜力。地铁站点商业价值评价体系见表8-3。

地铁站点商业价值评价体系　　　　　表8-3

评价维度	评价因素	分值	
区位环境	商圈层级	6	26
	大型居住区	5	
	政务	3	
	商务	4	
	大学	5	
	景区	3	
城市规划	区域功能定位	13	44
	可开发用地	20	
	基础设施发展规划	5	
	生活配套发展规划	4	
	环境改造	2	
交通条件	轨交接驳	7	21
	公交枢纽	8	
	P+R	6	
人口因素	人口流量	5	9
	消费特征	5	
总计		100	100

2. 地铁商业开发类型

结合表8-3中4个评价维度16个评价因素，分别对轨道交通1、2、3号线的各个站点商业价值进行评估，得到各站点商业价值评估结果如表8-4～表8-6所示。

轨道交通一号线各站点商业价值评估　　　　表8-4

站点商业开发类型	站点名称	商业价值评估结果
一类开发站点	彭城广场站	69
	徐州火车站	58
	人民广场站	54
	徐州东站站	54
	站东广场站	48
二类开发站点	韩山站	43
	西安路站	43
	学院东路站	42
	路窝村站	40
	杏山子站	40
三类开发站点	庆丰路站	39
	一号路站	37
	狮子山站	34
	文化宫站	32
	铜山路站	30
	振兴路站	30
不做开发站点	苏堤北路站	27
	工农北路站	26

轨道交通二号线各站点商业价值评估　　　　表8-5

站点商业开发类型	站点名称	商业价值评估结果
一类开发站点	彭城广场站	69
	七里沟站	51
	师范大学站	47
	新台子河站	43
	文博园站	43
二类开发站点	周庄站	42
	奔腾大道站	42
	物资市场站	14
	二环北路站	40
	淮塔东路站	39
	汉源大道站	39
	新区东站	39

续表

站点商业开发类型	站点名称	商业价值评估结果
三类开发站点	中心医院站	37
	新元大道站	37
	丁万河站	37
	九里山站	36
	建国路站	36
	市政府站	35
不做开发站点	大龙湖站	29
	姚庄站	28

轨道交通三号线各站点商业价值评估　　　　表8-6

站点商业开发类型	站点名称	商业价值评估结果
一类开发站点	徐州火车站	58
	铜山副中心站	57
	师范学院站	52
	科技广场站	49
	铜山新区站	48
二类开发站点	大庆路站	42
	下淀站	42
	淮塔东路站	39
	复兴南路站	39
三类开发站点	创业园站	35
	湘江西路站	35
	焦山村站	35
	南三环站	33
	和平路站	31
	银山站	30
不做开发站点	翟山站	24

总结轨道交通1、2、3号线站点商业开发类型如表8-7所示。结果表明，越靠近市中心的地铁站点城市功能特征越明显，未来地铁客运量达，商业开发条件好。

3．P+R停车场研究

（1）P+R设施选址原则

1）公共交通体系为依托：P+R设施布局选址时首先应结合轨道和公交枢纽，相衔接的轨道和公交枢纽具有完善的公共交通服务和较高的发车频率，公共交通行驶速度以及服务水平较高，能够吸引出行者换乘。

2）最大化停车换乘需求：满足最小化汽车到达P+R设施时间——汽车到达P+R设施的时间应该

徐州市轨道交通站点商业开发类型研判　　　　表8-7

站点商业开发类型	轨道线路	站点名称
一类开发站点	1号线	彭城广场、徐州火车站、人民广场站、徐州东站、站东广场站
	2号线	七里沟站、师范大学站、新台子河站、文博园站
	3号线	铜山副中心站、师范学院站、科技广场站、铜山新区站
二类开发站点	1号线	韩山站、西安路站、学院东路站、路窝村站、杏山子站
	2号线	周庄站、奔腾大道站、物资市场站、二环北路站、淮塔东路站、汉源大道站、新区东站
	3号线	大庆路站、下淀站、复兴南路站
三类开发站点	1号线	庆丰路站、一号路站、狮子山站、文化宫站、铜山路站、振兴路站
	2号线	中心医院站、新元大道站、丁万河站、九里山站、建国路站、市政府站
	3号线	创业园站、湘江西路站、焦山村站、南三环站、和平路站、银山站

尽量减少，换乘后公共交通行驶时间超过P+R全程出行时间的50%。满足最大化服务半径内居住人口——研究表明，在P+R设施为中心的4km为半径的区域内，P+R的吸引量达到50%，P+R设施应根据这个准则选址靠近居住区的合适地点规划建设。

3）与片区功能协调发展：P+R设施应在重要道路交汇集中点或道路堵塞点前对小汽车进行阻截，尽量规划在公共交通不经济区域与公共交通为主区域的交界处，以减少高峰时段进入市中心的车辆数，积极引导高效的出行方式，优化出行方式结构。

（2）P+R设施选址结论

结合徐州城市特点，划定徐州三环以内为中心城区，在环线附近及外围区域，鼓励设置P+R停车场，通过小汽车换乘地铁进入市中心（如文博园站、杏山子站、科技广场站等）；环线内部地铁站点周边挖掘潜力，结合周边的商业、办公、文化等需求布置停车场，缓解中心城区的"停车难"（如西安路站、中心医院站）。见图8-47。

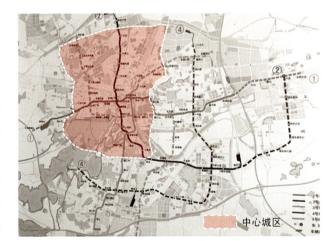

图8-47　徐州市中心城区示意图

8.4.3　地下空间利用开发成果

1. 轨道交通1号线沿线地下空间利用开发成果

轨道交通1号线一期衔接人民广场、淮海广场和彭城广场老城区三大商业中心，坝山片区、高铁商务区两个组团级商业中心，贯穿城市东西发展主轴，是一条串联东西方向的骨干线；同时快速联系铁路徐州站和京沪高铁徐州东站，联系客运西站、汽车总站和客运东站，覆盖城市东西主轴客流走廊，是联系老城核心区与高铁客站的主要通道。

结合轨道交通1号线各站点的用地现状以及各站点商业价值评估结果，梳理1号线沿线地下空间利用开发成果如下图表。见图8-48，表8-8。

地铁线	方案设计及定位	控制引导	单独研究站点	开发价值较低站点
一号线	1. 路窝村站—P+R停车 2. 杏山子站—P+R停车 3. 工农北路站—生态地铁商业街 4. 人民广场站—城市+公园 5. 西安路站—文化+商业+停车 6. 文化宫站—地铁服务配套 7. 徐州火车站站—商业+换乘 8. 站东广场站—综合交通枢纽 9. 铜山路站—商业+配套 10. 徐州东站站—综合交通枢纽	1. 韩山站 2. 苏提北路站 3. 狮子山站 4. 庆丰路站 5. 一号路站 6. 振兴路站	1. 彭城广场站	1. 学院东路站 河流阻隔

图8-48 轨道交通1号线沿线地下空间利用开发成果梳理

轨道交通1号线可开发站点方案设计及功能定位　　　表8-8

站名	未来规划定位	地下开发功能	技术指标
路窝村站	车辆段上盖物业开发，在高架下布置P+R停车	—	高架下停车50辆
杏山子站	P+R停车	地下停车	地下停车4000m²
工农北路站	地铁商业街	商业、停车、下沉式广场	地下商业面积8950m² 下沉式广场2000m²
人民广场站	广场公园式地铁商业购物中心	商业、停车、下沉式广场	地下商业面积13400m² 地下停车面积14600m²
西安路站	文化、商业结合停车周边配套	商业、停车	地下商业面积7526m² 地下停车面积5550m²
文化宫站	地铁服务配套	商业、停车	地下商业面积2031m² 地下停车面积4030m²
徐州火车站站	综合交通枢纽	商业、地铁换乘、停车	
站东广场站	综合交通枢纽	商业、停车	
铜山路站	社区商业服务设施	商业、停车	地下商业面积41631m² 地下停车面积31170m² 下沉式广场1743m²
徐州东站站	综合交通枢纽	停车	地下停车面积43000m²

2. 轨道交通2号线沿线地下空间利用开发成果

轨道交通2号线一期衔接彭城广场、建国路和淮塔东路老城三大商业中心及徐州新区中心，九里山片区、翟山片区、新城片区等组团级商业中心，是一条串联南北方向的骨干线；同时快速联系铁路京沪高铁徐州东站，是联系老城核心区与高铁客站的主要通道。

结合轨道交通2号线各站点的用地现状以及各站点商业价值评估结果，梳理2号线沿线地下空间利用开发成果如下图表。见图8-49，表8-9。

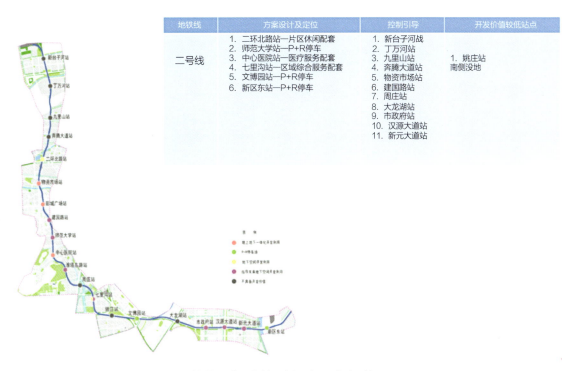

图8-49 轨道2号线沿线地下空间利用开发成果梳理

轨道交通2号线可开发站点方案设计及功能定位　　　　表8-9

站名	未来规划定位	地下开发功能	技术指标
二环北路站	片区休闲配套	商业	地下商业面积3182m²
师范大学站	P+R停车、地下商业为周边学校、商业、居住等用地服务	停车、商业	地下商业面积1800m² 地下停车面积3182m²
中心医院站	医疗配套服务	停车	地下停车面积43830m²
七里沟站	区域综合服务配套	商业、停车、体育（游泳馆、体育馆）	地下商业面积4200m² 地下停车面积9346m² 地下体育面积16460m²
文博园站	P+R停车	停车	B1面积22390m² 其中停车640辆
新区东站	P+R停车	停车	地下停车面积4542m²

3. 轨道交通3号线沿线地下空间利用开发成果

轨道交通3号线一期衔接和平路、淮海战役纪念塔和中国矿业大学文昌校区三大老城区中心区域，金山桥片区、翟山片区和铜山新区三个组团级商业中心，贯穿城市南北发展主轴，是一条串联南北方向的骨干线；同时快速联系铁路徐州站，覆盖城市南北主轴客流走廊，是联系老城核心区和南北片区的主要通道。

结合轨道交通3号线各站点的用地现状以及各站点商业价值评估结果，梳理3号线沿线地下空间利用开发成果如下。见图8-50，表8-10。

图8-50 轨道3号线沿线地下空间利用开发成果梳理

轨道交通3号线可开发站点方案设计及功能定位　　表8-10

站名	未来规划定位	地下开发功能	技术指标
大庆路站	社区商业服务中心	停车	地下停车面积 2419m²
复兴路站	品牌商业主力店	停车	地下停车面积 1240m²
科技广场站	P+R 停车	停车、商业	地下总建筑面积 20290m² B1（地下车库）：8250m² B2：地下车库 8250m² 商业 1790m² 停车位 528 辆
师－铜区间	都市活力休闲轴	商业、联通道	20000m²
铜山新区站	P+R 停车	停车	地下停车面积：13000m²

8.4.4 案例分析

1. 基地情况

选取轨道1号线的人民广场站作为地上地下一体化开发利用的典型站点，研究其地下空间的开发策略。人民广场站作为轨道1号线和5号线的换乘枢纽站，采取深埋车站的敷设方式。根据地铁站点商业价值评价体系研判，确定人民广场站为一类开发站点；结合轨道1号线人民广场站周边用地现状与土地利用规划方案，未来规划定位人民广场站为广场公园式地铁商业购物中心，采取地上地下一体化综合开发利用。

基地人民广场坐落于徐州市区西部，淮海西路、纺织西路交叉口东北角。广场面积22000m²，草坪12000m²，栽植雪松、女贞等170余株，广场绿地面积1.4hm²，绿地率达62%，硬铺装8000m²，是一处面积较大的广场绿地，广场由主广场和西部两个副广场组成。见图8-51。

2. 设计概念

规划将在基地区域内，结合轨道交通资源、景观优势，打造一条绿色商业、休憩、活动、娱乐为主题的商业街区。区别于周边集中式购物Mall，通过组织轨道交通人流，打开区域中部，将商业行为与公园休憩、绿色环境、公共活动、轨道交通人流等多方面因素充分结合。

3. 方案设计

人民广场B1层结合地铁站厅层出入口，并利用地铁展厅层的层高，引入下沉广场的概念，打造丰富立体的入口商业；根据不同人群客流的需求，引入主力店、餐饮、零售、娱乐等业态；为了快

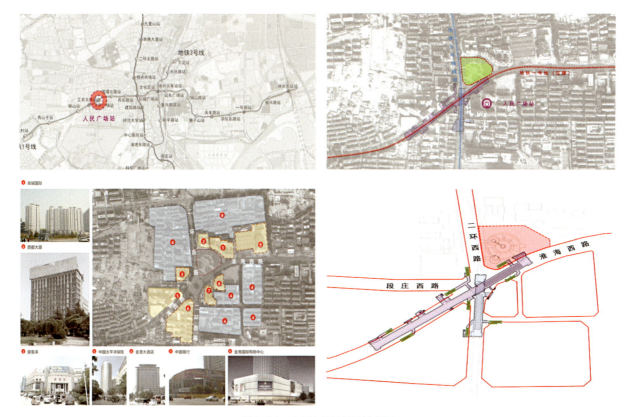

图8-51 人民广场站基地情况图

速集散不同人群客流，创造出趣味丰富的空间，B2层合理组织转换轨道交通人流，尽量将人流动线通过人民广场的地下空间，为人民广场地下空间带来充足的客流，提升该地块地下空间的商业价值。

人民广场B2层高度与轨道交通人民广场站站厅层相同，该层的主要价值在于快速对轨道交通人流进行合理的疏导和交通组织，对轨道交通带来的客流进行合理的方向性疏散，为场地内的商业价值提升奠定基础。同时，B2层的主要功能定义为地下停车功能，与轨道交通站点实现合理换乘，为整个人民广场商圈的商业提供更好的配套。见图8-52～图8-54。

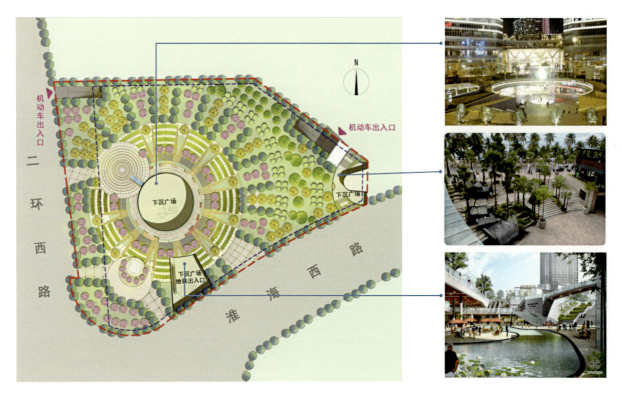

图8-52 人民广场总平面图

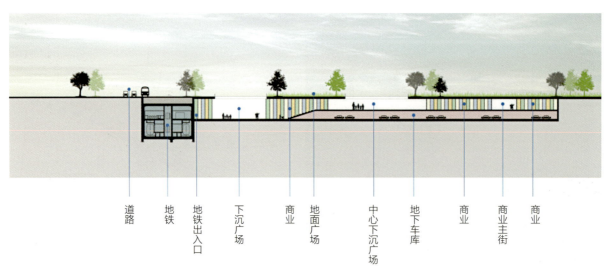

图8-53 人民广场横断面布局图

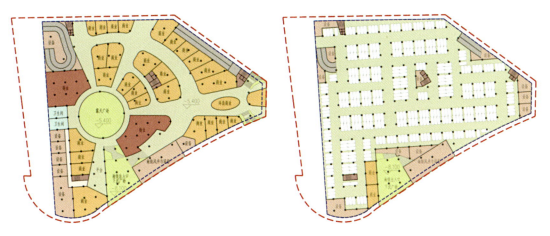

图8-54　人民广场B1、B2层业态布局图

4．人民广场站控制导则

徐州市轨道交通站点周边地下空间综合利用规划项目中由强制性指标和引导新指标形成控制导则。

强制性指标：要求地下建筑物退界距离，在确保施工安全的前提下不小于3m；开发面积1.569万m²；开发强度150％；开发量分配1.15万m²商业，1.2万m²停车；预留通道接口数1个，预留通道宽度6m。

引导性指标：使用功能（商业–F1，停车–F2）；配建停车位340辆；对接标高5.15m²；开发深度14.063m。

根据控制导则中强制性和引导性指标，给出徐州市轨道交通1号线人民广场站地下图则。见图8-55。

图8-55　徐州市轨道交通1号线人民广场站地下图则

8.5 徐州市主城区山体周边建设控制研究

保护"一城青山半城湖"的山水城市特色，科学处理山体与城市之间关系，为重要山体周边地块控制性详细规划与城市设计高度控制、建筑退让提供依据。（1）对山林红线划定的重要山体采取分级保护与周边建设控制，强化视廊控制；（2）结合可观测山体高度要求，控制建筑物对背景山体的遮挡程度，推算符合山体背景保护要求的建筑高度控制值；（3）结合徐州市山林红线规划，明确建设用地与山林红线退让关系，指导山体周边建设用地开发强度。

8.5.1 主城区山体和周边视点选择

1. 研究用地：山体周围尚未明确控制高度与开发强度的建设用地。
2. 研究山体：主城区范围内的35座山体，其中15座山体周边目前不存在研究用地（表8-11）。

主城区山体名称表　　　　　表8-11

行政区	山体名称
泉山区 （15座）	云龙山、珠山、泉山、拉犁山、韩山、小长山、凤凰山、王长山、磨山、泰山、凤凰山、卧牛山、牛头山、东二龙山、西二龙山、奎山、马棚山、翟山、双子山
鼓楼区 （11座）	九里山、霸王山、团头山、琵琶山、西天齐山、白云山、老龙塘山、龟山、洞山、青山头山、陶楼山、驮蓝山
云龙区 （9座）	托龙山、骆驼山、狮子山、子房山、响山、杨山、黑头山、岗楼山、团山、无名山、小猪山、黄山、鸡山、翠屏山、长山、东店子山

3. 观察视点：视点的选择应与市民生活息息相关，可将城市交通主干道、城市湖泊、公园、广场等城市公共空间作为观察视点。这些视点与山体之间视线通廊的高度应依据山体的保护级别而定。

8.5.2 主城区山体保护分级

1. 一级保护山体：处于风景名胜区、森林公园、自然保护区，是全市城市山水格局的主要组成部分，具有特别重要的历史文化价值和景观价值的山体，有云龙山、泉山、九里山、托龙山等12座山体。
2. 二级保护山体：处于市域经济林区、主要生态廊道，是构成城区局部景观格局的重要元素，是城市绿地系统重要组成部分，有响山、白云山、卧牛山等8座山体。
3. 三级保护山体：山林结构较为简单、景观特色不明显，能起到城市绿地作用的山体，有奎山、陶楼山、驮蓝山、西天齐山、翠屏山等15座山体（图8-56）。

8.5.3 主城区山体周边建筑高度控制原则

1. 一级山体周边建筑高度控制原则（图8-57）
（1）控制方法：采用视觉影响模型，即运用GIS技术将视点与山体之间连接形成可见山体1/3视野控制面。
（2）视点选择：城市交通主干道、城市湖泊、公园、广场等开敞空间。

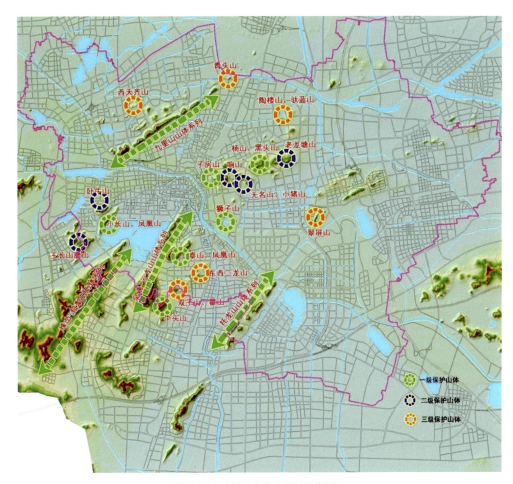

图8-56 主城区主要山体保护分级图

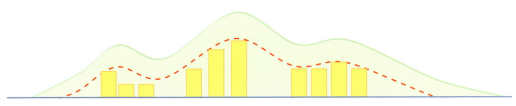

图8-57 一级山体周边建筑高度控制原则示意图

（3）可见山体高度：连续山体1/3高度以上。

（4）地块标高：现状地块标高。

2. 二级山体周边建筑高度控制原则（图8-58）

（1）控制方法：采用视觉影响模型，即运用GIS技术将视点与主要山头之间连接形成可见山体

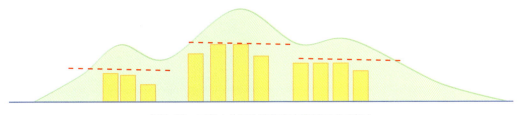

图8-58 二级山体周边建筑高度控制原则示意图

1/3视野控制面。

(2)视点选择：城市交通主干道、城市湖泊、公园、广场等开敞空间。

(3)可见山体高度：主要山头1/3高度以上。

(4)地块标高：现状地块标高。

3. 三级山体周边建筑高度控制原则（图8-59）

(1)控制方法：距离控制法。

(2)控制原则：2倍山体相对高度（h）范围内为$1/2h$，2~4倍山体相对高度范围内为$2/3h$，4~8倍山体相对高度范围内为h。

以$h=40m$为例，80m内建筑高度为20m，80~160m范围内建筑高度为27m，160~320m范围内建筑高度为40m。

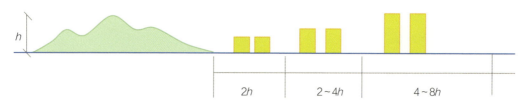

图8-59　三级山体周边建筑高度控制原则示意图

8.5.4　主城区山体周边建设开发强度控制原则

1. 建筑退让线控制：山体山脚线或坡度为3%山体线为建筑退让线。
2. 用地开发强度控制：依据高度控制、退让距离和用地性质，确定地块的容积率。
3. 高度控制：山体周边建筑主要是总体面状控制高度，当一、二级保护山体周边规划方案达到空间开敞及景观渗透的效果，可适当局部突破不影响视觉连续性区域的面状高度控制值。

8.5.5　案例分析

1. 珠山周边地块建设控制研究

选取三环南路、小南湖路上的视点，以可见珠山山体1/3高度为控制目标，则视点与山脊2/3高度线形成视廊控制面，视廊控制面与原地形模型进行叠加减法运算，计算出基于三环南路、南湖路上视点的控制区域内不同建筑高度值。见图8-60、图8-61。

珠山周边的建筑高度控制是总体面状控制高度，当山体周边规划方案达到空间开敞及景观渗透的效果，可适当局部突破不影响视觉连续性区域的面状高度控制值。

珠山周边用地开发强度控制：依据高度控

图8-60　珠山周边建设用地图

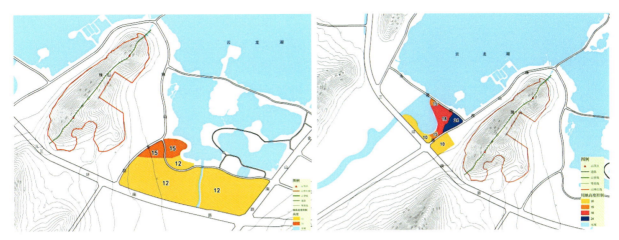

图8-61 珠山周边相对高度控制图

制、退让距离和用地性质，确定珠山周边地块的容积率，具体地块开发强度详见图8-62。

2. 泉山西侧地块建设控制研究

选取大学路上的视点，以可见山体1/3高度为控制目标，则视点与山脊2/3高度线形成视廊控制面，视廊控制面与原地形模型进行叠加减法运算，计算出基于大学路上视点的控制区域内不同建筑高度值。见图8-63、图8-64。

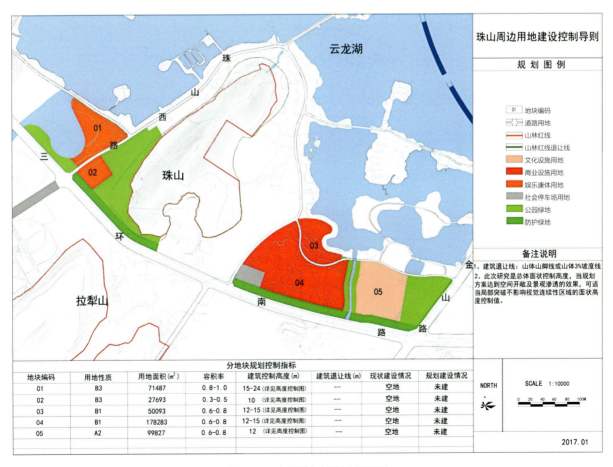

图8-62 珠山周边建设控制导则图

图8-63 泉山西侧建设用地图

泉山西侧地块的建筑高度控制是总体面状控制高度，当山体周边规划方案达到空间开敞及景观渗透的效果，可适当局部突破不影响视觉连续性区域的面状高度控制值。

泉山西侧用地开发强度控制：依据高度控制、退让距离和用地性质，确定泉山西侧地块的容积率，具体地块开发强度详见图8-65。

3．拖龙山东北段周边地块建设控制研究

选取大龙湖东岸、迎宾大道高架、昆仑大道上的视点，以可见山体1/3高度为控制目标，

图8-64 泉山西侧相对高度控制图

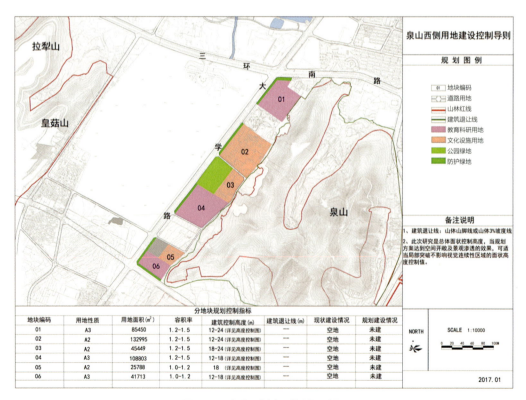

图8-65 泉山西侧建设控制导则图

则视点与山脊2/3高度线形成视廊控制面，视廊控制面与原地形模型进行叠加减法运算，计算出基于不同视点的控制区域内不同建筑高度值。见图8-66、图8-67。

拖龙山西侧建筑高度控制与山体鞍部相对高度一致，因此大龙湖的视点观察不到拖龙山西侧的建筑。

拖龙山东北段周边用地开发强度控制：依据高度控制、退让距离和用地性质，确定拖龙山东北段周边地块的容积率，具体地块开发强度详见图8-68。

图8-66　拖龙山东北段建设用地图

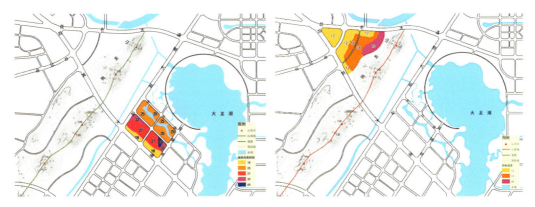

图8-67　拖龙山东北段相对高度控制图（左图：东侧；右图：西侧）

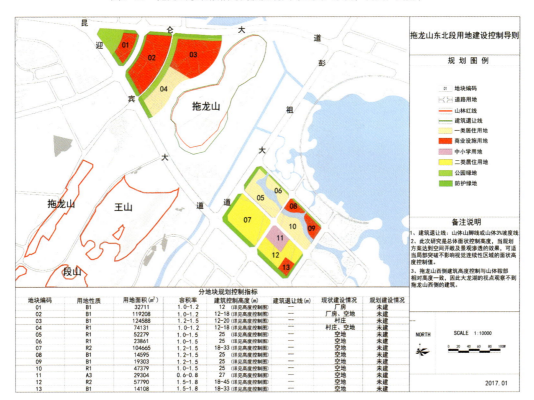

图8-68　拖龙山东北段建设控制导则图

4. 九里山西段周边地块建设控制研究

选取二环北路、汉城路上的视点，以可见山体1/3高度为控制目标，则视点与山脊2/3高度线形成视廊控制面，视廊控制面与原地形模型进行叠加减法运算，计算出基于二环北路、汉城路视点的控制区域内不同建筑高度值。见图8-69、图8-70。

九里山西段南北两侧的建筑高度控制不超过连续山体的相对高度，因此相对山体另一侧视点观察不到山体对面的建筑。

九里山西段周边用地开发强度控制：依据高度控制、退让距离和用地性质，确定九里山西段周边地块的容积率，具体地块开发强度详见图8-71。

图8-69　九里山西段建设用地图

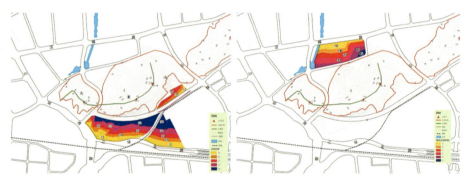

图8-70　九里山西段相对高度控制图（左图：南侧；右图：北侧）

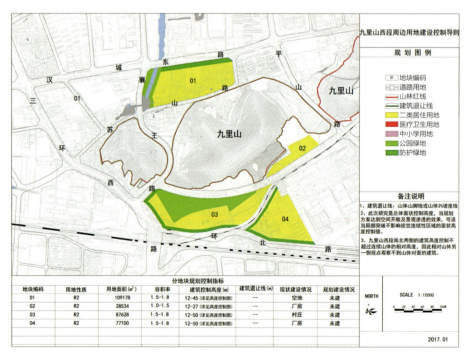

图8-71　九里山西段建设控制导则图

9 公共服务设施规划

公共服务设施规划是城市规划作为公共政策属性的重要体现，是城市品质的规划保障，通过对公共服务设施内容、标准、布局等方面的规划以及对公共服务设施建设的管理，保障居民的基本生活质量，避免市场的逐利属性对公共设施的侵害。公共服务设施的配置要坚持面向社会，服务于广大人民群众，注重人民群众最关心、最直接、最现实的利益问题，力争达到"人人享有公共服务"的目标。为了实现这一目标，近年来徐州市编制了一系列公共服务设施规划，主要涵盖文化、教育、体育、养老、派出所、农贸市场、社区综合服务中心、加油（气）站、新能源汽车充电设施、公厕等方面，在注重增加公共服务设施总量的同时，着力优化公共服务设施的结构和布局。

9.1 徐州市中心城区公共文化设施布局规划

党的十八大强调"全面建成小康社会，实现中华民族伟大复兴，必须推动社会主义文化大发展大繁荣，兴起社会主义文化建设新高潮，提高国家文化软实力"。在党中央、国务院高度重视下，我国公共文化建设投入稳步增长，覆盖城乡的公共文化服务设施网络基本建立，公共文化服务效能明显提高，人民群众精神文化生活不断改善，公共文化服务体系建设取得显著成效，呈现出整体推进、重点突破、全面提升的良好发展态势。但是，与当前经济社会发展水平和人民群众日益增长的精神文化需求相比，与基本建成公共文化服务体系的目标要求相比，公共文化服务体系建设水平仍然有待提高。在新的形势下，构建现代公共文化服务体系，是保障和改善民生的重要举措，是全面深化文化体制改革、促进文化事业繁荣发展的必然要求，是弘扬社会主义核心价值观、建设社会主义文化强国的重大任务。为进一步指导徐州文化设施的规划工作、落实和控制文化设施建设用地、加强城市文化设施的用地管理、促进经济社会全面协调可持续发展、满足人民群众精神文化需求打下良好的基础，为此开展了《徐州市中心城区公共文化设施布局规划》的编制工作。

9.1.1 基本情况

近年来，在四个全面发展战略指导下，徐州加大了文化设施的建设力度，中心城区现有各类文化设施361处，总建筑面积约76.19万m²，每万人拥有室内建筑面积4424m²。现有文化设施分为市、区、街道、基层社区四级，其中市级文化设施39处、区级文化设施18处、街道级文化设施35处、基层社区级文化设施269处。徐州先后建成市级文化设施有展览馆、图书馆、规划馆、音乐厅、美术馆、水族展览馆、汉兵马俑博物馆、龟山汉墓、汉画像石艺术馆等。区级文化设施主要为结合行政区划设置的、服务于全区范围的文化设施，如铜山区文化馆、铜山区图书馆、鼓楼区文化馆等。目前中心城区文化设施仍存在配置标准不完善、文化设施配套不全、空间分布不均衡等问题。

9.1.2 规划策略

1．现状涉及问题

规划分析现有公共文化设施在配置体系与标准、用地规模和建筑规模、空间分布等方面所存在的问题。

2．规划策略手段

规划参照国家规范标准和相关城市经验进行科学性布局，依据体系标准及总体规划、控制性详细规划进行合理性布局，按照标准结合各区实际情况进行可操作性布局。

3．具体落实内容

规划明确配置体系，确定各层级服务对象、万人指标、建设用地规模、配置项目等内容；严格落实总体规划要求，优化市级、强化区级、细化街道级和基层社区级文化设施；新建设施严格按照标准执行，强化与总体规划、控制性详细规划的衔接。见图9-1。

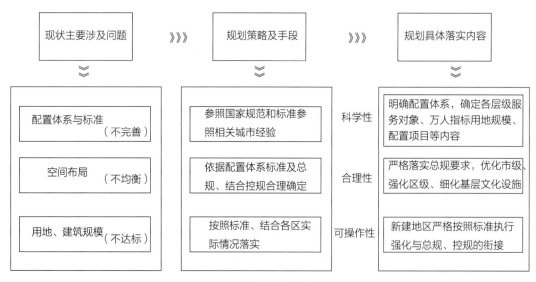

图9-1 规划策略分析图

9.1.3 主要内容

1．发展目标

紧紧围绕城市总体发展目标，坚持以政府主导为主，以公益性文化单位为骨干，以全体市民为服务对象，以保障人民群众参与公共文化活动等基本文化权益为主要内容，坚持以公益性、普惠性、均衡性、便利性的原则，以市级综合性、区级专业性、基层群众性为导向，完善公共文化服务网络，建立结构合理、功能健全、实用高效的中心城区公共文化服务体系。

规划至2020年，全市大型文化场馆达到国家一级馆标准，基层文化服务设施达到省定标准，实现中心城区每万人室内公共文化设施面积不少于1300m^2，服务半径不低于市区"十五分钟文化圈"，将徐州市建设成具有开放性、共享性文化特点的区域性文化中心城市。

2．规划体系

根据《公共文化体育设施条例》要求，公共文化设施是指由各级人民政府举办或者社会力量举办的，向公众开放用于开展文化活动的公益性的图书馆、博物馆、纪念馆、美术馆、文化馆（站）、青少年宫、工人文化宫等的建筑物、场地和设备。本次规划在中心城区范围内分级分类布置公共文化设施，形成"四级五类"的规划体系。"四级"指按服务半径形成市级、区级、街道级、基层社区级四个级别；"五类"指按功能性形成图书与展览类、文化活动类、历史文化类、文化娱乐类、新闻媒体类五个类别。

规划市级公共文化设施服务半径在6～8km，服务人口规模为100万人以上，是重点打造的公共文化设施，功能齐备、设施完善，可以组织大型国际文化活动和城市文化活动。市级公共文化设施服务范围为整个中心城区，主要由政府设置，并向社会公众开放、用来组织和指导群众文化活动的大型公益性文化机构，主要包括市群众艺术馆、市图书馆、市博物馆、市科技馆、市会展中心、市群众艺术馆、音乐厅、青少年宫、文化宫等大型设施。

区级公共文化设施指公共文化服务设施比较完善的中型文化设施。区级公共文化设施集中布局，功能综合，可以组织大、中型文化活动，服务半径宜为2～4km，服务人口规模为40万～70万人，是城市组团面向公众开放的、用来组织和指导群众文化活动的公益性文化机构，主要包括文化馆、图书馆、博物馆和活动中心等。

街道级公共文化设施主要配置城市居住区中、小型文化活动必需的文化设施和场所。街道级公共文化设施（街道文化站）服务的区域为人口规模达到3～10万人、服务半径在1～1.5km的城市居住区。规划布局在城区各街道办事处行政区划界限的基础上进行，但各街道辖区内根据各自服务半径、人口规模可灵活设置文化设施。

基层社区级公共文化设施是方便城市居住小区参加日常文化活动的主要场所，是城市文化设施建设的重要组成部分，以便民利民、丰富群众生活为布局原则。人口规模达到1万～3万人、服务半径在0.5km内的居住小区，或者相对独立的社区应设置社区基层综合文化服务中心。

3．配置标准

规划参照国家相关规范，遵从与徐州市经济发展水平相适应的原则，提高市区人均公共文化设施用地配置标准，至2020年，中心城区每万人室内公共文化设施面积不少于1300m^2。各级公共文化设施配置标准见表9-1。

4．规划布局

（1）规划结构

规划确立"一廊、两核、五心、多点"的空间结构。"一廊"：以故黄河为历史文脉载体，作为徐州文明演化，城市发展变化的见证，延续了山水人文历史格局；"两核"：即人文历史文化核心、现代空间文化核心两个市级文化核心区；"五心"：在鼓楼区、泉山区、云龙区、经济技术开发区和

2020年公共文化设施用地配置标准　　表9-1

总体标准	市级设施标准	区级设施标准	街道级设施标准	基层社区级设施标准
到2020年，徐州市中心城区每万人室内公共文化设施面积不少于1300m²，服务半径不低于市区"15分钟文化圈"、农村地区"十里文化圈"	市区常住人口超过150万的设立大型图书馆，建筑面积不低于20000m²	各区图书馆建筑面积不低于4500m²	街道设立1座以上综合文化站（文化中心），服务人口5万~10万的设立大型文化站，建筑面积不低于800m²，室外活动场地不低于600m²；3万~5万人之间的设立中型文化站，建筑面积不低于600m²，室外活动场地不低于500m²；3万人以下的设立小型文化站，建筑面积不低于300m²，室外活动场地不低于400m²	每个行政社区设立1个综合文化服务中心（含农家书屋、社区书屋、村广播室），建筑面积不低于300m²（其中图书阅览室实际使用面积不低于80m²），室外活动场地不低于300m²
	市区常住人口超过50万的设立大型文化馆，建筑面积不低于6000m²，室外活动场地不低于1200m²	各区文化馆建筑面积不低于4000m²，室外活动场地不低于900m²		
	县级以上在辖区内设立1座以上（含1座，下同）公共博物馆（非遗馆）或纪念馆，有条件的设立公共美术馆，依据国家有关标准进行规划建设			

铜山区形成五个文化次中心；"多点"：分散在城区的市、区级文化设施，街道级文化设施、基层社区级文化设施（图9-2）。

（2）规划布局

规划中心城区公共文化设施共473处，总建筑面积约为130.9万m²，每万人拥有室内建筑面积4545m²，其中市级公共文化设施44处，区级公共文化设施18处，街道级公共文化设施37处，基层社区级公共文化设施374处（图9-3）。

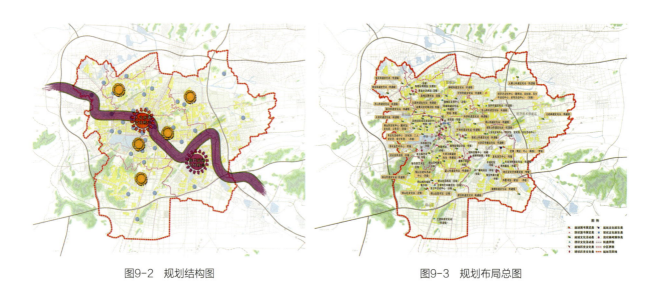

图9-2　规划结构图　　　　　　　　　图9-3　规划布局总图

9.2　徐州市中心城区幼儿园布局专项规划

近几年，特别是《国家中长期教育改革和发展规划纲要（2010~2020）》制定并面向社会征求意见以来，学前教育得到了前所未有的关注。《规划纲要》第一次提出了基本普及学前教育的目标，这是国家在2000年基本普及义务教育之后，为实现更高水平的普及教育而做出的又一重大决策，同时要求把积极发展学前教育、着力解决"入园难"作为贯彻落实《规划纲要》的突破口和紧迫任务。2010年，国务院印发了《关于当前发展学前教育的若干意见》，提出了加快推进学前教育发展的十条政策措施。"国十条"把学前教育摆在国计民生的重要位置，突出强调了它的教育属性和社会公益属性，明确指出，学前教育是国民教育体系的重要组成部分，是重要的社会公益事业。为促进徐州市学前教育事业优质均衡发展，满足学前教育事业发展对城市土地的需求，保证学前教育设施布局与城市总体规划确定的居住用地与人口分布相协调，2015年，徐州编制完成了《徐州市中心城区幼儿园布局专项规划》。

9.2.1 基本情况

近几年，徐州市学前教育取得长足发展，基本实现了普及学前教育的目标。截至2014年底，规划范围内各类幼儿园共有315所，共有2183个班级。其中现状已投入使用幼儿园267所，入园幼儿数达到46928人，生均用地面积约为11.64m^2。但从总体上看，学前教育仍是各级各类教育中的薄弱环节，具体表现为：办园规模大小不一，最大规模的幼儿园达到26个班，而最小规模的仅有3个班；现状已投入使用的幼儿园总量不足，不能满足现状常住人口需求，且总体上达标幼儿园少，教育资源压力大；现状分布不合理，发展不均衡，老城区相对较密，服务范围重复严重，而新区、城中村地区相对稀疏，缺口较大；公办幼儿园事业投入不足，占比偏低；民办幼儿园良莠不齐，管理乏力。

9.2.2 建设指标的确定

国家规范《城市幼儿园建筑面积定额（试行）（1988）》、《城市居住区规划设计规范（2002）》（GB 50180—1993）以及江苏省颁布的《江苏省优质幼儿园评估标准》、《江苏省公办幼儿园机构编制标准》中，分别对幼儿园的服务半径、班级规模、用地规模做了详细规定。同时，徐州市出台的《徐州市学前教育管理条例》、《徐州市优质幼儿园评估标准》、《徐州市合格幼儿园评估标准》对幼儿园的设置标准也做出了要求。规划在参照国家及省市相关政策标准的基础上，同时参考北京、南京、杭州等经济较发达城市幼儿园规划建设的相关指标，综合考虑国家新的二胎政策和部分外来务工和流动人口的幼儿入园问题，并结合徐州市的实际情况，确定幼儿园各项建设指标。

规划幼儿园千人指标为35座/千人，从幼儿就近入园的角度出发，幼儿园服务半径一般为300m，不宜大于500m。每7000~10000人设置一所9~12班的幼儿园，其中新建幼儿园不得少于6班，不宜超过15班。平均班额人数按照30人计算。规划现状已建区生均建设用地标准不低于12m^2，规划待建区生均建设用地标准不低于15m^2。

9.2.3 主要内容

1. 规划层次

本次规划将规划范围内的用地划分为现状已建区和规划待建区两个层次。现状已建区指目前已经有大量居住用地的地区，其外围为规划待建区。现状已建区内可改造用地较少，规划以保留幼儿园为主，新建幼儿园主要结合城中村改造和厂房搬迁实现。规划待建区内大部分为可开发、可改造用地，且现状幼儿园规模小，办园不正规，多为不合格园，规划对此类幼儿园进行规范、整改或撤

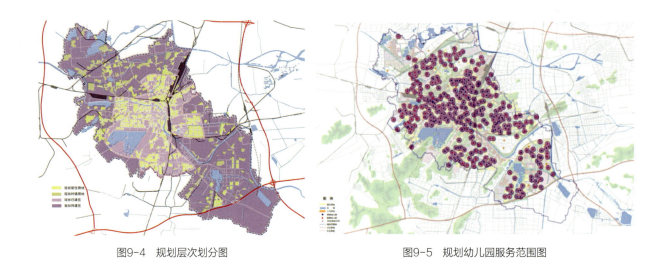

图9-4　规划层次划分图　　　　　　　图9-5　规划幼儿园服务范围图

销,规划区域内以新建幼儿园为主。见图9-4。

2.规划布局

根据各区规划人口和千人指标要求,根据"总量适当,合理布局;就近服务,便民利民;政府引导,公私共建;规划指导,建设同步"的总体要求,采用"控制全市总量、设置合理半径、结合地块单元布局、合理设置单个幼儿园规模"的标准设置原则,规划期末共设置幼儿园340所,共有3172个班级,可容纳幼儿95160人。其中,保留幼儿园212所,合计1772个班级;新建幼儿园128所,合计1400个班级。见图9-5。

9.3 徐州市中心城区小学布局专项规划

教育是百业之基础,是国家振兴、民族进步的根本,是提高全民族素质和创造力的源途径。提高经济发展水平,促进社会经济的可持续发展,必须依靠强大的人才和智力支撑。而小学基础教育又是教育事业的基石,是社会主义现代化建设的奠基工程,小学教育规划与质量关系到教育发展的整体水平,关系到一个城市的城市化水平与质量,关系到一个城市经济社会发展的动力和后劲。实现小学基础教育发展的效率、质量和机会公平,是现代化教育的重要标志之一。为此,徐州于2013年编制完成了《徐州市中心城区小学布局专项规划》。

9.3.1 基本情况

截至2012年底,按照可以提供小学教育的所有公办学校统计,规划范围内现有小学101所(不含企业办学,含九年一贯制学校及十二年一贯制学校的小学部,教学点),共有2225个班级,总学生数89833人,小学学校总占地面积1399501m^2,总校舍建筑面积606891m^2。从小学的现状情况来看,有17所小学班级定员超过了国家规范的45人;部分学校的施教区严重交叉重叠,资源浪费严重;由于现状各小学施教区是按照社区的行政管辖范围来划分的,忽视了学生就近入学的要求,加上其他种种因素的制约和发展条件的限制,施教区并不是平均分布在学校周围,造成施教区虽然不大,但学生上学距离仍然较远的情况。

9.3.2　建设指标的确定

国家规范《城市居住区规划设计规范（2002）》GB50180—1993、《城市普通中小学校校舍建设标准（2002）》以及江苏省颁布的《江苏省小学、初中基本办学条件标准》、《江苏省义务教育学校现代化办学标准》中，对小学的班级规模、用地规模、校舍建筑面积等指标都做了详细规定。规划在参照国家及省相关政策标准的基础上，同时参考北京、南京、广州等经济较发达城市小学规划建设的相关指标，并结合目前基础教育的发展趋势、徐州市经济发展水平以及教育设施现状情况，确定小学各项建设指标。

规划确定千人指标为70~85座/千人。小学施教区服务人口为1~2.5万人，九年一贯制学校为1~2.5万人。小学按照48~60班控制，有条件的地区可适当增加班级数，每班45人；九年一贯制学校，城市建成区按照36~48班控制，城市外围有用地条件的区域按照48~60班控制，小学阶段每班45人、中学阶段每班50人。

城市建成区校园用地规模按照6000~10000m²控制，在条件确实困难的区域，5000m²的学校也可以保留；土地利用充分区域按照10000~30000m²控制，确有条件的区域可以增加到40000m²；九年一贯制学校用地按照小学加初中的用地总规模控制。生均用地面积中心区按新建小学≥18m²/生控制，城市外围有用地条件的区域按照江苏省现代化办学标准新建小学18~23m²/生控制；九年一贯制学校分别按照小学和初中的标准控制。

小学校舍建筑面积按照6000~8000m²控制，在班额多、用地条件宽松的区域，可以增加到10000m²以上；九年一贯制学校按照小学加初中的校舍建筑总面积控制。生均校舍建筑面积按照4.5~10m²/生控制；九年一贯制学校按照小学和初中的生均校舍建筑面积分别控制。

9.3.3　规划布局

根据各区规划人口和千人指标要求，遵循"因地制宜，合理规划；坚持适度规模，提高办学效益；近远期结合，规划指标刚性弹性结合；抓住分区特点，区别对待的规划原则，规划期末共设置小学138所，其中新建46所，保留92所。规划后班级数达到5490班，可容纳学生247050人（图9-6）。

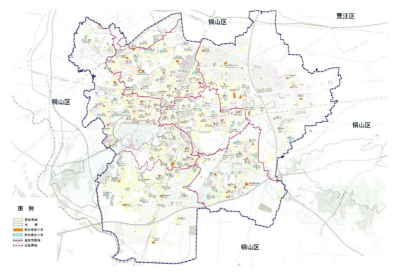

图9-6　中心城区小学布局规划总图

9.3.4　规划特点

1. 总体规划、控制性详细规划确定的居住用地布局为基本依据，保证规划的全局性与公平性

规划以总体规划确定的居住用地布局为小学布局的基础依据，并根据相关控制性详细规划进行必要的调整。以保证教育规划拥有全局性的视野，保证城市各个片区居住用地教育资源供给的均好性。本规划以教育规划作为公共利益分配的重要手段，力图利用现有教育资源，做到城市任何片区的居民都能享受到大致相同的基础教育服务。

2．根据居住用地分布密度和周边用地情况，分层次确定小学的建设标准

本规划将徐州市市区划分为现状建成区和城市外围区域两个空间层次，根据各居住片区现有设施条件、所处区位综合确定小学布点及每个学校的用地规模。

3．保障教育资源分布的公平性及教学质量保障的优先性

教育资源，尤其是中、小学是城市社会保障系统中关键的要素。因此规划鼓励迁建市区教学质量好的学校到城市外围地区及边缘组团，以促进人人机会公平的社会目标的实现；另一方面考虑到与服务半径相比，教学质量对体现教育机会公平的意义更大，因此规划在单个学校用地规模方面向边缘组团倾斜，适当增加其服务半径以满足教学规模质量的要求。

4．充分结合现状，灵活掌握标准，近远期相结合，增强规划的可实施性

考虑到学校现状分布有一定的历史原因，教育资源的整合需要循序渐进。因此规划在实际布局的过程中充分考虑到现状情况的复杂性，灵活掌握配建标准，并为远期发展预留适当的弹性，以增强规划的可实施性。

9.4　徐州市中心城区中学布局专项规划

中学布点规划在城市规划建设中因作为"民生规划"的重要组成部分而备受关注，随着社会经济的蓬勃发展和人口、教育政策的不断深入执行，徐州市学龄人口的数量和结构、基础教育的目标和要求已经出现了明显的变化，加之城市的发展与建设日新月异，原专项规划中部分规划中学建设标准滞后，与实际情况存在较大差异，导致现有教育资源布局不合理。为此，亟须完善与徐州市现状发展建设相适应的市区中学布点规划，制定与社会发展相适应的办学规模、生均用地标准等建设指标，提出市区中学未来发展的原则和策略，结合土地利用与建设的最新情况，落实中学用地布局。为此，徐州市于2015年完成了《徐州市中心城区中学布局专项规划》的修改工作。

9.4.1　基本情况

截至2014年底，规划范围内现有中学52所（含初中、高中、完全中学、九年一贯制学校的中学部），共有1424个班级数，校园用地总面积约209.19hm^2。其中，初中33所，共有838个班级；高中9所，共有388个班级；完全中学6所，共有161个班级；九年一贯制学校4所，共有37个班级。现状中学主要存在以下几方面问题：一是现状学校班级设置少则4班，多则达71班，相差悬殊，达到18班办学标准的学校仅占67.31%；二是老城区中学，因城市发展拥挤等限制，校园用地规模达标率不高；三是老城区中学施教区的合理性存在矛盾，首先是部分学校的施教区交叉重叠，资源浪费；其次是由于现状各中学施教区是按照社区的行政管辖范围来划分的，忽视了学生就近入学的要求，加上其他种种因素的制约和发展条件的限制，施教区并不是平均分布在学校周围，造成施教区虽然不大，但学生上学距离仍然较远的现象。

9.4.2 建设指标的确定

《城市居住区规划设计规范（2002）》GB50180—1993、《城市普通中小学校校舍建设标准（2002）》以及江苏省颁布的《江苏省小学、初中基本办学条件标准》、《江苏省义务教育学校办学标准（试行）》中，对中学服务人口、班级规模、用地规模、校舍建筑面积等指标都做了详细规定。规划在参照国家及省相关政策标准的基础上，同时借鉴其他经济较发达城市中学规划建设的相关指标，并结合徐州市实际情况，确定中学各项建设指标。

规划确定初中千人指标为35座/千人，高中千人指标为15座/千人。初中施教区服务人口为2.6~7万人，高中施教区服务人口为6~20万人。规划城市建成区初中按照18~48班控制，每班50人；规划待建区初中按照24~48班控制，每班50人。规划城市建成区高中按照18~48班控制，每班50人；规划待建区高中按照24~60班控制，每班50人。

规划初中城市建成区校园用地面积应达到13000m²以上，在条件确实困难的地区，10000m²的学校也可以保留；规划待建区校园用地面积应达到25000m²以上；规划高中城市建成区校园用地面积应达到15000m²以上；规划待建区校园用地面积应达到30000m²以上。规划城市建成区生均用地面积按≥23m²/生控制；规划待建区生均用地面积达到23m²/生以上，有条件地区建议达到28m²/生。中学的建筑容积率均应低于0.8，老城区学校建筑用地容积率不超过1.2；生均校舍建筑面积（不含宿舍）不低于9m²。

9.4.3 规划布局

根据各区规划人口和千人指标要求，规划期末共设置中学86所，共有3594个班级，其中保留49所，新建37所。规划初中54所，合计2115班；九年一贯制12所，合计312班；高中19所，合计1062班；完中1所，合计60班（图9-7）。

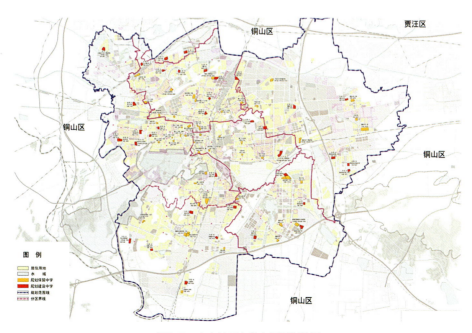

图9-7 中心城区中学布局规划总图

9.5 徐州市公共体育设施布局专项规划

9.5.1 规划背景

徐州是江苏省体育强市和地市级全国武术之乡，体育工作一直走在全国前列。近年来，紧抓筹办第十八届省运会机遇，推动群众体育和竞技体育协调发展、体育事业和体育产业比翼齐飞，取得了较为显著的成绩。但也存在公共体育设施布局不均衡，人均占有公共体育场地面积偏少，县级以下体育设施档次偏低，农村健身设施缺乏，社会体育设施开放率不高等问题。因此编制了《徐州市公共体育设施布局专项规划》，有利于落实总体规划中的体育设施用地，构建完善的公共体育配置体系。

9.5.2 规划思路

1. 发现问题

通过对徐州中心城区现有公共体育设施的情况进行梳理和分析，对照国家规范标准和相关城市规划编制的成果，发展目前徐州市公共体育设施配套存在的现实问题和实际差距。

2. 解决途径

通过两种途径解决目前公共体育设施用地不足和体系不健全等现状问题。一方面为落实徐州城市总体规划中的体育设施用地，重点解决市级、区级公共体育设施用地；另外为调整总体规划中部分用地性质，重点满足社区级体育设施用地的需求，为下一步控制性详细规划的编制提供规划引导。

3. 规划结果

针对发现的问题，利用两种解决途径，最终形成了市级—区级—社区级三级配置体系，并对各级体系提出用地规模及设施建议。见图9-8。

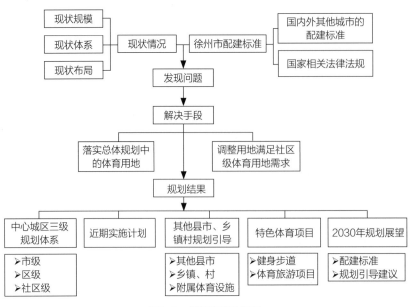

图9-8 规划思路分析图

9.5.3 主要内容

1. 规划层次

规划划分为两个层次：第一个层次为徐州市行政区范围，规划内容重点确定各县（市）、乡镇、行政村的体育设施建设标准，对各类体育设施的配建提出指导性意见；第二个层次为徐州市中心城区范围，规划重点确定市级—区级—社区级三级配置体系。

2. 发展目标

从落实城市体育功能要求出发，建设大型综合体育中心场馆、配套利于居民使用的社区级公共体育设施，建立层级明晰、配套齐全、布局均衡的公共体育设施。本次规划的目标在于促进徐州市体育事业科学发展，围绕推动全民健身、提高竞技水平、发展体育产业三大任务，实现由体育强市向体育基本现代化的跨越。规划至2020年，体育产业增加值占全市GDP比重达到1.5%，人均占有体育场地面积>2.5m^2，建成"新四个一"工程的县（市、区）超过6个，学校体育场地开放率>80%。

3. 配置体系

根据国家规范《城市公共体育运动设施用地定额指标暂行规定（1986）》，城市公共体育设施分为市级、区级、居住区级和小区级四级。各大城市在进行公共体育设施配置时，在执行国家规范的基础上，根据各自的实际情况加以调整，例如杭州将公共体育设施划分为市（省）、区、街道（社区）三级，成都划分为市级、区级、片区级和社区级四级，厦门划分为市级、区级、居住区级（含镇级）、社区（小区）级和镇级（中心镇、一般镇）五级。规划通过对杭州、成都、厦门等城市的案例分析可知，科学的公共体育设施配置体系应当既能与国家规范相对应，便于制定各级公共体育设施的建设标准，又与行政区划相一致，便于实施管理。本次规划以此为目标，将公共体育设施分为市级、区级、社区级三级，市级公共体育设施和区级公共体育设施依据徐州市行政区划来确定；社区级公共体育设施则与社区相结合，一部分由街道办事处建设，归办事处管理，一部分可与居住区开发结合，由开发商承建，由街道办事处和小区物业公司共同管理。

规划市级公共体育设施服务于淮海经济区和徐州市范围的公共体育设施，主要为举办大型竞技体育赛事、大型群体活动及文艺娱乐演出等服务，需要独立用地，服务人口约100~300万人。区级公共体育设施结合行政区划设置的服务于辖区范围的公共体育设施，主要为该辖区居民进行体育活动使用，同时也能举办竞技体育赛事，需要独立用地，服务人口约30~50万人。社区级公共体育设施服务于社区的公共体育设施，主要为居民日常进行体育健身活动使用，宜按照人均指标，根据服务人口规模进行配置，应尽量有独立用地，形式可以多样化，建设主体可以多元化，由街道办事处、社区和小区物业公司共同管理，服务人口约3~5万人。

4. 配置标准

公共体育设施的配置标准，包含用地指标和配置项目两个部分内容。其中人均公共体育设施用地面积作为衡量体育事业的重要指标之一。通过与北京、广州、成都等城市的对比分析可知，徐州市人均公共体育设施用地面积指标偏低。规划参照国家相关规范，遵从与徐州市经济发展水平相适应的原则，提高市区人均公共体育设施用地配置标准，至远期2020年达到0.98~1.08m^2/人，展望2030年达到1.18~1.23m^2/人。各级公共体育设施配置标准见表9-2所示。

2020年人均公共体育设施用地配置标准　　　　表9-2

等级		人均用地指标（m²）	必要场馆设置	其他场地设置
市级 （服务100~300万人）		0.22	一个综合体育场、一个综合体育馆、一个大型全民健身活动中心、一个游泳馆、一处体育公园	练习场、赛马场、网球中心、乒乓网球馆、室外网球场、篮球场、网球场、羽毛球场、垒球场、棒球场、乒乓球场
区级 （服务30~50万人）		0.3	一个田径场、一个综合体育馆、一个中型全民健身活动中心、一个室内游泳池、一个体育公园或健身广场	篮球场、网球场、羽毛球场、乒乓球场等
其中	老城区	0.25		
	新城区	0.32		
社区级 （服务3~5万人）		0.46~0.6	必配设施：篮球场、排球场、足球场、乒乓球场、羽毛球场、游泳池、健身房、室外综合健身场地； 选配设施：门球场、网球场、滑冰场、轮滑场、儿童游戏场、室外健身器械、跑道、棋牌室、台球室。 居住区级公共体育设施室内体育场地面积占40%以上。	
其中	独立占地	老城区：0.25		
		新城区：0.3		
	非独立占地	老城区：0.25		
		新城区：0.3		
总计		0.98~1.08		

5．规划布局

规划中心城区公共体育设施共189处，非公共体育设施198处。公共体育设施面积277.35hm²，人均公共体育设施面积0.96m²（图9-9、图9-10）。

（1）构建三级等级体系

规划市级公共体育设施3处，总面积66.79hm²，均符合城市总体规划，规划人均市级公共体育设施用地0.23m²。规划徐州市奥体中心、湖北路体育中心、飞碟训练基地为三处市级公共体育设施。湖北路体育中心和奥体中心的空间布局符合徐州市"双心"的城市空间结构，其中湖北路体育中心规划在现有用地范围内对内部场馆的设置进行重新规划改造、提档升级，丰富场馆类型、提高场馆服务水平。奥体中心以保留现状为主，规划建议加强管理，增加对外开放性。

规划区级公共体育设施22处，总面积87.94hm²，规划人均区级公共体育设施用地0.3m²。鉴于徐州市建设用地现状情况，规划区级公共体育设施布局采用"集中"和"分散"相结合的方式，按照行政区划进行规划，确保每个区有一个综合性的区级公共体育中心（除泉山区外）。有条件的区可以再增加一处独立占地的全民健身中心。

规划社区级公共体育设施164处，其中独立占地48处，用地66.22hm²，全部为规划新建；非独立占地116处，用地56.4hm²。规划人均社区级公共体育设施用地0.43m²，其中人均独立占地0.23m²，人均非独立占地0.2m²。非独立占地的社区级公共体育设施用地可以采用共用的形式，与绿地、居住区公共服务设施或其他建筑结合设置。规划对此类设施只做布局建议。

（2）规划用地与上位规划相符情况

规划各区独立占地体育设施70处（不含市级的3处）。其中符合总体规划的26处，总用地95.26hm²，需要规划调整的44处，总用地56.5hm²（图9-11）。

9 | 公共服务设施规划　239

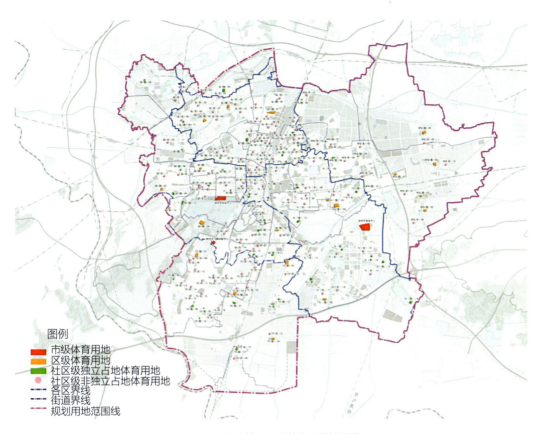

图9-9　中心城区公共体育设施规划图

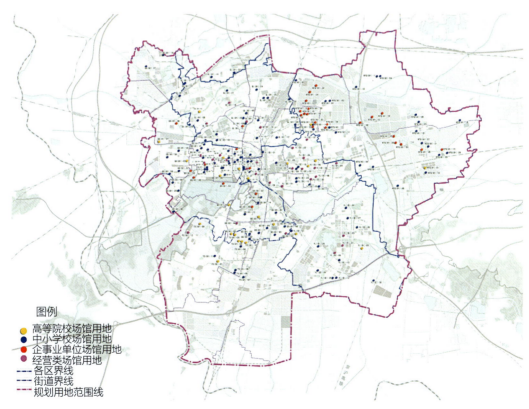

图9-10　中心城区其他类体育设施规划图

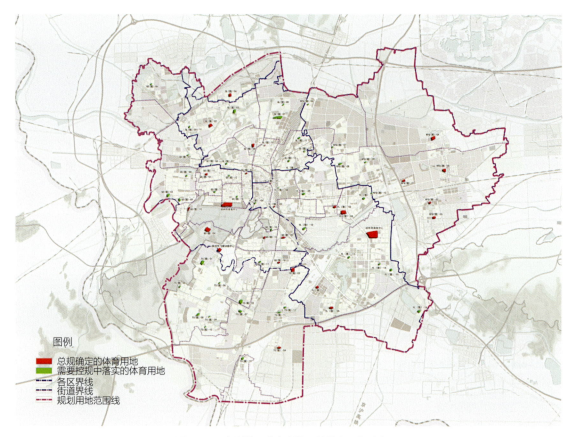

图9-11　中心城区独立占地公共体育设施分布图

6. 县（市）、乡镇村、单位附属设施规划引导

县（市）人均指标：主要包括贾汪区、邳州市、新沂市、沛县、丰县、睢宁县。贾汪区、邳州市、新沂市人均公共体育用地指标0.7~0.8m²；沛县、丰县、睢宁县人均0.6~0.8m²。基本配置："新四个一工程"，一个塑胶跑道标准田径场、一个3000座席的体育馆、一个游泳馆或标准室内游泳池、一个3000m²以上全民健身中心。有条件的县（市）鼓励建设生态体育公园，增加休闲广场和水上游乐项目。

乡镇：规划期末要求100%乡镇达标。每个乡镇要求配"三室一场一路径"（健身室、乒乓球室、棋牌室或其他健身活动室，篮球场或其他球场，一条10件以上器材的健身路径）。

行政村：规划期末要求85%的行政村达标。行政村配置村级体育中心，按照"两室一场一路经"（乒乓球室、棋牌室或其他健身活动室，篮球场或其他球场，一条10件以上器材的健身路径）。

单位附属设施：规划2020年，单位附属体育设施开放率应达到80%以上。

9.5.4 规划特色

一是根据徐州市的实际情况，将公共体育设施用地分为独立占地与非独立占地。其中为保证市级和区级设施的可操作性，市级和区级的公共体育设施均为独立占地，同时还保证一部分社区级体育设施用地有独立用地。考虑到中心城区的用地紧张，且现状配套水平较低，采用一部分与绿地和社区中心、商业中心配套建设的非独立占地的公共体育设施的形式，能够有效为现状社区级体育设施提供补充，既减轻中心城区用地紧张问题，还能调动相关部门的积极性。

二是利用城市规划的不同层次，解决各级公共体育设施的用地困境和实施进度。根据城市总体规划的相关内容，利用总体规划确定的用地，首先满足市级、区级用地和相应的近期建设的需求。再调整总体规划中部分居住用地、少量商业用地，满足社区级体育设施用地的需求，解决总体规划层面无法解决社区级体育设施用地的问题，同时为下一步控制性详细规划的编制提供依据。

9.6 徐州市主城区养老服务设施布局专项规划

在人类社会发展的长河中，人口老龄化是人类社会发展的必然规律，它是社会经济发展、科学技术进步、人类寿命延长的一种标志，也是人类现代文明的表现。根据联合国老龄化社会的标准，一个国家或地区60岁及以上人口占总人口的10%及以上或65岁及以上人口占总人口7%及以上便成为"老年型"国家或地区。截至2014年底，中国60岁以上老年人口数量达到2.12亿人，占总人口的15.5%。徐州市更是在1995年底就已进入老龄化社会，根据《徐州市老年人口状况白皮书》，2013年底全市60岁及以上老年人口达到163.32万人，占户籍总人口的16.2%。徐州市正面临严峻的人口老龄化挑战，养老形势十分紧迫。为进一步推进徐州市主城区养老服务设施建设，加快养老事业的发展，满足急剧增长的社会养老需求，2015年，徐州编制完成了《徐州市主城区养老服务设施布局规划》。

9.6.1 基本情况

1. 徐州市人口老龄化的趋势特征

一是老年人口基数大，增速快，老龄化程度不断加重。从2010~2013年四年间，徐州市户籍总人口年均增长1.16%，而同时期的老年人口年均增长达到了5.86%，比全市户籍人口年均增速高出4.7个百分点，老年人口呈现加速增长的趋势。

二是低龄老人比重高，高龄老人增速快，相应的失能老人比重较高。2010~2013年徐州市老年人口中，低龄老人所占比例大于50%，但呈现下降的趋势，中高龄老人比例日益增高，尤其是80岁以上的老人，至2013年，其占老年人口的比例达到17.56%，与之相应的失能、半失能老年人约20万，占老年人口总数的12.32%。

三是空巢独居老人多，心理问题大。根据徐州市老龄办的调查，徐州市城区空巢独居的老人数占城区老年人数的49%。徐州心理研究所所长赵后锋在接受访谈时表示："在空巢老人中存在心理问题的比例达到60%"，空巢老人的孤独和赡养问题日益严峻。

四是老年人口空间分布不均衡。本次规划范围是《徐州市城市总体规划（2007~2020）（2017年修订）》划定的主城区范围，包含4个区2个管委会和36个街道办。调查显示，从老年人口的绝对数量和老龄化率来看，老城核心区域都居于前列，老城良好的医疗、商业、文化设施等配套对老年人具有较强的吸引力（图9-12、图9-13）。

五是养老人的养老需求向层次化、特色化转变。随着老年人口总量不断增长，养老服务需求日益扩大，养老需求向层次化、多样化、专业化、特色化方向发展。

2. 徐州市主城区机构养老设施和社区居家养老设施存在的问题

根据调查，规划范围内养老机构共56家，按现状老年人口27.25万人计算，千名老人拥有约

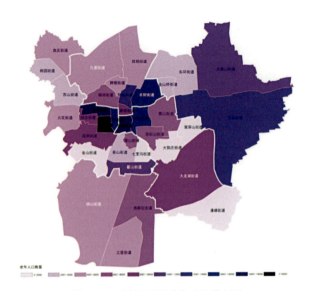
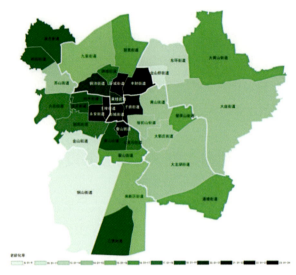

图9-12　主城区现状老年人口分布图　　　　图9-13　主城区现状人口老龄化率分布图

21张床位，距离千名老人40张床位的标准存在较大差距。养老机构规模偏小，约68%的养老机构拥有床位数在100张以下。养老机构入住率仅57%，存在高收入老人不愿入住养老院，低收入老人没有支付能力无法入住养老院的情况。养老院服务设施简陋，服务人员招聘难，产业发展缓慢。

社区居家养老服务设施依据《江苏省社区居家养老服务中心（站）评估指标体系（暂行）》，主要依托社区服务中心建立，其设立和运营资金主要来源于政府部门的财政拨款，处于缺乏运营经费，基础设施紧张，服务功能和水平不能满足需要的状态，且受益面较为狭窄。

9.6.2　规划思路

规划大体分为四个部分：第一部分，首先分析现有养老需求，包含老龄人口特征、老龄人口规模预测等内容；其次分析现有机构养老、社区养老的状况及发展计划；通过需求和对比分析总结出目前存在的问题。第二部分，规划查阅现行规范和标准，借鉴北京、深圳等的案例，结合现状分析，明确规划目标，确定养老设施分类和建设标准，构建养老模式。第三部分，规划落实空间布局和设计指引，针对机构养老服务设施提出配置标准和空间布局方案，针对社区居家养老服务设施提出配置标准和设计指引。第四部分，规划提出建设模式、土地政策等方面的实施建议（图9-14）。

9.6.3　规划目标

以居家为基础，以社区为依托，以机构为支撑，以信息为辅助，对主城区机构养老服务设施和社区居家养老服务设施进行统筹规划，构建布局合理、规模适度、功能完善、服务优良、机制灵活、覆盖城乡、满足不同层次需要的养老服务设施网络，全面提高养老机构设施水平，促进主城区养老事业全面健康发展，使养老设施适应城乡人口老龄化的趋势和需求。

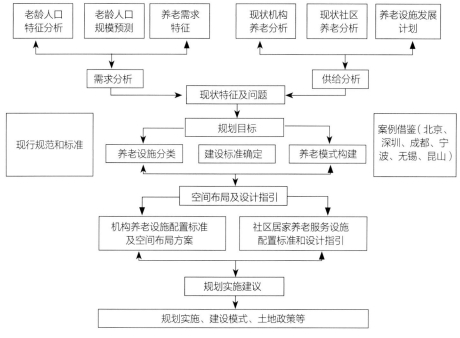

图9-14　规划思路分析图

9.6.4　规划原则

规划在编制过程中贯彻以下六方面原则：

（1）着眼长远，统筹规划

综合考虑徐州市经济社会发展水平、未来人口规模和养老需求、社会福利事业长远发展需要等因素，处理好养老设施布局规划与城市总体规划的关系，处理好规划的前瞻性与可操作性、当前与长远、局部与整体的关系。

（2）以人为本，适应需求

以老年人的养老需求为导向，养老设施的设置应体现老年人的特点，围绕老年人的生理、心理需求，与社区医疗卫生、文化体育等其他资源的有机结合；按照"全面照顾，重点关怀"的理念，为老年人提供多层次多样化的养老服务设施，保证人人享有养老服务。

（3）因地制宜，集约发展

因地制宜，节约土地，鼓励利用社会其他闲置设施及存量土地，兴办较大规模、服务设施齐全、具有可持续发展能力的养老设施；集约高效利用土地，在满足服务、保证环境的前提下，适当增加机构养老设施的建设强度。

（4）盘活存量，发展增量

从实际出发，对现有养老资源进行挖潜、整合，通过改（扩）建等方式，充分发掘现有养老设施的潜力，提高现有养老设施的服务能力和服务水平；根据需求，对新建养老设施进行统筹规划，大力提高养老设施的服务能力，满足未来发展需求。

（5）政府主导，社会参与

坚持社会福利社会化发展，体现政府主导，发挥规划对基础性养老设施的保障作用；鼓励社会参与，发挥规划对社会办养老设施的引导作用，促进和带动其他服务项目发展。

（6）分类指导，突出重点

以空间资源协调配置为重点，对养老设施进行分类，合理配置各类养老设施的数量和规模；对机构养老和社区养老设施分别提出相关建设指标，提出机构养老设施的布局原则，并落实到具体空间布局，最终实现各类设施的协调发展。

9.6.5 主要内容

1. 养老模式构建

结合国内城市发展经验，建立一个由个人、家庭、社会和政府共同组成的养老服务保障体系，以居家养老为基础、社区养老为依托、机构养老为补充是未来养老服务保障的主要模式。规划通过对徐州市养老设施需求和供给的分析，总结现状特征和问题，借鉴国内外先进经验，提出到2020年徐州市将形成"9046"的养老格局，即90%的老年人实现社会化服务下的家庭自助养老，4%的老年人通过政府购买社区服务帮扶养老，6%的老年人通过入住老年机构实行照护养老（图9-15）。

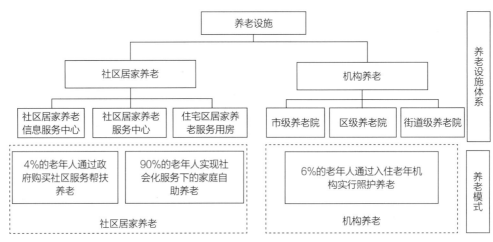

图9-15 规划养老模式示意图

2. 机构养老服务设施规划

（1）规划策略

规划首先预测2020年老年人口总数，其次参照总体规划，将老年人口分布在不同区域，随后结合老年人口分布，按照总量6%的床位指标，将床位数分布在不同区位，土地资源紧缺的地区适当降低机构养老床位比例，土地资源相对充足的地区则适当提高比例；最后从"设施适宜度、实施可行度、需求紧迫度"三方面考虑，结合总体规划和专项规划，新增养老服务设施用地。

（2）规划分区

规划综合考虑各街道土地资源紧张程度、生态环境、现状老年人口数量、密度和老龄化率等情况，将36个街道划分为六类地区，百人养老床位数从一区到五区呈现递增趋势，到六区又急剧减少，呈现出养老机构布局的区位特征（一区0.41张/百人，二区0.45张/百人，三区2.29张/百人，四区2.39张/百人，五区5.21张/百人，六区1.20张/百人，平均百人床位数为2.08张/百人）（图9-16）。

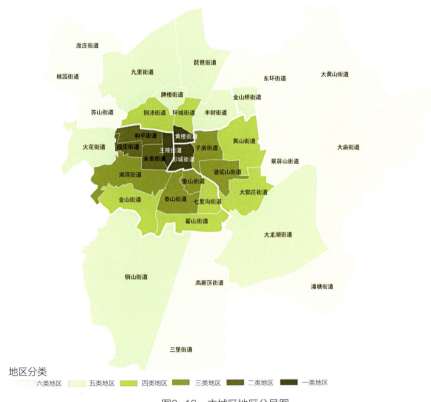

图9-16　主城区地区分异图

（3）老年人口预测

随着徐州城市规模不断发展扩大，大量的外来人口涌入城区，成为构成徐州市总人口的重要组成部分。考虑到在徐州市长期工作、生活的外来常住人口老龄化后对养老服务设施的需求，本次规划以户籍老年人口为基础，综合考虑外来老年人口，预测规划期末老年人口总数，规划预测2020年主城区老年人口将达到41.61万。

规划综合总体规划居住用地布局和区域分异，采取差异化配置，预测各片区老年人口的增长趋势和未来分布：主城区外围地区正在开发建设中，2020年居住用地较现状增长多，未来居住人口将增长较多，因此老年人口增长系数相对较大；中心区域发展已经相对成熟，居住用地较现状增长少，未来居住人口增长比较少，因此老年人口增长系数相对较小；六类地区中尤其是庞庄、桃园和大黄山街道等，规划后没有居住用地或居住用地急剧减少，因此六类地区的增长系数相对较低。根据各分区现状老年人口数以及老年人口增长系数，预测2020年各分区老年人口数。

（4）规划布局

结合老年人口分布，针对各分异区域，在适当均衡的基础上，规划采用"差异化配置策略"，在景观生态环境较好，用地较为充裕，未来城市发展的主要区域——四、五、六类地区适当提高百人床位数配置比例。在明确各片区规划床位数的配置区间后，规划同样遵循"差异化"原则配置养老设施：在一区、二区鼓励改造和利用空闲厂房、仓库、宾馆、学校、社区用房等，鼓励利用政府部门、企事业单位搬迁后用地改建机构养老服务设施，鼓励发展150床以下小型养老机构及50床位以下托老所、老年关爱之家等；在三区、四区梳理现状用地，见缝插针，积极落实300床位左右的养老机

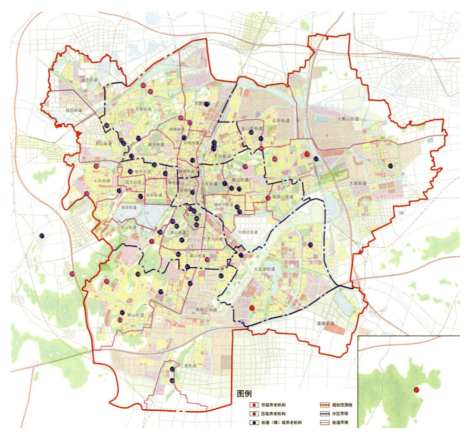

图9-17 养老机构规划布局图

构；在五类、六类地区结合居住用地扩大和人口增长，在满足本区域老年人口床位数的基础上，积极发挥土地价值和生态景观环境优势，建设中型和大型机构养老服务设施，鼓励建设中高档和高端商业性养老服务设施。

在差异化原则之外，养老设施规划遵循以下选址原则：选择地势平坦的地段，选择绿化条件好、空气清新、接近河湖水面等环境的地段布局，选择交通便利，方便可达地段、避开对外交通、快速干道和交通量大的交叉口、远离污染源、噪声源和危险品生产及储运基地。

规划最终形成"大分散、小集中"的布局，共规划机构养老服务设施64处，提供养老床位24860张，每千人约合60张床位。其中现状保留和扩建养老机构33处，共提供养老床位4663张；近期建设养老机构22处，共提供养老床位10747张；远期建设养老机构9处，共提供床位9450张（图9-17）。

随着老龄化的加剧，目前养老机构存在的最为突出的问题是医疗护理严重不足，普遍存在"养老院看不了病，医院养不了老"的问题。主城区现状养老院仅有2家取得医保刷卡资质，具有相关的医疗设施和人员。为促进"医养结合"，发挥机构养老院的医疗功能，规划建设9处综合型养老社区，支持这些养老机构内设医疗机构或和大型医疗机构合作，形成有梯度的医保支付，试点基本照护保险、意外伤害险等人身保险产品，护理床位达到70%以上并重点接收失智、失能老人（图9-18）。

3. 社区居家养老服务设施规划

（1）规划策略

社区居家养老服务设施依托江苏省老龄办印发的《江苏省社区居家养老服务中心（站）评估指

图9-18 综合养老院规划布局图

标体系（暂行）》（2014修订）和徐州市人民政府发布的《关于加快发展养老服务业的实施意见》（2014），将其划分为社区居家养老信息服务中心、社区居家养老服务中心（站）、住宅区居家养老服务用房三种类型。针对每种类型提出其发展目标和建设标准（图9-19）。

（2）规划布局

1）社区居家养老信息服务中心（虚拟养老院）

至2020年，规划主城区和两个管委会各建设一处居家养老信息服务中心，其具体建设标准参照《社区居家养老服务中心（站）省级"以奖代补"项目建设标准（试行）》执行。扩大虚拟养老院的

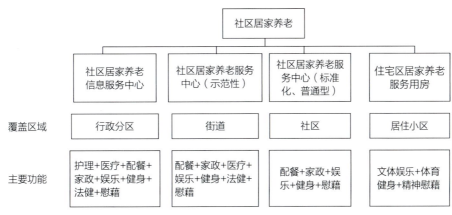

图9-19 社区居家养老服务设施配置指引

服务范围，和区内居家养老服务中心（站）及养老机构建立服务网络，建立广泛的企业合作联系，推进市场化，在现有服务的基础上，为不能自理老人提供护理服务并为更多老年人提供家政服务。

2）社区居家养老服务中心（站）

至2020年，规划主城区实现居家养老服务中心（站）建成率100%，标准化居家养老服务中心建成率80%。规划社区居家养老服务中心（站）依照《江苏省社区居家养老服务中心（站）评估指标体系（试行）》确定的建设标准执行。提升居家养老服务站的服务水平和能力，和虚拟养老院联网，与其合作企业建立合作关系；和有资质、有一定规模的品牌餐饮企业合作，政府给予适度补贴，引导社会力量为老年人提供配餐、就餐和送餐服务；和社区卫生服务站相互依托，加强对居家老人预防、保健、基本医疗、健康教育、康复等服务，并提供方便、及时、有效的上门服务。

至2020年，规划范围内共规划建设社区居家养老服务中心（站）374个，其中示范性（4A）35个，标准化（3A）266个，普通型（2A）73个（图9-20）。

3）住宅区居家养老服务用房

按照政策要求，新建住宅小区按每百户20～30m²配套建设社区居家养老服务用房，并与住宅同步规划、同步建设、同步验收、同步交付使用。已建成的住宅区无养老服务设施或现有设施未达到标准的，由当地政府通过新建、置换、改造、租赁等方式，按每百户15～20m²的标准调剂解决。其建设依托小区内的综合服务中心或物业管理用房，可与社区内的其他商业设施合建。

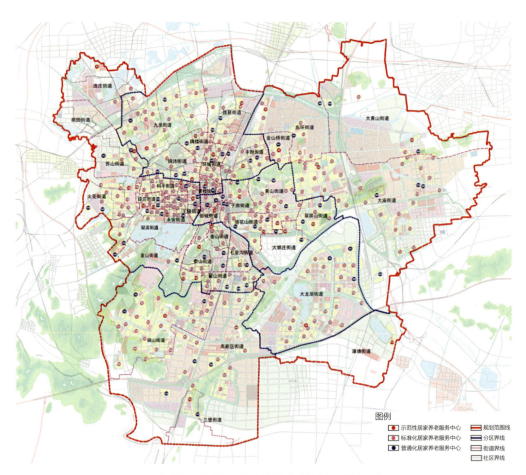

图9-20 社区居家养老服务中心（站）规划布局图

9.6.6 规划特色

1. 适应现有养老服务设施框架，突破创新

规划与现有的养老服务设施分类体系充分衔接，并做适当调整：在现有的养老体系中，"老年关爱之家"和"托老所"这两种兼顾社区居家养老和机构养老功能的设施被划定为"社区居家养老设施"，因其提供长期入住养老服务，本规划将其并入"机构养老设施"内。规划分类中机构养老设施的"市级"、"区级"和"街道级"是相对于行政管理而言，其收住范围并无明确规定（图9-21）。

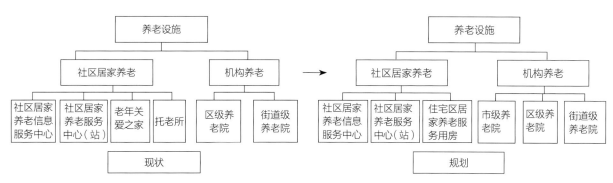

图9-21 现状与规划养老设施体系比较

另外，在机构养老服务设施和社区居家养老服务设施的典型分类之外，明确9处"综合养老院"，针对养老体系的弱点，强化养老院"医养结合"的功能。

2. 差异化布局，实现土地资源的优化配置

规划综合考虑各街道办的实际情况，在老年人口分布、养老床位分配、养老设施选址三个方面均采用差异化配置策略，使得养老设施的配置更符合各区养老需求，也使得空间资源配置更加优化。

9.7 徐州市主城区派出所布局专项规划

派出所是关系民生的基础公共服务设施之一，近年来，随着城市快速发展，城市人口规模不断增长，一大批新居住区相继建成，成规模的旧区先后改造，治安管理难度也不断加大，为适应经济和社会发展，满足服务民生的基本需求，2013年，徐州编制完成了《徐州市主城区派出所布局专项规划》，制定了派出所布局导则，并确定了相关派出所的选址。

9.7.1 基本情况

2013年，徐州市拟规划建设的派出所共34个，其中，云龙区8个，鼓楼区9个，泉山区15个，新城区2个，大部分派出所用房建于20世纪八、九十年代，建筑质量、办公环境较差，办公面积也明显不足。近几年来，随着派出所创建工作的深入开展，部分派出所进行了改造、扩建，整体面貌已有明显改观。但是，仍存在着建筑面积不达标、受场地和面积限制无法改扩建、租赁其他单位用房无土地证和房产证、城市建设拆迁等问题。

9.7.2 主要内容

1. 规划目标

与派出所辖区和人口分布相适应，按照"布局科学、确保落地、统一规划、分期实施"的总体要求，完善派出所规划布局，形成布局合理、出警方便、就近服务、便民利民的派出所服务网络。

2. 规划布局

结合控制性编制单元规划，按照派出所辖区管理和便民利民的要求完善布局，落实选址。主城区拟规划建设34个派出所，其中，改扩建5个，新建2个，联建13个，配建9个，回购5个（图9-22）。

图9-22　徐州市主城区派出所规划布局图

9.7.3 规划导则

1. 结合《公安派出所建设标准》分类，确定新建派出所建筑面积和用地面积

公安派出所的建设，应当综合考虑辖区面积、管辖人口及其分布、社会治安状况、地理环境等因素，既要方便群众，又要便于工作，统筹安排，合理布局。

根据现状派出所警力情况以及未来辖区面积和人口的增加情况，结合《公安派出所建设标准》分类和国内主要城市派出所设置标准，综合考虑新建派出所建设标准不低于二类派出所标准，建筑面积不低于1180~1550m^2，占地2亩左右。

公安派出所的选址，应当符合下列要求：在辖区中心区域且交通便捷的地方，至少有一面临靠道路；工程水文地质条件较好；具备较好的自身安全防卫条件；宜有较好的市政设施条件。

2．原址改扩建

不受场地限制，符合原址改扩建要求的派出所，按照编制单元控制性详细规划和《江苏省城市规划管理技术规定》编制修建性详细规划，进行原址改扩建。

3．结合居住、商业、社区综合服务中心、农贸市场、绿地、收储地块进行联建或配建

结合其他公益性民生设施单独配建的，宜建低层、多层建筑。受条件所限需与其他建筑联建的，公安派出所部分宜安排在该建筑的3层以下，并单独分区，具有独立的竖向交通、平面交通、场地及出入口。

4．回购置换

利用已建的闲置用房或结合棚户区改造统筹考虑，由区研究提出回购方案，报市政府审批。

5．统一规划、分期实施

近期（2013～2015年）规划建设16个公安派出所，远期（2015～2018年）规划建设18个公安派出所，新建派出所建成后，原派出所将无条件由政府收回。

9.8 徐州市主城区农贸市场（街坊中心）布局专项规划

农贸市场是关系民生的基础公共服务设施之一，为了促进徐州市主城区农贸市场规范有序发展，强化主城区农贸市场规划、建设、管理，完善农贸市场配套设施，改善城区景观环境，提高农贸市场服务水平，搞好"菜篮子"食品质量卫生安全工作，保障消费者的切身利益。2014年，徐州编制完成了《徐州市主城区农贸市场（街坊中心）布局专项规划》。

9.8.1 基本情况

徐州农贸市场尚存在布局不合理、设施简陋、管理理念落后等问题，与徐州整体建设发展水平不相适应。具体表现在以下五个方面：

一是由于市场建设投资背景不同，存在市场位置的分布、市场辐射范围的设定存在盲目性，建成后的使用用途发生转换等问题。

二是现有的市场普遍存在场地狭小、设施简陋、各类市场比例失调以及分布不均的问题。

三是经营模式不适宜，市场一般是由经营者（也是建设者）提供交易场地，卖者和买者在这里进行交易。经营者收取场地租金费、管理费和代收税金或由工商行政管理部门直接参与管理和收取工商管理费。这些市场以盈利为目的重收费、轻管理，重外延、轻内涵。市场经营者（兼建设者）为了追求最大的经济效益，放松了对进场交易者的规范性管理，不能严格地执行市场规章制度。

四是市场法制建设和管理规章滞后。农贸市场不仅没有法律、法规，甚至还没有一个完整的批发市场管理条例。由于没有法的规范，造成了现阶段农贸市场内交易活动混乱，市场外无序发展的现象。

五是农产品流通过程缺乏成熟的流通组织体系。个体流通组织的送货量占总货量的比率相当大，缺乏高素质的流通组织和中介服务机构。

9.8.2 主要内容

1. 分类标准

（1）新建：分为新选址建设、原有市场原址重建、地块改造中配套建设项目三种类型；

（2）改造：原有市场改造提升；

（3）回购：对既有市场产权进行回购、在无条件建设地区回购房屋设置农贸市场。

2. 建设标准

新建项目纯农贸市场部分，建筑面积不超过4000m^2（既有农贸市场改造时，参照既有市场规模，可不受此条件限制）；街坊中心建筑面积标准1.5~2.5万m^2，服务人口2~3万人；服务半径1~1.5km（间隔2~3km，步行10~30min，骑行5~20min）设置农贸市场、街坊中心。

3. 规划布局

徐州市主城区农贸市场（街坊中心）共规划132处，其中新建79处（新选址42处、配套建设24处、原址重建13处），现状保留28处，改造提升23处，回购11处。贾汪区农贸市场（街坊中心）共规划6处，其中现状保留2处，改造提升2处，新建2处。与主城区共计138处（图9-23）。

4. 街坊中心

规划在原有农贸市场的标准上增加了街坊中心的内容，提高了建设标准，扩大了服务人口。街

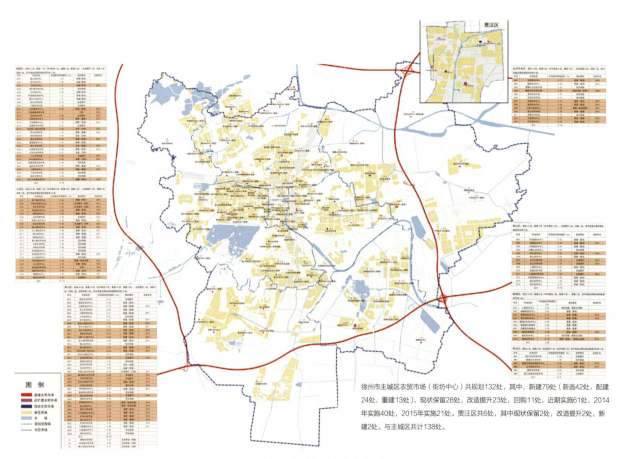

图9-23 农贸市场（街坊中心）规划总图

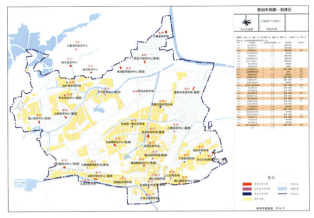

图9-24 鼓楼区农贸市场（街坊中心）规划布局图

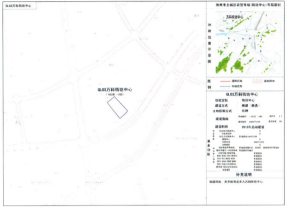

图9-25 GL03万科街坊中心规划

坊中心以满足社区居民生活的基本功能为服务的基础，如超市、银行、邮政、餐饮店、洗衣房、美容美发店、药店、文化用品店、维修店、社区活动中心、净菜市场、卫生所等，并根据居民消费层次的提高不断完善各层次服务功能，实现商业服务与社会公益服务的有机结合，达到消费者满意、经营者满意及政府满意。

5．规划案例

（1）鼓楼区农贸市场（街坊中心）规划布局

鼓楼区共规划农贸市场（街坊中心）31处，新建17处（其中新选7处，重建5处，配建5处），改造提升7处，现状6处，回购5处，其中具备近期实施的项目有12处（图9-24、图9-25）。

（2）鼓楼区疏导点安置

结合农贸市场（街坊中心）规划点位，分流既有的疏导点与马路市场，有效地解决主城区内的马路市场问题，改善城市卫生环境，提高人民的生活水平，对城市整体形象的塑造和改善有重要意义（表9-3）。

鼓楼区疏导点规划去向表　　　　表9-3

办事处	编号	名称	位置	摊位数	经营种类及数量						经营场地			产权人	规划去向
					农副产品	水果	熟食	小吃	日杂	其他	长	宽	面积 m²		名称
黄楼	GL01	洪学巷疏导点	永康小区西门10个，巷南头8个	18	0	2	4	9	3	0	14	5	70	牌楼管理处	东阁街街坊中心（2016）
	GL02	坝子街疏导点	坝子街桥北头东侧路口两侧	17	0	4	5	5	3	0	4	112	450	黄楼办事处	东阁街街坊中心（2016）
	GL03	东阁街疏导点	东阁小区至烟厂路口	220	30	18	45	12	30	85	6	290	1700		东阁街街坊中心（2016）
	GL04	镇河小区疏导点	民主北路镇河小区大门内北侧台阶	13	0	1	6	1	0	5	2	40	80		东阁街街坊中心（2016）
	GL05	前进路熟食疏导点	爱客来超市门口路牙石以上	30	0	0	30	0	0	0	4	80	320		东阁街街坊中心（2016）

续表

| 办事处 | 编号 | 名称 | 位置 | 摊位数 | 经营种类及数量 ||||| 经营场地 ||| 产权人 | 规划去向 |
					农副产品	水果	熟食	小吃	日杂	其他	长	宽	面积 m²		名称
环城	GL06	煤港东街疏导点	煤港东街十字路口周边	100	10	30	40	20	0	0	100	6	600		闸口农贸市场（2014）、煤港路街坊中心
	GL07	春华园疏导点	春华园南门华祖庙路口及以西区域	45	5	5	10	15	5	5	60	4	240		煤港路街坊中心
	GL08	祥和早餐疏导点	祥和路与煤港路交叉口路牙石以上	30	0	0	0	30	0	0	37	6	222	环城办事处	苏北、祥和、堤北农贸市场（2015）
	GL09	祥和路水果疏导点	祥和大酒店大门西侧路牙石以上	13	0	13	0	0	0	0	40	3	120		苏北、祥和、堤北农贸市场（2015）
	GL10	祥和西路疏导点	祥和路至祥和公园两侧人行道上	150	0	20	30	48	30	22	603	2	1206		苏北、祥和、堤北农贸市场（2015）
丰财	GL11	复兴北路熟食疏导点	复兴北路延长段王场东村门前两侧，复兴北路红星加油站斜对面	26	0	0	26	0	0	0	90	2	180		闸口（2014）、堤北农贸市场
	GL12	白云路疏导点	白云路大庆路口至下淀南街西，西头为原疏导点	21	0	0	14	7	0	0	60	2	120	丰财办事处	二七、下淀农贸市场
	GL13	徐钢一宿舍疏导点	徐钢一宿舍前路牙石以上	15	0	2	0	13	0	0	40	2	80		白云山东路街坊中心（2015）
	GL14	中学路疏导点	中学路北头两侧路牙石以上	25	3	0	9	0	13	0	65	2	130		白云山东路街坊中心（2015）

9.8.3 规划特色

徐州市主城区农贸市场（街坊中心）规划建设实行"传统农贸市场和街坊中心相结合"的总体发展思路。规划力争建设一个体系完善、布局合理、设施配套、便于使用、环境优美的综合型街坊中心、传统农贸市场、社区便利店三个层次的城市副食品供应网点体系。在保障农贸市场功能的情况下，发展社区商业。

9.9 徐州市主城区社区综合服务中心布局专项规划

9.9.1 基本情况

随着我国城市化进程的不断加快，居民群众物质文化需求的不断提高，对社会公共管理和公共服务水平提出了更高的要求。发挥规划在社区建设中的龙头作用，通过科学、合理编制社区规划，优化城市社区布局，健全社区基础设施建设和公共服务设施建设，完善社区服务功能，进一步提高社区建设整体水平，成为积极推进现代化和谐社区建设，全面建成小康社会的一项重要内容。为此，徐州于2014年编制完成了《徐州市主城区社区综合服务中心布局专项规划》。

通过研究国内外相关实例，并结合徐州本地实际情况，对街道级的文体活动中心、便民社区服务、便民商业服务设施3个方面提出规划面积和配置要求。构建便于居民自治、便于居民生活、便于城市管理、便于规划管理与控制的城市社区空间体系，实现社区布局更加合理，社区规模更加适度，社区基础设施更加完备，社区服务功能更加完善，能较好地满足居民对公共服务的需求，为建设居民自治、管理有序、服务完善、治安良好、环境优美、文明祥和的现代化和谐社区提供基础性的支撑。

9.9.2 规划原则

在规划编制过程中贯彻以下两方面原则：

（1）共建共享，差异配套：根据不同办事处的规模和所处位置不同，区别配套。现状具有一定规模，但规模不达标的可在原址扩建；现状配套不足，又无法在原址扩建的，可另行选址新建。结合已批邻里中心建设，完善功能。

（2）因地制宜，弹性指导，功能分片：一个社区服务中心，功能可分多个片区承载，也可承载几个片区的服务功能。

9.9.3 主要内容

1. 规划范围

规划范围为：鼓楼区7个办事处、云龙区7个办事处、泉山区14个办事处、铜山区4个办事处、经济开发区4个办事处、新城区1个办事处，共计37个办事处。

2. 配置规模

按照集中布局的原则，规划提出社区综合服务中心配套建筑面积约为4500~7200m²，用地规模约为3750~7200m²。社区服务中心配置规模见表9-4所示。

社区服务中心配置规模一览表　　　　　　　表9-4

序号	设置项目		内容	建筑规模（m²）	用地规模（m²）	备注
1	文娱、体育设施		小型图书馆、科普知识宣传与教育；科技活动、各类艺术训练班及青少年和老年人学习活动场地、用房；球类、棋类活动室、健身房等	800~1200		
2	便民社区服务设施	社区服务中心	提供家政服务、就业指导、中介、咨询服务、代客订票等服务	1500~1800		
		邮电设施	提供电报、电话、信函、包裹、兑汇和报刊零售等服务的邮电综合业务服务	200		应设在建筑一层，宜结合建筑平面布局提供一定面积的停车场地

续表

序号	设置项目		内容	建筑规模（m²）	用地规模（m²）	备注
3	便民商业服务设施	净菜市场、超市	包括蔬菜、肉类、水产品、副食品、水果、熟食、净菜等售卖	1500～2500		配套内容应根据服务中心周边已有配套设施合理设置，避免重复设置
		社区商业服务设施	中西药店、洗染、美容美发、综合修理、日用杂品等其他商业服务设施，银行储蓄所等金融服务设施	500～1500		
合　计				4500～7200	3750～7200	

3．规划案例

（1）琵琶办事处

1）现状概述

琵琶办事处位于鼓楼区东北部，下辖9个社区。辖区面积1499hm²，常住人口46597人。现状办事处社区服务中心位于沈孟路中段，琵琶花园北部，建筑面积约3000m²，建筑质量优秀。主要承载部分便民社区服务功能，文体活动中心以及便民商业服务的功能缺失（图9-26）。

2）规划布局

文体娱乐、商业配套设施布置在煤港路与奔腾大道交叉东北部（现状为空地，规划为八里社区服务中心），用地面积为8000m²，规划配套建筑面积约需2000～4000m²（图9-27）。

图9-26　琵琶办事处社区服务中心现状图　　　　图9-27　琵琶办事处社区服务中心规划图

图9-28 翠屏山办事处社区服务中心现状图　　图9-29 翠屏山办事处社区服务中心规划图

（2）翠屏山办事处

1）现状概述

翠屏山办事处位于云龙区东部，辖区面积1050hm²，常住人口9995人。现状办事处社区服务中心位于和平大道东延段路北，建筑面积约2000m²，建筑质量一般。主要承载部分便民社区服务功能，文体活动中心以及便民商业服的功能缺失（图9-28）。

2）规划布局

①便民社区服务功能：规划结合土山寺邻里中心承担便民社区服务、商业配套等主要功能，建筑面积约3000~5000m²。

②文体娱功能：结合经济适用房五期东南侧体育、图书馆用地建设，建筑面积约2000~3000m²（图9-29）。

9.10　徐州市中心城区加油（气）站布局专项规划

随着社会经济建设和社会各项事业的发展，对成品油（气）需求的大幅增长，加油站、加气站的建设进入了持续快速的发展阶段。特别是近几年来，社会对汽车需求的迅猛增长，直接导致加油、加气市场的不断扩大。加油、加气站点的建设对满足工农业生产和人民生活的需要、推动全社会经济建设的发展，起到了积极的作用。而加油（气）站的规划建设也是城市规划工作落实网格化管理理念的重要内容。2016年，编制完成了《徐州市中心城区加油（气）站布局专项规划》。

9.10.1　基本情况

徐州中心城区现有加油（气）站107个，其中加油站89个、加气站15个，油气合建站3个。

现状加油站主要存在如下问题：一是总体规模过剩，效益得不到发挥；二是布局不合理，以往的加油站建设由于缺乏相应的规划与管理，部分选址间距太小，密度过高，对有限的用户相互争夺，形成恶性竞争，而部分区域加油站较少，整体布局不均衡；三是经营效益高低不均，多数加油站效益低下，加油站中经营一般与较差的占61%；四是部分加油站争相在城市道路交叉口选址，给城市交通带来较大的干扰。

现状加气站存在的问题有：一是站点数量不足，供需矛盾突出；二是站点用地规模差异较大；三是城市发展和各专项规划对部分现状加气站提出了调整需求（轨道建设等重大设施）；四是加气站存储气主要以撬车存储及运输为主，存在安全隐患；五是部分加气站为临时站点，不能满足长期供气能力。

9.10.2 主要内容

1. 规划原则

规划在编制过程中贯彻以下原则：

（1）符合协调原则：与城市总体规划、分区规划、控制性详细规划和交通规划密切衔接，结合城市布局规划发展，与城市道路交通量相适应，以适应城市车辆及道路交通发展的需要。

（2）科学规划、有序发展原则：按照布局与消费增长相适应要求，充分考虑社会需求量、机动车保有量及增量、交通流量等消费因素，既立足现实，又着眼未来进行科学预测，合理确定加油站网点的数量、规模、布点。

（3）总量控制、节约用地原则：加油站网点布局应根据需求进行科学预测，确定各区域加油站布局数量，积极利用城市现有的能源供应站点（加油站、天然气门站、天然气调压计量站、LNG气化站、CNG气化站），扩建或改建为合建站。

（4）交通保障原则：规划公交车专用加气站与公交场所大型枢纽站合建；在主干道、方便车辆出入的次干道、公交走廊等交通便利地块新建加气站。

（5）技术引导原则：选用先进、成熟、可靠的工艺和技术，减少占地和拆迁。

2. 规模预测

（1）加油站规模预测

按照《城市道路交通规划设计规范》GB 50220—1995的要求，城市公共加油站的服务半径宜为0.9~1.2km，规划按此服务半径计算，2020年中心城区宜设置加油站约124座。另外，规划还通过机动车加油量对加油站进行预测：规划首先结合不同类型机动车保有量、每车平均公里耗油量、每车平均日行程、车辆出行率等因素预测机动车燃油日需求量，再根据加油站每台加油机加油能力，推算出规划期内市区所需的加油机数量，按照平均每座加油站4台加油机计算，预测规划期末所需的加油站数量114座。规划综合两种预测方法，考虑到今后机动车燃料的多元化，规划期末选取加油站数量为120座（包括油气合建站）。

（2）加气站规模预测

借鉴外地案例分析，并结合徐州实际情况，采用设计能力分析法、服务能力分析法、加气站服务半径分析法三种方法对加气站的数量进行预测。设计能力分析法是通过预测出租车以及（加气）公交车的用气量，结合加气站设计加气能力，预测规划期末加气站数量：经测算，共需加气站（CNG+LNG）数量控制在：25~34座。服务能力分析法是通过出租车（以及其他小汽车）和公交

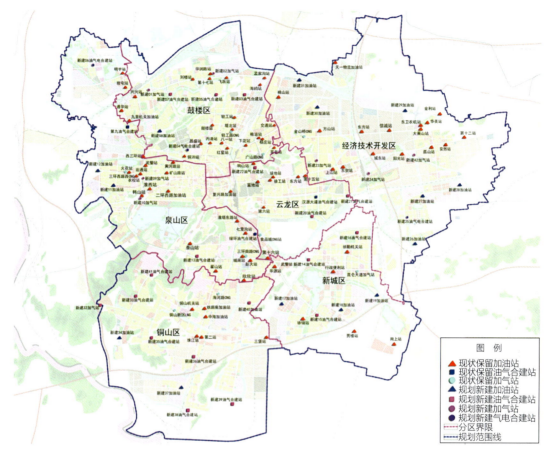

图9-30 加油（气）站规划总图

车的加气时间来预测加气站数量，规划预测所需加气站应为28~35座。为保证现有加气站规模及效益，同时也保证车辆加气具有较好服务水平，加气站之间的车辆行驶距离应在5~8km之间，规划取平均行驶距离为6.5km，同时考虑城市道路非直线系数，预测规划期末共需加气站33座。综合以上三种方法的分析结论，规划预测2020年宜设置加气站35座（包括油气合建站）。

3．规划布局

规划期末共设置加油气站132座，其中，取消11座，保留现状90座，新增42座。包含规划加油站90座，加气站16座，油气合建站23座，油气电合建站2座，气电合建站1座（图9-30）。

9.11 徐州市中心城区新能源汽车充电设施布局专项规划

进入21世纪，随着我国经济持续快速增长和城镇化水平的不断提高，城市交通机动化程度不断提高，机动车保有量日益增加。截至2014年底，我国机动车保有量达2.64亿辆，其中汽车1.54亿辆；我国小型载客汽车达1.17亿辆，其中私家车达1.05亿辆。机动车的快速发展，改善了出行者的出行质量，缩短了出行时间，对提高人民的生活质量和促进城市发展起到了举足轻重的作用。但快速机动化发展也导致了一系列的问题，城市交通拥堵已成为阻碍城市发展和降低人民生活质量的严重问题，由此带来的环境污染和能源紧张问题也日益突出。

为有效缓解能源和环境压力，推动汽车产业可持续发展的紧迫任务，落实国务院关于发展战略性新兴产业和加强节能减排工作的决策部署，加快培育和发展节能与新能源汽车产业，国务院制定并印发了《节能与新能源汽车产业发展规划（2012～2020年）》。为全面贯彻落实该规划，加快新能源汽车的推广应用，有效缓解能源和环境压力，徐州市针对新能源汽车的推广应用召开了专题讨论，会议要求：要把近期试点任务和长远规划相结合，在公交行业率先展开试点，尽快启动新能源公交车充电桩规划建设，并在此基础上总结经验，统一编制全市新能源汽车充电基础设施建设规划，逐步完善充电设施网络。在此背景下，2015年徐州编制完成了《徐州市中心城区新能源汽车充电设施布局专项规划》。

9.11.1 基本情况

根据国家新能源汽车产业以及推广应用的发展情况，新能源汽车逐步取代常规能源汽车已经成为一种必然趋势。为全面贯彻落实国家及省关于新能源汽车推广应用的各项政策，徐州市已经开始着手推广新能源汽车。近年，徐州市新能源汽车数量逐步增加，根据相关统计数据，徐州市共有新能源汽车387辆，其中社会车辆187辆，城市公交车辆200辆。此外，另有145辆城市公交车辆和200辆城际客运车辆即将投入使用。

徐州市已经建成7处新能源汽车充电设施，其中1处社会新能源汽车充电设施，6处新能源公交车充电设施。公交充电设施设计标准采用国标，共有25个充电桩，均为快充，对外有偿开放使用；社会充电设施共有7个充电桩，其中1个快充，6个慢充。此外，还有1座公交充电设施，共计5个充电桩已经批准待建。

9.11.2 规划策略

徐州市新能源汽车充电设施布局以用户居住地停车位、单位停车场、公交及出租车场站等配建的专用充电设施为主体，以公共建筑物停车场、社会公共停车场、临时停车位等配建的公共充电设施为辅助，以独立占地的城市快充站、换电站为补充，形成新能源汽车充电基础设施体系。

1. 社会新能源车辆充电设施布局策略

（1）建设用户居住地充电设施

鼓励充电服务、物业服务等企业参与居民区充电设施建设运营管理，统一开展停车位改造，直接办理报装接电手续，在符合有关法律法规的前提下向用户适当收取费用。对有固定停车位的用户，优先在停车位配建充电设施；对没有固定停车位的用户，鼓励通过在居民区配建公共充电车位，建立充电车位分时共享机制，为用户充电创造条件。

（2）建设单位内部充电设施

具备条件的政府机关、公共机构和企事业单位，可以结合单位新能源汽车配备更新计划以及职工购买使用新能源汽车需求，利用内部停车场资源，规划建设新能源汽车专用停车位和充电设施。

（3）建设城市公共充电设施

优先在大型商场、超市、文体场馆等建筑物配建停车场以及交通枢纽、驻车换乘（P+R）等公共停车场建设公共充电设施。鼓励有条件的单位和个人充电设施向社会公众开放。

2. 公共服务领域充电设施布局策略

对于公交、环卫、机场通勤等定点定线运行的公共服务领域新能源汽车，应根据线路运营需求，在停车场站配建充电设施。对于出租、物流、租赁、公安巡逻等非定点定线运行的公共服务领域新能源汽车，应充分挖掘单位内部停车场站配建充电设施的潜力，结合城市公共充电设施，实现高效互补。

9.11.3 主要内容

1．需求预测

结合国内不同领域新能源汽车推广应用的相关政策和发展趋势，对社会新能源小汽车、公共交通领域的新能源汽车的发展规模进行了分类预测，并作为各领域新能源汽车充电设施规模预测的依据。根据预测结果，到2020年，徐州市中心城区共需要充电桩790个，其中社会公共充电桩总体需求为200个（60kW和30kW充电桩各100个）；城市公交新能源汽车充电桩需求为500个，功率为250kW；城际客运充电桩需求为90个（60kW充电桩60个，30kW充电桩30个）。

2．规划布局

结合各类场站及现状已经建成的新能源汽车充电设施，规划预测至2020年实施完成110处新能源充电设施，829个充电桩。其中，社会新能源汽车充电设施33处，充电桩239个；城市公交59处，充电桩500个；城际客运14处，充电桩90个；出租车4处，充电桩数量根据新能源汽车在出租车行业的推广情况确定（图9-31）。

9.11.4 规划特点

新能源汽车充电设施是新能源汽车推广应用的基础保障，也是新能源汽车产业的重要一环。徐州

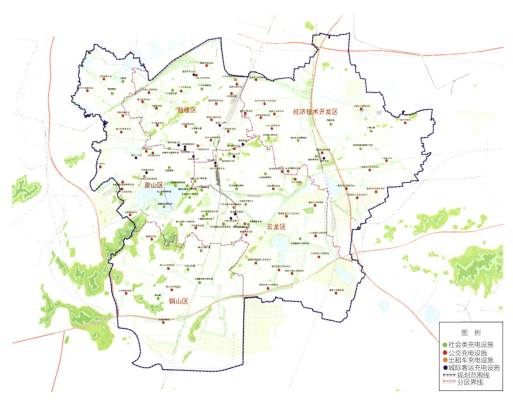

图9-31　新能源汽车充电设施规划布局图

市新能源汽车充电设施的规划和建设，可以实现新能源汽车基础设施的高效利用。规划具有如下特点：

（1）深刻剖析国家、省市关于新能源汽车推广应用的政策意见，准确研判市中心城区各类新能源汽车的发展趋势，融合《徐州市城市总体规划》、《徐州市城市公共交通规划》等相关规划，合理预测各类新能源汽车充电设施的需求规模。

（2）注重统筹协调，本着前瞻性、系统性和可操作性的原则，规划重点突出了公共交通领域新能源汽车充电设施的规模和布局，并强调设置在公共场站内的充电设施在特定时段内对社会开放，统筹安排其与社会新能源汽车充电设施的资源共享及功能互补，更加具有可操作性。

（3）坚持集约、节约使用土地，突出资源共享是新能源汽车充电设施规划的重要指导思想。充分利用现有和规划公共交通场站、公路客运场站，以及城市公共停车场规划建设新能源汽车充电设施，在保障合理的服务覆盖率的情况下，尽可能少的占用城市建设用地。

9.12　徐州市中心城区公共厕所布局专项规划

城市公共厕所是表现城市细节，体现人文关怀和城市精神的服务性基础设施，折射出一座城市的文明水准和文化品位。为了进一步完善城市基础设施，提高市民生活出行质量，提升现代化文明城市的形象，全面缓解市民"如厕难"的现状，充分体现"以人为本"的城市管理理念，紧紧围绕"让全面小康建设的成果惠及全体百姓"这一目标，2014年编制完成了《徐州市中心城区公共厕所布局专项规划》。

9.12.1　基本情况

近年来，徐州市对公共厕所的建设改造相当重视，新建了一批公共厕所，同时每年还投入一定资金用于公共厕所的改造和提升。截至2013年底，徐州市中心城区纳入环卫系统管理的公厕及社会公厕共计627座，其中由各区环卫处负责保洁管理的社会公厕570座，还有位于云龙湖风景区内公厕、公共公园内的园林公厕及故黄河两岸公厕共计57座。在布局方面，城区公共厕所主要存在以下问题：一是总量不足、布局不均，老城区设置较密集，新城区数量不足；二是现状公厕总体建筑面积偏小，不能满足公厕功能及等级的要求，同时建筑形式单一，绝大部分为独立式公厕；三是现状公厕主要以二类、三类公厕为主，一类公厕偏少，结构不合理，等级标准低；四是现状公厕外观陈旧，环境卫生较差，缺乏完善的引导标识系统。

9.12.2　主要内容

1. 规划目标

结合中心城市的用地功能布局，科学确定公共厕所服务半径，加强和完善公共活动场所和主要出行区域公共厕所的配置，建立统一规范的公共厕所标志导向系统，形成数量适度，布局均衡，等级适应，资源节约，环境卫生，风貌匹配的公共厕所服务体系，并形成规划统一，运营规范，服务优质，管理有效的公共厕所管理体系。

力争到2020年，将建成省内一流的公共厕所供给体系。达到主要街道步行3~5min，300~500m范围公共厕所全覆盖的要求。

2. 设置原则

（1）新建公厕设置区域与场所

1）城市主次干道两侧，结合城管及环卫附属用房统一建设，实现空间资源的集约利用；

2）广场、车站、大型停车场、街头绿地、公园、旅游景区等公共场所；

3）一定规模的商品交易和商业服务场所配建公厕以附建式为主；

4）城市老小区改造、新区开发、新建住宅小区和其他公共场所等建设工程的配套厕所，由建设单位设置。

（2）设置形式和标准

独立式公厕主要分布于城市街头公园、滨河绿地、旅游景区，结合城管及环卫附属用房统一建设，实现空间资源的集约利用；由于用地选址日益困难，规划提出应结合城市大型办公楼宇、商业综合开发地块、大型交通设施地块等公共设施空间配置附建式公厕，但应设置单独出入口和管理间。

3. 空间布局

规划按照城市用地类别设置密度、功能区设置密度、平均服务半径、创建国家生态园林城市要求四种预测方法对中心城区规划期末所需公共厕所数量进行预测，同时根据中心城区用地实际情况及各类功能区的不同布局密度对中心城区公厕进行布局，实际布局了1195座。其中保留581座（改造98座），拆除46座（近期因城市更新需拆除，拆除地块需按相关标准配建公厕），新建614座。其中保留公厕中，社会单位对外开放58座，主要分布老城区及部分新建城区无法提供固定式环卫公厕用地建设的地区。在公厕等级规划中形成一类公厕74座、二类公厕792座、三类公厕329座的固定式公厕等级分布，在公厕建筑形式规划中独立式1143座、附属式48座、移动式4座（图9-32）。

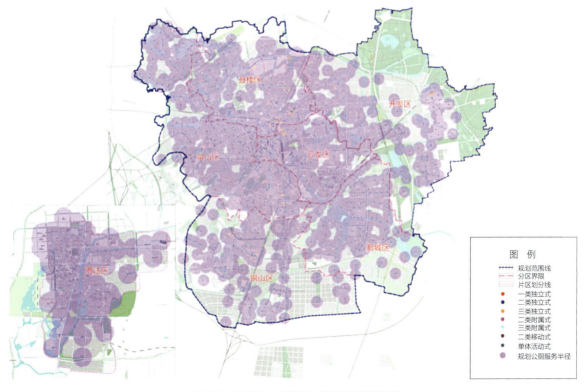

图9-32 徐州市中心城区公共厕所服务范围图

9.12.3 规划导则

1. 公共厕所设置标准

根据《城市环境卫生设施规划规范》GB 50337—2003,并参照其他城市设置标准,结合徐州中心城区实际情况,确定中心城区每座公厕平均服务半径约为500m。以此指标为依据,按照不同功能区的公厕需求特点确定不同功能区公共厕所设置标准(表9-5)。

徐州中心城区公共厕所规划布局标准　　　表9-5

编号	城市功能区	设置间距(m)	平均设置密度(座/km²)	平均步行时间(min)
A	中心商业区	300	14	3
B	综合服务区	500	5	5
C	风景旅游区	500	5	5
D	教育区	600	4	6
E	居住区	700	4	7
F	工业区	1000	1	10

2. 公共厕所建筑等级指标

《城市环境卫生设施规划规范》GB 50337—2003规定,应按城市不同功能区分别设置不同建筑等级的公共厕所。规划综合考虑各类因素,根据中心城区实际情况,设置中心城区不同等级公厕布局范围:原则上城市核心地段及风景旅游区布局一类,城市一般地段以二类为主(表9-6)。

徐州中心城区公共厕所等级设置适用范围　　　表9-6

适用范围		建筑等级		
		一类	二类	三类
城市核心地段	中心商业区	○		
	综合服务区	○		
	风景旅游区	○		
	居住区	○		
城市重点地段	中心商业区	○		
	综合服务区	○	○	
	风景旅游区	○		
	教育区	○	○	
	居住区	○	○	
	工业区		○	
城市一般地段、外围地段及城中村	商业区	○		
	综合服务区	○	○	
	风景旅游区	○		
	教育区	○	○	
	居住区	○	○	○
	工业区		○	○

3. 新建公共厕所面积指标

结合徐州市实际情况,新建公共厕所面积指标根据实际地块大小按照表9-7区间执行,对于用地较为宽松且对公厕要求等级较高的景区,如云龙湖风景区、汉文化景区新建公厕可按照公厕面积上限执行(图9-33)。

新建公共厕所面积指标　　　　　　　　　　　　　　　表9-7

公厕等级	独立式		附建式
	建筑面积（m²）	用地面积（m²）	建筑面积（m²）
一类	80~120	160~240	60~100
二类	60~80	120~160	40~60
三类	40~60	80~120	

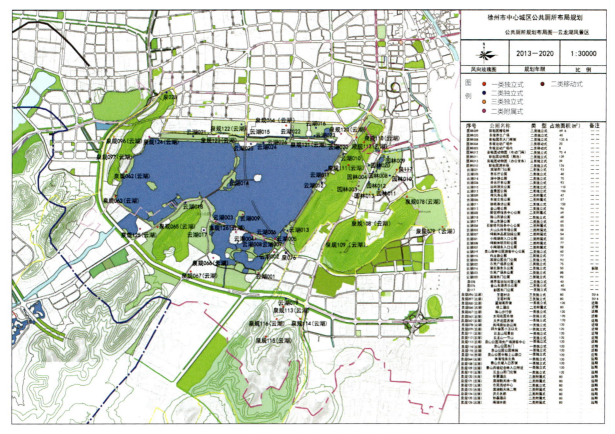

图9-33　云龙湖风景名胜区公共厕所布局规划图

10 镇村规划

10.1 新型城镇化和城乡发展一体化规划

10.1.1 构建"1+5+30+30+130"新型城镇体系

《江苏省城镇体系规划（2015～2030）》中提出了"一带两轴，三圈一极"的城镇空间结构。一带为沿江城市带，两轴分别为沿东陇海城镇轴和沿海城镇轴，三圈为南京都市圈、苏锡常都市圈和徐州都市圈，一极为淮安增长极（图10-1）。

图10-1 江苏省城镇体系空间结构规划图（引自《江苏省城镇体系规划（2015～2030）》）

徐州既是三大都市圈之一"徐州都市圈"的核心城市，也是两轴之一"沿东陇海城镇轴"的重要节点城市。徐州都市圈作为"一带一路"重大国家战略的重要组成部分，承担着引领地区转型升级，撬动淮海经济区崛起，促进区域协调发展等多重战略角色，历史将赋予其更大的发展机遇和发展空间，区域发展的新格局需在都市圈范围内对资源集约利用、生态保护和管控、城乡宜居建设、城镇科学发展进行研究。建立健全中心城市的功能、完善新型城镇体系、协调中心城市与周边地区发展，加快徐州都市圈、淮海经济区振兴和城镇化水平的提高。

结合徐州市自身发展实际，在《徐州市城市总体规划（2007~2020）》（2017修订）研究成果的基础上，按照"以人为本，工业化、信息化、城镇化、农业现代化四化同步，优化布局，生态文明，文化传承"的中国特色新型城镇化道路，组织编制了《徐州市重点镇和新型城镇社区分类研究》，在城镇等级结构方面，将城镇分为"区域中心城市—县域中心城市—中心镇—重点镇—新型城镇社区"五级，形成了"1+5+30+30+130"的新型城镇化规划体系（图10-2）。

"1"是以"中心城市"为龙头，重点建设功能性项目，提升城市档次和承载力。按照国家新型城镇化要求，结合土地利用总体规划中对城市建设用地的总量控制，把铜山区、贾汪区纳入中心城区范围统筹考虑，促进铜山区、贾汪区与主城区的进一步融合。

"5"是以丰县、沛县、睢宁、新沂、邳州5个中等城市为副中心城市，做强做优城市规模。5个副中心城市既是推进新型城镇化及城乡一体化发展的重要环节，也是打造徐州都市圈核心城市的重要支撑。县域中心城市的城镇人口规模50~100万人。各县（市）区域地位各异、发展特点不同、产业优势互补、生态保护联动，是推动城市群建设，协调区域发展，加快融入国家"一带一路"战略的重要基点。

丰县城市性质为苏鲁豫皖边界新兴工业城市和区域性商贸物流中心，汉皇故里文化及生态

图10-2　徐州市新型城镇体系规划图

旅游城市。未来将以机械制造产业、电动车产业、食品及农副产品加工产业、木材加工产业等为主导产业，积极培育新能源、新材料和服务外包等新兴产业，发展生态文化旅游和商贸物流产业。

沛县城市性质为江苏省重要的新型工业基地、苏鲁地区区域商贸物流集散地，以汉文化为代表的历史文化名城。未来将以新型能源、新型材料、高科技精细化工、商贸物流和现代服务业为主导产业。

睢宁城市性质为以发展特色制造业、商贸服务业为主，苏皖北部边界区域商贸物流中心。未来将以白色家电、纺织服装、皮革皮具、金属机电、医药化工、商贸物流为主导产业。

新沂城市性质为东陇海沿线重要交通枢纽城市、长三角北部地区新兴工业城市、苏鲁边界重要的商贸物流基地。未来重点发展发展精细化工、绿色食品、纺织服装、机械冶金四大传统产业，培育新医药、新材料、新能源三大新兴产业。

邳州城市性质为东陇海地带重要的水陆交通枢纽，商贸流通中心，新兴工业城市，具有深厚历史文化底蕴的现代化城市。未来将形成板材加工、建材、食品加工、冶金机械、纺织服装等五大支柱产业，培育生物医药、新型建材等新型产业，发展现代服务业。

"30"是以30个中心镇为基础，加快形成县域经济社会发展的增长极。中心镇将具备服务周边区域的综合性职能；一项或多项具有县（市）域影响力的特色产业或职能；具有较高等级的对外联系通道。中心镇城镇人口规模约5~10万人，服务半径20km。

按照《江苏省城镇体系规划（2015—2030）》，重点培育一批区位条件优越、经济基础好、发展潜力大的省级重点中心镇，有条件的加快发展成为集聚10万人以上的现代新型小城市。徐州在30个中心镇的基础上，开展了《徐州市现代新型小城市推荐方案研究》，充分考虑对外部要素的吸引与带动、政策扶持和规划的引导作用，位于省际边界地区或沿东陇海线经济带、徐宿沿线等主要轴线上，交通便利，能便捷利用多种交通方式，辐射区域大，人口规模较大，城镇化条件较好，产业基础较好，经济条件较好，能提供较多就业岗位，公共服务设施较完善，基础设施较齐备等，基于以上条件综合考虑，选择了13个的城镇，分别为：

丰县，欢口镇、华山镇；

沛县，龙固镇、敬安镇；

睢宁县，双沟镇、沙集镇；

邳州市，碾庄镇、铁富镇；

新沂市，草桥镇、窑湾镇；

铜山区，利国镇、大许镇、郑集镇。

第二个"30"是从现有一般镇中择优选择30个重点镇。重点镇主要作为支持农村经济发展的节点和加强农村基本生产、生活公共服务均等化的重要空间载体。重点镇的职能为完善基本公共服务供给功能和居住功能；承担一定具有涉农产业性质或符合生态环保要求的生产性职能。重点镇城镇人口规模约2~5万人，服务半径10km。

"130"是130个新型城镇社区。主要分为三类，第一类是未被定位为重点镇的一般镇，第二类是未纳入城区的，原撤并乡镇政府所在地的农村居民点，第三类是各县区政府推荐的现状人口规模较大、交通比较便利、公共服务和基础设施配套比较完善、辐射范围较大、经济条件较好的农村居民点。新型城镇社区主要作为促进农业人口就地就近转化为城市人口的重要载体，以居住功能和生活配套服务为主，能保障一定数量的就业岗位，承担公共服务、社会治理、环境整治等功能。新型城镇社区人口规模约0.8~2万人，服务半径为5km。

形成以城镇轴为骨干，大城市为支撑，中小城市（镇）协调发展，各类村庄（社区）分布合理的城乡空间格局；形成结构完善、布局合理、均衡配置、覆盖城乡的公共服务设施体系；形成特色鲜明、功能互补的现代城乡风貌；形成生态宜居、环境优美、舒适便利的城乡人居环境。

10.1.2 完善徐州市城镇等级结构，引导镇村分类发展

小城镇是连接城市与农村的重要纽带，为使市域城镇体系结构更加合理，促进城乡统筹协调发展，积极开展镇村规划编制工作。现已完成中心镇、重点镇的总规、控规及街景整治规划全覆盖，完成了新一轮全市镇村布局规划优化工作，开展了新型城镇社区的规划编制工作。加紧编制美丽乡村规划，建立了徐州市城乡规划成果体系，为实现城乡统筹发展提供了技术支撑。

按照江苏省统一部署，组织各县（市、区）开展了新一轮镇村布局规划优化工作。根据各自然村庄的区位、规模、产业发展、风貌特色、设施配套等现状，在实施评估与综合分析的基础上，将自然村庄分为"重点村"、"特色村"、"一般村"，其中"重点村"和"特色村"是规划发展村庄。"重点村"作为城镇基础设施向乡村延伸、公共服务向乡村覆盖的中心节点，规划配置能够辐射一定范围乡村地区的、规模适度的管理、便民服务，教育、医疗、文体、农资服务，群众议事等功能建筑和活动场地，引导建设完善的道路、给排水、电力电信、环境卫生等配套设施，培育建设"康居村庄"（星级康居乡村）。"特色村"在既有村庄特色基础上，着力做好历史文化、自然景观、建筑风貌等方面的特色挖掘和展示，发展壮大特色产业、保护历史文化遗存和传统风貌、协调村庄和自然山水融合关系、塑造建筑和空间形态特色等，并针对性地补充完善相关公共服务设施和基础设施，避免"贪大求全"，引导建设"美丽村庄"。"一般村"通过村庄环境整治行动，达到"环境整洁村庄"标准，村庄环境整洁卫生，道路和饮用水等应满足居民的基本生活需求。

在对徐州地区农村住宅调研的基础上，完成了《徐州地区新型农村住宅设计图集》的编制工作。图集中的方案涵盖了独立式、双拼式、联排式等不同建筑形式，建筑面积162~497m^2，经济实用，造型美观，注重地域特色，具有很强的推广价值，能够为新农村住宅建设提供参考。通过因地制宜，分类指导，明确乡村发展的空间载体，提出差别化的建设引导要求，明确配套设施建设标准，为加快农业现代化进程、推进乡村集约建设、引导公共资源配置和公共财政投向、促进城乡基本公共服务均等化提供规划依据。

10.2 优秀案例

10.2.1 中心镇规划—丰县梁寨镇

1．规划内容

（1）规划重点

制定社会经济发展战略，重构镇域城镇体系布局，追求城镇发展整体规模效益。

确定城镇性质、发展方向和规模。

调整用地结构、优化土地资源配置。

加强基础设施建设、疏解道路交通。

保护镇域生态系统、促进城乡生态环境的良性循环。

（2）城镇性质

规划确定梁寨镇城镇性质为：徐州市中心镇，以商贸物流为主导，农副产品种植、养殖、加工和旅游产业为辅助的商贸特色镇。

（3）规划发展规模

1）人口规模

2013年梁寨镇区人口为2.58万人，根据分析预测，规划近期2015年为3.5万人，中期2020年为4.2万人，远期2030年为5.2万人。

2）用地规模

近期：镇区规划用地面积为942.85hm^2，其中，建设用地面积为355.73hm^2，人均建设用地101.64m^2。

远期：镇区规划用地面积为942.85hm^2，其中，建设用地面积为568.46hm^2，人均建设用地109.32m^2（图10-3）。

（4）空间结构

镇区用地发展方向可概括为"东控、西进、南延、北拓"。通过对城镇现状布局形态的研究，并根据城镇形成和发展的客观规律，以构成城镇良好的空间形态，本次规划提出，镇区的总体空间结构为："三心、三轴、六片区"。

（5）道路交通规划

道路交通系统由主干路、次干路、支路三级道路以及停车场组成。镇区主干路采用"四横三纵"的结构形式。四横：分别是指东西向的富民路、安居路、府南路、湖北路。三纵：分别是南北向的创业路—湖东路、振兴大道、渊子大道。

主干路红线宽度控制为28～40m，次干路红线宽度控制为16～20m（湖中路为30m），支路红线宽度控制为10～16m。

（6）绿化与景观规划

充分利用镇区主干道和渊子湖、郑集南支河、寨北河等自然河道水系，加强沿湖、沿河及城镇干道两侧的城市和自然景观塑造，并串联各街头绿地、公园等，形成"两心–四轴–两廊–多点"的景观结构。两心：以城镇景观和自然景观为景观核心。四轴：沿主要道路形成的城镇景观轴线。规划沿振兴大道和渊子大道这两条林荫大道形成"绿化景观轴"，沿中心街和府南路这两条主要的商业街形成"商业景观轴"。两廊：围绕水系开敞空间形成的生态廊道。沿寨北河、郑集南支河通过滨河绿地形成生态廊道，改善和修复镇区生态环境。多点：散布于镇区的街头绿地和居住片区绿地构成镇区的绿地景观节点；环绕渊子湖和小东湖布置的特色景观节点构成徜徉休憩的旅游节点。

2．规划特色

（1）编制组织方法的创新——编制总规、控规、城市设计、街景整治等多层次规划

图10-3 丰县梁寨镇镇区用地规划图
注：本项目获江苏省建设系统优秀勘察设计二等奖

根据2011年开始实行的《城市、镇控制性详细规划编制审批办法》第十一条，规模较小的建制镇的控制性详细规划，可以与镇总体规划编制相结合，提出规划控制要求和指标。本次规划把握政策，将总体规划（确定城镇规模和发展方向、部署城市空间布局）、控制性详细规划（确定各地块土地使用性质和使用强度、道路和工程管线控制性位置）、城市设计（指导塑造城市空间环境）和街景整治（整治城市立面、塑造风貌特色）相融合并同步编制。通过不同层次规划的协调反馈和相互校核，从不同层面和不同深度全面落实保障生态、保持特色、健康发展的创新理念，实现规划编制组织方法的创新。具体如总体规划和控制性详细规划的平行编制、相互校核有助于总规路网和控规路网的有效衔接，总规用地布局和用地规模大小兼顾控规进一步细化的可能性；城市设计和控制性详细规划平行编制、交叉融合有助于合理确定地块开发强度、高度等控制指标，更好的指导城镇建设。

（2）规划内容的创新——结合近期实施性和规划前瞻性

规划在勾画远期蓝图的同时注重近期实施——结合中心镇创建具体要求，落实近期重点项目，编制了分期建设规划；规划同时对镇区南部渊子湖景区的近期建设项目做了策划，对近期城镇的发展建设起到明确的指导作用。

（3）城镇空间特色的体现——地域文化和景观特色

梁寨作为"千年古镇"，是一个有着丰富历史文化遗产的城镇；故黄河和渊子湖让它的自然景观在小城镇中独树一帜。规划发掘城镇历史文化特色，结合自然景点和历史人文景点着力打造渊子湖景区。街景整治当中建筑风格色彩的把握，街道小品、道路设施的建设也使整个镇区显现浓郁的地域特色，增强城镇的可识别性。

10.2.2　重点镇规划—铜山区柳泉镇

（1）区位交通：柳泉镇位于徐州市主城区北侧、铜山区北部，距离徐州主城区15km。东邻贾汪区青山泉镇，西临微山湖、与柳新镇接壤，南依茅村镇，北与利国镇相连。

镇域范围内交通线路汇集，104国道、津浦铁路从南至北贯穿于镇域中部，徐贾铁路支线从镇域东南部穿过，京沪高铁、京福高速公路由镇域东部穿过，境内还有淮海水泥厂、徐州发电厂的铁路专用线穿越，对外交通条件较好。

（2）社会人口现状：柳泉镇行政区域约105.2km^2，共辖18个行政村，65个自然村，全镇现状总人口约为6.4万人。其中镇区常住人口1.6万人，农村常住人口4.8万人。

（3）产业：第一产业以种植业为主，主产玉米小麦，养殖业为辅，主要为水产养殖。第二产业方面，柳泉镇已形成镇区西侧徐州冶金建材工业园区和北侧高皇工业园区两个工业集中区，产业门类以机械、化工冶金、各种金属制品、新型建材为主。第三产业方面，柳泉依托微山湖的旅游资源优势，形成以套里岛、楼山岛等湖岛型度假村为主的餐饮、度假、休闲旅游产业，初现旅游业的品牌优势。

（4）生态：柳泉镇生态休闲环境良好，镇域内"两多一少"，即山多、水多、平地少。柳泉镇西邻微山湖，镇域内山林用地较多（163个山头），有着良好的自然资源和生态基底。

（5）城镇特色：濒临微山湖的沿湖小镇，滨湖新城的概念承接地；徐州市钢铁煤化工产业集聚区之一（新进驻企业圣戈班），新进风电项目；为徐州市新兴旅游基地之一。

（6）城镇性质定位：徐州市北部以新型冶金建材产业为主导，大力发展新能源产业和沿湖旅游度假产业的滨湖城镇。

（7）规划人口规模：规划镇域人口规模：2013年6.4万人，近期2020年6.1万人，远期2030年5.14万人。规划城镇人口规模：2013年柳泉镇区人口为1.6万人，根据分析预测，规划近期2020年为2.4万人，远期2030年为2.7万人。规划城镇化率：2013年24.9%，近期2020年24.8%，远期2030年52.5%。

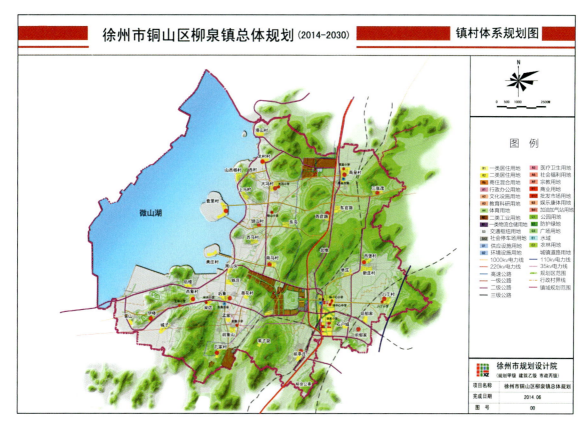

图10-4 徐州市铜山柳泉镇镇村体系规划图

（8）规划用地规模：规划近期镇区规划区范围：2.86km²，其中建设用地面积为2.17km²，人均90.50m²。规划远期镇区规划区范围：2.86km²，其中建设总用地2.84km²，人均105.2m²。

（9）镇村体系：规划2030年形成"一镇——三十九点"的两级镇村体系结构。"一镇"是指柳泉镇区，"三十九点"是指规划保留的三十九个农村居民点（图10-4）。

10.2.3 特色镇规划—新沂窑湾镇

1. 规划内容

（1）规划目标

综合相关规划对窑湾镇的发展要求、对窑湾自身的潜力发掘及窑湾未来发展的需求，此次规划将新沂市窑湾镇定位为：京杭大运河中段以生态文化旅游为主的核心景区，江苏省历史文化名镇，新沂市商贸特色重点镇。

（2）规划发展规模

1）城镇人口规模

根据镇域人口规模预测和城镇化率预测，至2015年窑湾镇区人口规模控制在2.6万人左右；至2020年窑湾镇区人口规模控制在2.9万人左右；至2030年窑湾镇区人口规模控制在3.3万人左右。

2）城镇用地规模

2015年规划人均建设用地面积控制在110m²以内，规划城镇建设用地规模按282.98hm²控制；2030年规划人均建设用地面积控制在114m²以内，规划城镇建设用地按373.70hm²控制（图10-5）。

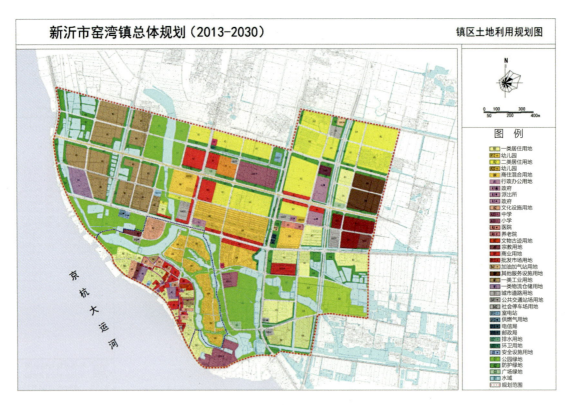

图10-5 窑湾镇土地利用规划图

（3）空间结构

窑湾镇区规划形成"两横两纵、一核三心、多组团"的空间结构。其中城镇发展轴为"两横两纵"，城镇中心体系为"一核三心"，功能布局为"多组团"。

1）城镇发展轴

"两横"：以东西向的劳武路–窑刘路沿线，人民路沿线为城镇发展轴。

"两纵"：以南北向古镇大道沿线，龙舟大道–后河路–中大街沿线为城镇发展轴。通过发展轴及各组团间的干道的联系，将各功能区紧密联系，实现协调发展。

2）城镇中心体系

"一核"：以窑湾古镇中大街、后河路、华堂路相交形成的古镇旅游核心，承担传统商业，文化旅游休闲等职能；

"三心"：以疏港路以东水系、农田构成的镇区绿心，承担城镇绿肺等职能；人民路与窑湾古镇北入口之间的商业中心，承担商业服务、文化娱乐等职能；依托在建新行政办公楼建设的行政中心，承担行政管理、公共服务、咨询管理等职能。

3）功能布局

"多组团"：指镇区被河流、道路分割而成的功能相对独立的多个组团，包括：古镇旅游服务组团、公共服务组团、中部商住组团、北部两个居住组团、西部旅游产业组团、东部旅游服务组团和生态居住组团（图10-6）。

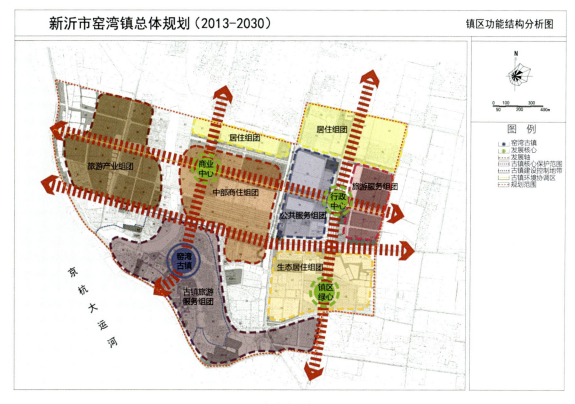

图10-6 窑湾镇功能结构分析图

2. 规划特色

(1) 窑湾旅游业与其他产业的协调和融合

1) 与农业的融合

窑湾的农副产品资源丰富，尤其是水产品，窑湾是"苏北水产第一镇"，另有2万亩创汇蔬菜基地、4万亩无公害水稻基地。旅游业和现代农业的融合效应着重体现在"源于自然，胜过自然"。在镇域北部建设现代农业园区，利用一定的展示手段，因地制宜地对游客进行关于环境保护、绿色产品营销宣传，组织游客适当动手参与产品的采集、分类，是旅游业与现代农业相互合作，共创社会效益、环境效益和经济效应统一的要点。

2) 与工业的协调

窑湾镇不宜发展工业。一方面，窑湾应严禁有污染的工业进入窑湾，另一方面，应该促进现有工业转型，如旅游商品生产，为旅游服务。另外，应发展一些具有参与性质的企业，如手工制作，小型精致的产品生产企业，旅游者参与其中，可以增加旅游乐趣，是提高旅游内在质量的重要方面。

3) 与商贸的融合

由于旅游者来自于不同类型的地区，外出旅游不仅会购买一般旅游纪念品，也会集中购买居住地的特产及名牌商品。窑湾是传统的商贸集镇，未来商贸发展还应注意以下几点：①利用居民的生活需求，提供精心选择、市场巨大的综合性旅游产品。②争取政府和企业的支持，把产品的声誉提高，把产品的销售地域扩大，使产品的形象深入人心，形成黄金品牌。③深入研究旅游者的心理状态，提高旅游景点购物消费占旅游消费的比重；旅游纪念品的生产应多品种、多规格，价位要适合不同的旅游消费者。④在政府倡导的假日经济面前，提供更加适合假日游客需求的旅游节目，吸引更多数量的游客。

（2）核心旅游区与城镇建设协调规划

1）窑湾古镇与窑湾镇区

①加快窑湾镇区城镇规模建设、基础设施建设、接待服务设施宾馆、酒店餐饮业的建设。

②建设大型以旅游特色商品为主的商贸城、购物街。

③加快旅游人才的引进和培养。

④注意城镇绿化和历史文物古迹的保护开发。

2）骆马湖与刘宅村

刘宅村位于骆马湖边上，是骆马湖所依附的村庄之一，刘宅村的发展必须和骆马湖的开发相协调，具体措施如下：①加快刘宅村基础设施建设、接待服务设施宾馆、酒店餐饮业的建设。②做好旅游宣传，改善村庄形象。③刘宅村要做好骆马湖的宣传，包括路牌、标识牌，宣传牌等。④开发特色的旅游商品。

3）水网湿地与五墩村、东陆营、二湾村、东韩场

五墩村、东陆营、二湾村和东韩场位于窑湾的南端，此处水网密布，生态环境良好，在村庄建设和开发旅游是，应做好环保工作，谨防生态水网湿地受到污染。

4）臧纡青墓遗址、臧位高墓遗址、马从凯墓遗址与马圩村

臧纡青墓遗址、臧位高墓遗址和马从凯墓遗址均不在马圩村范围内，马圩村要做好臧纡青墓遗址、臧位高墓遗址和马从凯墓遗址的宣传，包括路牌、标识牌，宣传牌等。此外，马圩村也是镇内水上游线的节点之一，应将水上游线和三个遗址很好地结合。

5）马桓庄园与王楼村

王楼村要处处体现绿色生态环保村。

6）白鹭栖息地与陆口村

陆口村要注重环境保护，提供给白鹭适宜的生存环境，村庄要体现出绿色生态村的形象。

10.2.4　特色村庄规划—倪园东村

倪园东村古称"悬水村"，位于徐州市吕梁山风景区境内，倪园水库的东南侧，村庄三面环山，一面抱水，富氧量高，自然生态环境极佳。村庄保存了较多的石头房，呈现出原始的苏北山村风貌，奇石景观资源丰富，旅游资源开发潜力巨大。

1．项目构思

充分挖掘当地的山水特色、奇石资源，整治老院落、老建筑，控制新建院落与之相协调，拆除破败的空心房、废弃房，结合旅游开发建设游客中心，利用一层石头房改造农家乐，利用两层楼房改造成家庭式旅馆。

延续村庄肌理，塑造自然山村的风貌，梳理村庄开敞空间作为公共空间，恢复村口、街巷，形成"公共空间—半公共空间—私人空间"和"街巷—组群—院落—建筑"的传统村落，同时考虑村体的高差，形成富有层次感、韵味感的坡地和台地空间。同时，提高广大村民自发保护历史文化资

源，保护地方传统风貌的意识，增强保护的自觉性和积极性。

正确处理地方传统村落的发展、保护与利用三者之间的关系，地方政府要采取财政支持措施进行鼓励，将地方传统村落中的历史文化资源保护落到实处，切实保护并延续地方传统村落空间格局及特色风貌。对于乡村旅游开发要深入研究，应在分析评价各类旅游资源要素，研究区域旅游发展环境的基础上进行合理的旅游开发，要防止对历史文化资源和村落传统风貌的建设性破坏。

2．主要内容

（1）规划总体思路与方法

1）整治为主、有机更新、控制引导、和谐发展

地方传统村落整治规划中一定要妥善处理好村庄发展与保护之间的矛盾，以村落内部街巷空间、建筑、道路以及环境卫生为主要内容的村庄综合整治为主，保护并延续传统村落空间格局及地方风貌。在保护地方传统特色风貌的基础上进行适当合理的有机更新，避免大拆大建。对于村庄新建集中区的规模和选址应根据村庄发展脉络和村民的住房需求进行控制和引导，并作为传统村落的有机生长组成部分与之和谐发展，通过对新区布局及建筑风貌的控制引导，保持并延续传统村落空间格局及特色风貌。

倪园东村村庄整治规划针对现状存在的主要问题，整合村庄现状建设用地，在保护并延续村落格局和地方传统风貌的基础上，对村落内部的街巷空间、建筑、道路、水系以及村庄环境进行综合整治及适当合理的有机更新。同时还考虑到部分村民的住房需求，分析村庄原有空间肌理的有机生长和村庄发展脉络，在村落的东南部坡地选址建设新区，既节约耕地，又体现"负阴抱阳"之风水理念，与原有村落共同构成了"藏风、聚气"、形制完整的风水格局。加强对新区建筑的形式、色彩、立面、材质等进行控制引导，继续保持"白墙、灰瓦、坡顶"等传统民居的基本元素，同时强调对当地石头资源在新建建筑和改建建筑中的运用，对围墙形式或青砖白墙或当地石材的自然堆砌，实现新区与原有村落的和谐发展。

2）加强地方传统村落空间环境要素的规划

①延续村庄自然肌理特征

传统村落村庄规划要注重延续村庄自然肌理特征，避免"大拆、大建"，保护村庄原始的自然增长边界特征。倪园东村规划秉承延续村庄自然肌理的原则，对村庄院落逐一分类进行整治，避免"大拆、大建"，使得村庄不仅有完整的原生型内部生活空间，同时保护和呈现了"山村型"村庄自然增长边界的特征（图10-7）。

②传统村落空间的营造

传统村落空间一般拥有典型的村口特征、街巷空间、院落空间、宗祠宗庙、古井、戏台等特征。倪园东村规划中，重点梳理村庄开敞空间作为公共空间，恢复村口、街巷，形成"公共空间—半公共空间—私人空间"和"街巷—组群—院落—建筑"的传统村落，同时考虑村体的高差，形成富有层次感、韵味感的坡地和台地空间（图10-8）。

③突出梳理街巷空间

街巷空间是体现村落格局极其重要的场所，是村庄的脉络。整治规划尽量保留原有街巷的空间格局，并对原有空间肌理进行修补、整合。整治原有街巷，疏通或开辟村落消防通道，主要街巷采用当地自然石材铺地；整治街巷建筑立面，对于具有地方特色的门窗、门罩、院墙等特色环境要素

图10-7　倪园村村庄规划鸟瞰图

注：本项目获江苏省建设系统优秀勘察设计一等奖，全国优秀规划设计奖（村镇规划类）三等奖。

图10-8　倪园村村庄规划总平面图

予以保留或修复，保护并延续原有街巷空间的尺度和质感。同时，结合古树、古井以及街巷转折处等重要节点空间适当扩大，以满足人行交汇、村民交往、采光通风等多种要求。

④重点建设景观节点

在村庄整治规划中应选择重要的空间节点进行重点整治，通过景观节点的保护与完善，能够更好地体现村庄传统特色风貌。

在倪园东村整治规划中，梳理村庄中部村落空间作为游览主轴和文化旅游服务中心节点，游览主轴中心布置戏台、水井，塑造和展现当地民俗文化特征，形成倪园东村具有历史文化特色的标志性空间景观节点。

村庄南部建设游客服务中心和主要入口节点，通过当地奇石景观资源的点缀，将村庄主入口、游客服务中心、村头游园有效进行串接，体现吕梁奇石文化及富有地方传统风貌和浓郁乡土氛围的空间景观节点。

⑤综合整治村庄环境

完善村庄内部道路系统，加强路面硬化，配套完善给水排水等村庄公用设施和环卫设施，加强村庄绿化，增添村民健身活动场所。

对村落建筑按照以下要求进行整治：历史遗存的石头房和石头庭院予以保护及修缮，内部可适当调整更新，以适应现代居住生活需要。

近年新建质量较好并与传统村落风貌协调的建筑予以保留，并清洗干净建筑立面；建筑质量尚好，结构及外形与整体环境不协调的建筑予以整治。建筑风貌和建筑质量均较差，且占据了村内应有开敞空间的建筑，规划予以拆除；严重影响村庄总体规划和村容村貌的违章建筑及危房予以拆除。

3）重视地方传统村落中历史文化资源的保护与利用

①正确处理历史文化资源的保护与展示利用之间的关系

在地方传统村落中遗存有丰富的历史文化资源（包括物质文化和非物质文化资源），村庄整治过程中要正确处理历史文化资源的保护与展示利用之间的关系，在保护的前提下可以进行合理利用。

倪园东村规划中利用村落及风景区内的历史文化资源和自然景观资源进行乡村旅游开发，乡村旅游在展示村落历史文化的同时，促进当地的文化产业和经济发展，增加农民收入，改善村民生活环境。

②传承和发展当地的物质文化和非物质文化

在传统村落的规划中要注重对其他物质文化要素和非物质文化要素的传承与保护。倪园东村的石头房和石头庭院是展现苏北山村风貌建筑特征的重要历史遗存，在规划中予以重点保护和修缮，周边建筑在规划中也注重与其相协调。此外，规划还加强了对村庄的奇石、古井、古树名木、历史构筑物、特色铺地等物质文化要素以及吕梁奇石文化、耕读文化、民风民俗等非物质文化要素的保护。

③在保护历史文化资源的前提下合理开发乡村旅游业

在我国乡村旅游业尚处于起步阶段，具有较广阔的发展前景。对于一些乡村田园风光优美，历史文化资源较丰富，并拥有较好的区位和交通条件的地方传统村落，可以在保护历史文化资源不受破坏的基础上，合理开发乡村旅游业。乡村旅游业的发展要十分注重发挥自身优势，合理定位，切忌一拥而上，开发不切实际的旅游项目，同时要融入区域旅游发展环境，并依托周边旅游资源联动开发。

（2）创新与特色

1）延续村庄自然肌理特征

规划秉承延续村庄自然肌理的原则，对村庄院落逐一分类进行整治，避免"大拆、大建"，使得村庄不仅有完整的原生型内部生活空间，同时保护和呈现了"山村型"村庄自然增长边界的特征。

2）传统村落空间的营造

梳理村庄开敞空间作为公共空间，恢复村口、街巷，形成"公共空间—半公共空间—私人空间"和"街巷—组群—院落—建筑"的传统村落，同时考虑村体的高差，形成富有层次感、韵味感的坡地和台地空间。

3）"石头"资源利用，呈现古朴苏北山村风貌

当地盛产带有颜色和纹理的板石，同时奇石景观资源也非常丰富，规划保留原有的石头房并对其进行改造，村庄道路采用板石铺砌，其他建筑、围墙、大门倡导对当地石头资源的利用，呈现古朴的苏北山村风貌旅游村（图10-9、图10-10）。

图10-9　倪园村石头房

图10-10　倪园村石头路

4）旅游型村庄的策划与规划

村庄古称"悬水村"，民间传说与典故较多，村庄三面环山、一面面水，生物资源丰富，富氧量极高，是养生、休闲的绝佳场所，同时村庄面貌古朴、保留了较多的石头房、石头农用器具，村庄南侧和西侧的宕口奇石景观资源丰富，规划把握山村旅游要素，将其融入整个景区的旅游策划，打造旅游型村庄。

5）实现建筑风貌控制、旅游策划、整治规划的"三位一体"融合

规划将建筑风貌控制、旅游策划、整治规划有效的结合，将村庄旅游的中央轴线位置划定为风貌严格控制区，两侧为协调区，新建院落区为一般控制区，严格控制区内的建设强调对当地石材的运用，主要的公共空间、旅游服务设施、展示功能区都规划于其中。同时，协调区与一般控制区在规划中对旅游配置和整治规划都有不同的要求，有效地实现了规划的交融。

6）较高的规划建设标准

规划按照省市相关规划与建筑设计要求对村庄进行详细规划，村庄院落整治与规划设计、道路铺装、绿化环境、基础设施配置、旅游与商业服务设施、科技服务站、文体中心、小型卫生服务站点、独立的水冲式厕所等都达到较高的规划建设标准，使其成为富有苏北山村风貌特色的旅游村，成为村庄整治规划与建设的典范。

3．实施情况

目前，倪园东村已被评为全国"美丽乡村"首批创建试点及江苏省三星级康居示范村，徐州市

最美山村，村庄依托优美的山水资源环境和村庄自然风貌，充分挖掘当地的山水特色，整治老院落、老建筑，控制新建院落与之相协调，拆除破败的空新房、废弃房，结合旅游开发建设游客中心，利用一层石头房改造农家乐，利用两层楼房改造成家庭式旅馆。

村庄面貌古朴，保留了较多的石头房、石头农用器具，村庄南侧和西侧的宕口奇石景观资源丰富，规划把握山村旅游要素，将其融入整个景区的旅游策划，建设成为民俗乡村旅游、休闲观光、养生与乡村体验为一体的自然生态文化旅游村。

村庄形成了入口商业区、家庭宾馆区、综合公共服务区、游客中心服务区、村口游园区、农村民俗体验区、农家乐体验区、奇石峡谷欣赏区、果木林采摘区、游客停车区、村庄预留发展区等十一个旅游分区，真正实现了村庄成为城区居民休闲、都市圈居民度假的场所，改善了农村落后风貌和基础设施的状况，同时增加了农民收入，村庄规划与建设成为徐州市及周边地区学习的典范，获得了好评。

11 城市设计

城市设计,是对城市形态和空间环境所进行的整体构思和协调安排。介于城市规划和建筑设计之间,是落实城市规划、指导建筑设计、塑造城市特色风貌的有效手段。2015年中央城市工作会议提出,要加强城市设计,提高城市设计水平,要以新的视角,重新审视城市的本质、城市发展目标的定位、城市结构的调整、城市形象与特色等一系列关键问题。

11.1 城市设计概念

表11-1从不同角度所列举并评论城市设计内容,讲法都不尽相同。目前要对城市设计进行精确的定义似乎很难。城市设计自身的弹性存在,使其更好地适应难以捉摸的城市现象。不同时期城市设计的特点产生了不同的城市现象。这种难以捉摸的城市现象,随着21世纪科学技术的迅猛发展和生态资源环境的危机出现,城市设计所关注的不仅是人与城市空间的关系,更多的是重视人和城市所处的生态环境。城市设计已然成为人们创造和谐社会、持续性环境的一种手段。

城市设计定义分类　　　　表11-1

《大不列颠百科全书》	城市设计是指为达到人类社会、经济、审美或者技术等目标在形体方面所做的构思。
《中国大百科全书(城市规划、建筑、园林卷)》	城市设计是对城市形体环境进行的设计。
《市镇设计》弗·吉伯特(F.Giberd)	城市是由街道、交通和公共工程等设施,以及劳动、居住、游憩和集会等活动系统所组成,把这些内容按功能和美学原则组织在一起就是城市设计的本质。
《城市设计中的实践》盖兰(Gerald Crane)	城市设计是研究城市组织结构中,各重要因素关系的那一级设计。
《论城市》	城市设计是三维空间,而城市规划是二维空间,两者都是为居民创造一个良好的有秩序的生活环境。

续表

中国科学院院士齐康	城市设计是一种思维方式，是一种意义通过图形付诸实施的手段，城市设计不是某一元素设计的优劣，而是经过分析比较之后的设计。
中国工程院院士王建国	城市设计是与其他城镇环境建设学科密切相关的，关于城市建设活动的一个综合学科方向专业，它以阐明城镇建筑环境中日趋复杂的空间组织和优化为目的，运用跨学科的途径，对包括人和社会因素在内的城市形体空间对象所进行的设计研究工作。

城市设计与城市规划、景观建筑、建筑学等较有历史传统的范畴类似点，其范畴在20世纪中叶已经开始变化，除了与城市规划、景观建筑、建筑学等范畴的关系日趋绵密复杂，也逐渐与城市工程学、城市经济学、社会组织理论、城市社会学、环境心理学、人类学、政治经济学、城市史、市政学、公共管理、可持续发展等知识与实务范畴产生密切关系，是一门复杂的综合性跨领域学科。

美国著名城市规划专家凯文·林奇在《城市意象》中提出，城市意象中物质形态研究的内容归纳为五种元素——道路、边界、区域、节点和标志物，这五个要素在城市设计研究领域有较大影响。道路是城市意象感知的主体要素，经常与人的方向感联系在一起，具有一定的连续性。并且道路作为城市物化环境的景观元素，使景观获得"联系和连续的关系"；边界是除道路以外的线型要素，城市的边界构成要素既有自然的界限，如山、沟壑、河湖、森林等，也有人工界限，如高速公路、铁路线、桥梁、港口和约定俗成的人造标志物等；区域是观察者能够想象进入的相对大一些的城市范围；城市节点是城市结构空间及主要要素的联结点，是一个相对较广泛的概念，可能是一个广场，也可能是一个城市中心区；城市标志物是点状参照物，是一种地标。

11.2 城市设计基本原则

（1）以人为本。满足使用者要求，从使用者角度，满足其基本需求及认知、审美需求，促进公共资源的公平使用，营造高质量的人居环境。

（2）因地制宜。充分考虑规划地段及周边的基本状况，尊重自然和人文环境特征，体现地方特色和文化特色。

（3）经济可行。加强经济可行性评估或测算，与经济社会发展水平相适应，并有利于落实节能减排和集约发展的基本原则。

（4）生态低碳。围绕能源消耗、经济转型、环境改善等方面，将低碳目标与生态理念相融合，强化城市空间的安全性、舒适性以及方便性，实现"人—城市—自然环境"和谐共生。

（5）有利实施。考虑多元化实施主体的特点，与城市规划的制定、实施充分衔接，满足实施和管理的要求。

（6）提高效率。通过对城市空间的策划，加强公共空间组织，优化城市功能，方便居民生活。加强土地的混合利用，提高土地与空间效益，提升城市活力。

11.3 城市设计导向模式

按照城市设计的工作范围进行划分仅仅是一种分类方法，在不同的空间尺度上，城市设计各种类型的实践经验都已经非常丰富。由于城市设计需要依托于城市规划的实施和落实，因此城市设计项目的类型与各国城市规划的体制密切相关。

11.3.1 城市设计层次和内容

根据城市规划阶段可将城市设计分为：总体规划、控制性详细规划和重要区域概念性规划阶段的城市设计。

总体规划、控制性详细规划阶段的城市设计，是运用城市设计的理念和方法，在城市功能、用地布局、空间组织等方面体现城市设计的内涵，并在城市景观设计、风貌特色塑造等方面重点表达城市设计要求。

重要区域概念性规划阶段城市设计是对城市总体规划和控制性详细规划确定的重点地区以及根据城市规划管理需要划定的其他重要地区、地段、节点，从城市（整体）角度单独进行的深化设计。

11.3.2 城市设计与法定规划的关系

（1）作为规划方法的城市设计。城市总体规划、控制性详细规划阶段的城市设计是城市总体规划、控制性详细规划的组成部分。

（2）独立编制的单项城市设计。一是基于城市总体要求，对较大范围区域进行的专项设计，其内容和要求应当纳入城市总体规划和所在区域的控制性详细规划修编；二是基于控制性详细规划要求，对特定地区地段、节点进行的专项设计，其内容应参照修建性详细规划深度要求。

11.4 总体规划阶段城市设计

从城市整体角度研究城市空间，划定城市形象塑造的特定空间并提出控制要求，确定城市高度分区控制要求，与城市用地布局及其他相关内容有机结合、相互反馈，彰显城市特色，分析各类社会群体行为的特征，划分城市功能片区。以徐州市中心商圈城市设计为例进行介绍。

11.4.1 徐州市中心商圈城市设计

徐州地处江苏省西北部，是全国重要的综合性交通枢纽、淮海经济区中心城市，国家历史文化名城。在历史上就属于重要的区域性商品集散地。改革开放以来，城市商品流通规模不断扩大，流通设施建设成就突出，新型商业业态快速发展，服务功能和内在活力明显增强。城区商业已经形成以三圈两带为骨架、批发零售相配套、商业中心与社区商业相衔接、结构布局较合理的发展态势，为提升城市功能、服务生产和消费起到了越来越重要的作用，区域商贸都会的重要性日益凸显。作为徐州商贸活动最为集中的彭城广场周边地区，集中了金鹰、金地商厦、中央百货大楼等一批标志性的龙头商业，还有众多重要的办公、商业、服务、娱乐设施，是徐州城市商圈的核心区域。随着经济的快速发展，该区域的吸引力不断提升，在该区域寻求投资发展的商户越来越多，迫切的需要顺应时机，整合城市资源，整体提升该区域的功能配置与城市形象（图11-1）。

1. 设计范围

徐州中心商圈，南起建国路，北至夹河街，东至解放路，西到中山路以西的福顺街，总用地面积约1.06km²，该区域为徐州中心商圈的核心区。在核心区的外围，规划中心商圈辐射区，辐射区东、北至故黄河故道，西至西安路，南到和平路，用地面积约3.91km²。辐射区是核心区商业磁场的对外辐射区，也是核心区功能的延伸与补充，与核心区一起，构成层次分明、功能齐备、总用地面积接近5km²的徐州老城区商业中心。本城市设计重点针对中心商圈的核心区展开（图11-2）。

2. 城市设计理念

徐州中心商圈的基本定位是城市商业中心区，按照规模和影响范围，可分为四级：一级商业中心区（市中心商业区）、二级商业中心区（区域商业中心）、三级商业中心区（居住区商业中心）、四级商业中心区（街坊商业）等（图11-3）。

图11-1 徐州中心商圈区位图

3. 现状环境分析

（1）现状商业环境分析

徐州市城区零售网点已达3000多个，其中5000m²以上的大型网点19个，营业面积占总面积的35%，徐州市城区千人拥有营业面积为700m²，城区社会消费品零售总额为147亿元。

（2）形成中心商圈的主要要素分析

本城市设计着眼于现代商贸流通业发展规律，从徐州中心商圈所处的区位与交通的优势出发，通过对现状商业设施发展水平的分析以及国内外相关城市商贸中心区发展模式的借鉴，对现有土地、建设资源进行积极整合，面向现代化的商业中心区制定切实可行的规划纲领。提升市民生活、

图11-2 徐州中心商圈区位图

图11-3 徐州中心商圈鸟瞰图

居住水平，推动经济发展，提高城市持久发展动力。规划设计的核心在于合理配置资源，形成有效的区域经济发展动力源。

1）人口因素

根据徐州城市人口目标规划，到2020年市区人口达到220万人，流动人口按70万人预测，总人口约在290万人。全市商业零售与生活服务网点按290万人配置，千人拥有网点面积1000m^2，商业网点总面积规划为290万m^2。

2）购买力的因素

到2020年城市居民可支配收入预测达到34600元，比2010年翻一翻。市区大中型商业零售网点规划营业面积与居民收入增长幅度大体相吻合，按同比率增长。

3）消费需求的因素

规划期内徐州的商务活动、旅游人数、居民外出用餐等将大幅度增加，预计2020年游客人数将达到2200万人/次。规划三星级以上宾馆、大中型餐饮网点相应增加一倍。

4）设置规范的要求

为了避免过度竞争，并考虑到居民生活的需要和小型商业企业的生存，规划期末大型商业网点总规模应控制在全部网点面积的1/3左右。

4．功能分区及土地利用规划

功能分区规划的原则和格局：

按照面向全市、服务周边的多功能复合商业中心的要求，借鉴国内外不同类型的城市建设中心商业区的经验，从该区域已经形成的商业特色出发，徐州中心商圈的基本规划模式定位为：商业带与商业功能板块相结合。在整个区域内规划不同类型的商业设施，并配置以合理的服务设施，体现各类型之间的协调互补。功能分区规划的基本原则是：合理分区、科学配置、混合功能、互补互进。徐州中心商圈的功能格局规划为："一场两带四路十板块。"一场：彭城广场；两带：彭城路商业步行带、大同街商业步行带；四路：淮海路、中山北路、建国路、解放北路；十板块：彭城广场北商业办公板块、彭城广场东商业服务板块、彭城广场西商业服务板块、中央百货大楼商业板块、中枢街综合商业板块、大同街商业服务板块、建国路北侧金融商贸板块、彭城壹号文化休闲板块、回龙窝历史街区文化教育板块、居住板块（图11-4、图11-5）。

图11-4 徐州中心商圈功能分区

（1）"一场"——彭城广场

城市中心广场，聚集人气的公共活动空间，已经形成比较好的商业文化氛围。随着苏宁商业中心与金鹰国际商业购物中心的建设，彭城广场作为中心商圈内的最大的休闲活动广场的地位将得以提升。通过对现有的绿化整理与改进，形成人们娱乐休闲的"城市起居室"，改善街道拥挤和喧闹的气氛，给城市街景添加了绿色情趣。并与地下商业区域保持紧密联系，实现以人气带动商业，以商业汇集人气的良性循环。

（2）"两带"

新规划的两条主要商业步行带，也是新的商业发展轴线。两条商业步行带通过地下商业区而衔接起来。

1）彭城路商业步行带

整个中心商圈南北贯通的核心步行商业带，自彭城广场开始，向北穿过彭城壹号，延伸至故黄河，并规划跨河步行桥，与鼓楼商业中心区相连，总长度约800m。建国路区段历

图11-5 徐州中心商圈功能格局规划分析图

史上就是徐州市的主要商业主轴。通过规划建国路商业带，联系故黄河到南部户部山特色商业区，形成一条贯穿南北，体现徐州地方商业文化的特色商业带。该步行带长远规划经过新建的中央百货大楼，沿彭城路向南一直延伸到奎河，沿途设置商业、休闲设施，与南侧的户部山商业区相联通。在该商业步行带上，有金鹰国际商业购物中心、苏宁商业中心等大型商业百货，还有大量高层写字楼、酒店以及徐州文庙等商业、文化设施，由南至北形成了"商业金融办公——商业——文化休闲"的功能布局，成为城市商业发展的南北新主轴（图11-5）。

2）中枢街——大同街商业步行带

区域内规划了联系东西方向的主要商业步行带，西段沿中枢街设置商业步行街，通过地下商业街，与彭城广场南侧南扩的地下商业街相连。规划徐州图书城、商业设施以及商住、办公楼，以高层建筑底层商业形式为主，定位于具有徐州文化的特色商业街区，总长度约380m。该步行带东段延伸到大同街，沿街设有酒店、大型综合百货、高档高层写字楼以及娱乐、餐饮、休闲设施，将成为区域内的主要的娱乐休闲街区，总长度约400m。中枢街——大同街步行商业街通过彭城广场与地下商业区相联系，既保持了各个街区的特点，也保持了商业界面的延续性。

（3）"四路"

中心商圈内的四条主要交通干道。

1）淮海路：城市主要的东西干道，传统的商业轴线，已形成了良好的商业氛围，汇集了大量的

人气。延续其商业传统轴线地位的同时,在淮海西路规划建设徐州图书城和高档写字楼,在淮海东路规划建设大型商业百货和酒店,是对传统商业格局的保持和改进。

2)中山路:城市主要南北干道,传统的商业轴线,商业氛围浓厚,已建成的金鹰国际购物中心和金地商都带动了中山北路的商业发展。在中山路两侧,将以现代城市生活为主题,规划现代商业、商务、居住等多种功能形态。在保持原有商业规模的基础上,中山北路北段规划部分办公、商住和酒店式公寓组团,在中山南路南段规划金融办公组团,并沿路设置区级公共活动、卫生设施,与彭城广场紧密相连,成为整个区域发展的主轴。形成以商带住,以住托商的格局。

3)解放路:解放路较中山路和淮海路,其商业氛围相对较弱,沿该轴线设置区域重要的办公、教育、服务设施及相配套的居住设施。

4)建国路:建国路北部具有良好的办公环境,道路北侧已有一条城市绿轴提供了良好的生态环境和充足的活动场地。利用初步形成的金融办公氛围,规划在建国路北侧打造成区域内主要的金融办公街区,同时在建国路东段,以回龙窝传统文化街区为背景,规划设计具有传统文化特色的商业设施,作为对金融办公功能的补充。

(4)"十板块"

"十板块"是实现徐州中心商圈机能的主要功能板块,其基本格局是以彭城广场为中心,主要的商业办公板块分布在周围,外围则主要是居住教育板块和金融办公板块。

1)彭城广场北商业办公板块

区域内主要商业板块,已具有一定的规模,金鹰国际购物中心和金地商都带动周边商业的发展,金鹰塔楼将具有五星级酒店和高级写字楼的功能,这个板块的商业地位将进一步加强。沿黄河故道南侧,将是城市中心区的重要景观。该板块北部的居住和办公组团的品质和价值也将大幅度提高。

2)彭城广场西商业服务板块

该板块的沿街商业界面已形成,而且商业氛围浓厚,东北角的原市立第一医院将改造成办公楼,底层也将加建商业空间,从而保证了中山北路商业界面的延续性。

3)彭城广场东商业服务板块

新规划广场东侧大型商业设施和华联商厦构成了该板块的主要商业界面,而板块的东部和中部主要以高层的办公和商住楼为主,并配合低层的特色商业。

4)中央百货大楼综合商业板块

原来的徐州百货大楼将拆除,在其南部规划建设新百货大楼,一至五层为大型综合性百货,两座塔楼分别是大型酒店和写字楼。新百货大楼将成为彭城广场南面较大的城市综合体。同时新百货大楼的商业空间与其北面的地下商业空间相联系,从而使几个主要的商业板块得到串联,形成立体的商业空间体系。

5)中枢街综合商业板块

中枢街商业步行街的规划设计是整个板块的主要骨架,步行街的北部既有徐州图书城也有四星级酒店和大型办公写字楼,步行街南部主要是商住楼,商业形式主要是底层商业,所以这个板块的建筑类型多样,能够有效地互补。

6)大同街商业服务板块

大同街商业步行街以彭城饭店为起点一直延续到解放南路,步行街两侧规划设计有大型百货、商住楼和大型餐饮娱乐设施，该板块定位于区域内的主要休闲娱乐的商业板块，通过各种娱乐设施的配置增加吸引力，带动商业的发展。

7）建国路北侧金融商贸板块

该板块以金融办公以及商贸为主，已有江苏银行、交通银行、工商银行等金融办公楼，以原有格局为基础，沿中山南路、彭城南路以及建国路发展新的金融商贸办公和酒店，同时在中央百货大楼的南部发展一条新的商业绿轴，一直延续到建国路，绿轴两侧以餐饮为主，为金融商贸办公提供配套服务。

8）彭城壹号文化休闲板块

该板块主要包括彭城壹号和徐州文庙两部分。彭城壹号将进行改造，将原来的五层办公楼改造成三层的休闲文化街区，在这个区域内将设置咖啡厅、餐饮以及酒吧等休闲设施，同时与东侧的徐州文庙相结合，形成文化休闲板块。对徐州文庙进行保护和修缮，并在文庙西侧新建徐州鼓楼，既作为文化景点也作为商业配套设施。

9）回龙窝历史街区文化教育板块

回龙窝历史街区始建于清朝，为保留城市的历史文脉，所以对这个区域将进行保留和修缮。建国路北侧新建低层文化商业街，从而将这个区域塑造成重要的文化教育板块。

10）居住板块

居住板块整体分布在整个区域的外围，四个居住板块位于区域的四个边角，与中央商业区既保持一定的联系又保持居住组团的相对独立性。居住组团以原有保留的居住建筑为主，而新建住宅以高层住宅为主，以保证一定的土地开发强度。

5．交通系统规划

徐州中心商圈的交通系统基本组织原则：交通干道与商业干道分流、车行人行分流、地上地下分流。车行交通系统基本延续了原有车行系统的格局，以淮海路、中山路、解放路和建国路为主要车行干道。为舒缓主干道的交通压力，在道路规划中在保留原有规划道路的同时，适当加密道路网（图11-6）。

自行车交通系统强调对自行车交通流线的有效规划梳理，为自行车设置专用的道路，在主要建筑周围设置自行车专用停车场等，保障相对独立安全的自行车交通体系。

步行交通系统规划了南北、东西各一条步行交通系统，由四条步行商业街组成，通过彭城广场地下商业街将整个步行系统联系起来，形成与车行系统并行不悖的步行交通体系。建立了商业、服务性行业、休闲空间等与步行系统的有效

图11-6　徐州中心商圈交通分析图

联系。过街设施以路口人行横道和路段过街信号控制为主，结合用地需求和建设布局设置立体过街设施。分段形成较完善宜人的步行环境，结合建筑单体体量、形式、公共设施、雕塑、小品、地面铺装等硬件景观设计，以及绿化配置布局，创造出联系、协调、亲切宜人、动静相宜的步行空间。

立体交通系统包括：地下轨道交通、地上人行天桥、地下商业设施的联系交通。按照徐州市轨道交通线网规划，设有一条地下轨道交通线路经过淮海路，另一条经过彭城路。地铁车站将设置在淮海路和彭城路相交的路口，与彭城广场地下商业设施采取立体分层布置，即地下一层设置地下商业街，地下二层规划地铁站。

在彭城广场南侧、东侧规划新的地下商业设施，与现有地下商业街相联通，将新百货大楼、彭城广场东侧大型商业设施、金鹰一二期等主要商业设施联系成整体，并与彭城广场绿化休闲空间立体相连。在商业设施下方，规划地下停车设施（图11-7）。通过地下商业街，

图11-7 徐州中心商圈区域交通停车规划图

实现商业界面的完整联系，也解决广场周边复杂的人、车立体交通问题。在彭城广场北部以及周边主要商业空间之间规划人行天桥系统，保证商业界面的整体连续性，并很好地解决人车分流问题。

6．建筑风貌规划

（1）城市街景的天际线规划

作为城市中心商圈，建筑必然向高层甚至是超高层发展。如何处理地块内高层建筑群与周边地块的关系，同时赋予高层建筑群富有韵律的秩序，是两个关键的问题。天际线的规划主要遵循以下三个原则：

1）由中心向边缘过渡的原则。将最高的几栋建筑集中布置在彭城广场周边，围合出一块完整的城市公共空间，作为中心商圈的主要场所意象。并按照均匀的高度递减节奏向地块边缘过渡，与周边地块平滑的衔接在一起。

2）统一与变化的建筑群体组织原则。在地块内部，建筑群体主要是靠若干条城市空间轴线来组织的，在轴线上安排不同高度的建筑，形成富有变化的景观序列。其中，平行于中山路的轴线为主轴，沿淮海路和建国路为两条次轴。

3）结合使用功能综合考虑的原则。将建筑高度与建筑功能、用地类型综合考虑，使得规划不仅仅停留在图面上，而是一个合理可行的方案。通过整体规划设计使中心商圈内主要街道的沿街立面轮廓线充分结合区段的功能定位，对不同的功能区域，采取不同的建筑高度、风格、体量控制，做到起伏有致，层次丰富。

（2）街景风貌特色的考虑

作为面向未来和国际市场的徐州中心商圈规划，在充分考察了当地建筑传统风貌，并借鉴了国内外城市中心区建设经验的基础上，对于城市建筑风貌特色做如下整体定位：

1）整体风格面向未来，展现城市商业活力。彭城广场作为商圈的核心片区，成为重点体现商圈风貌特色的窗口，应展现繁荣、充满活力和朝气的现代都市形象。

2）区段风格突出，特色鲜明。中心商圈根据不同的区段承担不同功能的需要，在建筑风格上呈现不同的特色。在大规模商业设施集中的地段，建筑形象富有商业特色；在商务办公区，建筑风格简洁明快，轻盈现代，体现高效率的特点；在居住区域，建筑以平缓、亲和的姿态面对环境，体现人与自然的融合；在历史风貌保护区域，新建筑延续传统风格，体现当代人对传统文化的尊重和包容的姿态。

3）强化街道景观的节奏感，突出重要节点。街道景观犹如一篇乐章，舒缓有节，张弛有度，营造优美。

7．商业特色中心体系

（1）商业设施规划的基本组织原则

商业带与商业功能板块相结合的复合型商业中心相对于单一线型商业街，复合型商业街具有更为复杂的形体，一般位于交通枢纽、干道交叉路口，商业设施沿几条道路的方向纽带状沿街延伸复合而成，布局呈L形、T形、十字形等。复合型商业街本质上与单一线型商业街相似，是它的组合形式。交通的聚集性是形成复合型商业街布局形态的主要原因，但交通路口人车矛盾较大，噪声污染严重，如何解决交通组织问题，是复合型商业街发展的关键。商业街区是街坊式布局的块状商业中心区，各项功能在围合式的街坊内部进行，与道路两侧的带状布局有本质不同。最大的优点是商业空间独立于城市交通之外，不存在相互干扰，商业中心区内形成安全舒适、丰富多变的步行空间（图11-8）。

（2）二度空间上的混合式中心

商业街与商业街区或内广场式商业区相结合，集合了带状中心和块状中心的双重特点。商业街便于排列人流活动的点（中小型店铺），组成连续的购物活动流线；商业街区便于聚集较大型的公共建筑，形成与外部机动车交通分离的步行活动的面状空间。两者的有机结合，使人流活动按点、线、面展开，丰富了整个商业空间。

（3）三度空间上的混合式中心

综合了带状、块状和立体式的空间组织形态，二战后西方迅速兴起的各种购物中心和商业

图11-8 徐州商业特色中心体系规划图

综合体都采取这种混合形态。其主要特征可以归纳为：设施、建筑整体性与个体性的结合，室外空间与室内空间的融合。

11.5 控制性详细规划阶段的城市设计

贯彻落实城市总体规划，深化研究城市空间特色要素。在城市总体规划指导下，深入研究规划用地的区位条件、景观要素、人（车）的行为活动，对其功能定位、空间景观、风貌特色提出总体设想，进行经济性分析，明确设计目标，制定相应的设计原则。对城市特色、空间格局、景观结构、活动通道、开敞空间、界面控制等进行整体筹划，检验片区的功能布局、交通系统、景观体系等规划内容，使控制性详细规划的编制更加完善、合理、经济、可行。

11.5.1 徐州市大学路沿线控规及城市设计

1. 设计范围

规划用地范围为东至大学路（包括徐林和望城村的一部分），南至连霍高速，西至拉犁山和绕城高速，北至三环南路，总面积约14.78km²（图11-9）。

2. 城市设计原则

（1）科学合理，集约发展

依据《徐州市铜山城区城市总体规划（2006~2020）》，落实并协调相关专项规划的要求，合理、综合、集约利用各种资源，重视生态，建设美好人居环境，同时还需要保护和利用自然人文资源，培育城市特色。

图11-9 徐州市大学路区位图

（2）统筹兼顾，关系协调

妥善处理好局部与整体、近期与长远、需要与可能、经济建设与社会发展、城市建设与环境保护等相关内容，协调城市发展中的相互关系。

（3）以人为本，关注公平

在维护社会稳定和公共安全的同时，考虑人民群众需要，保障公共利益，合理配置基本公共服务设施，并关注中低收入人群，扶助弱势群体。

（4）低碳生态，永续发展

贯彻落实职居平衡、紧凑开发、功能复合、交通引导等要求，引导城市走低碳生态的可持续发展道路。

3．功能分区及土地利用规划

（1）功能定位

规划着眼于区域角度，综合考虑规划地块与周边地区的发展关系及在用地性质、景观塑造、交通条件、配套设施方面的协调发展，将规划地块定位为：

集生态居住、商贸、文娱、旅游和生活服务于一体，功能多元、特色鲜明的城市综合性生活区，云龙湖风景区与铜山城区的重要过渡区，铜山区和徐州市西南的门户区。

（2）规划目标

依托良好的自然山水和交通条件，通过科学合理的规划，建设一个功能配套完善、空间特色显著、生活环境优美的城市综合片区，提升铜山城区的总体品质。

（3）规划重点

1）合理预测人口规模，确定适宜的建设用地规模。

对地块发展进行准确的定位，对地块人口进行科学合理的预测，两者相结合预测地块的建设用地规模，是完成一个规划的基础和前提条件。规划结合基地的现状和特点，对人口规模、建设用地规模进行合理的预测。

2）根据周边环境，重新审视规划区的空间结构、形态及功能分区。

结合前期分析研究，针对规划区自身特点，从城市规划和经营城市的角度，对尚未规划的用地布局进行优化调整，重新审视规划区的城市空间结构、形态和功能分区。

3）以自然山水风貌为基础，创造富有特色的景观风貌。

规划区拥有得天独厚的自然资源，山体、水系较多，环境优美，可以很好地提升城市形象。规划修编时借助这一有利条件，结合公共服务设施、居住等用地布局，力求形成环境优美、舒适宜居的自然环境，创造富有特色的城市景观风貌和城市门户空间。

4）制定科学的指标体系，确定土地开发使用的强度及设施配套。

法定的控制性详细规划对地块开发强度等有强制性规定，而最便于城市管理部门使用的就是这些强制性内容，规划提出科学合理的指标体系，有效指导城市建设；充分结合城市管理部门的意见和建议，确定土地开发使用的强度及设施配套，确定各类用地的界限兼容性规定。

5）制定切实可行的实施策略

充分考虑规划地块现状的经济发展水平，制定切实可行的实施策略，安排合理的建设时序，使规划地块的城镇建设计划更具可操作性。

规划形成"四轴、四片区、六节点"的总体空间结构。

四轴：指沿大学路、黄河路和珠江路的城市空间发展轴以及沿拉犁—虎山路的城市生态休闲轴。

四片区：规划形成北部科教服务片区，中部综合居住片区，南部生态居住片区和西部生态休闲片区。

六节点：两个片区商业中心，四个社区服务中心（图11-10）。

11.5.2 徐州市云龙片区城市设计

1. 设计范围

城市设计总用地面积为51.31km²（图11-11）。

云龙片区为徐州市主城区的重要组成部分，是徐州未来发展的"次中心"。

2. 设计理念

（1）城市设计主导思想

发掘区域优势、优化资源配置、提升环境品质、创造和谐城区。

（2）城市设计总体目标

在徐州市城市总体规划框架和云龙片区规划基本

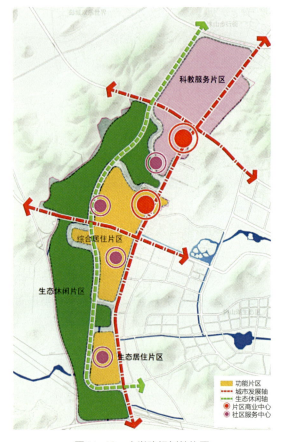

图11-10　大学路规划结构图

原则的基础上，对云龙片区城市建设与发展实施的发展策略、实施纲要、建设项目、建设时序等做

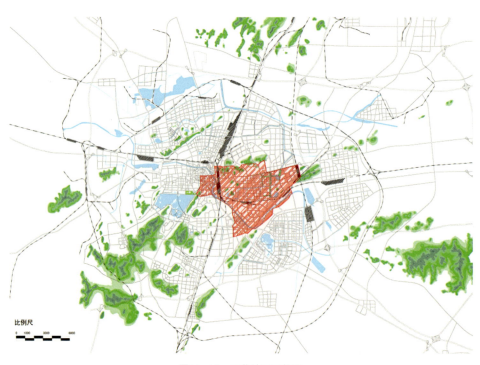

图11-11　云龙片区区位图

出面向开发建设的规划设计。

运用宏观经济学方法，对城市资源的有效循环利用进行深入研究，对土地等各种资源的价值进行充分有效的评估，建立指导旧区改建、厂矿企业搬迁的动态平衡机制，充分发挥各种资源的使用效率。城市开发建设对城市自然环境、资源生态等可能带来的各种影响进行前瞻性研究，在城市建设之前先做好保护，做到资源循环，环境友好。

在片区规划的基础上，对土地资源进行深入调研盘点，对现有土地资源进一步优化配置，体现既有效保护自然、文化环境，又提高城市土地的利用效率，在规划中切实落实保护、节地、发展并重的原则。

3．城市设计实施原则

以人为本：所有的规划设计内容均体现适合居民工作、居住、休闲等人性化的原则，创造人性化、和谐化的城市空间。

环境友好：充分尊重并结合徐州市的自然条件、历史文化背景以及云龙片区现有的自然资源和现状建筑，结合现有街区布局进行针对性的规划设计，并使特定地段的城市空间与建筑形象具有徐州的地域特色（图11-12）。

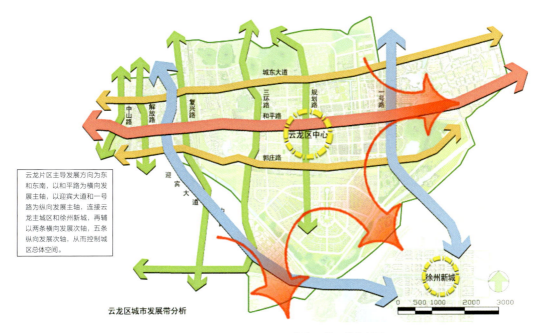

图11-12　云龙片区发展带分析图

节约和谐：城市设计通过完善云龙片区的城市功能，保证规划设计以及陆续实施的建设措施能对本地区的发展起持续良性作用。

分期实施：云龙片区面对旧城区多、现状用地情况复杂、建设状况好坏不均等现实问题，城市建设涉及层面众多，时间和空间跨度较大，城市设计强调实践性与可操作性，为决策与管理部门提供能够分期实施、滚动发展的规划设计蓝图。

4．城市设计空间架构

通过梳理五大"系统"控制云龙片区城市整体空间构架（图11-13）。

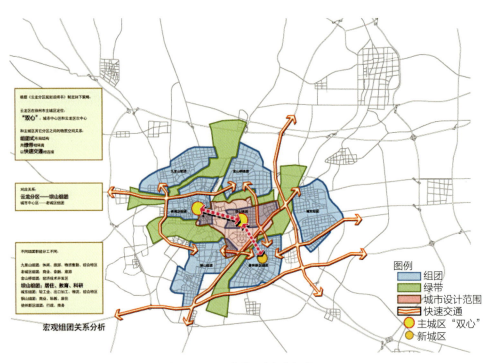

图11-13 云龙片区空间构架图

滨水风光休闲系统：故黄河、奎河、三八河三片集中水域。

自然绿地景观系统：子房山、响山、广山、云龙山、狮子山、翠屏山、崔庄南山。

历史文化遗存观光系统：户部山、戏马台、快哉亭、楚王陵。

重要道路交通系统：三横七纵。

开放空间系统：沿重要道路布置，营造城市空间节奏变化。

5．城市设计定位

城市设计重点体现"徐州老城区——云龙中心区——新城区"这一重要发展轴线的连续性，对云龙中心区的基本定位如下：

连接新老城区、金山桥片区、城东新区的纽带，展示新徐州风貌的窗口。

具备提升徐州整体产业层次，带动房地产、现代服务业、物流业发展，疏解老城区空间的职能。利用和平路东延段和京福高速公路、京沪高速铁路，形成徐州大都市区的东大门。

6．云龙片区功能分区规划

城市设计规划的云龙片区的基本空间结构可以简要概括为：两个主轴、三级中心、多轴线多节点、十二板块（图11-14）。

两个主轴：沿和平路东段向东发展主轴、沿迎宾大道向东南发展主轴。

三级中心（图11-15）：

市级中心——老城区商业中心。

区级中心——未来区政府所在地。

区域中心——火车站区域中心、和平桥区域中心、高铁车站区域中心、淮海物流区域中心。

多轴线多节点：沿着城市主要交通干道分布有十六个重要节点。

中心商圈节点、火车站前广场节点、子房山响山节点、李可染故居节点、和平桥西节点、

图11-14 云龙片区发展带分析图　　　图11-15 云龙片区三级中心分析图

和平桥东节点、云龙山东节点、汉桥西侧节点、汉文化景区西节点、汉文化景区东节点、汉文化景区南节点、行政中心节点、坝山生活中心节点、一号路东节点、高铁客站节点、两山口北节点。

十二板块：

老城区商业中心板块、滨河商业服务板块、子房山响山居住板块、汉文化景区旅游文化板块、黄山居住板块、区级中心板块、一号路综合居住板块、翠屏山景区生态板块、高铁车站综合商业板块、大郭庄机场未来发展板块、淮海食品城批发物流板块、生态农业园休闲度假板块。

（1）两个主轴

1）和平路东段向东发展主轴

和平路东段是云龙区未来发展重要轴线，沿道路两侧分布有汉文化景区、区行政商业文化中心、三八河景观带以及翠屏山景区，是联系城区生活、商业、游憩和政务的重要道路，也是城区发展的主轴线。

2）迎宾大道向东南发展主轴

迎宾大道沿黄河故道西侧向东南方向延伸，连接老城区、淮海食品城和新城区，是徐州市的门户区域。迎宾大道从北向东南依次经过火车站前广场、和平桥和淮海经济贸易开发区，是老城和新区之间的过渡，对城区的进一步拓展有极大帮助。

（2）三级中心

1）市级中心

市级中心位于云龙区老城区的东北角，属于徐州市中心商圈的一部分。其辐射范围和影响力可以拓展到整个徐州市乃至周边区域，是带动城市商贸发展的龙头。作为市级中心，可以保证在新区开发的同时，老城依旧保持活力而不会衰落。同时，市级中心还是城区发展的重视见证，记录着城区发展的每一点变化。

2）区级中心

区级中心位于和平路东段的中部，是云龙区的行政办公商业中心。既是和平路上的一个重要节点，更是辐射全区、引领全区发展的核心。区级中心向北是科研教育区，向南是大片的生活居住区，向东是密集的商业区，向西是著名的汉文化景区。

3）区域中心

在火车站、和平桥、高铁站和两山口的周边，为区域性复合中心。

（3）多轴线多节点

沿重要道路确定了多个辅助发展轴线以及多个重要节点，保证各个区域的独立特色和整体协调发展。以解放路为例，这条路从北向南贯穿云龙区老城，经过了中心商圈、快哉亭公园和户部山文化景区，均是云龙区过去的见证，是一条充满历史痕迹的道路。而郭庄路则具有另一种特点，从西向东连接汉文化景区、铁路、居住区和翠屏山景区，是从过去到未来发展的演变。

（4）十二个板块

1）老城区商业中心板块

老城区商业中心板块记录着城市的历史，板块内拥有快哉亭公园和户部山等多个历史文化景区。在城市设计中一方面要保证老城风貌的延续，另一方面要确保新区建设不会影响到老城的活力。

2）滨河商业服务板块

滨河商业服务板块形态狭长，被夹在黄河故道和铁路之间。虽然板块面积不大，但是十分重要。作为老城和新区的衔接部位，在板块南部，和平桥东侧建有跨铁路大桥，为东西区域的互通建立联系。而在板块北部的火车站前广场，是重要的区域中心节点。

3）子房山响山居住板块

子房山响山居住板块南北被子房山、响山和狮子山相夹，环境优美，居住条件良好。西部紧邻火车站，对外交通便利。东南侧有公交总站，市内公共交通方便。

4）汉文化景区旅游文化板块

汉文化景区旅游文化板块内有狮子山、楚王陵等两汉文化遗迹，对于城区形象定位有重要作用。随着水下兵马俑博物馆、汉文化艺术馆和竹林寺等文化设施的陆续建成，这里将成为颇具特色的观光游览和凭吊怀古的历史文化区域。

5）黄山居住板块

黄山居住板板是重要的生活居住板块，背靠子房山、响山，西邻狮子山，东接区级中心，环境优美，生活便利，规划建设舒适的宜居小区，推动周边区域的发展。

6）区级中心板块

区级中心板块依托区级中心，从北向南包括有科研教育区、行政区和商业区，和平路东段与三八河风光带从板块中间穿过，是片区发展的核心，将是城市中心区东部的中心地带。该区域外部与城市干道相连，内部交通独立循环，既便于交通联系，又不会对周边交通带来过重的负担。高层建筑与大片绿地相互穿插，营造富有时代气息、环境优美的现代商务环境。

7）一号路综合居住板块

一号路综合居住路板块包括规模较大的居住区，坝山生活中心节点也位于其中。南部有翠屏山，中部横穿三八河，东部有湖泊，自然环境优美，用地条件良好。规划建设多个山水相融、自然环境优良的宜居小区，提升整个区域的房地产开发水平，推动周边区域的住宅开发建设。

8）翠屏山景区生态板块

翠屏山景区生态板块是风景旅游板块，和汉文化景区旅游文化板块分居城区东西两侧，相互呼应，沿三八河形成一条贯穿云龙片区的景观带。规划建成城市公园，提升环境品质，增加周边区域的吸引力，为新区发展注入活力。

9) 高铁车站综合商业板块

高铁车站综合商业板块是城区对外的窗口，这里是未来对外交通、人流转换的集结地，规划建设有新的商业中心，作为一个区域中心，是城区东部发展的动力。

10) 大郭庄机场未来发展板块

大郭庄机场未来发展板块目前是军事管理区，在近期将保持其现状，在未来发展中作为储备用地，为城区建设留有余地。

11) 淮海食品城批发物流板块

是城区商贸发展的基础与动力。规划建设有展示中心、交易市场、商务办公楼、4S展卖、总部大楼等，成为具有强烈商业气息和商务氛围的商贸板块。

12) 生态农业园休闲度假板块

生态农业园休闲度假板块在云龙片区东南部，故黄河从内部穿过。规划建设成为环境优美的生态农业园，建设适当的"农家乐"生态旅游设施，保证低密度的开发强度，这里将作为城区未来发展的储备用地（图11-16）。

图11-16　云龙片区规划鸟瞰图

11.5.3　徐州市泉山片区城市设计

1. 泉山分区形态控制

泉山区空间格局：一湖、一带、三轴、四核、五区。

一湖：云龙湖。

一带：黄河故道生态风光带。

三轴：淮海路城市历史发展轴、二环西路-湖底隧道景观科教发展轴、中山路-开放大道城市活力发展轴。

四核：彭城广场中心商务生态核心、人民广场商务生态核心、滨湖商务生态核心、科教片区综

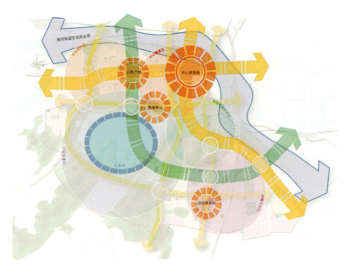

图11-17　泉山片区空间格局规划图

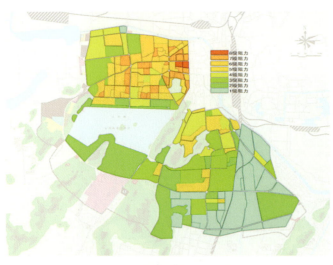

图11-18　泉山片区用地潜力规划图

图11-19　泉山片区景观结构规划图

合服务核心。

五区：中心商贸区、风景名城区、淮塔革命纪念区、高尚居住区、佛教文化区（图11-17）。

2. 用地潜力

根据徐州市泉山区的土地价格、已批租用地状况、现状建筑密度、现状建设强度、规划用地性质变化等分析，对建设用地的潜力进行综合评价（图11-18）。

可以看出云龙湖周边、泉山区东南部尚有较大的建设潜力，而老城以内由于受土地价格高、建筑密度大、建设强度高等因素影响，建设潜力相对较低，建设方式应以更新、改造为主。

3. 景观格局

在泉山区的城市景观环境引导中将以突显"一城、一湖、二河、多山"的山水格局为主线，最终形成自然与人工和谐交融的城市景观格局。

规划形成"一带、两核、九轴、多点"的景观结构（图11-19）。

4. 活动特色区系统

泉山区的活动特色区可以分为传统风貌活动、文化休闲活动、综合商业活动三类，规划加强文化休闲与商业活动的活力，保护复兴传统风貌活动，整治提升交通集散类活动。

选取泉山区自然景观点（观景点）、人工景观点（观景点）交织而成空中景观视廊网络，通过对位于视廊内的建筑高度控制风景区视线廊道保护，具体说来可以分为两种类型，有一定标高的特定观景点眺望景观，以及有一定标高的重要自然景观之间形成的视线通廊。

5. 城市开放空间规划

泉山区开放空间归为三个层次：

市级开放空间：由综合公园构成，突

出综合性和规模效应；

区级开放空间：由专类公园构成，突出内容的独特性；

社区级开放空间：由社区、带状公园和广场绿地构成，突出公园绿地均衡分布的基本需求。

6．地标系统

地标包括广场类地标、公园类地标、历史文化类地标、门户节点类地标、建筑类地标等。

规划应充分考虑用地内部各类地标的视觉可达行，从主要道路、开放空间等处留出必要的视线通廊。

建筑、山体等具有一定垂直体量的地标应注意加强视觉观赏的层次性，较远距离处视其顶部，随着距离的减少逐渐呈现全貌，主要观赏面前则留出足够的空间，以满足近距离观赏的需要。

保护历史文物建筑，并保护从这些建筑内部向外观看时的视野景观，确保其不过多受到现代城市风貌的侵扰。其他具有一定历史价值的构建物在结构条件许可情况下，鼓励保留。

普通建筑与地标性建筑应在尺度、高度、体量方面拉开级差，起烘托陪衬作用。除确定的地标性建筑物外，其余建筑均不得采用形状奇特、色彩浓重的屋顶形式。

11.5.4　徐州市九里山中心区城市设计

1．城市设计理念

保护山水自然生态，复兴历史文化古迹，打造宜居城区品牌，创造城市生活活力。

2．功能分区及土地利用规划

九里山中心区的基本空间结构可以简要概括为：两带、四园、六板块（图11-20）。

两带：九里山生态带、丁万河生态带。

图11-20　九里山中心区功能分区规划图

四园：玉潭湖市民休闲园、龟山汉墓历史文化园、九里山生态运动园、九里山军事公园。

六板块：行政中心板块、旅游文化板块、商业中心板块、金融商务中心板块、科教文化板块、生态居住板块。

（1）两带

1）九里山生态带

以九里山原生态系统为背景，积极保护自然生态原貌，通过封山造林，达到保护现有生态环境、建立良性的生态循环机制的目的。该区域为禁止建设区，不允许商业性开发建设（图11-21）。

2）丁万河生态带

以丁万河水系为基础，通过疏通河道、净化水质，优化岸线，沿河道严格控制50m范围为生态绿地，改善滨水生态环境与景观条件，发挥丁万河的疏浚、生态、景观、休闲的综合功能，使丁万河生态带成为带动该区域高档房地产发展的"黄金纽带"。

（2）四园

1）玉潭湖市民休闲园

玉潭湖是丁万河水系西端的重要节点，处于襄王路与九里山路的交点处，北侧近邻区级行政中心，位置十分重要。规划将此处定位为开放的市民文化体育休闲公园，成为一处面向市民休闲、体育活动、公共活动的公共绿地及广场。

2）龟山汉墓历史文化园

龟山汉墓是九里区最响亮的旅游品牌，所处的龟山及其周边区域已经列为文物保护区。规划设计在严格遵循文物保护要求的前提下，规划恢复被采石破坏的原山体形态，恢复山体植被，并在山体四周规划优化环境景观及旅游设施配置，完成入口参观建筑的改建，并完成周边圣旨博物馆等文

图11-21　九里中心生态结构规划图

化设施的更新改造，成为历史文化氛围浓郁、环境优美、配套设施齐全的文化公园。

3）九里山生态运动园

九里山北侧的簸箕山、火山、金潭湖周边现有非常优美的自然环境，规划将这一区域及周边地区统一考虑，形成以生态运动公园为主体，兼有高档房地产开发的环境优美、品质高尚的区域。

4）九里山军事公园

在襄王路至平山路之间的九里山北侧，规划九里山军事公园项目，该园与南侧的九里古战场遗址紧密相连，位置重要、交通便利。规划设计利用九里山北侧的山体及山下的空地，设计结合山、水、林地貌，布置以历史上徐州历次著名战役为基础，结合其他各时代、地区不同特色的有代表性的军事主题内容，成为特色鲜明的旅游文化景点，也成为形象生动的爱国主义教育基地。

（3）六板块

1）行政中心板块

九里山北侧的现区级行政区已初具规模，但由于规划建设年代不一，整体性不强，功能配置不够全面完善。规划在现有行政区域的北侧规划新的行政中心建设用地，为现有行政中心的发展留有空间。

2）旅游文化板块

襄王路西侧东邻历史文化园，南接区级行政中心。在这里规划历史文化板块，建设区级文化馆、图书馆等文化设施，建设游客接待、旅游服务等设施。完善全区旅游文化设施，提升文化活动品质。发掘地段的历史文化资源，通过对资源的有效规划组织，新规划定点军事公园等旅游项目，使旅游产品更加系列、系统化，提高旅游产业的整体优势。

3）商业中心板块

九里山路北侧襄王路到平山路之间，处于城区重心由西向东的扩展轨道上。这里是龟山汉墓的建设控制地带，规划建设有历史文化风情的商业文化街，即满足旅游服务的需要，更为全区提供集中的商业街区，带动周边形成较好的氛围。

4）金融商务中心板块

沿平山路东侧与九里山路交点的东北角，规划全区的商务中心区（CBD），集金融、商贸、办公、商务、酒店、商务公寓、医院为一体，将是九里中心区的核心地带。该区域外部与两条城市干道相连，内部交通独立循环，既便于交通联系，又不会对周边交通带来过重的负担。

5）科教文化板块

襄王路至平山路之间，汉城路以北的区域目前具备较好的文教设施基础，除了已经建成的徐州一中、幼儿园之外，已部分建成工业职业学院。规划在该区域现有文教设施的基础上，完善该区域教育、文化设施配套，为徐州一中规划近期扩建发展用地，在平山路与汉城路交叉口的西北角规划建设青少年科技馆及图书城，还规划建设徐州模特学校等教育设施，使该区域成为相对集中、配套齐全的科教文化中心板块。在中心区的其他位置，结合规划项目性质，规划规模位置合理的小学、中学等文教设施，使九里中心区的教育设施成为区域文化发展的优势。

6）生态居住板块

沿丁万河，规划建设低密度的生态居住区，该区域以连续生态带的生态环境为出发点，严格控制建筑体量与密度，充分考虑建筑形式与环境的融合呼应。

3. 景观绿化系统规划

（1）自然景观与视觉通廊

九里中心区九里山、丁万河两条生态带构成了整个区域基本的生态与自然景观骨架，在这条骨架上，有玉潭湖、金潭湖等水体，还有大孤山、小孤山、龟山、江山、李屯山、天齐山、簸箕山、火山、米山、辛山等一系列良好的自然山体风景线和视觉目标点，规划设计强调将城市空间与山水景观空间的结合，体现山水交融、建筑环境一体的城市空间特色，凸现自然山水之美。

九里山的景观设计体现幽静、原生态的自然原则，山脚下的景观道路—汉城路蜿蜒曲折，与自然地形、植被环境紧密结合。山体以保护原有植被为主，局部结合地形设置观景台、休息处、茶舍等景观建筑小品，丰富山体景观层次与旅游度假功能。

规划设计通过对主要地块的建筑体量、高度的控制，形成一系列视觉通廊，将山体景观融入城市环境中，沿丁万河规划设计了休闲娱乐散步道，创造宜人的生活亲水空间，增强了景观特色（图11-22）。

（2）城市街景的天际线

在城市空间形态上，借鉴发达国家城市中心区的建设经验，城市风貌以大片平缓、开阔的空间环境为主，高层建筑尽量集中建设，避免我国很多城市过去出现的"处处开花"的弊端。

充分尊重原有地段山水景观与地域特色风貌：从建筑体量、高度、风格、功能等多方面进行控制，保证新建建筑不对山水景观造成破坏。

结合区段功能定位，描绘街景天际线。通过整体规划设计使九里中心区内主要街道的街立面轮廓线充分结合区段的功能定位，对不同的功能区域，采取不同的建筑高度、风格、体量控制，并结合文物保护的基本要求，做到起伏有致，层次丰富。

（3）街景风貌特色

作为徐州市有特定历史背景和优美自然环境的城区，规划设计中对于城市建筑风貌特色做如下整体定位：

整体风格面向未来，展现城市活力。中心区作为九里区的核心区域，也作为徐州市面向西北的城市门户，成为体现城市形象的窗口，应展现现代繁荣、充满活力和朝气的都市形象。

区段风格突出，特色鲜明。中心区根据不同的区段，承担不同的功能分区，在建筑风格上呈现不同的特色。在汉墓保护区周边，建筑风格融合两汉建筑遗风，在建筑的形式、空间上体现对历史文化环境的尊重，体现徐州的历史积淀与文化内涵；在生态居住区域，建筑以平缓、亲和的姿态面对环境，体现与自然的融合；在中心商务区域，建筑风格体现出现代气息，充分反映现代化的时代特色与都市氛围。

图11-22 九城山中心片区生态景观分析图

注意加强大孤山、小孤山、江山、天齐山、李屯山和龟山之间的生态景观体系架构，以及簸箕山刘艺墓、火山刘和墓的连片整体开发。

强化街道景观的节奏感，突出重要节点。街道景观犹如一篇乐章，舒缓有节，张弛有度，营造优美的城市空间。

4．开敞空间规划

九里中心区规划了有层次的城市开敞空间：从大面积的城市公园，到集中的城市公共绿地、城市广场，再到建筑物前面的广场以及建筑之间围合的外部公共空间，既是都市人流的重要集散地，又可以成为人们休闲娱乐的"城市起居室"。同时大量的公共绿地将改善街道拥挤和喧闹的气氛，给城市街景增添了绿色情趣，为市民提供休闲活动的空间。

规划力图使区内各道路沿线的城市广场、绿化公园、道路绿化有机整合，构建点、线结合的绿化景观系统（图11-23）。

通过对现有山体、绿化体系的整理，形成较大的城市公园。沿丁万河设置开敞绿化休闲空间，成为亲水景观带。从道路红线到建筑退界形成的区域统一配置小品、铺装、绿化和城市设施，配置宜人的"城市家具"。

5．城市设计主要节点设计

（1）行政中心节点

围绕九里山路现有区级行政办公建筑，结合其北侧用地，将区级各行政办公建筑集中规划，形成区级行政中心。行政中心的统一规划建设有助于提高政府机构的办事效率，方便各政府机构服务于全区，也为未来发展留有空间。建筑风格以简洁、明快，体现政府办公效率的现代建筑为主，在建筑中重点营造亲切的外部形象和便利的服务机能。

（2）九里山路商业中心节点

商业中心的规划具有非常鲜明的地域特色，该区域近邻龟山汉墓，是汉墓保护建设控制地带，建筑的高度受到严格的文保限制。规划设计以商业步行街为基本模式，在襄王路与平山路之间规划一条平行于九里山路的内部商业步行街，商业街面向九里山路的一侧布置大型超市、商场，内外兼顾经营；面向内部一侧规划小型商业设施，与龟山汉墓形成体量上的呼应。内部尺度宜人，穿插绿化节点，环境十分幽雅。商业街的内侧设机动车道及停车设施，十分方便使用。建筑体量亲切宜人，形式具有两汉建筑遗风，并不失内容丰富、时代感强烈的商业特色。

（3）中心商务区节点（CBD）

中心商务区位于平山路与九里山路交叉口的东北角，在该区域集中建设服务全区的金融、办公、商贸、酒店、商务公寓、医院等设施，将是九

图11-23　九里山中心区开放空间规划图

里山中心区的中心地带。该区域西临平山路，南靠九里山路，内部交通形成独立的内循环体系，便于内外交通联系，又不会对城市干道的交通带来直接影响。建筑形式以现代建筑为主，在注重营造时代气氛的同时，注意建筑的环保节能，注意与环境取得呼应。

（4）旅游文化中心节点

旅游文化中心规划在行政中心北侧的襄王路两侧，东侧为著名的龟山汉墓，即将进行环境景观整体改造，成为具有高文化品位的汉文化景区。围绕景区还将扩建现圣旨博物馆、新建艺术馆等文化设施，加上北侧原有的西游记宫以及在九里山北侧规划新军事公园项目，形成特色鲜明的旅游景点群。襄王路的西侧配套旅游景点，建设旅游配套服务设施，并规划建设区级文化中心、图书馆等文化设施，成为全区文化活动的中心，也将成为吸引外来旅游的中心地带（图11-24）。

图11-24 九里山中心区旅游观光景点规划图

（5）玉潭湖体育休闲公园节点

目前玉潭湖水质清澈，周围植被繁茂，自然环境十分优美，北侧与区级行政中心隔路相邻，位置十分重要。城市设计将此处规划成面向全区的公共体育休闲公园，在区行政办公楼的轴线延伸段上建设市民活动广场，通过环形的下沉铺地广场、广场上的风帆以及广场中央的雕塑、喷泉等形成丰富优美的室外活动空间，市民可以在此观景、活动。

公园中还突出群众参与的健身主题，在公园的南侧规划群众性体育运动设施，并配套完善商业配套服务功能。建成后，将是一处服务本区、辐射全市的热点活动区域。

（6）丁万河滨水景观生态带节点

丁万河东西蜿蜒，贯穿了九里中心区的整个区域，通过对丁万河的水质治理，并结合河岸的整治拓宽，将丁万河改造成一条环境优雅、吸引人气的"黄金水道"。沿河两侧各规划50m的生态绿化带，并建设亲水平台、游船码头等设施，使丁万河具备泛舟游览的条件，改善滨水生态环境与景观条件，发挥丁万河的疏浚、生态、景观、休闲的综合功能，使丁万河生态带成为带动该区域房地产发展的"黄金纽带"，提升区域经济发展水平。

11.6 重要区域概念规划及城市设计

城市总体规划和控制性详细规划中确定的重要地区、特定地段和节点，一般包括重要街道、广场、滨水区、中心区、交通枢纽区、建筑综合体、居住区等。

重要区域概念规划及城市设计，因其能促进对区域城市发展定位和对城市整体结构进行梳理，逐渐在越来越多的城市中开展。通过对城市片区功能更新概念性规划研究，推进城市整体创新发展，培育城市发展新动力。引导并以新的视角，重新审视城市的本质，城市发展目标的定位，城市功能的培育，城市结构的调整，城市形象与特色等一系列关键问题。

基于城市总体规划要求对较大范围区域进行的单项城市设计，其内容和深度要求参照控制性详细规划阶段的城市设计。本节主要针对基于控制性详细规划要求，对特定地段、节点进行的单项城市设计进行介绍。

11.6.1 徐州市高铁生态商务区概念规划及城市设计

1. 设计范围

"高铁生态商务区"范围分为两块：京沪高铁站西侧地块和东侧地块，用地共计约50km²。规划范围的"高铁生态商务区"为东侧地块，规划面积约33.6km²。位于徐州中心城区东南，距离徐州老城区中心约12km，位于徐州经济技术开发区东南部、徐州新城区东侧、吕梁山风景区北侧。规划区处于徐州城市主要发展方向的东进轴线上（图11-25）。

2. 城市设计理念

整合环境、城市及人，描绘新徐州的蓝图——一座功能完善、业态丰富、层级明晰、配套齐全、环境优美、社会和谐的理想之城。

（1）生态优先，环境先导

一个生态品质良好的环境，从宏观来说，是为了符合生态文明的要求进行可持续发展的必然选择。从微观来说，生态则是每个人日常生活的需要。尤其是在工业文明高度发达的今天，城市生活的高度机械化和日常环境的高度人工化，更加强化了人们对优良生态环境的渴望。因此，生态优先环境先导的理念成为今天人们建设城市家园的共识。高铁生态商务区现状拥有良好的生态环境基础，合理地利用优势的生态资源条件，塑造高品质的城市环境，是规划首要的目标。

（2）多样混合，活力生长

强调城市的多样性和混合性，是当今世界城市规划设计的潮流理念。多样性理念弥补了工业时代城市对人性的忽略，还原城市以本来面目，试图促进城市中人与人、人与建筑、人与自然的交流互动，从而使城市充满生机与活力。高铁生态商务区的规划强调了多样混合的理念，将各种相关功能有机混合布局，通过精心组织，使之既有活力又不失秩序，为高铁生态商务区的和谐发展奠定了基础。

（3）以人为本，宜居商务

人是创新的主体，高效的创新活动离不开高素质人才的支撑。对于高铁生态商务区这样以生产性服务业为主要产业、以商务活动为主要城市活动的区域而言，人更是规划设计关注的核心。因此，一开始就秉承以人为本的理念，从空间结构，到环境景观，到功能组织，到行为设计，无不从便利人的活

图11-25 高铁生态商务区区位图

动、促进人的交流、愉悦人的身心出发，做到吸引人、留住人、发展人。力求创造一个以人为本的宜居和商务空间（图11-26）。

图11-26　高铁生态商务区鸟瞰图

3．用地规划策略

（1）周边功能融合

规划从两方面强调多样混合活力生长的理念：功能的布局与周边城市功能及设施的充分融合，使之如同城市自然生长出来一样，与城市成为一个整体。规划以"北联、西引、南敞、东延"的策略，达到与周边城区和环境的有机融合。

北联：北部加强与高铁站区，开发区及陇海产业集聚区等的联系。依托大庙站的物流条件，规划布局现代物流商贸区，以充分发挥高铁客流条件和紧邻陇海线以北先进制造业集群的丰富产品资源的优势。

西引：京福高速以西和京沪高铁以东的狭长地带，依托与新城区的便捷联系，引导利用新城区丰富的行政资源、教育科研资源和人才资源，规划科技创业园区。

南敞：南部地区空间上向吕梁山敞开，为区内引入大尺度的生态廊道。同时充分利用优质旅游景观资源和生态环境，打造高端森林型商务办公区和休闲度假区，吸引成功企业在此落户，并吸引高端人群和旅游者来此休闲。

东延：东部呼应徐州城市东拓的战略思路，交通上留出向东延展的余地，同时功能上以布局生态居住区为主，成为徐州东拓城区的有机组成部分。

（2）用地和结构规划

在现代物流商贸区、现代服务业集聚区、生态宜居区和生态休闲旅游区四大功能板块规划的基础上，细分各板块功能。同时，通过精心组织，使之相互协调，相互促进，运作有序，打造一个功能复合的活力城区，并最终形成"一心、两廊、三园、四区"的规划结构：

一心：商贸商务核心；

两廊：贯穿用地南北的两条大型生态廊道；

三园：中央公园、水上运动公园、湿地养生公园；

四区：现代物流区、科技创业区、森林商务区和生态居住区（图11-27）。

4．功能解析——内部功能组织

（1）一心

即商贸商务核心，由现代物流商贸区的核心商贸展示功能与现代服务业的国际流程外包、贸易、金融服务等商务办公功能组成，辅以配套商业服务、居住及文化娱乐等功能，是现代物流业衍生功能的承载区。规划结合中央公园景观核心，依托密集的人流和庞大的就业群，塑造出一个繁华热闹的城市中心（图11-28）。

（2）商贸展示区

规划围绕景观核心紫薇湖，布置商贸展示区，用地面积约63.34hm²。包括综合会展会议中心、装备制造业展示中心、现代农产品展示中心、新能源产业展示中心、科技产品展示中心、新兴产业产品综合展示中心、文化产品展示中心等功能。为产业物流提供公平的交易平台，为基地创造巨大的经济效益，还可以带动交通、旅游、餐饮、住宿、广告等相关产业的发展。

（3）商务办公区

规划在湿地公园西侧布置商务办公区，用地面积约56.61hm²。包括现代服务业的国际流程外包、贸易、金融服务等，以及商业休闲、商务酒店及管理信息中心等功能。作为市级商务副中心，主要服务于新兴产业及物流业，成为徐州乃至徐州都市圈的现代服务业中心。

图11-27　高铁生态商务区用地结构规划图

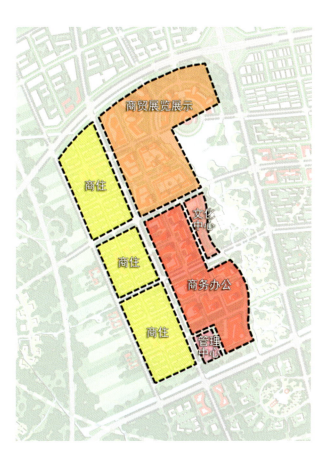

图11-28　高铁生态商务区功能分区图

（4）两廊

生态廊道：即由南部吕梁山引入的生态廊道，是组织本区空间结构和生态系统的重要基础，是构建生态商务区的重要因素。

（5）三园

规划结合紫薇湖、大湖水库、银杏湖建立中央公园、水上运动公园、湿地养生公园，总面积约5.83km²。其中，中央公园结合城市中心，形成大气热闹的现代城市型公园；水上运动公园和湿地养生公园分别围绕大湖水库和银杏湖水库形成，其中大湖水库开展水上体育休闲游乐活动，银杏湖周边则规划度假、马术公园等高端休闲设施,为商务区白领、客商和旅游者提供休闲的好去处。

(6)四区

1)现代物流区

规划紧临大庙站布置面积约3.1km²的现代物流区,包括仓储区、集装箱物流区、保税物流区、工贸配送区、加工包装区、物流装备区、国际展销区、市场区、信息中心等功能。以集装箱物流和保税物流为支撑,以工贸配送、增值加工和区域分拨为重点,拓展商品采购、展示和物流装备服务,立足徐州、服务淮海、辐射中原、链接全球,建设国际性、节点型现代物流产业基地。

加强信息基础建设和信息资源的开发利用,积极推进企业物流管理信息化。加快物流行业公用信息平台建设,鼓励区域间物流平台的信息共享。大力推广集装和单元化装载、无线射频识别(RFID)、电子数据交换(EDI)、货物跟踪、自动分拣、自动导引车辆(AGV)等物流新技术,实现现代物流区的新型流通模式。

2)森林商务区

规划在纬十四路以南,徐连高铁以北的绿化带中布置森林商务区,面积约1.82km²。现代服务业集聚区的另一组成部分是森林商务区,包含创意产业园区、总部办公园区和软件研发园区三部分,采用森林环绕的方式,形成独门独院式的企业办公环境。并在中间形成以生态公园为主题的景观核心,点缀休闲娱乐设施和高档休闲度假设施,为办公精英、商务客户和旅游者提供休闲场所和下榻之处。

3)科技创业区

规划在京沪高铁与京福高速路之间的大型绿化带中建设科技创业区,面积约1.84km²。科技创业区作为现代服务业集聚区的一部分,空间布局上分为三个组团,组团中间是公共服务核心,包括管理培训、共享厂房、实验室,商业服务,青年公寓和共享公园等,周边布局独院式创业孵化办公单元,外围环绕优质的生态环境。年轻的创业精英们,在绿野环抱的美好环境中发挥他们的聪明才智,为徐州的发展添砖加瓦。

4)生态居住区

在中央公园以东布置生态居住区,总面积约2.87km²。生态居住区结合TOD模式布局,分为四个密度不等的组团,通过合理的公共服务设施配置,形成多元包容、宜居优美的居住社区。其中北部布置两个以多层、小高层为主的中高密度居住社区;西南布置一个以多层、低层为主的中低密度居住社区;东南布置一个以低层为主的居住社区。

(7)地下空间规划

规划对商务区地下空间实行分区控制(图11-29)。

沿地铁线及中心区的地下空间为重点控制区,其地下空间开发规划应首先符合轨道交通线的要求,同时,满足人防要求和自身商业、停车等需求。

图11-29 高铁生态商务区地下空间规划图

现代物流区、生态商住区、科技创业园及

森林商务区的非轨道交通沿线地区划分为一般控制区，其地下空间规划开发应满足人防、停车和商业要求。

大湖水上运动公园和湿地养生公园区规划为地下空间禁止利用区，以保护自然生态环境。

（8）大型市政设施布局

能源中心：规划布置能源中心处于中央公园内，采用新技术为中心区内建筑实行集中供热、供冷。

变电站：根据上位规划要求布置220kV变电站1处、110kV变电站2处，分别位于商住混合区西侧、东部包装加工区西北侧以及东部生态居住区内。

消防站：根据每5~7km^{2}布置1处消防站的规范要求，规划范围内布置3处消防站，分别位于北部现货交易区、东部包装加工区的西南侧以及商务办公区的南部。

垃圾中转站：规划范围内布置垃圾中转站1处，位于森林商务区西侧，湿地养身公园北侧。

邮电通信设施：根据上位规划要求，规划设置邮电通信设施1处，位于商务办公区西侧。

5．行为及设施规划策略

（1）交通行为引导

遵循用地总体布局，按照"安全高效、适度分离"的原则在各功能区之间进行合理的交通流线组织，合理引导车流和人流的行走线路，实现各种交通出行需求之间的有序共存。

（2）优质的交通服务，畅通的对外联系

以"内外协调、层次分明、衔接顺畅"为原则，构筑融入周边、快速转换、便捷通达的区域一体化现代交通体系，促进商务区功能与周边地区生活、生产功能的互补共生，同时为城市功能东延提供必要的基础设施引导。

（3）便捷的公交服务

规划以建立"安全、便利、高效、可靠"的公共交通体系为目标，将公共自行车纳入城市公共交通系统，在核心区实现公共交通站点300米覆盖率达100%，站台候车时间不超5min的安全、可靠的公共交通体系；在外围区实现500m覆盖率达90%以上的电动公共交通体系，为创业区人群的出行提供便利的可选方式；在高铁站前商务区与规划商务区之间提供定时定点的免费穿梭巴士服务，提高两区商务合作与交流的便利性。按照"便利集散、匹配线路、紧凑用地"的原则规划5处公交首末站，在服务电动公交线路的首末站中配备相应的充电设施，其余配备简单的维修保养设施。

（4）以人为本的慢行系统

规划尊重我国城市居民传统出行习惯和国情特色，结合社区建设、城市绿化和景观，建立安全、舒适、覆盖全区的慢行交通网络，延伸公共交通的服务范围，促进交通系统的节能减排和道路交通资源的合理利用，维护并提升商务区的生态品质。同时，为区内及周边居民提供舒适的互动空间，营造具有活力和亲和力的融洽氛围。

（5）高效的换乘体系

在轨道交通、常规公交、个人交通之间建立紧凑的多维换乘体系，缩短时间和空间上的换乘距离，适时推进公交出行费用上的"无缝对接"，提高区内公共交通的连续性和直达性。

6．道路系统与竖向规划

（1）道路系统

按照"结构清晰、功能明确、布局合理"的原则，建立与生态商务区布局和土地利用相适应的城市道路网络系统。

快速路：规划形成"一横一纵"的快速路布局。

"一横"指彭祖大道东延。主要承担规划区与高铁站区、老城区的快速联系和大庙站的货物集疏运功能。两侧设置辅道，分流区内的交通压力。

"一纵"指徐贾快速通道南延。徐贾快速通道是徐贾工业走廊的核心依托，也是促进徐州经济开发区与贾汪工业园区产业对接、功能互补、融合发展的主要通道。规划将徐贾快速通道由城东大道继续南延，在规划区中从大庙站西侧穿过，并与G104进行对接，从而实现航空港、综合物流园区、徐州港金山桥作业区和贾汪工业园区之间的快速联系，规划与徐连高速相交处设置互通。考虑到该通道从规划区中心穿过，大量的货运交通会给区内的交通安全和交通管理产生较大的负面影响，因此建议该通道的货运功能主要通过地下隧道完成。隧道由生态居住区北侧下地，在生态共享公园南侧出地，长约2.7km。

主干路：规划形成"三横四纵"的格网状主干路布局，实现规划区内各功能分区与周边的顺畅衔接。总长约36km。

次干路：规划形成"五横四纵"的网格状次干路布局，为主干路进行高效集散，总长约40km。

（2）竖向规划

按照"因地制宜、因势利导"的原则，综合考虑城市排水、防洪排涝、城市景观等之间的关系，确定商务区用地竖向标高。

7. 城市设计结构

两廊楔入：从南部故黄河沿线绿带、吕梁山风景区等城市生态景观空间引入生态绿楔，形成规划范围内南北向生态廊道。

水绿织脉：充分利用现状水系、湖面，形成多条滨水绿脉、沿路绿脉，从而构建生态网络。

两轴交汇：以交通为先导，结合轨道交通1、2号线的布局，带动沿线土地开发，形成两条经纬交汇的城市发展功能轴线和建筑景观轴线。

多区辉映：各个功能区呈团块状镶嵌在生态基底之中，形成主体鲜明、各具特色、交相辉映的生态斑块（图11-30）。

8. 开放空间与景观结构

开放空间体系（广场体系、公园体系、滨水空间等）：

公园以现状水系和生态廊道为基础，形成中央公园、水上运动公园、湿地养生公园等三个公园，将中央公园打造成城市的客厅，水上运动公园和湿地养生公园作为后花园（图11-31）。

城市广场根据交通和人流量预测，在商贸展示区及商务办公区按300m服务半径组织城市广场，并通过步行系统将广场与中央公园相串联。

社区游园规划在考虑合理服务半径前提下，在居住区、创业园区等各功能组团，构建便于人群活动的社区游园，形成网络化的广场、游园体系。

滨水空间规划充分利用现状的水系条件，将其与城市公共空间充分结合，彰显新城青山秀水特色。通过系统布局，使人们出行不到500m即可到达各种形式不一的滨水空间，充分享受水绿景观带来的乐趣。在滨水空间设计生态岸线、活动岸线、休闲岸线以及景观水面、运动水面等多种的滨水利用形式，用多样化的空间丰富人们在公共空间的交流活动。

图11-30 高铁生态商务区生态设计结构图　　图11-31 高铁生态商务区空间景观规划图

11.6.2 徐州市西部新城概念规划及城市设计

1. 设计范围

徐州西部新城地区位于徐州主城区西部，距离老城区中心5km，距离高铁徐州站约15.5km，规划范围：北至三环北路、西至黄河快速路、南至玉带路、东至三环西路，总用地面积约33km²。基地外部南侧为云龙风景名胜区，北侧为泉山经济开发区、铜山片区，以休闲旅游、居住、仓储物流和工业为主要功能，区位优势明显（图11-32）。

近年来城市重点向东和东南发展，西部新城没有得到重视，其基础设施、城市形象和主城区、东部城区都有较大差距，随着徐州市中心城市的发展壮大，西部城区对周边地区的影响力、辐射力、带动力将持续增强。根据新修订的城市总体规划，遵循"生态绿色、产城一体、职住平衡"理念编制规划成果。

2. 城市设计理念

徐州西部新城应以城市管理、商贸物流、商业生活、旅游居住、文化活动、健康生活为核心功能，定位为西郊生态网络城、西部智慧服务中心。以生态本底为依托基础，市场需求为导向，生活方式重塑为引领，重点开发商务贸易、物流、居住、旅游度假、商业零售、生态休闲等产业，将本区域打造为集聚产业创新、模式创新的国际健康生态城（图11-33）。

（1）田

在这里，田是一种客观存在。成片的原生态农田成为区别其他新城建设、

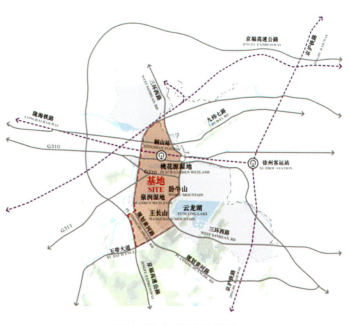

图11-32 西部新城区位图

图11-33　徐州市西部新城鸟瞰图

构建悠闲田园生活的独特基质。

在这里，田是一种产业形态。徐州作为淮海经济区中心城市，腹地农业基础雄厚，尤其是西面即为中原粮仓。"手中有粮，心中不慌"，在国家积极的农业发展战略背景下，发展农业服务业成为徐州提升自身区域辐射力、产业转型突破的必要路径。农业发展与互联网、物联网、信息技术等现代化的融合是农业未来的发展方向。一、三产业结合，发展专为第一产业服务的研发、创意、销售、网络、物流、交易等服务业是徐州市西部新城的核心创新功能，我们谓之1.75产业（图11-34）。

在这里，田是一种理想生活。人们常常在骨子里有着浓浓的"山水田园情节"，徐州市西部新城拥山抱水，引田入城，创造亦乡亦城之情境，与生活的繁杂保持适当的距离，享一方天地，坐看水穷云尽，享受"大隐于市"的慢享生活，离尘不离城，亦隐亦繁华。

（2）园

往昔后花园，今日新家园。

图11-34　徐州市西部新城用地规划图

落实以人为本，发展新型城镇化，让城市回归田园，让人居回归自然，让产业回归多元，建设宜居宜业宜游健康新家园（图11-35）。

围绕主要功能区分组团布局居住用地，安置区和高端居住区各得其所，公共服务设施配套完善，分级分类满足需求。

依托特质资源点布局多元产业功能，一二三产业混合，植入新职能，开拓创业空间，吸引就业、创业、消费、休闲等各类人群，人气旺盛；

自然资源丰富，文化娱乐资源多样，路景合一、带园相连、廊网相连、园场辉映，城区即景区。

（3）新

新愿景：徐州市西部新城未来发展愿景是：田园徐西，梦想新城。徐州市西部新城要成为新城建设新标杆，城乡协同新典范。不同以往的新城建设，我们要将一切回归人性尺度，采取低冲击开发模式，拒绝高强度，建设田园城区，看得见山水，记得住乡愁。

结构：蓝脊绿脉、城乡交融；一廊串联、三区并进；点轴驱动、多元复合。

连通泉润湿地与桃花源湿地，构建云龙湖、王长山、卧牛山、故黄河、九里山山水廊道，依托廊道组织文化娱乐、休闲度假、创业研发、特色购物等活力功能，构成活力金廊；以活力金廊为发展脉络，由南到北延伸，自西向东辐射，联系各功能组团。开放性的空间结构，多元包容，延续徐州东西向的城市发展主轴，与九里山、云龙湖等周边片区无缝对接（图11-36）。

新形象：根据山水格局构建深入城市内部的农田带，田园与城市如手指交错，紧密融合，都市景观与乡村田园风光交相辉映，形成徐州市西部新城独特的城乡交融的空间布局和大疏大密有机和谐的城市形象（图11-37）。

新交通：构建高效路网系统，完善路网等级，突出人性交通，强调绿色出行。

在总规路网基础上，优化南北向主干道系统，打通开元路解决铜山货场造成的南北交通分割的弊端；调整东西向道路，强化徐州市西部新城与老城区、九里山片区的联系；优化轨道交通与地面交通的衔接。核心片区采取高密度路网，建设人性化、适宜步行尺度的街道空间，结合活力金廊的公共空间建设慢行通道，创造绿色出行环境（图11-38）。

新模式：点轴开发、组团布局、项目引导、景观提升徐州市西部新城的开发将综合采取核心项目引导、生态景观环境引导和公共交通引导三种开发模式。以铜山货场等核心项目建设带动周边地区开发；以桃花源和泉润湿地的环境建设形成外部效应，聚集人气；以轨道交通站点建设形成TOD开发模式；同时通过在政府引导下先期开发城市公共设施，形成具有完善配套功能的城市组团。各公共设施核心通过道路、景观廊道等轴线依次梯度开发，引导整体空间的形成。

整个徐州市西部新城建设分为三期，每期开发均划分不同开发组团，各开发组团内部分别布置

图11-35　徐州市西部新城分区规划图　　图11-36　徐州市西部新城功能结构规划图　　图11-37　徐州市西部新城绿地系统规划图　　图11-38　徐州市西部新城交通规划图

相应的具有带动作用的开发项目，作为先期启动的点或带动组团发展的核心，便于分期、分批、不同开发单位的协同。

（4）区

北部物联商贸片区：新310国道以北地区，依托铜山货站，突出农业服务职能，发展物联网、电商中心、电子商务、城市配送、专业市场等功能。未来可考虑结合连云港的港口发展"内陆农业自贸区"。

中部城乡协同片区：建设新型城镇化的城市接口，城乡协同引擎。发展1.75产业，增强城市辐射功能工作，促进乡村地区的发展；利用中国矿业大学、徐州生物工程学院、徐州技师学院等教育科研资源，发展文化创意、科研孵化、创业及成果转化等功能，实现城乡协同发展。

南部休闲健康片区：充分发挥紧邻云龙湖风景区的先天优势，依托徐州乐园，围绕王长山布局山水园林组团，发展养生养老、休闲娱乐、健康医疗、文化创意、高端居住等功能（图11-39）。

图11-39 徐州市西部新城空间结构规划图

3．核心功能区

作为徐州市西部新城最主要的特色空间塑造区域是规划着重打造的对象：

（1）开放空间体系——山水城林，绿脉蓝韵

依托生态资源，变消极的生态保护为片区发展的新"亮点"，以核心区中央南北向生态水系建设为契机，把现状水系连接成网，挖掘生态潜质，营造绿脉蓝韵，以整体生态环境品质提升为触媒，引导片区开发。

（2）城市意象体系——空间重塑，品质卓越

通过一系列空间节点及地标建筑的组合，引导核心区的建筑形式、景观序列形成各自独特的城市意象，从而形成由节点、路径、界面、区域构成的完整的城市空间意象体系，塑造高品质的田园新区。

（3）公共交通体系——高效出行，区域联动

核心区南部依托轨道交通站点作为区域综合发展的引擎，结合其他形式的公交构成区域多元化的公交系统，在与主城区便捷公共交通联系的基础上形成与城区产业功能的互动。

水上观光旅游巴士是核心区的重要特色旅游项目，沿主要水道布置水上巴士线路，串联各个功能节点，设置若干水岸码头。同时围绕码头形成各具特色的码头区，结合休闲旅游设施最终构成区域独有的水上风貌，体现水城风貌特色和水城生活新方式。

（4）景观体系——田园阳光、城野交融

景观总体布局形式按照地形以"L"形展开，以"山水田园"为主题。主要景观分区有：游船码头体验区、农业风光体验区、滨水景观大道、滨河亲水景观以及城市生态景观。

4．产城生态融合发展的保障措施建议

（1）凝心聚力的推进产城生态融合发展

产城生态融合是新形势下经济转型发展过程中出现的新生事物，需要组织力量深入研究产城生态融合发展的新情况、新问题，努力探索产城生态融合发展的推进措施，号召社会各界力量，积极

投入到产城融合发展中来,以破解"以产兴城,以城聚产,产城互动"的发展难题,在生态的前提下,促进西部新城产业培育与区域建设协调发展。

(2)科学编制产城生态融合发展动态规划

虽然徐州市西部新城的经济发展还处于初级阶段,基础条件还比较薄弱,但要确立建设和形成区域性的西部中心城区作为片区发展的远期目标。该目标是争取上级的倾斜优惠政策,比如争取大型交通、物流、商贸、社会公共事业等项目和资金的依据,更是经济社会发展和产城生态融合发展的奋斗目标。并以此来指导编制西部新城产城生态融合动态发展规划和策划重大产城融合项目。

(3)努力创新招商引资机制

一是采取招商主体由政府向企业招商模式转换。将土地经营权、房屋产权、特许行业经营权等转化为国有控股的实体企业资源,采取企业合资合作的方法,切实降低社会投资准入门槛,快速融合社会资金。二是采取灵活多样的招商方式,促进产城融合。在三大空间整合国有土地、房屋等产业基础资源,采取租赁、折价入股等方式,促进城市商业饮食服务业的快速入驻。三是鼓励社会民间资本参与产城生态融合发展建设。进一步研究政府资金和土地对社会投资的保障和服务,做到"企业投资在哪里,产业项目就在哪里,市场在哪里,政府配套就在哪里",将资源出让给市场主体进行深度开发,撬动吸纳大量的社会民间资本参与投资建设。

(4)积极稳妥推进产城生态融合发展

产城生态融合是徐州市西部新城经济发展转型、产业结构调整、城市提档升级发展的创新举措。在产城生态融合发展过程中,将会面临许多未曾认识和了解的新事物、新问题,要分析新问题,探索新途径,不断调整行动措施、实施规划,审时度势,循序渐进,努力推进西部新城产城生态融合发展得以顺利实施。

11.6.3 徐州市下淀片区概念规划及城市设计

1. 设计范围

下淀片区位于徐州市主城区东北部,鼓楼区辖区内。基地北至三环北路,南至响山路,东至三环东路,西邻津浦铁路,总用地面积约8.54km²。其中圣戈班老工业基地占地约1.18km²(图11-40)。

2. 现状概况

片区现状用地布局零散,以工业和居住用地为主。其中圣戈班(徐州)管道有限公司规模较大,对周边环境污染亦较严重。圣戈班前身是徐州钢铁集团,工业建构筑物及专有窄轨铁路保留完整,具有较高工业遗产价值。下淀路以南现状用地多以居住为主。区内企业以二类工业为主,空间分布于基地的中部和北部的部分地区。基地最大的工业

图11-40 下淀片区用地区位图

企业为圣戈班穆松桥徐州基地，包括圣戈班（徐州）管道有限公司、圣戈班（徐州）铸管有限公司、徐州光大铸管有限公司等子企业，产品类型主要为钢铁及相关制品。这些企业对环境影响主要为二氧化硫等废气污染，也包括部分粉尘污染。

（1）绿地景观——分散布局、缺乏组织

从总体上看，基地内生态空间成零散型分布，缺乏有效的衔接与组织。水系、山体等自然景观保护良好，基地北部有京杭大运河，中部有荆马河，向南穿越地块。南部有自然山体一座：即白云山，山体制高点为121m，生态景观一般。

（2）生态污染——类型多元、生态堪忧

根据基地内污染类型及程度的不同可将其划分为3类：中度生态受损区、一般生态受损区、轻度生态受损区。

中度生态受损区：圣戈班堆场所在地块，由于长期堆放矿物，对土壤、水体、大气等都造成较重的破坏，规划中需要格外注重生态修复。

一般生态受损区：其他工业生产区，该区域分布有大量的机械、食品、新材料等加工制造业，对周边地区造成废渣、废气、废水污染，对生态造成一定破坏。

轻度生态受损区：居民日常生活产生的生活垃圾、废水等不妥善及时处理，也同样对生态造成一定的负担。

3. 综合评估

在工业遗产方面，建立工业遗产评价体系，确定历史价值和可利用的建筑记忆；在窄轨铁路方面，确立窄轨铁路可利用的地段及利用的主题；在区域生态方面，从生态入手，探析区域再生空间的生态营造策略。

（1）工业遗产

采用AHP（层次分析法）对下淀片区工业遗产进行综合性评估。结合下淀片区工业遗产状况构建指标体系，将纳入工业历史价值、文化价值、可利用价值、市场潜力等考核要素。最终得出的结论为：从空间分布上看，下淀片区优秀工业遗产主要位于圣戈班场中部区域，建筑特色明显。较好工业遗产分布在徐钢路以西，以圣戈班工业厂房为主，还包含了徐州面粉厂、徐州储运总公司六零二仓库，以及徐州徐工挖掘机械有限公司。这些工业遗址是下淀片区的明星企业，具有一定的地区代表性，建筑风格迥异，具有一定的保留再利用价值。

（2）窄轨利用

基地内部现保留有早期的窄轨专用铁路，主要分布在徐钢东路以西。下淀路以北主要位于圣戈班厂地块内，下淀路以南主要位于居住区内。

下淀片区废弃的铁路资源是一种线性空间，具有可延续性和可扩散性，且由于周边环境的不同，使其具有明显的空间异质性。在改造和再利用过程中，要综合考虑生态、文态及商态，对其进行分类改造。将其划分为历史展示型、景观公园型、都市商业型三种类型，各铁路路段各有侧重，但要以混合功能为主，以实现废弃铁路片区内生态环境、历史文化及经济建设的和谐发展。

下淀片区的铁路再利用未来定位为旅游观光、文化传播、商业服务、游乐休憩等，集中体现徐州老工业基地的铁路文化城市的特点。

(3) 区域生态

植被分析：区域内植被覆盖率降低，植被破碎化，大型斑块绿地关联度低，2000年植被覆盖55%，2015年植被覆盖降至14%，并且植物种类丰富度降低限制其综合生态效益的发挥。基地内部植被景观效果较差，且品种单一，缺乏层次性。部分河岸土壤裸露，水质较差影响滨水宜居环境，缺乏亲水娱乐空间节点。

水体分析：区域内城市化造成城市水文循环受阻，产汇流加快，水面率大幅度减少，对暴雨的调蓄功能基本丧失。区域内环境状况不容乐观，工业场地土壤受污染，城市面源污染负荷高。基地东北部水源地保护措施不完善，水源地生态安全受威胁。基地内仅有荆马河自西向东穿过，城市排水过度依赖灰色基础设施。河岸两侧为硬质驳岸，且有垃圾堆至于河岸，荆马河水环境仍需改善。基地内"分散粗放式"的城市开发模式导致地表硬化和建筑占地面积较大，使雨水下渗、净化能力较差，导致城市内涝、污染严重。

织绿、理水、整地：尊重自然，顺延地貌特征和城市空间格局，实现组团间差异布局；生态优先，保留现状植被、山体、河流等典型景观类型；城景融合，加强城市与自然环境的联系与沟通；以人为本，建立优质的户外蓝绿游憩体系。引入山、城、水一体的区域生态治理理念，从城市空间格局的开发建设入手，以海绵城市建设和土壤生态修复为契机实现徐州城市绿色转型。

(4) 综合评估

在工业遗址评估、生态体系评估、窄轨利用以及要求保留的现状评估的基础上，规划最终确立了基地综合评估图。将基地分为五大区域：拆除重建区、保留现状区、风貌整治区、遗产重点利用区、遗产一般性利用区（图11-41）。

4. 总体定位

（1）示范全国的遗址改造"新范本"——钢铁工业遗产综合开发典范。

（2）立足淮海的产业转型"新高地"——"产学研一体化"产业服务先导。

（3）引领徐州的生态宜居"新家园"——"有情有义"乐活家园建设样板。

5. 空间结构

形成"一廊串珠、二心引领、三轴互联、四片协同"的空间结构（图11-42）。

一廊串珠：南北向沿徐钢路形成景观生态廊道，通过廊道串联一系列城市空间节点。

二心引领：由城市RBD、片区CCD共同引领。其中城市RBD结合圣戈班遗址，以旅游、游憩商业、休闲商务、研发办公等功能为主；下淀

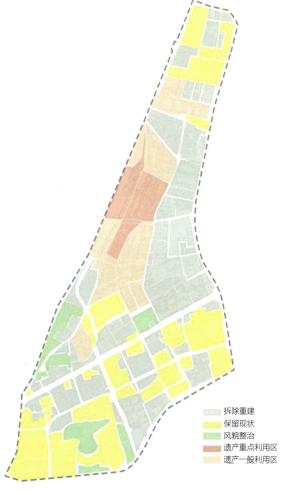

图11-41 下淀片区综合评估图

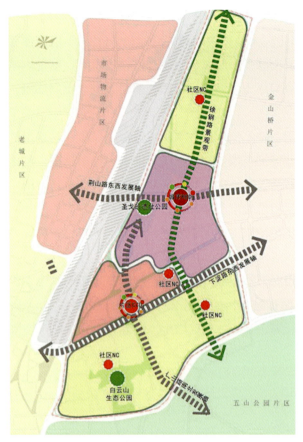
图11-42 下淀片区空间结构规划图

图11-43 下淀片区功能分区规划图

路CCD结合轨道三号线站点、徐州面粉厂改造形成商业、休闲、娱乐购物新天堂。

三轴互联：荆山路、下淀路东西发展轴建设一条联系老城区、金山桥片区的游憩、商业、商务、研发等多样复合功能带，广山路南北发展轴紧密联系本区与两汉文化景区、五山公园片区。

四片协同：划分为南北居住片区、中部下淀路商业片区、圣戈班综合发展片区四个功能片区，各片区各自独立，又有功能上的分工协作和交通、景观上的联系，形成一个有机的互动整体。

6．功能分区

规划强调功能的多元与复合，通过遗址公园片区、休闲商务片区、生产研发片区三大各具特色的功能集聚区形成城市RBD，促进区域人气、形象、功能的提升，并配置教育培训片区、下淀路商业片区、七大住宅片区，为企业、居民提供必需的配套服务。整体构建的多功能板块功能多元、互相穿插，促进下淀片区从老工业区向城市乐活RBD的目标转变（图11-43、图11-44）。

（1）绿地系统

点、线、面结合的绿地系统。下淀片区绿地总面积约为95hm^2，占规划建设用地的11.3%，以公园绿地为主。规划充分利用窄轨铁路工业遗址的资源优势，以及圣戈班工业遗址、白云山、荆马河等要素，结合城市建设用地的开发形成遗址公园、山体公园、邻里公园、窄轨线性公园等点、线、面有机结合的绿地网络系统（图11-45）。

（2）景观系统

特色引领，绿带延展——景观系统以圣戈班工业遗址公园作为区域特色景观核心区，依托窄轨

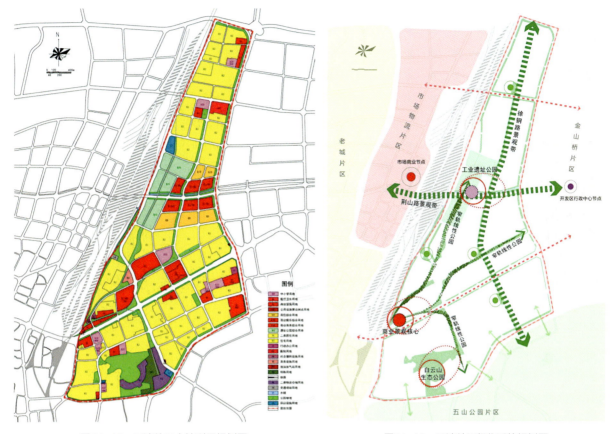

图11-44 下淀片区土地利用规划图　　　　图11-45 下淀片区绿化系统规划图

线性公园串联下淀路商业景观核心、白云山生态公园（图11-46）。

点轴布局，系统有序——沿荆山路形成东西向景观带，塑造具有特色的景观界面；南北向沿徐钢路形成景观带，通过轴线串联一系列错落有致的开放空间节点，塑造富有变化的景观系统，并向南延伸绿带与五山公园片区形成呼应。

7．生态修复

基地内生态网络格局遵循生态优先原则，除了保留原有山体形成自然生态节点外，还结合遗址公园打造区域生态核心节点。与此同时，设计在整合自然生态资源的基础上，建立了两级生态廊道，形成了两纵三横的空间格局（图11-47）。

一级廊道：结合窄轨利用形成贯穿南北纵向的线性生态公园。

二级廊道：沿徐钢路两侧的南北向生态廊道、沿下淀路东西向的生态廊道、沿桃山路东西向的生态廊道、沿荆山路东西向的生态廊道。

在建设开发初期，一方面进行全面的生态评估检测。另一方面，有针对性地进行预防性生态规划修复。在借鉴国内外工业遗产更新修复手段的基础上，提出两大修复策略：过渡性用地布局、修复性生态治理。

过渡性用地布局：对重点关注的区域采用保守型用地布局，即工业用地在更新后，应避免将其直接开发居住小区、养老院、学校、医院等敏感功能，而应将其先开发成为城市绿地或林地等非建设用地以及市政、办公等非敏感的公共设施用地。

图11-46　下淀片区区域景观系统协调图　　　　图11-47　下淀片区生态网络格局图

修复性生态治理：重点关注的区域存在一定的生态隐患，根据隐患的大小采取相适宜的治理措施。具体包括三种：工程修复、生物修复、化学修复。

8. 海绵城市

海绵城市开发是从场地源头削减地表径流和城市污染，将雨水在场地源头渗透、储存、调节、转输以及合理应用，通过"渗、蓄、净、用"，减轻管网排水压力，防止内涝，解决城市面源污染的问题。

（1）核心目标：年径流总量控制率不低于75%。

（2）海绵城市建设策略：

保护原有生态系统，保存现状河流、绿地系统；

增加海绵体，构建蓝网、绿网；增加城市绿化廊道，增加湿地、公园等生态景观节点，实现"引绿入城"。

9. 城市设计概念构思

（1）自然景观

徐州，"钟灵毓秀、人杰地灵"，城市山水景观资源丰富。设计中力求再现彰显徐州景观特征的"湖"、"山"、"城"的空间意象格局。

（2）人文景观

位于西部的编组站是本片区与东、西城片区阻隔的天然屏障，同时也是片区的风貌特色之一。而徐钢厂是片区内特有的工业遗址资源，承载了当地住民数十年的记忆和感情。设计中要结合片区原有的人文景观打造一个具有当代文化内核的历史新空间，为未来"移居"到这里的人们塑造一个传承历史和创新未来的城市绿洲。

（3）定位

创造具有历史记忆传承、产城融合、创新、协调、绿色、开放、共享的空间载体（图11-48、图11-49）。

图11-48 下淀片区总平面图

图11-49 下淀片区总鸟瞰图

10. 特色空间

（1）开放空间

公共开放空间体系将包括两条主要线索。

遗址人文景观带：通过设置湿地公园等生态治理手段，塑造片区内生态"绿肺"——一个市民休闲亲近自然的"大客厅"，突出展示工业遗址历史文化印记与人文风土特色，风貌上结合当代三创产业功能展现后工业时代风貌特色。

中轴景观大道：中央绿轴公园作为现代都市繁华风貌的"脊柱"空间，形成片区公共开放空间的主脉络，风貌上将展现现代建筑景观和街道景观特征。

此外，以公园、亲水林荫道、公共活动节点、开放社区的有机布局，构成新区完善的公共开放空间网络。

（2）生态空间

遗址公园将成为RBD的"绿肺"。

徐州属暖温带半湿润季风气候，常年风调雨顺，年均降水量800～930mm，雨季降水量占全年的56%，且地下水位较高，具备设立生态湿地的自然条件。结合基地内部原有水系网络，根据新的用地功能和公共活动分布特征，有意识、有重点的适当调整，设立生态湿地。

湿地系统是河道系统的枢纽和终端，拥有复杂的生态循环系统和强大的自洁能力。因此，为了充分发挥其净水能力，应当将更多的河道系统与其相连。水系两侧设置一定宽度的绿化带，通过挖河堆坡，有利于土壤修复，同时提高水系生态功能和景观效果。

通过生态治理措施，提升景观质量，达到外围土地的增值目的。

（3）慢行空间

设计借鉴TOD开发经验，以地铁站下淀路站为核心，半径800m范围内统筹布置各类交通设施，发展旅游配套、社区商业、商务办公等城市功能，实现集交通集散、旅游服务、商业休闲、商务商贸等功能于一体的核心区。

慢行环道系统：结合绿轴公园，打造自行车系统和步行系统。

自行车系统：区内自行车线网包括重要骑行线路、一般骑行线路和游憩骑行线路三种。在重点地段设置自行车转换节点，部分转换节点可以作为自行车存放及租赁点，同时接驳公交站点，实现公交系统与慢行系统的无缝衔接。游憩线路主要沿水系、绿化带和湿地公园布置，西部可联系窄轨及区域绿道，沿徐钢路联系中央景观大道，沿下淀路结合窄轨联系邻里中心公园。

步行系统：分为软质慢行区、商业慢行区和硬质慢行区三类。软质慢行区布置在湿地公园、水系景观带、景观绿地及社区绿地等区域；商业慢行区主要集中于商业区外部空间，适宜休闲、生活、购物、娱乐一体；硬质慢行区位主要包括行政广场和道路人行道等区域。三种类型相互融合并充分衔接，形成完整的步行空间系统。

11. 重点区域

（1）城市RBD

平面布局：城市RBD休闲商务区是展示片区活力的重要视窗，设计理念是结合片区特有遗址景观，通过植入新的商务、休闲、旅游、研发、创意产业等多种业态功能，塑造一个充满历史记忆、丰富变化、活力四射生态城市复合中心，为整个片区乃至周边片区提供优质高端服务。

核心区的主体是位于片区西部的遗址公园和纵贯东西的城市综合体。综合体南北两翼主要布局研发功能和商住混合功能（图11-50）。

（2）片区CCD

平面布局：片区CCD是社区的重要邻里商业区，综合商业区和沿下淀路和徐钢南路布置底商相连。设计理念是结合片区特有的窄轨要素，通过植入商业、商务、休闲、创意产业等多种功能，塑造一个便捷、生态、充满历史文化和活力的生态邻里商业中心，为住区提供服务（图11-51）。

图11-50　下淀片区RBD区域效果图

图11-51　下淀片区CCD区域效果图

12. 投入产出

（1）项目经济概算

总经营用地333.77hm²，新增建设总量733.02hm²，其中商住混合144.61hm²，二类住宅283.98hm²，商业设施60.74hm²，商业娱乐混合32.12hm²，遗产公园29.61hm²，商业商务59.03hm²。

（2）开发模式

1）土地一级开发

成本：采用政府一级开发模式，投入成本将包含：拆迁补偿、征地费用、公共服务配套建设、市政基础设施投入四部分内容。参考下淀片区或周边项目的成本投入，预估总投入成本约80.45亿元。

收入：参考徐州地区近年内土地出让情况，结合下淀区的实际情况，确认住宅用地、商业用地、生产研发用地、休闲商务用地、工业遗产地区综合用地的地均出让价格。预估用地收入约86.82亿元。

收益：项目最终收益约6.37亿元。项目收益率为7.9%。

2）土地一级开发+二级开发

成本：采用一级二级综合开发后，拆迁、征地、公共配套等费用不变，建安费用约172.98亿，预估总投入成本约291.44亿元。

收入：参考徐州地区2016年房屋出售楼面价格，预估下淀片区未来的经济收益约339.91亿元。

收益：项目最终收益约48.47亿元。项目收益率为16.6%。

12 控制性详细规划

控制性详细规划上承城市总体规划，下启修建性详细规划，是建设项目管理的直接依据。根据控制性详细规划所明确的强制性控制要求和指导性原则，对编制单元内的土地利用强度、空间环境、市政基础设施、公共服务设施等做出具体的规定。

控制性详细规划的功能主要是：调节和规范土地开发市场、控制用地开发性质和强度、落实城市规划管理要求。控制性详细规划的编制内容包括：功能布局和结构、人口规模、土地使用规划、建筑容量控制、道路交通规划、绿地景观规划、公共服务设施规划、市政公用设施规划、城市设计引导等，并视具体情况补充地下空间开发规划、景观风貌规划和其他特定要素规划内容。

12.1 徐州市控制性详细规划编制主要内容

12.1.1 合理划分编制单元

为便于徐州主城区控制性详细规划编制工作全面开展，主城区划分了49个编制单元（图12–1）。编制单元划分强调了对总规意图的全面落实，综合考虑总规确定的功能分区、道路交通、景观分区以及历史文化保护等方面的要求，落实总规强制性内容，保持总规确定的用地结构。

编制单元的划分遵循地域完整、界限稳定、规模适度、编码统一的原则，确定各编制单元的名称、编码、四至界线和面积。控规编制单元的面积平均规模在12.3km^2。居住地块每个编制单元5~8km^{2}设置1~2个社区（街道），每个社区划分若干基层社区；工业地块根据用地定性要求，面积划分不统一规定。

12.1.2 优化刚性弹性控制

1. 基本控制内容

根据《江苏省控制性详细规划编制导则》的要求，遵循"刚性少而强，保持合理弹性"的基本思路，重点突出城市"五线"和公共管理与公共服务设施，精简了道路红线和城市蓝线控制内容，

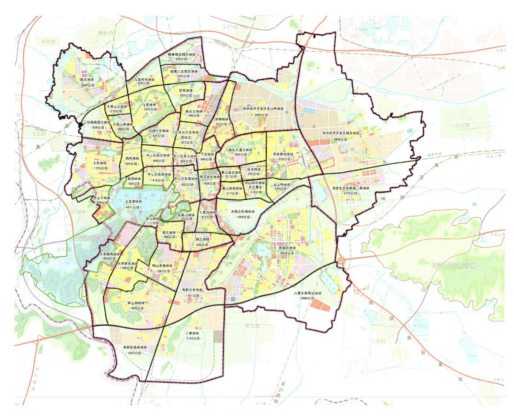

图12-1 徐州市控制性详细规划编制单元划分图

道路红线重在强制控制道路位置和红线宽度，城市蓝线重在控制位置和面积，城市黄线和城市绿线控制数量、面积、位置。公共管理和公共服务设施的控制包括数量、面积、位置、形态、配置内容和建设规模。核心指标控制容积率、建筑密度、建筑高度和绿地率四个指标，针对不同情况可采用相应的适宜控制方式。

2. 适当新增城市用地分类

用地分类在执行《城市用地分类与规划建设用地标准》GB 50137—2011规定的基础上，减少了细分类别，保留或新增了部分混合用地类别以统一规范徐州市范围内规划编制的城市用地分类。

3. 用地兼容控制

新增了用地兼容的具体规定，在坚持公益优先的前提下，确定各地块允许兼容、有条件兼容和禁止兼容的用地类别，条件兼容的用地应根据基本控制单元的管理要求对地块提出用地兼容的条件。地块用地性质作兼容调整的，其开发控制要求应作相应调整。土地利用由单纯的用地性质向提倡适度混合转变（表12-1）。

容积率控制方式　　表12-1

容积率控制方式	适用情况
上限控制	工业以外的其他用地
下限控制	工业用地
上下限同时控制	历史文化保护、特定意图等用地
基准容积率加浮动幅度	市场开发性用地

12.1.3 突出经济性和可操作性

1. 策划土地利用

在规划编制中注重提高经济性和可操作性，以作为用地策划的前提。通过对土地利用方式和开发策略进行深入研究和不同方案的比选，综合考虑功能、生态、经济、景观等多种因素，合理布局各类用地和设施，科学确定各项控制要素，引导土地利用、建筑容量控制和设施建设的时序，优化经济、社会、环境的综合效益，提高土地利用的集约性和规划实施的可操作性。

2. 充实地下空间开发

地下空间开发利用涉及规划、交通、市政、环保、防灾、人防等多专业内容，综合性很强，在控规编制中遵循"整体化、一体化、具体化、安全性"的基本原则，针对地下交通设施、地下防灾设施、地下商业设施、地下公用设施等不同主导功能设施，确定需要控制的具体内容。

12.1.4 强化城市设计

规划中增加了行为活动分析与景观风貌控制内容，通过活动路径、高度分析，研究节点、廊道、色彩相关控制要素，完善开放空间组织与界面控制，包括广场、道路、滨水、沿山等空间及界面控制要求，优化建筑控制与引导，加强视廊、视野景观分析，进而对建筑高度、风格等提出相应的控制与引导要求。

12.2 规划案例——新城区控制性详细规划

12.2.1 基本概况

徐州市新城区位于徐州市东南方向，位于迎宾大道两侧，北部与徐州中心区相邻，规划区域紧靠徐州核心城区，北距徐州市高铁站仅5km，东距观音机场25km。迎宾大道、汉源大道穿越规划区，连霍高速公路从规划区边缘穿过，京福高速在规划区东侧外围穿过，高速公路在徐州东南部出入口的潘塘立交位于规划区的东面入口处，西靠三环快速路。与淮阴、上海、安徽、霍尔果斯、连云港等直接相连贯通，交通条件极为优越，新城区已成为徐州市新的中心与"东南门户"。

新城区规划范围：东至故黄河，西至百果园和拖龙山山脊，北至故黄河，南至连霍高速公路，总用地面积51.66km^2。

12.2.2 规划特点

1. 合理预测人口规模和用地规模

对地块发展进行准确的定位，对地块人口进行科学合理的预测，两者相结合预测地块用地规模，是完成一个规划的基础和前提条件。"规划"结合新城区发展的现状和特点，总结发展趋势，对新城区的发展方向作出正确的判断，对城市人口规模、用地规模进行合理的预测。

2. 优化城市空间结构、形态及功能分区

结合近年来新编制的一些相关专项规划以及进驻新城区的项目实际用地情况，从城市规划和经营城市的角度，对原有规划的用地布局进行调整，重新审视新城区的城市空间结构、形态和功能分区。

3．创造与自然山水相融的新城区景观风貌

新城区拥有得天独厚的自然资源，水系众多，环境优美，可以很好地提升新城区的城市形象。控规应借助这一有利条件，充分利用新城区现有的独特自然资源，结合公共服务设施、居住等用地，力求形成环境优美、舒适宜居的自然环境，创造有特色的新城区景观风貌。

4．合理确定用地性质及开发强度

控制性详细规划对地块开发强度等有强制性规定，控规充分结合城市管理部门的意见和建议，确定土地开发使用的强度及设施配套，确定各类用地的界限及相容性规定。

5．协调近中期建设与长远规划

新城区的开发建设必然和老城区的改造不同，作为城市新的建设重点，需要一个科学的建设时序，合理安排整个新城区的建设次序。针对优先开发的区域做好近期建设规划，并加强近期、中期建设与长远规划的协调。

12.2.3 功能定位

徐州新城区是区域性的商务、金融、文化与行政办公中心，是城市新的经济增长极。新城区和老城区，作为徐州发展的"双心"，分别承担城市行政、商务中心和城市商业中心的职能。

新城区是徐州市的行政、商务中心区，是市级功能转移的接纳地，是城市新的经济增长的主要空间和新的城市中心，是未来10~20年发展的重点片区。与此同时，新城区作为徐州市未来高层次第三产业的发展区，承担行政办公、金融贸易、会议展示、文化娱乐，旅游服务等功能，是现代化城市形象集中体现的区域。

12.2.4 功能分区

新城区的建设由大龙湖向东、北逐步推进，形成相对独立的组团式布局形态。东北部为居住生活区；中部为商务办公组团和商业、居住综合组团，以大龙湖为生态核心区，承担着行政办公、商业金融功能；东部为教育科研组团；南部为居住生活区；西南为物流、生活综合组团（图12-2）。

图12-2 新城区功能分区规划图

12.2.5 用地策划

利用区位优势,立足环境优势,发挥政策优势。

采用开发型积极保护政策,将城市开发与环境保护及可持续发展有机融合。

依托故黄河、顺堤河风光带的开发,结合社区中心、基层社区中心的配套,完善地段内的绿地系统,形成点线面相结合、复合的绿化层次,借助其良好的滨河景观塑造规划地段内的认知形象,提升地段的环境质量和人气;利用环境、滨水等优势,进行低层高质量住宅的建设,提高新区住宅的吸引力,打造徐州市未来大型的绿色生态居住小区。

完善地段内的服务设施,构建居住区级商业服务中心,与起步区商务中心共同构成覆盖整个新城区的商业服务网络体系。

1. 用地结构调整

按照上述原则,本地区工业用地将进行置换,居住用地、绿化用地与道路广场用地大幅增加,公共设施用地注重质量的提高。

2. 规划规模

规划总人口规模为50万人,规划总建设用地面积为3312.58hm^2。增加公共绿地和公共空间,严格控制新建地块的容积率和建筑总量(图12-3)。

图12-3 新城区土地利用规划图

12.2.6 社区规划

为了更多地考虑社会效益,优化居民的生活环境,强化社区服务,便于城市管理,适应城市土地市场化运作开发模式的需要,运用社区理论和原则对居住用地进行划分和组织。遵循社区建设发展趋势,结合本地区实际状况,规划对现状"街道办事处——社区"的社区组织体系进行完善,形成"居住社区——基层社区"的社区组织体系。规划将本地区的社区结构划分为8个居住社区。

居住社区规划应考虑居住社区的实际情况，每个居住社区配置1～2个居住社区中心，每个居住社区中心服务人口为3～5万人左右（图12-4）。

图12-4　新城区社区规划图

12.2.7　绿地和景观规划

规划绿地面积为639.88hm²，占建设用地面积的19.32%，人均绿化用地面积为18.28m²。其中公共绿地面积303.04hm²；生产防护绿地面积336.84hm²（图12-5）。以建设生态城市为规划理念，按照"以山为屏，以水为脉，以绿为衣，以文为韵，以人为本"的规划思路，因地制宜，充分发挥山水资源优势，突出城市生态特色，达到人与自然和谐相处的理想境界。

图12-5　绿地系统规划图

12.2.8 公共设施规划

规划公共设施用地738.41hm^2，占建设用地的22.29%（图12-6）。

图12-6 公共设施规划图

1. 行政办公

新城区的行政办公用地集中设置在大龙湖东侧，北到昆仑大道，南到顺堤河，西至大龙湖东岸，东至汉源大道，徐州市主要的行政办公部门都聚集此处。此外，在昆仑大道北侧、新元大道南侧和物流园区内分别设置了少量的行政办公用地。

2. 商业

商业用地采用分散与集中相结合的方式。强化市级中心职能，主要商业金融业用地集中在中心商务区和行政办公中心南侧，业态为大型商贸写字楼、商场、金融中心和商业街区，结合新城区的建设，打造新的经济增长点和城市形象。

居住区级和居住小区级商业主要是结合居住区和居住小区进行设置，采取分散布局的模式，设置综合超市、百货店、专业店、专卖店、餐饮以及银行、酒店等，来满足社区居民购物、餐饮、修理、家政服务等基本生活需求。

规划7处农贸市场，服务周边居民。

3. 文体设施

文化娱乐设施主要分布在顺堤河两侧、大龙湖东北处和中心商务区内，其中市级文化娱乐设施包括新闻出版、广播电视、图书展览和影剧院用地。除此之外，还有为新城区配套的社区级文化设施。

规划两处大型体育设施：一处是位于汉源大道以东，体育场南路以北的市级体育中心用地；另一处是结合大龙湖规划一定的水上体育项目训练用地。其余体育设施结合社区中心和基层社区中心布置，方便居民就近使用。

4．医疗卫生

医疗卫生服务设施按市级——居住区级——居住小区级卫生站三级配置。

规划一处三级甲等医院，位于太行路与明正路交叉口的西北处；四处普通医院，分别位于峨眉路与汉源大道交叉口、行政办公中心内、撷秀中学东南和惠民小区内部；完善社区医疗保健设施的建设，结合居住社区中心建设社区卫生服务中心。

5．教育科研

新城区教育科研用地集中布置在科技创新园区内，东至金沙路，西至清风路，北至富春路，南到潇湘路。徐州工程学院已入驻科技创新园；物流园区内有一处科研用地，为网架检测中心；位于连霍高速公路以北、沟棠路以东的科研用地为已批的气象监测中心用地；位于水厂东侧的科研用地为环境监测中心用地；规划保留拖龙山西侧的徐州市职业教育中心用地。

6．居住社区中心

居住社区级中心以服务半径400～500m内的3～5万居民为主要服务对象，提供较为综合、全面的日常生活服务项目。设置在交通便利的中心地段或邻近公共交通站点，保证居民在步行7～8min、自行车3～4min以内可达。用地规模控制在3～5hm^2，其中公共设施用地3～4hm^2、绿地1～2hm^2。

12.2.9 城市设计引导

1．城市设计目标

新城区西南紧邻绵延的拖龙山，其余各面被广阔的农田包围，用地怀抱着大龙湖点缀其间。区内水网发达，山水资源丰富，共同构成"青山为屏，碧水为脉"的自然山水格局。

城市设计目标是突出"以自然生态环境和山水园林风光为特质"的城市景观格局。

2．城市设计框架

特色节点和廊道等标志可以有效地展示城市形象，借助城市物质形态构成的象征性标志，可有效宣传城市的特色。通过对城市形象物质形态构成中"区域"、"轴线"、"通廊"、"节点"、"边界"、"标志"的控制，将绿化、广场、道路标志建筑与黄河故道、顺堤河以及汉源大道两侧和彭祖大道南侧的城市绿带，人工与自然景观联系起来，构筑充满意蕴及表现力的生态景观城区（图12-7、图12-8）。

区域——在规划用地范围内主要分为三个控制区域。

居住景观区：居住景观区指规划地段形成的八个居住组团。针对用地性质，确定合理的指标，形成良好、优美的居住环境。倡导与居住区风格相适宜的景观风韵，平衡景观效益、经济效益、城市整体风貌协调三者之间的矛盾。将绿色从自然环境引入居民生活之中，协调居住区与城市景观体系的关系，引导居住区内部景观、社区周边景观与城市景观的相互渗透与融合，景观绿化做到自然天成，宜人怡情，形成有机的景观系统，营造舒适、自然、和谐的居住环境。

滨水商业景观区：依托肖庄河，充分利用滨水景观特色，建设特色滨水商业设施。通过指标的控制和建筑型体与色彩的把握，营造一种繁荣的商业氛围，形成景观特色鲜明的滨水商业景观区。增

图12-7　城市设计鸟瞰图

图12-8　城市设计夜景鸟瞰图

加水域景观在商业区内的开敞力度，创造绿色生态的城市开敞空间，将滨水景观引入商业景观区的同时，注重水景观的渗透和共享。充分利用新城的水网系统优势，呈现以水为媒的商业景观体系。

故黄河、顺堤河风光带景观区：依托故黄河、顺堤河良好的自然景观资源，以绿化为主，景观小品为辅，结合地形环境，自然式配置花草树木，形成体育休闲景观区和文化娱乐休闲景观区，建设成为徐州市新城区的特色滨水景观带。沟通新城与故黄河、顺堤河的景观联系，形成区域性城市景观轴带，引导河岸风光向城市区内的渗透，通过绿色长廊将风光带景观引入人的活动之中。以休憩空间的设计，结合故黄河、顺堤河自然风光带，合理布置市民文化娱乐休闲场所，提供公众健身活动场地，形成街边公园风景。

轴线——轴线是展示城市绿化、突显城市面貌的窗口。将重要节点串联起来而形成的景观轴，是景观体系的骨架，给人以视觉线索的指引，强调人们空间中的体验。新城南北方向的汉源大道作为城市主干道，是一条重要的文化生活景观主轴，联系和拉结东西景观轴线绿化，对新区景观塑造具有极其重要的骨架作用。另外，沿肖庄河的滨水商业带作为新城区商务中心的延续，也构成了一条重要的滨水商业景观轴。

通廊——结合规划地块的绿环建立绿色通廊，打造城市空间体系内绿色景观通廊，让新城内显山露水。

节点——分为主次景观节点，主要景观节点为大龙湖公园景观中心，五个次要景观节点以大龙湖自然水体为中心，散落于大龙湖周边。将城市的主要景观节点布置在视野豁达的自然水景中，大龙湖不仅成为新城的景观中心，更是徐州城市名片上的又一亮点。在吸引周边视线的同时显示次要节点的不同景观效果，展示各个景观节点的特色，将全局的景观串联在一起。

边界——沿主要轴线的两侧，以及绿色通廊的边界，作为主要的景观构成要素予以充分考虑。

标志——规划主要布置在主次景观轴线上，结合主次中心道路端点，绿化开放空间和门户区形成地块的"标志"。

3. 城市设计弹性控制

（1）建筑尺度

尺度是建筑特有的艺术法则，它在特定的空间环境内满足人们一定的功能使用要求，使人们处于不同的空间时有不同的感受。根据建筑的使用性质及在新城区中所处的位置，分为大、中、小三种尺度，新城区商务中心的主体建筑以大尺度为主，宜于营造新区的形象和氛围，局部插入中高层住宅，形成良好的景观形象和丰富的天际轮廓线，滨水商业区则以中小尺度为主，创造一种生动灵活的滨水景观特点。

（2）建筑型体

建筑型体能够反映建筑物的功能要求和建筑个性特征，需适应地块环境、城市规划的要求和美学法则，如建筑型体的统一、均衡、稳定、对比、韵律、比例、尺度等要素。建筑型体力求表现使用功能，不宜过于繁杂，利用简约的现代建筑风格创造城市新区的整体形象，体现新城区作为全新现代化城市形象的代表。

（3）建筑高度

指地块内所有建筑物的高度上限值，即需小于或等于的高度，部分特殊地块不设限高要求。规划按照高度分区要求合理确定地块控制指标，一般规定高度上限，如有特定空间轮廓意图和要求的，可同时规定高度下限。通过对建筑高度的有效控制，有利于促进城市形成良好有序的景观风貌。

（4）建筑色彩

行政办公区建筑以纯粹、庄重为主调，基本采用黑、白、灰为主，配以淡彩，形成统一、严肃的建筑风格，同时用以淡彩调和，营造和谐融洽的氛围；中心商业区及文化服务区的色彩以白色及深灰色为主，辅以其他色彩；东南部居住区以白色为主，辅以褐色及少量黑色；滨水住宅区色彩多样化，富于多彩的生活气息。

13 规划案例

本章汇总近年来城市规划精品方案，内容涉及重要历史地段规划、特色街区规划、文旅设施规划、空间一体化利用规划、产城融合规划、住区规划六大类。规划成果强调对城市空间形态的影响与规划研究，使城市形成良好的空间形态、风格特色、建筑造型等，并通过总结突出经验，推动规划精品工程不断涌现。

13.1 历史地段规划

13.1.1 老东门历史地段

1. 项目概况

项目位于徐州市中心淮海东路104号的院落，原为中国陆军第12军军部，总用地面积约3.39hm^2，距徐州黄河故道风光带150m，周边商贾云集，地理位置十分优越（图13-1）。

原12军军部旧址是1938年日军入侵徐州时建立的军事基地，日本投降后国民党也曾经入驻，新中国成立后曾于1960年、1970年、1986年多次拓建，形成现在的院落（表13-1）。

2. 规划理念

在保护12军老军部原有建

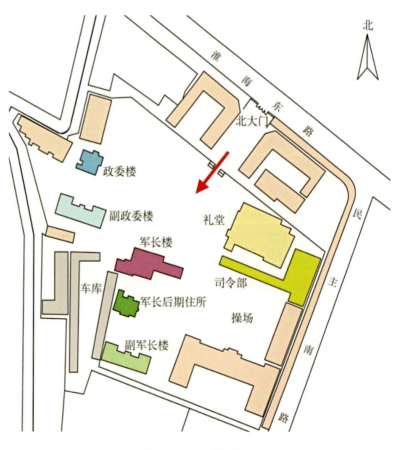

图13-1 老东门现状图

原12军部旧址历史沿革   表13-1

时间	用途	时间	用途
1938～1945年	日军基地	1956～1975年	68军军部
1945～1948年	国民党联勤处	1975～1978年	解放军46军军部
1949～1956年	华东军区徐州后勤办事处	1978～2009年	中国陆军第12军军部

筑的基础上，融合红砖、青砖、石材、钢构、玻璃等时尚元素，力争将后文艺复兴时期建筑与现代建筑完美融合，并引入各具特色的时尚品牌餐饮、异国餐厅、酒吧及精品购物等商业业态。以"开放式博物馆"为创意主轴，融入表演艺术、文化创意，呈现真正代表徐州灵魂的历史与人文情怀，再将APM（AM-PM24h）的经营理念植入其中，发展徐州"月光经济"，打造徐州真正意义上的APM24时尚街区。

为了保护原有的建筑，规划设计时注重采用钢构、玻璃等可透视材料为这个院落注入新的气息和生命，令后文艺复兴时期的建筑与现代的流行元素完美结合，并将院落中那些见证这块土地历史的参天大树巧妙地融入建筑当中，使整个院落散发它原有的纯粹，再将具有各国风情的餐厅、酒吧及精品购物等商业业态引入其中，让这块曾为军长、政委以及士兵使用的军事要地，带着历史的风声、时光的韵味，展示在徐州市民和游客面前，让人们缓步其中，慢慢地品读其历史人文独有的灵魂。

3．建筑设计

（1）修旧如旧

悠久历史建筑最好的保存方式就是修旧如旧，如此方式才不会破坏原建筑的历史价值，也能给人寻古之幽情，且改善了建筑年久失修情况。但如何控制多旧才是旧或力度大小，就必须有历史考证的研究，在两方权衡下定出修复的标准，就能达到修旧如旧的目标。

（2）历史保护

徐州104街区内建筑年代可分为两个阶段，第一阶段是民国时期建造的房屋，风格上走的多是西方古典式样，与中式建筑相融合的式样，第二阶段为新中国成立以后增建的房屋，采用的风格为古典带现代的式样，故在全区的建筑设计风格便定位在此两阶段内，将现在已被修改过的建筑样式重新定位成正确的历史时间点。

（3）民国建筑特点

民国建筑是特定历史时期中外建筑艺术的缩影，中西合璧、传统与现代的融合，民国建筑一般为砖混结构，这种结构是指建筑物中竖向承重结构的墙，附壁柱等采用砖或砌块砌筑，柱、梁、楼板、屋面板、桁架等采用钢筋混凝土结构。这样的结构有着延伸建筑的使用空间、降低建筑的建造成本以及优秀的性能等优点。

（4）新科技运用

国外许多旧建筑再利用的案例中，已开始采用新的科技工法，运用此技术并非破坏原建筑的效果，而是借此突显出旧建筑的美，因为许多传统的材料已无法满足现在的功能使用，此时就必须使用新的科技来满足，故设计中采用了大量的轻质结构，如玻璃、钢结构等轻质材料，目的就在以新科技来衬托实体的旧空间。

（5）新古典主义建筑研究

18世纪60年代到19世纪，欧美一些国家流行一种古典复兴建筑风格。当时，人们受启蒙运动的思想影响，考古又使古希腊、罗马建筑艺术珍品大量出土，为这种思想创造了借鉴的条件，采用这种建筑风格的主要是法院、银行、交易所、博物馆、剧院等公共建筑和一些纪念性建筑（图13-2）。

图13-2　老东门鸟瞰图

13.1.2　回龙窝历史地段

回龙窝历史地段始建于清朝初年，是徐州中心城区12片历史地段之一，是徐州历史文化名城的重要组成部分。近年来，徐州市对古城风貌多次进行抢救性保护。回龙窝历史地段保护规划和建设将极大提升徐州市的历史文化名城地位和城市品位。规划在历史文化名城保护规划的基础上，编制此地段的修建性详细规划，用以指导回龙窝的保护、开发和建设。同时，对其周边重要相关地块进行城市设计。

1．项目概况

回龙窝历史地段现有总建筑面积1.58万。本地段始建于清朝初年，以一层传统民居为主，历经三百多年，传统街区形态基本保存完整。地段内保留了部分清代至民国年间的街巷和古民居，院落呈四合院式。周边地块主要有快哉亭公园、民俗博物馆、李可染故居、徐州文庙、钟鼓楼等旅游景点。基地周边商业、居住、办公、绿化等功能体系基本完善，彭城南路西侧以商业办公为主，北侧有市民广场等大型商业设施营造出浓郁的商业氛围，解放路西侧为行政办公区域，基地中心区以清朝低矮瓦房建筑为主，古民居历史气息浓郁，规划对该区域进行整体保护和修缮开发。

2．规划理念

规划秉承"回龙再现，旧物新颜"的整体构思理念。山水城市是徐州市最主要的城市特色之一，也是新一轮城市总体规划提出的城市总体格局重要特征之一。旧有奎河水系是徐州山水城市景观体系重要的组成部分，对奎河水系的恢复是重点考虑内容之一。由于奎河在规划区内掉头向南，古人以水为城市之龙，至此掉头，是为"回龙"，这是回龙窝得名原因的传说之一。规划设计恢复奎河在规划区域内的古河道，形成沿建国东路的河道景观。在其两侧建设奎河公园，经彭城南路一直延伸到民主南路，从而极大地提升了整个老城东南区域的品质。同时，规划拆除快哉亭公园南侧花鸟市场及其东侧的开明市场，将快哉亭公园与奎河公园连为一体，进而在建国东路增加入口，与城市形成紧密联系。历史地段部分通过保护整治和重建，恢复传统街巷景观。同时，调整内部功能，使其成为城市重要的高档特色餐饮区、文娱休闲区和重要景点（图13-3、图13-4）。

3．规划设计

（1）回龙窝传统民居建筑形式与尺度

徐州传统民居以三合院、四合院为主。具有一重与两重进深，一路或两路院落并行的形式。回龙窝传统民居既有北方四合院的规整划一，又有南方民居的曲折秀美。建筑形式多以清水灰砖墙体为主要结构，屋顶多为硬山清水脊，并有"里生外熟"等独特的建筑方式。所谓"里生外熟"是指

图13-3 回龙窝历史地段平面图

图13-4 回龙窝历史地段鸟瞰图

垒砌的墙体分为两层,外层为砖砌的清水墙,内层为土坯,这种建造方式既降低了造价,也能起到很好的保温作用,使房间内冬暖夏凉(图13-5)。

（2）传统街巷形式与尺度

街巷是传统民居院落特点最主要的载体之一。不规则的窄巷是回龙窝历史地段街巷非常鲜明的特点。建筑因形就势,并不十分规整,从而形成了丰富多变的街巷景观。规划充分保留并发扬了地段的这一特征,在保留原有永宁巷、公明东巷等主要街巷的基础上,新增加的建筑之间也保持了基地原有的错落肌理,进而形成了更丰富的街巷景观。

（3）传统院落与现代功能

如何解决传统民居形式与现代城市功能之间存在的矛盾是设计的主要出发点之一。传统民居院落往往尺度较小,其建筑进深往往在4~7m之间,而一些餐饮、商业等现代功能则需要较大的进深,规划采取了一些技术手段来解决这个问题。设计在传统院落的天井部分加上玻璃天窗,形式和感受上依然有院落变化的感觉,空间上则将前后两进院落和中间庭院连为一体,形成10~20m较大尺度的进深,很好地满足了现代功能需求(图13-6)。

图13-5 回龙窝历史地段鸟瞰图

图13-6 回龙窝街巷效果图

13.1.3 文庙历史地段

1. 项目概况

文庙是徐州市文物保护单位,地处徐州市中心商圈之内,位于河清路北侧,彭城路、簧学巷东侧,徐州第二中学校园内。是老徐州历史文化片区内北段的重要节点,总用地为2.8hm²。地块西侧是彭城壹号、金鹰和金地,南侧是城市综合体苏宁广场,东侧是电业局,北侧通过簧学巷与牌楼市场相连。

虽然文庙历史地段内的绝大部分建筑经历了三百多年的战火及世事沧桑后荡然无存,成为历史遗憾,但所幸文庙主体建筑大成殿、大成门保留了下来,为徐州现存规格最高、建筑面积最大的古代建筑(图13-7)。

1989年,保留建筑被重新修复,恢复殿前月台,复原了明代建筑风格的大成门。大成门为歇山式屋顶,高8m,面阔3间10m,进深6m,高达

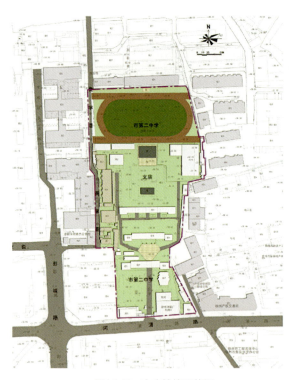

图13-7 文庙地块现状图

7米的门柱矗立挺拔。在大成门内,还镶嵌着张伯英书写的《迁建文庙碑记》和《重修文庙碑记》。大成门的修建改变了民国年间传统作法不合理的梁架结构,采用了门柱式月梁结构,月梁上的"拔亥",依旧明式作法,处理得精致细腻,兼有"南秀北雄"的建筑特点,堪称徐州建筑史上的典范。

大成殿高11m,面阔5间21m,进深14m,歇山式屋顶,绿瓦剪边,檐下斗拱密布。大成殿内的8根金柱和莲花浮雕柱础,为明代原物,具有较高的建筑艺术价值。殿前大型露台高1.2m,面积近200m²,是祀孔大典的场所。修缮后的大成殿屋面辉煌,金砖墁地,非常壮观(图13-8)。

2. 规划定位

结合徐州市历史保护、商业、旅游等方面的分析,规划对文庙历史地段的规划定位为:展现徐州悠久文化内容的历史地标,体现浓郁清末民初传统建筑风貌,又拥有繁华商业的集特色商品、高品位休闲娱乐、旅游观光于一体的历史街区。

3. 规划方案

(1)保留大成殿、大成门及二中综合楼,建筑面积6700m²(综合楼建筑面积),拆除地块内其余建筑,建筑面积共计15208m²,其中二中学校建筑面积9141m²,地块西侧住宅楼建筑面积5895m²,公厕、水泵房等建筑面积172m²。

(2)大成殿和大成门保持建筑的历史风貌,还原老建筑群的本色,建筑物的墙体、结构、材质色调基本不变,提升建筑的文化品位,展示古典美。

(3)充分发挥该建筑群的使用功能,拓展使用空间,最大限度地产生社会效益和经济效益,对内部空间,要在保持原有建筑结构的基础上进行新的改造,满足使用功能,符合时代的要求和生活需要。

(4)建筑单体在尊重历史的基础上适当体现现代元素,在窗户、梁等结构上以咖啡色等现代颜

大成殿南立面　　　　　　　大成殿内部

大成门南立面　　　　　　　大成殿内部

图13-8　文庙地块现状照片

色予以装饰。

（5）统筹考虑现代建筑与传统建筑之间的过渡，在文庙建筑与周边现代建筑交界处种植大树，以绿化来作为传统现代之间的交汇。

（6）在地块南入口广场重建鼓楼。

（7）文庙西侧新建建筑风格与文庙风格统一，均采用歇山屋顶。

4．规划布局

依据地块定位，规划形成三个区块，分别是中部复原后的文庙区，西侧的步行商业区和东侧的办公区。文庙区以复原文庙历史格

图13-9　文庙历史地段鸟瞰图

局为主题，同时，在南部广场重建鼓楼，从南至北依次为照壁、鼓楼、棂星门、泮池、大成门、大成殿、明伦堂、藏经阁，两侧设置配房。步行商业区与文庙相连，对该区域建筑物要求保持建筑群的历史风貌，建筑风格与文庙建筑相协调，建筑物的墙体、结构、材质色调基本不变，提升建筑群的文化品位，展示老建筑的古典美。建议设置高品位休闲餐饮、娱乐、旅游观光于一体的体验式街区。办公区保留地块内的十层综合楼，作为写字楼使用（图13-9）。

13.1.4　天主教耶稣圣心堂历史地段

1．项目概况

徐州市青年路天主教耶稣圣心堂，位于青年路216号，为天主教徐州教区总堂，系教区主教

府和市天主教爱国会所在地。该堂建于1910年，为德国天主教堂风格建筑，占地3500m²，教堂建筑面积1200m²，可容纳信徒600多人，另有办公楼一幢（修建于1936年）。修女院于1936年设计建造，为二层砖木结构，建筑面积为352.67m²。1996年耶稣圣心堂被江苏省人民政府列为省级文物保护单位（图13-10）。

图13-10　天主教耶稣圣心堂透视图

教堂主体建筑由钟楼、音乐楼、礼拜堂、更衣室等部分组成，礼拜堂内有青石柱50根，柱头雕25种不同的花草纹饰，十分精美，整个教堂巍峨壮观，建筑有很高的艺术价值。教堂附属建筑主要为神职人员提供办公、休憩、娱乐活动等。部分教堂附属建筑为私人所用，主要用做住宅、旅馆。沿民生巷及教堂内部的庭院中有大量的生活性建筑和沿街小店面，青年路北侧有两处沿街商业，内有临时搭建公厕一处。

修女院由北面主楼和西侧副楼组成，为加拿大人沙修士设计建造。上有阁楼，下有地下室，南侧为已经废弃使用的一层平房，公厕目前还在使用（图13-11）。

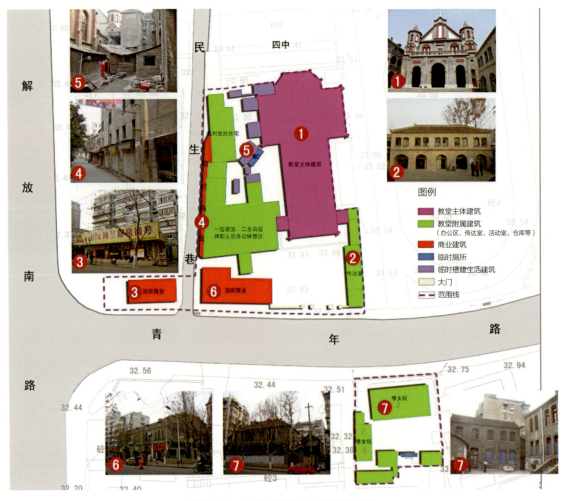

图13-11　天主教耶稣圣心堂现状分析图

2. 整治重点

针对教堂和修女院的不同情况，整治重点也有所区别。教堂地块主要梳理内部无序杂乱的空间，整治沿街立面，把教堂打造成一个公共开敞空间；修女院出于严格的私密性要求，地块内部空间维持现状加以绿化，主要整治沿青年路的立面。

3. 规划布局

青年路以北地块保留教堂和西侧办公楼及北侧附属楼，其余建筑全部拆除，教堂南侧形成大型公共开敞空间，北侧形成较为私密的内部庭院，在保护教堂的同时，也让教堂更好地融入城市空间。青年路以南地块保留内部建筑，增加庭院内部绿化种植，维修院内破损的房屋。着重对教堂地块从布局、交通、绿化、立面等方面进行分析研究，修女院保持原有布局，整修建筑立面。

耶稣圣心堂功能上主要分为教堂主体、教堂附属楼、神职人员办公室、白鸽广场、教堂的内部庭院和街头绿地等六部分（图13-12）。

4. 立面设计

（1）拆除西楼正前方突出建筑物（现状为变电室），并加建门厅，门厅风格与原建筑统一。

（2）拆除西楼后方部分附属用房，还原建筑本来风貌。

（3）室外空调挂机全部去掉，修复安装空调对墙体产生的破坏。

（4）建筑要修旧如旧，并反映历史沧桑感（图13-13）。

图13-12　天主教耶稣圣心堂总平面图

图13-13　教堂南立面效果图

13.2　特色街区规划

13.2.1　徐州创意68街区

1. 项目概况

项目位于徐州彭城广场城市主商业圈中的民主北路街区，南临淮海路商业轴、东依黄河故道景观经济带、西靠商业中心——彭城一号、金地、金鹰、中央百大、王府井百货等，区位优势明显（图13-14）。地块包含徐州针织总厂、徐州市医药股份有限公司医疗器械仓库、徐州市财贸医院、解放军83226部队招待所二分所等四地块，合计总用地为3.8hm^2（57.5亩）。其中，徐州针织总厂地块约1.1hm^2，现状建筑面积约1.5万m^2（图13-15）。

图13-14　创意68街区区位图

图13-15　创意68街区现状图

图13-16　创意68街区建成后照片

2．项目定位

创意68街区以民主北路68号原针织总厂区为基础，建设徐州市首家创意文化产业园。是徐州市首个创意创业中心，以培育徐州市创意文化产业企业为主体，支持青年创业、培养创意人才，综合办公商务、展示、休闲、娱乐、培训等功能的创业型产业孵化园。

3．规划布局

规划形成"一街四坊"结构。

风情商业街（镇河一街）：贯穿园区各功能区的主要通道，全长约200m，引入休闲酒吧、餐饮、艺术创意等商业业态，体现"风情、精品、休闲"主题。

创意文化产业办公区（针织总厂地块）：园区重要的交流展示中心及主要办公区，是园区形象的重要展示窗口。

商务商业服务区（医药仓库地块）：园区主要办公区之一，引入DOHO办公模式，营造开放自由的创业环境。

培训健康休闲区（财贸医院）：服务于园区内企业的配套设施。充分考虑入驻人群的特点和喜好，引入职业培训、养生、健身等业态，提倡一种积极的、健康的生活和工作态度。

花园式总部办公（部队二招）：园区内较为高端的办公区，主要面向有一定发展基础、发展势头良好、对企业形象提出更高要求的企业。沿用低强度的开发方式，打造花园式办公场所（图13-16）。

13.2.2　中华老字号街区

1．项目概况

项目位于徐州市副中心商圈，紧邻全国百强小商品交易批发市场（宣武市场），人气足、商业氛围浓厚、区位优势显著。东临宣武路，西到民主路，南与居住小区搭界，北至青年路。项目占地2.14hm²，现有建筑面积约2.9万m²。围绕"夯实市政基础、强化市容管理、完善功能配

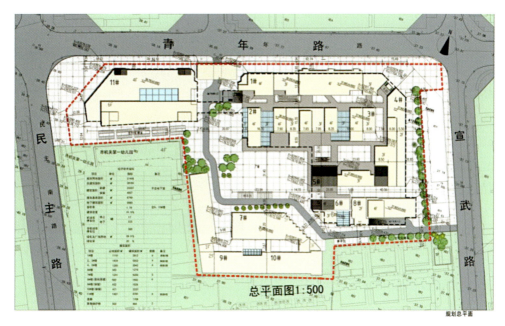

图13-17 中华老字号街区总平面图

套、改善民生民计"的建设宗旨，该项目建设将有利于提升徐州商贸中心城市的商业业态，挖掘利用古彭城特色文化旅游资源，增强徐州区域性中心城市的综合辐射力。

（1）基地现状

基地内现以徐州老市委办公用房为主，包括徐州老档案馆、徐州市机关幼儿园等其他用房。基地东侧为南北走向的宣武路，路东为宣武市场；基地北侧为东西走向的青年路，车流量较大；基地西侧为南北走向的民主南路，公交车辆比较多。

（2）建筑现状

基地内的主要建筑包括1号楼、莫斯科楼、档案楼、3号楼、5号楼、6号楼、7号楼、8号楼、9号楼和10号楼。档案楼为主体框架结构，内部格局不能适应现代用房的需求；其余建筑均为混合结构，多为危房；仅8号楼、9号楼和10号楼建筑质量尚好（图13-17）。

2．规划理念

规划秉承"延续城市文脉"的历史主义理念，"可持续发展"的生态价值理念，以及"以人为本"的人文主义理念，以中华老字号精品街区为规划核心，打造与周边商业街区错位互补的都市旅游、商务休闲集聚区。通过集中布局老字号特色商业区，弘扬老字号文化，增加老字号影响，发展老字号产业；通过老字号企业集中入驻，促进徐州富有地方特色和传统文化的产品集群化发展。

规划重点考虑人的感受，在街区尺度、空间肌理、环境营造与无障碍设计中，都充分考虑了不同人群对于项目的可能利用情况。景观设计中设置较多休憩场所，可观可用，不仅营造了公共空间的舒适性，还充分体现了"以人为本"的人文主义设计理念。

3．规划布局

"一轴"：以老字号聚集区为带动，突出老字号餐饮休闲啤酒吧为重点，将老字号街区延伸为特色啤酒街区。

"一片"：以酒店文化产业为主题，形成一条酒店文化产业的完整链条，辐射淮海经济区，带动酒店产业的整体发展。

4．功能分区及特色

由传统民国风格商业街区、多厅影院综合体、创意酒店、8号楼城市记忆会所四部分组成。

（1）传统民国风格商业街区

沿宣武路和青年路展开，平面呈L形。商业业态主要包括徐州老字号、特色餐饮等。建筑层数以3层为主，沿街立面主要以青砖砌筑，采用了拱券等符号，凸显民国风情。内街宽度为8~12m，街道断面宽高比约为1：（1~1.3），空间尺度宜人，符合徐州民国时期街区的空间感受，延续了城市肌理。

图13-18　中华老字号街区鸟瞰图

（2）多厅影院综合体

临民主南路和青年路，商业业态为老字号等；娱乐则包括6厅影院、健身用房等。层数以5层为主，沿青年路为3层，与民国风格街区形成连续、统一的建筑界面。

（3）创意酒店

位于地块南侧，提供客房、康乐、餐饮、会所等功能。主楼5层，裙房4层。建筑造型和立面处理借鉴了传统元素，具有浓郁的民国风格，裙房采用了半圆拱符号，与整个街区协调，东侧考虑与原市委8号楼的合理衔接，充分尊重原有的历史环境与城市文脉；主体5层的酒店与3层为主的会所形体跌落有致，丰富了街区的天际线，同时保证了传统的街区风貌。

（4）8号楼城市记忆会所（商务办公型）（图13-18、图13-19）

图13-19　中华老字号街区沿街效果

13.2.3　云龙湖周边地区

1．地块控制研究

徐州旅游资源丰富，两汉文化、红色文化和彭祖文化各具特色，自然山水、民俗风情独具韵味，具有较高的历史价值和文化品位。

徐州云龙湖景区东依云龙山，西连韩山，山清水秀、风景秀丽，是集科普、观光、游览、休闲、生态等综合功能为一体的城市型风景名胜区，于2016年8月被授予国家5A级旅游景区。但由于缺乏鲜明的文化脉络，缺乏适度的宣传与合理的景区规划以及标志性的景点，以致使得云龙湖景区在本地人的心中知名度很高，在外地游客心中知名度不高。

根据徐州市"2+6+N"重要功能片区规划，云龙湖周边形成六大旅游功能区：湖东文化古迹游览区、滨湖城市休闲游憩区、西山综合游览度假区、珠山游览区、小南湖生态游览观光区和水上游览观光区。未来将在珠山东地块、韩山地块、肖庄地块、珠山西地块、动漫基地和云龙山东坡宗教区布局功能性项目。云龙湖与周围既各具特色、又相对独立的各城市功能空间，相互协调呼应，带动周边商业与旅游业的发展。

规划研究对象为云龙湖周边重点建设地块。具体研究范围：东至云龙山、金山南路，西至韩山、小长山、凤凰山，南至三环南路，北至淮海西路、和平路西延，总用地面积约13.58km²。云龙湖周围山体众多，湖东侧有云龙山、泰山，南侧有珠山、尖山及泉山，西侧有韩山和王大山，整体形成了"三面临山一面湖"的自然地理格局。由各主要山体所确立的地势走向，呈现东北——西南趋势。以该趋势为母本形成的云龙湖水面与山体和城市的脉络关系，构成针对城市山水空间研究的主要架构基础（图13-20）。

研究范围内可梳理开发地块共4宗，即珠山东地块、肖庄地块、韩山地块、纺织厂地块（图13-21）。

为了保持在视觉上延续云龙湖真山真水、山清水秀、湖光山色、山水争辉的优势，重点通过如下几种途径：

（1）利用滨水丘陵的有利地形地势设置观景点。结合在云龙山、韩山、珠山与云龙湖中央小南湖的相互连线空间及重要开放空间开辟视觉景观通道，让云龙湖提供多角度、丰富的城市景观。

（2）滨水街区建筑高度分区控制，城市滨水街区的建筑布局和形体设计要有意识地预留视觉廊道通向水域空间，靠近水域的建筑不能阻挡街区内部的建筑朝向水域的视线。

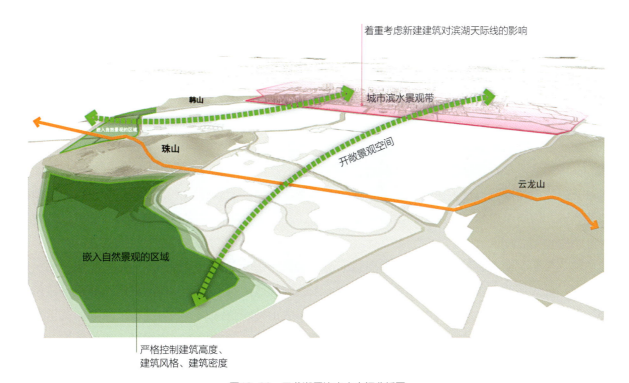

图13-20　云龙湖周边山水空间分析图

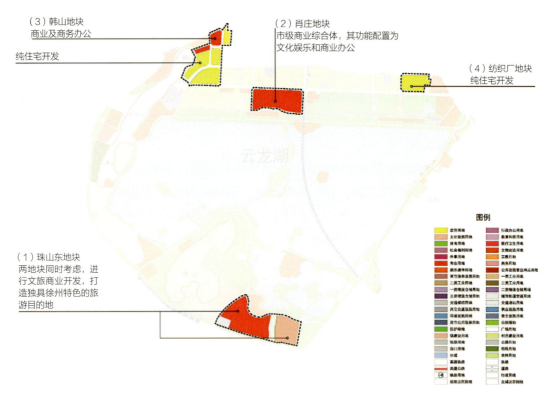

图13-21　云龙湖周围可开发地块用地定位策划

（3）紧临水域的滨水区建筑底层架空或局部透空，形成半公共空间，吸引人的活动，同时也使滨水景观成为视觉焦点。并且严格控制建筑与水体边缘的距离，水边设连续的游步道和绿化带，改变建筑阻挡水体、行人在街道上看不见水和无法接近水的状况。

由山体和水面所塑造的山水城市空间，因地势开口、城市发展格局的不同而具有不同的侧重方向：云龙湖北侧是以城市景观为主的滨水区域，着重打造错落有致的城市建筑群体；云龙湖南侧相对完整连续的自然景观带，对该区域内的建筑高度、形态以及策划定位提出更高要求。依据山体走向、水面关系而形成的天然景观廊道，将城市滨水景观区域及嵌入自然的景观区域联系起来。通过对景观廊道、城市空间形态等整合研究，确立出湖滨不同区域的景观界面定位。

在嵌入自然的景观区域严格控制建筑高度、建筑风格、建筑密度，不改变山体边界线的景观界面。在城市滨水景观区域着重考虑建筑对滨湖天际线的影响，形成节奏变化有致的城市景观界面。通过天际线重要控制点位置研究，以不同视角和纬度，确定湖面观看城市的控制点位置。通过湖面景观节点、城市重要节点、湖面外围重要交通节点、湖面周边制高点观看研究范围，严格控制建筑高度（图13-22）。

珠山东地块依据现有地形条件保留现状河道，将其分别向东、西两侧用地内延伸，拓展滨水景观界面，延伸后的水体形成丰富的景观体系。水系的东、西两端分别设置生态岛，凸显景区绿色主题，形成有机的生态水系架构图。结合滨水界面，形成步行洄游体系。一方面最大限度保留自然领地，让自然成为城市开发的一部分，同时通过自然与人工的交融与和谐，丰富城市空间结构。在与东侧珠山艺术街坊相邻的区域形成与之呼应的步行街，在主干步行体系的基础上增加支路及捷径接入，使整体区域建筑肌理进一步丰富。经过天际线重要控制点位置研究，珠山东地块建筑高度为沿

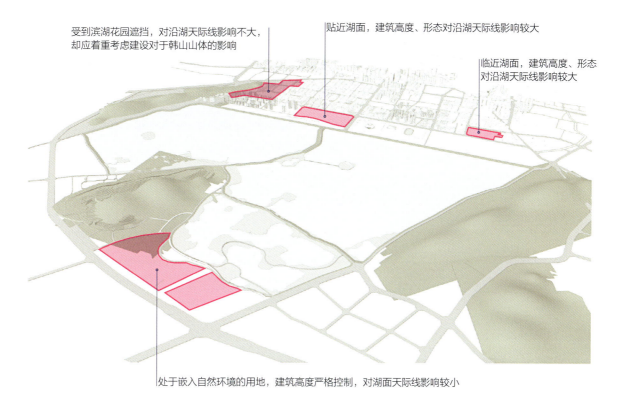

图13-22 云龙湖周围可开发地块视线研究

路部分≤15m，沿湖部分≤12m，保证沿湖景观的完整性（图13-23）。

肖庄地块南侧紧邻云龙湖，北侧为城市景观，作为大型文化商业综合体，其计容建筑规模以20万m^2为宜。经过对用地现状和周边环境分析，划分不同功能分区，形成两个建筑组团，组织开敞式的城市空间，形成互相联系的庭院体系。通过架空在底层形成通过时开放空间，布置公共广场和绿化空间，为大量人流提供休闲购物娱乐场所，保持地块的活力。滨水开放空间位于地块南侧沿湖区域，主要功能为休闲和城市公共设施，结合沿河景观控制建筑高度，保持视线畅通，形成丰富的滨水景观界面。沿城市道路开放空间位于北侧、东侧和西侧，结合景观绿化和建筑小品为人们的活动提供适宜的空间尺度。

经过天际线重要控制点位置研究，肖庄地块建筑高度为沿路部分≤80m，沿湖部分≤40m，以保证沿湖景观的完整性（图13-24、图13-25）。

图13-23 珠山东地块鸟瞰图

图13-24 肖庄地块平面图

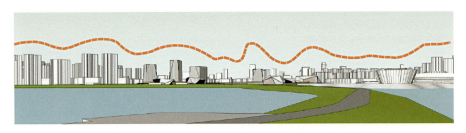

图13-25　肖庄地块城市天际线图

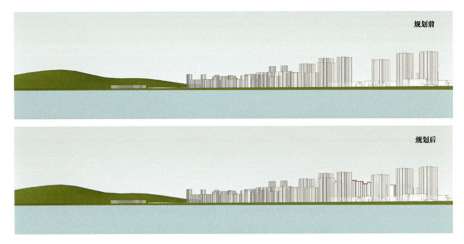

图13-26　韩山地块规划前后城市天际线对比图

韩山地块北侧区域应结合轨道交通站点规划布局办公、商业和公寓功能，并在地块入口部分形成标志性建筑物，旨在增强城市空间节点的吸引力，加强开放空间的序列感和节奏感。其他地块功能为住宅，由于地块西侧紧邻韩山，南侧遥望云龙湖，具有良好的景观环境，应以景观环境优先为原则，充分体现对人的关怀，坚持以人为本，大处着眼，整体设计。规划辅以景观设计，最大限度地体现居住区本身的底蕴，使居民乐居其中。

经过天际线重要控制点位置研究，韩山地块建筑高度北侧和东侧部分≤100m，西侧韩山部分≤24m，南侧沿湖部分≤60m，形成有韵律的城市天际线（图13-26）。

纺织厂地块南侧临近云龙湖，具有良好自然景观，整体建筑布局为点式建筑，通过缩窄楼体面宽，使得湖面控制点享有更多的穿透视线，力求新建住宅区对城市景观与湖体景观的遮挡最小，采用"缝隙逻辑"实现的景观渗透作用，明显大于降低楼体高度等措施，可采用面宽较窄的塔楼，通过有机的错位排布，实现城市景观的贯通与渗透。

经过天际线重要控制点位置研究，纺织厂地块建筑高度北侧沿路部分≤80m，南侧沿湖部分≤60m，形成通透的城市景观（图13-27、图13-28）。

2. 珠山艺术街坊

（1）街坊规划

1）项目背景

珠山景区位于徐州市云龙湖南部珠山脚下，环绕整个珠山山脉，特色鲜明，基础设施完备，是集休闲、生态、自然为一体的开放式主题性景区。珠山艺术街坊位于珠山山脉东南侧，珠山景区

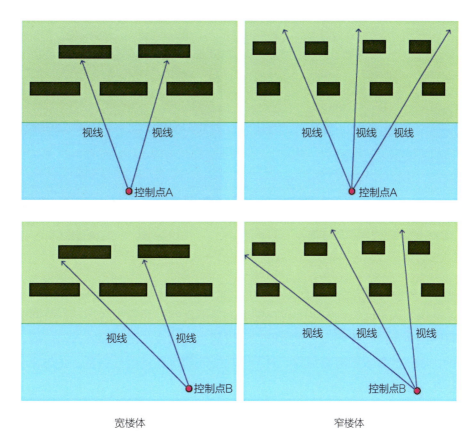

图13-27　纺织厂地块滨水楼体宽度与景观遮挡分析

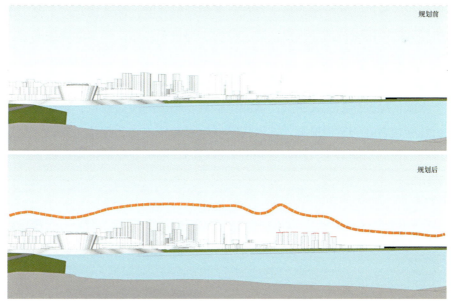

图13-28　纺织厂地块规划前后城市天际线对比图

南端，地块联系徐州市三环路与云龙湖水体景观。艺术街坊旨在为珠山景区营造良好的文化、艺术氛围，与环山艺术馆群紧密结合，为城市提供艺术、文化展示、交流及交易的场所，为城市提供亲切、宜人的步行空间，并充分带动徐州市创意文化产业的发展（图13-29）。

图13-29 珠山艺术街坊平面图

图13-30 珠山艺术街坊鸟瞰图

2）规划理念

规划设计从场地关系出发，先以顺应东侧道路弧形走向的建筑组合形式，将商业界面面向周边环境展开，再沿山体走向布置环山艺术馆群。通过兼有开放性与围合度的入口广场，将人流引入旅游文化商业街，以收放有致的街道空间，对不同功能的建筑体量进行联系，并与环山艺术馆群产生功能的互相补充与呼应（图13-30）。

3）空间布置

以南侧相对围合的建筑组团，形成具有开放度的入口广场，通过绿化栽植与铺地景观营造，将入口广场与周边建筑有机结合。由南侧入口广场直接导向的艺术街坊步行街空间，以建筑的错落组合，形成立体化、有机式的行走动线，并充分考虑建筑高度，保证建筑对于珠山山体的遮挡最小化。在步行街序列的中段设计两处开口，使之成为山势景观与城市环境的渗透通廊，令建筑与场地有机结合。环山艺术馆区结合山势，充分面向云龙湖展开景观面，与文化商业街有机互动。

4）创新内容

通过对于中国传统聚落的深入研究，提取出错落、丰富的屋面意象，以层叠、交错的几何形体塑造出艺术街坊起伏有致的屋顶形态，成为建筑群体富有标志性的整体形象，并使建筑形态充分贴合艺术品展示与销售的功能需求，提供变化的层高空间。曲折变化的坡屋顶体系，与山体环境呼应共生（图13-31）。

图13-31 珠山艺术街坊北侧入口广场透视图

图13-32　珠山艺术街坊建筑功能分布图

步行街采用多处底层架空，建立行走流线的多样性，为步行洄游提供多重选择与可能性的同时，将商业界面延展化、生动化（图13-32）。

（2）李可染艺术中心

李可染艺术中心位于珠山艺术馆区，总建筑面积5114㎡，建筑高度12.0m，容积率0.62。项目场地依山傍水，设计构思以建筑衔接"真山真水"为出发点，强调李可染山水画代表的最高艺术成就。

方案意在表达传统意境，将建筑赋予"山水"内涵。将李家山水画传统意境转换为建筑中的意象运用于建筑语言中，创造出在一个自然山水之间和谐过渡的空间，以山之势塑造建筑气场。山水相望，将小南湖最美的自然景观融入景观视线，建筑与山水构成"巨幅山水画"。通过屋顶在立面上的延伸，山墙强调纵深感，与环山艺术馆群共同构成入画的建筑群（图13-33）。

（3）张立辰艺术馆

张立辰艺术馆选址于珠山艺术馆区，西邻珠山风景区，北望小南湖，文化氛围浓厚，景观优势明显。项目建占地面积约为4500m²，总建筑面积约为4200m²，分为上下两层，建筑高度12.0m。是集展示、交流、教育、宣传为一体的综合文化交流中心。项目既展示国画大师张立辰先生的作品，又能为艺术家书画创作、展示等活动提供场所。

建筑主体屋面的设计采用传统民居四周

图13-33　李可染艺术中心鸟瞰图

图13-34　张立辰艺术馆沿路效果图

高中间低的"四水归堂"样式,方案设计侧重于表达张立辰先生的传统"大写意"技法,将现代建筑体量赋以传统笔墨和造型意象之中的艺术文化内涵,室外严整大气,室内流畅简约,力求打造现代、经典、舒适的文化建筑品格(图13-34)。

(4)尉天池书法馆

尉天池书法馆位于珠山艺术馆区,项目用地3700m²。基地西靠珠山,北望小南湖,东临旅游文化商业街,景观优越,交通便捷。

建筑体形方正严整、庄重沉稳,迎合尉天池先生对本馆"霸气"之要求。二层方形体量用一层巨大绿台托起,最大限度还原山体绿化的同时,巧妙消解建筑对自然环境的介入感,加大建筑与两侧艺术馆的视觉间距。

屋顶采用两个双坡屋面相接,与馆区第五立面相协调。展厅均有天窗或高侧窗等自然采光,一层设一个狭长院落和四个小天井引入自然环境,让观众在欣赏书法的同时也能体会中式园林的精髓(图13-35)。

3. 南湖水街

(1)项目概况

徐州南湖水街位于徐州市云龙湖风景区核心区。地块北临风光秀丽的云龙湖,东侧远望云龙山,南侧是小南湖景区,三面环湖,景色十分优美。总规划用地面积7.95hm²,用地性质为景区配套

图13-35　尉天池书法馆效果图

低密度旅游服务设施。

（2）规划理念

规划设计从融合项目周边的自然和人文环境出发，营造亲水环境，组合院落空间，融入自然景观，体现传统韵味。

规划建设一处园林度假酒店及系列商业服务设施，为云龙湖景区的核心旅游服务区及市民文化休闲场所。用活水资源是规划设计的首要出发点。通过将外围的湖水引入，在用地内形成四个富有特色的"内湾"，建筑面向内湾展开，而退后外部临湖边界，既保证了建筑的亲水性，又避免大量建筑对整个景区外部环境的压迫感。蜿蜒的水湾成为联系内部建筑群体的纽带，亲水建筑群体规划设计借鉴中国传统园林建筑空间的组织形式，通过借景、对景、停顿、转折等空间处理手法，在空间意境上呼应周围的传统建筑风格。酒店设计以景观为主线联系建筑各部分，在酒店内部形成两个以水为主题的院落，围绕北侧主入口的"水院"空间为会议接待部分，南侧的"水院"空间为客房休闲部分，充分演绎项目水的设计主题（图13-36）。

（3）规划特色

1）韵

规划设计结合地域文化，借鉴传统园林手法，创造移步换景、层层透叠的内外空间环境。采取抽象的手法，提炼地方建筑的空间语汇，融入建筑空间的整体至细节。利用当地特产的地方青石、青瓦等建筑材料，在建筑意境中体现出地域文化韵味。

2）绿

规划设计注重生态环保，引入水源热泵等清洁能源，建立可持续的建筑能源利用系统，降低建筑环境负荷。利用地势条件，院落延伸到地下一层，使地下空间得到有效利用，节能节地。高低错落的

图13-36　南湖水街平面图

图13-37 南湖水街东侧全景

建筑、内外相通的水系以及层次丰富的绿化，促进通风及水循环，形成良好的微气候环境。

3）精

南湖水街以营造高品质的建筑和环境为目标，处处精雕细刻，水景、绿景、建筑相映成趣，形成富有文化内涵的环境和建筑，提升云龙湖周边乃至整个城市的环境品质，为市民生活添色彩。

4）融

规划设计探索实现建筑、环境、人的和谐共生的设计方法，对建筑群体进行传统文化及

图13-38 南湖水街内湾实景

审美价值基础上的有机组合，追求整个项目的完整性、逻辑性和统一性，使整个区域的规划设计以一种理性含蓄的肌理缝合到整个城市的发展中，让人的活动充分融入自然环境，提升城市的魅力（图13-37、图13-38）。

13.2.4 龟山文博小镇

1．项目概况

徐州龟山小镇位于徐州市鼓楼区龟山汉文化景区东侧，东临平山路。总规划用地约24hm^2，总建筑面积约27.74万m^2，容积率0.7。

2．规划布局

项目片区内规划六大板块，即道路、绿化作为"基础"设施；公寓、数家村落作为"造血"机能；文化产业孵化器作为产业"驱动"；民间博物馆作为文化"骨架"；景区博物馆作为资源"核心"；酒店商业作为区域"纽带"。龟山小镇依托龟山4A级景区资源，面向徐州都市圈，自身定位为"城市博览聚集区、文化产业创新区、城市旅游核心区、现代人文示范区"。

地块西侧龟山汉墓景区在保留原文化功能基础上，梳理游览线路，完善旅游资源。用地东南侧布局博物馆聚集区，以区级博物馆带动周边民间博物馆组群。东北侧规划创意产业园区，为区域提供产业支撑。

徐州龟山小镇创建活力产业、创造文化品牌、搭建交流平台，旨在打造徐州文化名片、承载市民情感记忆、创建文化商业活力，最终构建集旅游休闲、博物商务、文化产业于一体的"城市活力会客厅"（图13-39~图13-41）。

图13-39　龟山文博小镇鸟瞰图

图13-40　龟山文博小镇总平面图

图13-41　民间博物馆群沿中央景观带人视图

13.2.5　潘安古镇

1．项目概况

潘安古镇位于贾汪区潘安湖湿地公园中心区，是景区内一个重要景点，基地北靠园区主干道，南望潘安湖，总用地面积约10.4万m²，总建筑面积3.1万m²。西南向醉花岛、南向主岛上的公共服务设施已建成，潘安古镇作为湿地公园中心区，由潘安湖和各个岛屿形成景观中心，将各景观资源有效连接，并最大化景观价值，成为湿地公园中绝佳的休闲度假场所（图13-42）。

2．规划理念

（1）打造具有徐州民居特色的传统古村建筑韵味

潘安古镇建筑以再现传统徐州建筑风格为目标，塑造地道的徐州传统街区形式。借鉴了南方滨水建筑的空间关系，与自然紧密结合，力求营造一种近乎自然生长的肌理，形成建筑错落有致，街道蜿蜒曲折，空间有开有合的聚落。建筑单体的材质选用以就地取材为原则，主要采用旧青砖、旧青石等老材料，结构采用徐州本地的木构抬梁形式，青砖灰瓦，建筑立面通过木作的广泛使用而通透灵动，整体风格朴素秀气，塑造隐逸古村的印象。

图13-42　潘安古镇东南鸟瞰图

（2）营造逸静、雅致的田园生活氛围

潘安古镇旨在打造逸静、雅致的田园生活。规划设计借鉴了中国传统古村落的规划布局形式，营造舒适的田园尺度。建筑形象借鉴中国传统民居形式，结合现代建筑功能需求，打造功能合理的休闲度假聚落。建筑单体形态区别于北方传统官式建筑，多采用民居形式，使建筑与环境能够有机融合，营造出亲自然的休闲度假空间。

（3）构建舒适合理的休闲度假聚落尺度

潘安古镇规划借鉴中国传统城市格局的山水意象，旨在构建舒适的休闲度假公园。中国传统城市格局中的院落、水系、广场及庙堂等空间元素被重组于规划设计中。古镇布局将这些空间元素以类似的组合模式，结合现代步行商业街的构成理念，形成蕴含传统韵味的现代休闲度假聚落。

3．规划布局

潘安古镇主要包括3个部分：潘安古镇岛、吴氏宅岛

① 主入口
② 思晋桥
③ 戏音广场
④ 戏台
⑤ 临湖亭廊
⑥ 车行桥
⑦ 拱桥
⑧ 茅草亭
⑨ 码头亭廊
⑩ 水神庙
⑪ 停车场
⑫ 文化广场

图13-43　潘安古镇平面图

和停车场，建筑总占地面积2.3万m²，绿化及水系面积4.9万m²，总铺装硬化面积为3.2万m²。

古镇建筑风格为徐州明清古建筑形式，其中商业内街面积1.3万m²，为全木结构，分12个区，设有潘安祠堂、古戏台等；外围布置38栋四合院建筑，建筑面积1.8万m²；主体建筑为一二层错落搭配。古镇内布置有内湖，与潘安湖连通，清水砖墙、绿树红花与湖水交相辉映，彰显了古镇古色古香厚重的历史风貌（图13-43、图13-44）。

图13-44　潘安古镇中心区鸟瞰图

13.2.6　江苏师范大学创意产业园

1. 项目概况

江苏师范大学创意产业园于2010年开始启动建设，位于徐州市和平路57号。本着充分发挥科技资源、智力资源优势以及推进科技成果转化的目标，园区定位为战略新兴产业孵化区、文化创意产业集聚区、现代服务产业集聚区，为创业企业搭建更优化、便捷的孵化平台。

创意园区占地11.73万m²亩，建筑面积16万m²，其中新建14万m²，改造旧楼2万m²，以文化创业产业为主体，突出汉文化特色，打造具有特色的文化产业基地、新技术研发基地、科技型中小企业孵化基地、创新创业型人才培训基地（图13-45）。

图13-45　师大创意产业园鸟瞰图

图13-46　师大创意产业园透视图

2．规划布局

规划方案始终坚持将原有相对封闭的校园更新为"开放式、社会化、与城市相互交融与渗透的复合园区"的设计原则。创造便利的交通条件与自然舒适的广场空间作为城市空间与园区的穿插、过渡，提升园区的社会服务性。

沿和平路的城市广场，考虑到与整个现代都市城市发展相衔接，同时考虑其对公众的开放性和亲和性，故采用相对轻松现代简约与谦逊的手法，提取传统元素，以形成面向市民，面向城市的开放空间（图13-46）。

在建筑风格上，园区汲取古典主义与现代主义建筑的精髓，沿街主体建筑均采用与文化创意主功能区风格相协调的民国建筑风格，重在打造充满温情的人性化邻里关系模式，以及充满生机的工作环境。

创意园区远景将形成"一园一区两基地"格局，成为国家级大学科技园。作为国家级科技企业孵化的创意园区，将为江苏师范大学科技、文化成果转化与产业化提供重要平台，是国家文化创意产业基地和区域与地方科技创新体系的重要组成部分。

13.3　文旅设施规划

13.3.1　云龙书院、山西会馆和张山人故居

1．项目概况

云龙书院、山西会馆、张山人故居均位于徐州市云龙山风景区内，为进一步提升景区的自然和人文环境，真正将一座历史文化底蕴深厚、自然景观独特的云龙山呈现给人们，根据三处历史古迹的遗存情况，对云龙书院和张山人故居进行原址复建，对山西会馆则在保持建筑原貌的基础上进行局部修缮和环境综合整治。整个项目占地面积约11.35亩，建筑面积2815m²，其中云龙书院1807m²，张山人故居401m²，山西会馆607m²（图13-47）。

2. 云龙书院、张山人故居

依据《中国书院史》描述：我国古代书院承担着讲学、祭祀、藏书三大功能。据《徐州府志》记载：云龙书院位于云龙山西麓，始建于清康熙六十年（1721年），为清初宫式建筑。鼎盛时期有房屋百余间，内有讲堂、文昌阁、宜福堂、紫翠轩、三官庙、四贤祠、白鹿洞、可廊、望湖亭等建筑。其中，讲堂为讲学场所，文昌阁为藏书之处，宜福堂为教师起居之所，紫翠轩为教师办公所在，三官庙和四贤祠均为祭祀之所，白鹿洞、可廊等为其后花园（图13-48）。

现云龙书院旧址仅存摩崖石刻、白鹿洞等遗迹，经修缮恢复了可廊、望湖亭等建筑，并在旧址附近挖出东坡石床的碑刻（图13-49）。

通过整理史料和考察现状，根据初步确定的旧址范围及其建筑形制与规模进行原址复建。复建后的云龙书院采用清代官式建筑风格，增设展示厅和汉学讲堂，确保书院既是一个具有历史底蕴的旅游景点，又是一处弘扬传统文化的教学场所。紧临的张山人故居为徐州传统民居风格，设置部分景区配套功能（图13-50～图13-52）。

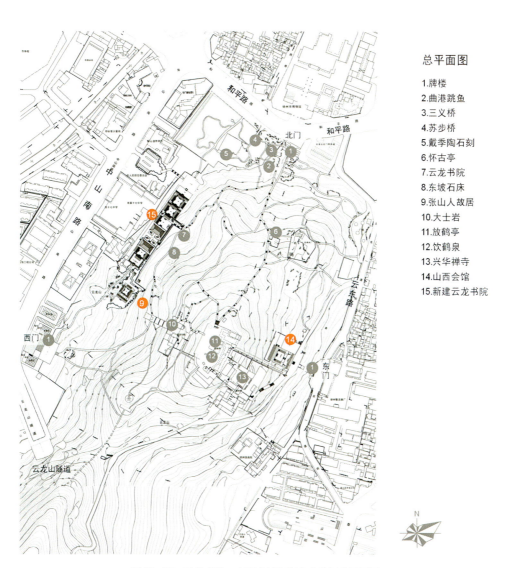

总平面图

1. 牌楼
2. 曲港跳鱼
3. 三义桥
4. 苏步桥
5. 戴季陶石刻
6. 怀古亭
7. 云龙书院
8. 东坡石床
9. 张山人故居
10. 大士岩
11. 放鹤亭
12. 饮鹤泉
13. 兴华禅寺
14. 山西会馆
15. 新建云龙书院

图13-47 云龙书院、山西会馆和张山人故居总平面图

图13-48　云龙书院史料记载样图

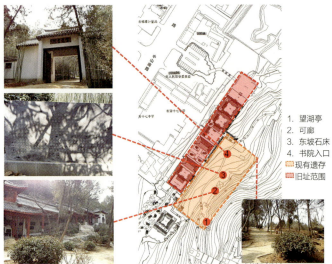
图13-49　云龙书院现有遗存

1. 望湖亭
2. 可廊
3. 东坡石床
4. 书院入口

现有遗存
旧址范围

图13-50　云龙书院、张山人故居总平面图

图13-51 云龙书院、张山人故居鸟瞰图

图13-52 云龙书院、张山人故居建成后实景图

图13-53 山西会馆鸟瞰图

图13-54 张山人故居建成后实景图

3. 山西会馆

山西会馆的修缮遵循了"修旧如旧"的原则，保持会馆建筑原貌，会馆内设置专门展厅，用以展示徐州晋商的历史文化。将与会馆建筑风貌不协调的办公区域拆除，尽量保持山体原貌，并建成遗址公园。不仅作为山西会馆很好的功能外延，而且有效地缓冲了与周边环境的过渡（图13-53、图13-54）。

13.3.2 新城区体育中心

1. 项目概况

新城区体育中心地位于新城区体育路以北、汉源大道以东，规划总用地面积709.2亩，规划总建筑面积235373m²。该项目是徐州市发展竞技体育、群众体育及体育产业的基础，是推动体育强市建设的重要项目，是徐州市承办2014年江苏省第十八届运动会的主会场，也是市体育运动学校的教学训练基地。主体建筑包括一个3.5万座的体育场，建筑面积55642m²；一个2000座的游泳跳水馆，建筑面积31048m²；一个球类馆建筑面积31143m²；一个1000座的综合训练馆建筑面积35040m²。项目满足省运会和较高水平国内、国际单项体育竞赛，以及群众健身、体育教学和训练、大型集会、展览和文艺演出等功能需要。

2. 规划理念

徐州，历史源远流长，文化深沉厚重，"五省通衢"的地理位置和南北兼具的自然风光孕育出驰名中外的"千年龙飞地、一代帝王乡"。方案以"山水相依、五省通衢"为规划理念，以象征交通枢纽、极具速度感的中央景观统率全局，将建筑布置在两侧，并利用西北水系形成湖面和建筑前景，在规划中体现徐州山水风光和交通枢纽意向，建设绿色体育中心。

规划布局的四个优势：（1）深层次地体现徐州的地域特色和文化内涵，暗含"山环水抱、藏风聚气"的风水理念。（2）结构清晰，主次分明，形象突出。（3）建筑与环境有机融合，绿色生态。（4）便于组织交通流线，方便快捷。

3. 规划布局

体育中心分为四个区：入口广场区，主入口设于南面，有宽阔的入口广场、标志塔、地下车库出入口，并以汉代艺术浮雕、广场铺装等富有历史文化内涵的小品点缀其间，作为内容丰富的前导空间。竞赛训练区：以体育场为核心，游泳跳水馆、球类馆和综合训练馆毗邻布置，整合规模、资源共享。体育公园，在西北角结合水系和城市绿带，以密林、草坪、湖面水景为主，配备了慢跑道、门球场、极限运动及田径训练场等丰富多彩的全民健身空间，创造富有活力的绿色休闲空间。宾馆接待区，位于用地东南角独立成区，设置星级宾馆及相应的配套用房，比赛期间可作为赛事控制中心。平时具备完整的接待功能，随时对外开放使用。生态景观区：立足于利用周边良好的绿地环境，除体育公园区的配置以外，沿用地四周均衡布置了绿树成林的景观带，并结合室外停车场、网球场等作生态铺装，使整个体育中心融入郁郁葱葱的生态环境环抱中（图13-55）。

形象入口区以大型广场、乔木树阵和集中绿地营造开敞大气的建筑前导空间，广场结合汉代画像石图案、徐州历史典故浮雕等强调其人文内涵。中央景观以流线型的树阵、草坪、水面为主，以

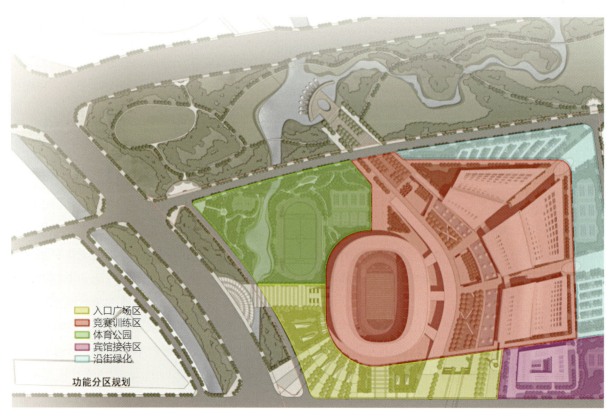

图13-55 新城区体育中心功能分区图

富有动势的构图蕴含徐州"五省通衢"的地理区位,绿化间斜向交叉道路兼顾了快速通行的需要与构图上的美观。体育公园以密林、草坪、亲水驳岸营造亲切宜人的自然山水园林,林间设计慢跑道、自行车道、极限运动场地、健身场等,成为市民晨练健身的开放式公园。

各区均根据功能需要和植物特性选择植物配置,做到四季常绿,三季有花。在入口形象区以徐州市树银杏组成树阵,辅助杨树、柳树等乔木,形成绿色前景。中央景观以杨树、杉树乔木,辅助枫树、玉兰等观赏性强的植物形成丰富的庭院。体育公园以乔灌木结合,水生陆生结合,形成丰富的绿化层次(图13-56~图13-58)。

13.3.3 音乐厅

1. 项目概况

徐州音乐厅建造在徐州市云龙湖北岸一片人工填湖形成的临湖半岛用地上。项目用地面积4hm²,建筑面积13322m²,含一座室内音乐厅及一个室外演出广场。音乐厅主体建筑高度28.9m,剧场内设986个座位。设计取意徐州市花—紫薇花的形态,八片形如花瓣的玻璃幕墙,形态婀娜轻盈,宛若在水中盛开的花朵,建筑整体犹如层层展开的花瓣,勾勒出花朵婀娜的形态,绽放在云龙湖平静的水面上(图13-59)。

图13-56 新城区体育中心鸟瞰图

图13-57 新城区体育中心总平面图

图13-58 新城区体育中心建成后实景图

徐州音乐厅除音乐厅功能，兼有剧场表演、演艺等综合功能，设计通过设置活动反声板等措施，实现了在一个演出厅内，满足不同演出功能带来的声学、视线、照明等综合问题，解决了多功能演出空间的设计难点。还借助Rhino等非线性辅助设计软件，成功完成了复杂曲面表皮设计工作。

2. 规划特色

（1）兼有室内室外演出空间，兼顾市民活动与专业演出的音乐厅

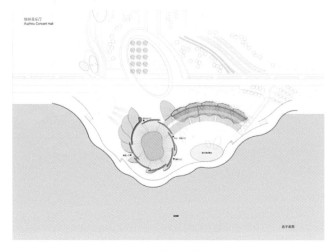

图13-59 音乐厅总平面图

鉴于这些年在一些城市建设大剧院工程的潮流中出现了盲目求大求全，耗费大量资金却很少有演出，造成大量闲置浪费的现状。徐州音乐厅的设计从项目策划开始，就摒弃贪大求全的思路，设计定位从现实条件和客观需求出发，策划一个规模适度、兼顾高雅艺术表演和普通群众活动的公众适用的公共文化建筑。将室内演出厅堂压缩到一个，仅设置一个多功能剧场，满足专业舞台艺术表演的需求。同时，在音乐厅东侧，以云龙湖优美的自然景观为背景，规划一个开放的室外表演平台，可以容纳5000观众，满足室外大型公共集会、演出的需求，还可以作为日常开放的公共观湖活动平台，为市民提供一处可以自由出入的城市公共活动空间。专业演出的艺术殿堂、普通市民的文化生活以及优美的湖光山色融为一体。

（2）兼具多种演出功能的多功能表演空间

音乐厅以音乐演出为主功能，兼具剧院、歌舞、演播室等多种功能。剧场内设986个有效座位，内部由演出厅和外部环厅组成，环厅地上四层、利用地势高差形成二层观众入口。各层环厅设有观景平台，可以使市民饱览秀丽的云龙山水。舞台入口临湖设置，低于观众主入口一层，实现自然的分流。音乐厅内同时设有衣帽间、服务寄存处、咖啡厅、艺术书店、纪念品商店等多项服务设施。

（3）可开启式舞台背景设计

考虑到音乐厅临湖而建，景色优美，设计了创新的可观景式后舞台。在演出的特殊场景或表演间隙，舞台的后幕打开，坐在观众厅内的观众可以直接看到外部优美的自然景观，城市的自然景观成为舞台表演的背景，创造了独具特色的演出空间。设计克服了舞台背景机械提升、隔声以及由于开启而带来的声学难题，创造了国内独树一帜的特色演出空间。徐州音乐厅除音乐厅功能，兼有剧场表演、演艺等综合功能，设计通过设置活动翻身板等措施，成功实现了在一个演出厅内，满足不同演出功能带来的声学、视线、照明等综合问题，探索了多功能演出空间的设计难点。

（4）富有特色、融入环境的建筑形态

徐州音乐厅外形以紫薇为创作原型，一方面从市花的特殊性出发，让这个代表性的公共文化建筑能具有这个城市专属性的内容；另一方面，更多地从场地的特征出发，使建筑展现出一些更贴近自然的形态，融入周围自然的环境中。从普通市民喜好和生活角度出发，创作一个令公众喜闻乐见、通俗易懂的建筑，融入整个城市的美丽。建筑对"紫薇花"的表达并没有简单地模仿紫薇花的形态，而是用抽象的建筑手法展现花朵柔美的姿态，取其神韵而不写其形式。建筑以八片

曲面的表皮包裹，层层相叠，到入口处，曲线逐渐展开，自然形成建筑的开口。曲面表皮以曲线分隔出透明的玻璃部分和不透明的金属部分，通过一系列曲线、曲面的变化，摹写出紫薇花富于变化、层次丰富的意向，更多地传达朴素的审美情节—婀娜、优雅，表现出跟地域文化、大众审美价值更为贴近的建筑形态（图13-60）。

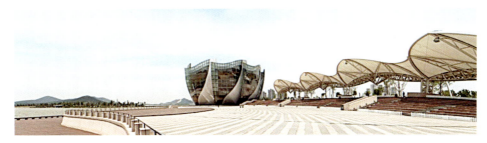

图13-60　音乐厅建成后实景图

13.3.4　汉文化景区

1. 项目概况

狮子山兵马俑遗址性博物馆于1985年在原址建成并对外开放。据此，考古工作者相继在该地区发现了一系列陪葬墓和陪葬墓器物坑，并在狮子山主峰发现了该陵区的主墓——狮子山楚王陵。狮子山经国家文物局批准于1995年3月成功发掘，该陵墓功能齐全，结构复杂，出土珍贵文物非常丰富，填补了我国汉代考古的许多空白，被评为"95中国十大考古新发现之首"，在国内外均产生了非常大的影响（图13-61）。

图13-61　汉文化景区总平面图

为进一步保护徐州的历史文化遗迹，挖掘、整合两汉历史文化资源，深度开发旅游资源、促进区域经济发展，尽快把资源优势转化为产品优势和经济优势，徐州市从全市旅游文化产业宏观布局出发，结合徐州旅游资源的状况和旅游市场调研情况，在风景秀丽的云龙区狮子山、骆驼山及其周边地区规划建设汉文化景区。目标是将汉文化景区建成徐州规模最大、展品最多、汉代遗风氛围最为浓郁的汉文化保护基地和精品旅游景区，以适当的旅游带动景区的保护和建设。

目前，徐州汉文化景区内的主要景点有汉兵马俑及楚王陵墓。现状主要情况如下：

汉兵马俑：汉代的兵马俑与秦代的兵马俑风格略有不同，秦代以写实为主，而汉代则以写意为主。徐州汉兵马俑博物馆为简易临时建筑，与景区环境整体协调性稍稍欠缺，需要整治。

楚王陵：狮子山楚王陵地宫和汉街位于狮子山主峰偏东，面南，汉街直通兵马俑路和三环路连接口，该处景点内部展示展品稍显单调，需要对其进行重新装修。

2．规划布局

整个地区的空间开发策划分为三个层次：核心保护区，外延区，入口广场区和周边区。核心保护区的建设项目主要包括以"汉代三绝"（汉兵马俑、汉墓、汉画像石）为主题的三个博物馆。通过这几个项目保护、修复，重现汉文化的精髓，同时复建兵马俑展示亭、羊龟山观景亭、汉文化交流中心、棋茶文化园、刘氏宗祠、观景休息处等。入口广场区作为景区和周边城市环境连接的纽带包括东侧的两汉文化广场和南侧的市民休闲广场。入口广场区紧临核心区将作为近期实施的首要项目（图13-62）。

结合景区的空间结构，规划设计了三条主要交通流线：

历史古迹游览线：这是一条几乎贯穿所有景点的流线。顺着这一游览线路，游人可以欣赏到景区内楚王陵、汉兵马俑、复建兵马俑展示亭、汉文化交流中心、刘氏宗祠等一系列最重要的建筑和景观。沿着这些道路，设计了优美的绿化并适当地布置了休息座椅和休闲场所，提供了足够的休息空间和设施。

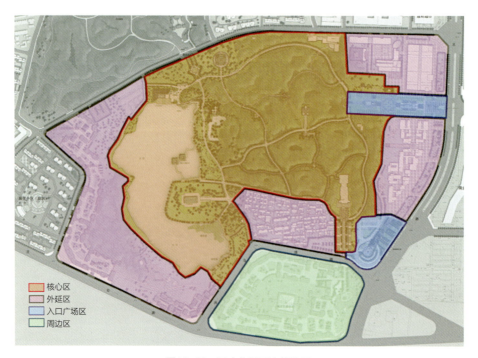

图13-62　汉文化景区功能分区

文化休闲活动线：由景区南入口进入，在参观狮子山楚王陵结束后，搭乘景区内部游览车，将依次到达龟山观景亭，并经过东入口的两汉文化广场，沿着景区内部道路到达刘氏宗祠、汉文化交流中心、复建兵俑陈列亭、汉兵马俑博物馆，最终回到楚王陵门口。

自然景观游览线：由景区北侧入口进入，然后依次到达刘氏宗祠、水边游船码头，沿着中心水塘以及景区内部步行路参观，到达狮子山西峰观景台时，景区全景尽收眼底。沿路设有各种不同的景观小品，使游客在游览线上尽情享受景区内秀丽优美的自然风景，体会徐州所独有的自然风情。在景区的交通规划设计中，充分考虑到了交通分级、人车分流，提供足够的停车场地，并将交通设计与人的感受紧密结合在一起，尽量使游客感受到丰富的景观（图13-63）。

图13-63　汉文化景区游览路线

3．水下兵马俑博物馆

景区水塘中部曾发掘出汉兵马俑与骑兵俑的原址，现已被水淹没。规划在水塘中复建兵马俑博物馆，建筑形式取意汉代建筑的抽象屋顶，木质栈桥将游人从兵马俑博物馆及滨水景观逐渐引入。展示亭为两个架于水面上的方形斜斗状景观建筑，可作为一处观水景、山景的景点，同时在水下原址建设一个陈列复制兵马俑的展厅，使游人感受到曾经在此发现兵马俑的场景（图13-64、图13-65）。

4．汉文化交流中心

汉画像石题材丰富，内容广泛，与南京的六朝石刻、苏州的园林并称为"江苏三宝"。汉画像石、汉兵马俑和汉墓并称为"汉代三绝"，由此可见，汉画像石对于江苏地区和汉代文化都有着重要的意义。徐州是中国汉画像石的集中分布地之一，在狮子山楚王陵风景区中建设汉文化交流中心将促进汉代文化资源的整合。

项目位于景区内湖泊的北面，背靠狮子山，自然环境非常优美。其内将展示汉代同时期世界其他文化的发展情况，作为文化的横向对比，为国际友人提供一个文化交流平台（图13-66、图13-67）。

图13-64　水下兵马俑博物馆区位图和效果图

图13-65　水下兵马俑博物馆建成后效果图

图13-66　汉文化交流中心区位图和效果图

图13-67　汉文化交流中心建成后效果图

13.3.5　悬水湖景区

1. 项目概况

悬水湖景区位于铜山区吕梁山风景区中部，是省级吕梁山旅游度假区和生态旅游示范区的核心区，占地7.62km²，2015年获批国家4A级旅游景区。

图13-68　悬水湖景区

景区以"青山、碧水、奇石、古邑"著称，旅游资源丰富，品质优良。森林覆盖率达46.2%，动植物多样，有各种动物10余科近130种，各类植物60余科近340种。景区内多出奇石，以"漏、透、奇"而著称，通体呈黄色，故称帝王石。景区历史悠久，人文底蕴深厚，孔子曾在山上讲学、晒书、观洪，在弘扬儒家文化方面有得天独厚的优势。

景区内的倪园村建筑风格融明清风格之特色，汇苏北民居建筑特点为一体，凸显出"自然、农村、特色"的特点（图13-68）。

2. 画家村

吕梁画家村位于倪园东村的西侧，悬水湖的东北侧，规划用地约3hm²，总建筑面积约6821m²。规划协同倪园东村规划形成画家村艺术创作片区、村体片区、游客服务中心片区、游园绿化综合片区、采摘片区、污水处理片区、带状水系等功能区域。

建筑风格、色彩、用材依据倪园村"白墙、灰瓦"、"自然、雅致"的建筑整治思路，做到整体协调统一，沿东侧道路和西侧现状冲沟适当预留开敞空间进行绿化种植，形成良好的生态景观，结合用地的高差，形成富有层次感、韵味感的坡地和台地空间（图13-69、图13-70）。

3. 华夏学宫

华夏学宫位于倪园村北侧，作为中国自古以来传统文化的现代继承，将人性化的教育理念覆盖各年龄段学生。新址由尚品一部、尚品二部、尚品三部、尚品四部、尚德学堂、图书馆、行政区、

图13-69　画家村总平面图

图13-70　画家村鸟瞰图

图13-71　华夏学宫总平面图

图13-72　华夏学宫鸟瞰图

图13-73　紫薇园

诸艺馆、体育馆、宾馆、生活区、关爱老人区、配套服务区等建筑组成。

规划布局遵照阴阳总体理念，将用途按其规律，布局分类。建筑以单纯的自然素材为主题，确保立面简洁明快，更好地映衬绿化生态景观，体现培训机构素实无虚、睿智内敛的风格个性和使用需求（图13-71、图13-72）。

4．紫薇园

为将倪园村打造成为乡土味浓郁的生态旅游度假村，结合村体改造，在村庄南侧结合原有地形规划植物专类园——紫薇园。园区规划占地440470m^2（660.7亩），整体以自然式布局，尊重原有的地形地貌，成分考虑园区本身的生态规律，师法自然，趋利避害，综合运用借景、题景等设计手法，并利用设计地点从上至下的高差和原有水系，营造一条水与花有机结合的紫薇谷。将植物、小品、道路等园林要素有机地穿插其间，是游人在观赏紫薇花色的同时，突破有限空间而进入无限联想空间（图13-73）。

5．景区服务中心

项目位于吕梁山风景区倪园水库的西北侧，202县道的东侧，用地规模约7.0hm^2（105亩）。规划形成12个独立服务建筑和1个星级宾馆（接待中心），建筑设计采用抽象的手法提炼空间语汇，运用现代建筑材料、工艺，呼应传统风格，通过建筑韵味体现与传统风格的协调一致（图13-74、图13-75）。

图13-74 服务中心总平面图

图13-75 服务中心效果图

13.4 轨道交通站点地下空间综合利用规划

13.4.1 轨道交通路窝村站上盖物业

1．项目概况

基地位于徐州市西侧，东面是云龙湖及三环西路，东南方向龟山及家后山等重山环抱。项目坐落于徐州地铁1号线的起始站路窝村站之上，下方为杏山子车辆段，用于对车辆进行运营管理、停放及维修、保养。

2．规划理念

规划以点出发，整合地块资源，提升车辆段上盖的价值，依靠上盖物业的可达性，通过地铁站的引入，结合商业小区出入口形成集聚效应，整合地块资源。将机动车坡道市政道路化，弱化其坡道的性质，延续至上盖机动车道，将城市与上盖串联起来成为一个整体。弱化上盖面向城市的界面，通过景观、绿化、台地等手法，将车辆基地硕大的边缘弱化，以舒缓的姿态面对城市。

3．规划布局

提升车辆段上盖的价值，依靠上盖物业的可达性，地铁车站的引入是较有效的手段。通过地铁站的引入，能大量吸引人流，形成集聚效应，带动上盖物业以至于周边地块的发展。利用地铁站点多首层，立体交通的特点，引入商业及小区人行入口广场，有效结合上盖与轨道交通的关系，整合片区资源。考虑车辆段对于白地的噪声及灯光影响，以及车辆段试车线的存在，通过商业的引入解决这两点问题。周边地块都以居住用地为主，结合地铁站引入商业，其辐射范围将覆盖周边地块，最大限度地整合地块及其周边资源（图13-76）。

考虑消防车道坡度应≤8%的要求，坡道较长，视觉感受较差。若只以处理坡道的简单手法，处理地面与上盖机动车的衔接问题，势必会加大上盖部分的孤岛感。将机动车坡道市政道路化，弱化其坡道的性质，延续至上盖机动车道，将城市与上盖串联起来成为一个整体。

通过景观、绿化、台地等手法，将车辆基地硕大的边缘弱化，形成丰富的城市空间，并在周边辅以公交枢纽、小汽车停车场等交通接驳设施，带动周边地块发展。美化原本上盖部分空洞的架空边缘界面（图13-77～图13-79）。

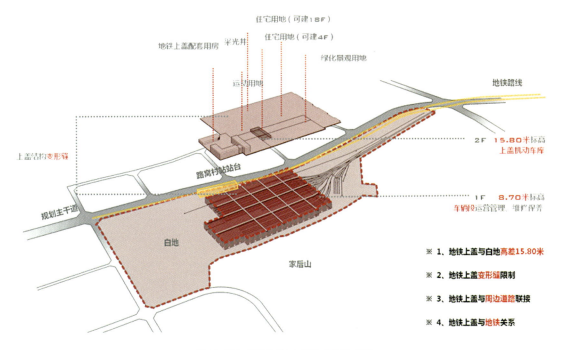

图13-76　路窝村站上盖物业场地分析

图13-77　路窝村站上盖层总平面图

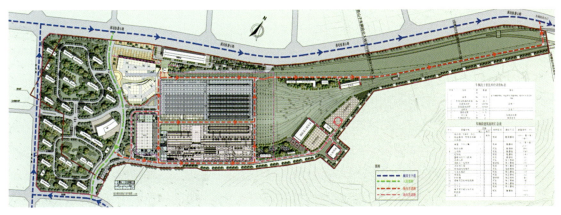

图13-78　路窝村站地面层总平面图

图13-79 路窝村站上盖物业鸟瞰图

13.4.2 彭城广场地下空间利用

1. 项目概况

彭城广场规模宏大，广场东西长约250m，西起中山北路，东至彭城路，南北宽400余米，横跨淮海路，设计范围约100h㎡，地下总建筑面积14191.91㎡，其中商业面积8936.51㎡，交通面积5255.4㎡，为目前全省最大的城市中心广场。

彭城广场是当代徐州的商业中心，也是近期建设的轨道交通1、2号线的换乘站。项目的工作内容涵盖了城市交通、商业策划与开发和历史文物与遗迹保护利用等跨专业的综合性问题。该方案对解决步行与机动车相互干扰，完善地下空间系统，提升使用效率、商业及历史文化价值均有重要意义。

2. 规划理念

彭城广场地面部分规划延续原有空间格局，地下部分有西南角的中心时尚大道、东南侧为已开工建设的轨道一号线和东侧的二号线，南侧由于轨道交通设备通风需求规划作为景观性入口，北侧能够形成一个完整的广场空间。

3. 现状分析

基于2020年徐州总体规划背景下的城市尺度活力中心重组和交通量分布分析。预测了徐州未来商业中心的空间分布趋势，除中心区将被继续强化之外，荆马河北面殷庄路沿线地区和迎宾大道与东三环快速路夹角地区将会形成较强的副中心。具体到彭城广场地区，彭城广场西侧和南侧的中山路和淮海路穿行性支持性将分别增加1.9%和5.7%。而最终西侧的中山北路穿行性流量将高于淮海路2.4%。淮海路将更多地表现为目的性交通带来的压力，而中山路则主要以穿行性交通为主（图13-80）。

根据现状地下空间的实际步行通廊建立立体网络可达性3D模型，直接用于方案空间结构的推敲和步行人流通行量。从彭城广场地区现有道路、商业内部空间和地下空间通道模型的计算分析结果

图13-80　基于徐州现行总体规划建立的空间句法模型

得出以下几点结论：（1）现有慢行空间系统与地面机动车交通系统仍存在相互影响，慢行系统被广场周边车流打断，未能形成连续的整体，空间使用效率较低。（2）未来城市地铁建设及周边商业发展带来大量步行客流，对周边的机动车道路造成更大的阻滞效应。（3）地铁引发的彭城广场地区中心性提升和城市整体空间格局的发展将进一步带来大量穿越性和目的性的机动车流，引发更大的交通问题。（4）现有周边商业建筑的地下空间未能形成有机的整体。（5）现有周边建筑地下空间的文物为异地保护展示模式，地下城市和建筑遗址未能有效与地下空间功能结合，且地下城的建筑和街道分布为人行通道的发掘带来了更多不确定的因素（图13-81、图13-82）。

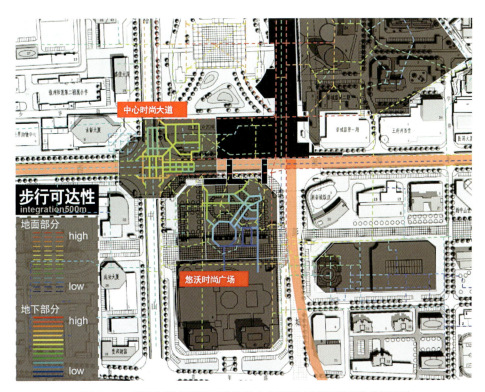

图13-81　彭城广场地面地下空间句法立体模型对步行可达性的分析预测

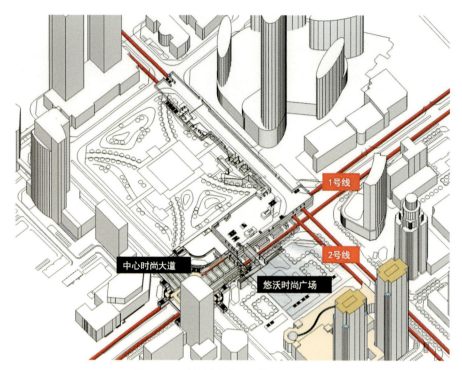

图13-82 彭城广场地区现状3D空间模型

4．规划布局

主要交通路径遵循广场既有肌理，照顾通达性的同时尊重市民记忆，规划由换乘大厅引出的主要交通连接路径周边主要设施，依据地下交通路径生成完整的地下空间，同时与外围地下空间进一步连接以实现高效通达，将博物馆前区通廊作为地下文物主题展示区域，与历史上太平街的位置吻合，增设若干下沉庭院，进一步优化地下空间的节能性舒适度。地面景观空间布局由地下空间形态反推而出，结合原有纪念性景观，留住老徐州记忆的同时进行功能上、使用上的更人性化设计，将广场分为四个景观功能区，即梦想城市、活力城市、生态城市、记忆城市，强调景观的参与性、人文性、生态性、观赏性（图13-83～图13-86）。

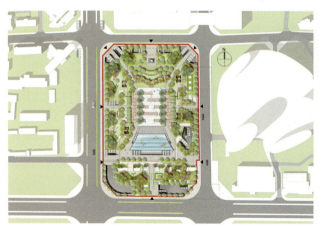

图13-83 彭城广场总平面图

图13-84 彭城广场鸟瞰图

13 | 规划案例

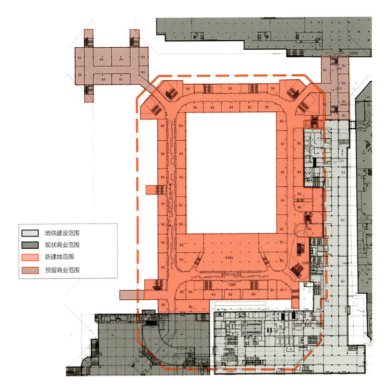

图13-85 彭城广场地下空间利用概况

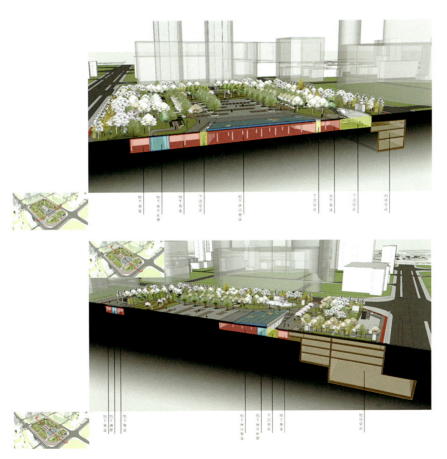

图13-86 彭城广场剖面图

13.5 片区提升规划

13.5.1 江苏淮海科技城

1. 项目概况

规划区位于徐州市老城区东南部，老城区与新城区之间，泉山区辖区内，总用地面积约562hm²。总体功能定位为徐州区域性产业科技创新中心的核心区，淮海经济区最具优势的国际性科教创新研发型综合基地，打造四大功能集聚区。

2. 规划布局

规划秉承产城融合的设计理念，围绕科技创新，形成"产、学、研"一体化科技新城，重点打造四大功能集聚区，即科技成果孵化器集聚区、产业研发加速器集聚区、众创空间集聚区、科技服务业集聚区。

3. 功能分区

综合办公区：可在园区建设启动期间用作管理服务楼与部分研发办公区，未来可用作商业、办公、酒店等功能。

研发产业区：科技园主要的产业载体，根据各类企业的需要提供产业研发用地。

企业总部区：为低密度、智能化、生态型、花园型的总部楼群，满足产业链上的企业总部集聚的需要。

SOHO办公区：以满足科技园中初创企业或自由职业者的办公需求为主，丰富园区办公类型，提高园区的创业活力。

综合商业区：与科技园的产业组团结合布置，临近各产业组团，以满足办公人群及周边居住人群便捷、高效的商业需求。

公寓区：包括专家公寓和精英公寓，满足科技园内不同层次人才的居住要求，以提升科技园对人才的吸引力。

居住区：居住区与产业组团结合布置，并临近综合商业区与景观绿地，居住品质优良。居住区的引入使园区的功能更加多元化，为园区吸引人气，推动产城融合。

教育产业区：主要分为两类，一类是为住宅配套的中小学校、幼儿园等常规学校；另一类是中国矿业大学、徐州工程学院内部改造而成的教育设施，以服务科技产业为主。

创客街：是一种为创业者提供的新型、复合化空间，包含有良好的工作空间、网络空间、社交空间和资源共享空间，着力实现创新与创业相结合、线上与线下相结合、孵化与投资相结合的发展形式（图13-87～图13-89）。

4. 地铁上盖

地铁线贯穿园区，商业位置结合2处地铁站布置。

周庄站地块位于市域空间节点和城市发展的重点地区，起到主导该区域成为商务核心区的作用，规划采用无缝直接模式（标准地铁上盖）。针对该地块高密度开发的属性，地块建筑以高层办公、超高层酒店和商业中心为主，商业中心结合周庄站地铁无缝连接，北面地块商业与南面地铁上盖商业由一组通道连接，把人流引入，提高商业价值，西面办公区域以扇形展开，底层布置服务功

图13-87 淮海科技城功能分析图

图13-88 淮海科技城平面图

图13-89 淮海科技城鸟瞰图

能，上层以办公为主。密集分布，形成集中的办公集团效应（图13-90、图13-91）。

七里沟地块设计属于区块的次行政、商业中心。规划区域一采用间接连通模式（准地铁上盖），小型商业综合体，配合地铁出入口设计。区域二采用无缝直通模式（标准地铁上盖），东侧以行政功能地块以"回"字形布局为主，两栋高层行政办公楼架于裙房之上，形成左右展开的轴对称关系。北侧布置一栋高层酒店，西南角为两栋高层商业综合体为主（图13-92、图13-93）。

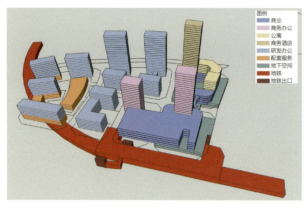

图13-90　周庄站地块分析图

图13-91　周庄站地块效果图

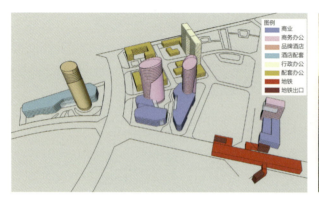

图13-92　七里沟地块分析图

图13-93　七里沟地块效果图

5．创客街

创客街是体现园区的一个重要功能，现状创客街规模偏小，可依托中国矿业大学校区、徐州工程学院2.5产业园或城市道路重新打造1~2条创客街。

规划建设中国矿业大学创客街，通过改造规划，将其打造成为以创意办公、科研设计为核心，休闲时尚为一体的创客街区，提供给城市一个具有矿大百年历史传统文化底蕴的时尚休闲天地和学生创业空间，整理出一处具有新兴气息的

图13-94　中国矿业大学创客街效果图

城市空间，将该项目打造成徐州市南区精神消费和物质消费的时尚街区高地，用现代的时尚、文化包容历史和未来（图13-94）。

规划建设奎河创客街，通过规划和结合水文地形，打造成为"奎河畔景色优美、环境宜人的创客街"。作为奎河与城市之间的一个过渡缓冲区，不仅仅是提供建筑使用功能，更可成为城市居民的一处旅游休闲地，两者相互融合，互相提升。提供一个设计平台，这个平台功能具有更大的灵活度，可以让建筑有更强的适用性（图13-95）。

13.5.2 科技创新谷

1. 项目概况

科技创新谷选址于铜山城区西侧，大学路以西，拉犁山脉以东，总用地面积约580hm²。现状以居住用地、村庄建设教育科研用地和医疗卫生为主，现有科技产业中国矿业大学南湖校区、铜山中等专业学校、高新区大学创业园，未来落地项目有创新大厦和大学生创新训练中心、国际会议中心、第一人民医院、九州大学、医药中专等。规划形成科研、教育、居住、生活娱乐、养老休闲的复合区域。

2. 规划理念

作为徐州市科技创新核心区之一和徐州市产业技术研究院的载体，徐州市科技创新谷的功能定位为"三大平台"，以推进现金技术产业化，促进产业结构升级为目标的"优势产业科研平台"、"战略性新兴产业科研平台"、"科技服务平台"（图13-96）。

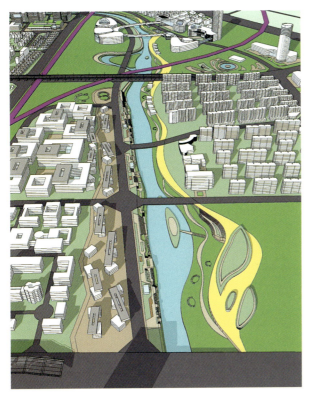

图13-95 奎河创客街效果图

图13-96 科技创新谷效果图

图13-97 科技创新谷土地利用规划图

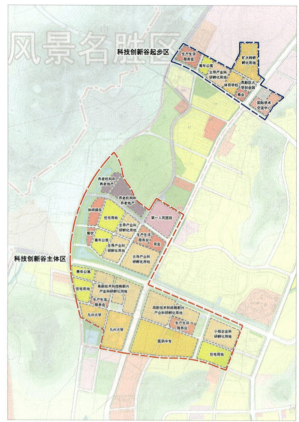

图13-98 科技创新谷功能分区

3. 规划布局

规划注重用地的平衡与复合，营造"紧凑城市"和"混合城市"，将生产、生态、生活"三生合一"。规划北部为科技创新谷起步区（约60hm²），起步区包含矿大科研孵化用地、主导产业科研孵化用地、高新区大学创业园、国际学术交流中心、体育学校、生产活服务业、青年公寓等功能。南部为科技创新谷主体区（约330hm²），主体区包含主导产业科研孵化用地、高新技术和战略新兴产业科研孵化用地、九州大学、医药中专、生产生活服务业、第一人民院、养老机构和养老产业、青年公寓、住宅用地等功能（图13-97、图13-98）。

13.5.3 卧牛首开区海绵城市试验地块

1. 指标选定

根据《海绵城市建设技术指南——低影响开发雨水系统构建》，徐州市的年径流总量控制率为70%~85%。综合考虑各汇水分区内现状建成区面积、公园绿地面积，对各流域年径流总量控制率进行分配，加权后得到徐州市中心城区年径流总量控制率为75%。其中示范区所在流域年径流总量控制为78%，对应的降雨量为30.0mm。

经初步试算，下凹绿地对地块径流控制量贡献最大，透水铺装及绿色屋顶基本相当。基于削减面源污染和恢复水文循环的需求，应分散设置海绵设施。相关文献及地方建设经验表明，在维护成本方面及运营管理方面，北方地区透水铺装明显优于绿色屋顶。

根据《海绵城市建设技术指南》提供的计算方法，通过土地利用空间优化，分解和细化城市总体及相关专项规划等上层级规划中提出的低影响开发控制目标及要求，结合建筑密度、绿地率等约束性控制指标，提出各地块的单位面积控制容积、下沉式绿地率及其下沉深度、透水铺装率、绿色屋顶率等控制指标，纳入地块规划设计要点，并作为土地开发建设的规划设计条件。

根据实际和规划的情况，经多轮调整修正，得到既满足总体控制目标，又较为合理的指标分配结果。控制性指标为：年径流总量控制率≥75%；污染削减率（以ss计）≥55%；指导性指标为：下沉绿地率（占总绿地率比例）≥10%，深度大于100mm，小于200mm；透水铺装率≥60%；总调蓄容积≥1100m³；总调蓄容积≥1100m³。

示范区已建在建地块控制率达到70%左右，规划建设地块达到85%左右。其中，卧牛首开区试验地块在土地出让之时，已提出的建设条件为50%下凹绿地，60%的透水铺装，按照这一标准建设，其地块年径流总量控制率将达到100%。

2．项目概况

试验地块位于徐州市主城区西部泉山区，新规划淮海西路南北两侧。承接徐州城的西入口，向东以淮海西路与西部商圈相连。规划项目周边交通便捷，新淮海西路直达规划项目用地。卧牛山、韩山、云龙湖为项目提供了良好的景观资源。

3．规划目标

新型城镇化建设过程中，推广和应用低影响开发建设模式，加大城市径流水源头减排的刚性约束，优先利用自然排水系统，建设生态排水设施，充分发挥城市绿地、道路、水系等对雨水的吸纳、蓄渗和缓解作用，使城市开发建设后的水文特征接近开发前，有缓解城市内涝、消减城市径流污染负荷、节约水资源、保护和改善城市生态环境的作用，为建设具有自然积存、自然渗透、自然净化功能的海绵城市提供重要保障。

低影响开发雨水系统构建的基本原则是规划引领、生态优先、安全为重、因地制宜、统筹建设。

4．规划理念

规划设计中，将沿淮海路一侧布置为窄面宽户型，留出景观视线廊道，以避免高层建筑开间过大对于城市景观环境的影响，使小区与城市景观相互联系，充分利用南面卧牛山景观资源。规划设计将规划建筑群的角部空间降为28F，一是避让卧牛山景观空间，二是打破100m齐平的城市天际线，丰富城市街区立面（图13-99、图13-100）。

5．海绵城市实施方案

（1）透水铺装

透水铺装面积占硬化路面总面积的比例≥80%。透水砖铺装、透水水泥混凝土铺装和透水沥青混凝土铺装，嵌草砖、园林铺装中的鹅卵石、碎石铺装等也属于渗透铺装（图13-101）。

1）透水铺装对道路路基强度和稳定性的潜在风险较大时，可采用半透水。

2）土地透水能力有限时，应在透水铺装的透水基层内设置排水管或排水板。

3）当透水铺装设置在地下室顶板上时，顶板覆土厚度不应小于600mm，并应设置排水层。

（2）下凹绿地率

下凹绿地率：下凹深度≥100mm。

下沉深度指下沉式绿地低于周边铺砌地面或道路的平均深度，下沉深度小于100mm的下沉式绿

图13-99　卧牛首开区试验地块规划

图13-100　卧牛首开区试验地块鸟瞰图

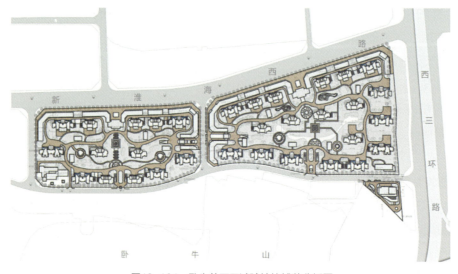

图13-101　卧牛首开区试验地块铺装分析图

地面积不参与计算（受当地土壤渗透性能等条件制约，下沉深度有限的渗透设施除外），对于湿塘、雨水湿地等水面设施系指调蓄深度。

透水铺装率=透水铺装面积/硬化地面总面积；

绿色屋顶率=绿色屋顶面积/建筑屋顶总面积。

1）下沉式绿地的下凹深度应根据植物耐淹性能和土壤渗透性能确定，一般为100～200mm。

2）下沉式绿地内一般应设置溢流口（如雨水口），保证暴雨时径流的溢流排放，溢流口顶部标高一般应高于绿地50～100mm。

（3）屋顶绿化

绿屋顶面积占多层屋面总面积的比例≥50%（图13-102、图13-103）。

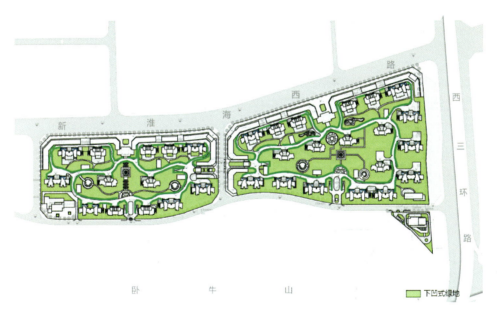

图13-102　卧牛首开区试验地块绿地分析图

透水铺装　　　　　　　　　　　下沉式绿地

图13-103　卧牛首开区试验地块实施细节

后记

本书具体编著人员分工如下：孙强、程勇、王军、陈冬、李雪英等同志负责统筹本书的编写工作，提出了整体结构要求，并对书稿进行审定。杨波承担了第一章、第十章的编写工作，邓德芳承担了第二章、第三章的编写工作，李玲承担了第四章的编写工作，李光耀承担了第五章的编写工作，刘晓春、宋维玲、王建国、马楠承担了第六章的编写工作，芮文博、王庆伟承担了第七章的编写工作，许秀承担了第八章的编写工作，邹萍承担了第九章的编写工作，姜露露、叶小舟、高瑞侠承担了第十一章的编写工作，张宁承担了第十二章的编写工作，韩蓓、梁红超承担了第十三章的编写工作。本书编著过程中，韩蓓、白潇潇、杨波、许秀在组织、汇总、校对等环节做了大量工作，李建青、熊绍琦、宋静、银志敏，陈立志也参与了本书的编写工作。此外，许多同志也做了大量默默无闻的工作。

本书初稿完成后，江苏师范大学沈正平教授、江苏建筑职业技术学院季翔教授、中国矿业大学常江教授审阅了书稿，并提出了十分有益的意见建议。中国建筑工业出版社的编辑们就本书编辑、校对和出版等做了大量细致的工作，在此特向他们表示由衷的感谢。

本书仅是徐州城市规划管理工作的一个阶段性成果，还需要在实践中不断探索、不断完善。同时，由于时间较紧，本书还存在许多不当之处，亦请各位批评指正。